JN440569

제2판

# 정의로의 산책

## 정의론(On Justice)

한 희 원

三 英 社

# 제2판 서 문

정의론 제1판이 2011년 문화체육관광부 우수학술도서로 선정되었다. 여러 독자들의 사랑이 있었다. 특히 핵심교양과목으로서 정의란 무엇인가?에 대한 학생들의 학구열은 어느 필수 전공과목 못지않게 높았다. 그만큼 우리사회가 정의에 대해 목말랐다는 반증이라고 생각된다.

그런데 사실 제1판은 2010년 동국대학교에서 최초로 개설된 1학기 핵심교양 강의시작에 맞추어 출간을 하느라고 교정을 볼 시간이 많지 않았다. 그런 연유로 체제를 비롯하여 문장을 다듬어야 할 필요성을 곳곳에서 느꼈다.

이에 제2판에 최신자료를 추가하여 상제하면서 체제를 비롯하여 전반적인 수정을 단행했다.

주지하다시피 정치철학적 정의론은 공리주의적 정의론, 자유주의적 정의론, 공종체적 정의론으로 대별된다. 이들 정의론을 이해하는 것은 어느 정치철학자의 이론을 학습하는 것에 그치는 것이 아니다. 그들 정의론을 현실의 각종 사례에 대입하여 비판적으로 이해하는 것이다.

정의로운 사회가 바른 사회, 즉 공정한 사회를 의미하는가? 아니면 좋은 사회, 즉 미덕을 함양하며 서로 칭찬하며 아끼고 보듬어 주는 사회인가?에 대한 근본적인 성찰을 본 서적은 논리적으로 제시해 준다. 또한 공리주의적 정의론의 불변의 진리와 천부인권과 인간에 대한 본질적인 이해를 제공해 준다.

삼영사에 감사드리며 계속된 보정과 추완을 다짐한다.

2011년 여름 방학에

백년동국 만해관에서 저자

# Preface 머리말

아들아! 문제는 정의란다. 대한민국의 사회적 갈등의 원인을 고민하던 필자에게, 하늘에 계신 아버님의 가르침이 있었다. 2010년 대한민국에는 정의의 열풍이 휘몰아쳤다. 미국 하버드 대학교 철학과 교수인 마이클 샌델의, "정의란 무엇인가?" 라는 번역서가, 일반대중을 포함하여 정책담당자들을 휘어잡은 것이다. 그러나 그 책은 결코 만만한 책이 아니다. 재미있는 사례가 많이 있지만 연결고리가 확연하지 않은 서술로 인하여, 정의를 오히려 단편화하거나 파편화시킬 우려도 있다. 다들 정의가 무엇인지를 알아보려고 가볍게 시작하였다가, 오히려 정의가 무엇인지를 도저히 알지 못하고 지쳐서 그만두었다는 사람이 주변에 적지 않았다.

정의의 열풍 속에 연이어, 대한민국 정부의 공정사회론이 대두되었고, 국무총리 후보자와 외교통상부 장관이 낙마했다. 그러자 정의를 활용한 사회정화 분위기인가 하는 긴장감이 사회에 팽배하면서, 사정정국으로 이어지는 것은 아닌가 하는, 대한민국식 정의론적 관점에서 우려가 제기되었다. 이어서 이념적인 정의론이 대두하여, 일부에서는 정의를 자신들의 전유물인 것처럼 주장하고, 이에 식상한 다른 일부에서는 정의 논쟁을 애써 외면하고, 무관심한 태도로 돌아서려는 사회경향도 나타났다. 그러나 이처럼 정의를 이념적으로 활용하거나, 정의를 외면하려는 자세는 모두 건전한 민주법치국가를 위해서는 결코 바람직한 것이 아니다. 오히려 정의의 참모습에 대한 진정한 이해가 필요함을 제시한 2010년이 된 것이다.

오늘날 정의에 대한 진정한 이해를 제대로 하지 못하고 정의의 이해에 실패하는 가장 커다란 원인은, 정의에 대해 열심히 연구하신 훌륭한 학자도 적지 않고 정의에 관한 좋은 서적도 많지만, 그들은 대개 개별적인 것만을 추구하여 단편적인 이해밖에 될 수 없었기 때문이라고 판단된다. 바꾸어 말하면 정의를 이해하기 위해서 필요한 플라톤, 아리스토텔레스, 존 로크, 제레미 벤담, 존 스튜어트 밀, 임마누엘 칸트, 존 롤즈, 로버트 노직, 마이클 샌델 같은 대석학들에 대한 연구에 일생을 바쳐서, 그들 개별적인 철학자들에 대해서는 어느 누구보다도 빼어난 일가견을 가진 연구자들이 적지 않고 연구서도 많지만, 이들 대석학들의 뛰어난 견해를 정의라는 단일주제를 중심으로 통시적이고 통공간적으로 비교분석하면서 연구한 학자나 서적은 드물다는 사실에서 대한민국의 정의론의 한계는 나타난 것으로 사료된다.

그런데 시대를 초월한 개념인 정의는 앞서 본 어느 한 뛰어난 철학자에 대한 출중한 연구만으로 달성될 수 있는 일이 결코 아니다. 대석학들에 대한 개별적 연구보다는, 깊이는 깊지 않더라도 고대부터 현대까지 정의를 문제 삼았던 대석학들을 상호비교하면서, 한 사람의 정의에 대한 견해에 비추어 다른 사람의 정의론을 대비해 보는 등, 비판론적으로 이해하는 것이 정의를 이해하는 첩경이라고 판단되었다.

필자가 낯설고 험난한 길인 정의의 문제를 법학자의 입장에서 탐구해보고자 한 이유는, 몇 가지가 있다. 먼저 앞서 본바와 같이 필자도 마이클 샌델교수의 책을 몇 번 읽어 보았지만, 결코 이해가 쉽지 않다는 것을 깨닫고, 마이클 샌델의 기준에서가 아니라, 평범한 일반시민의 관점에서 정의문제를 알기 쉽게, 그러나 체계적으로 전달하고 싶은 욕망이 생겼다.

그러한 욕구가 생긴 이유는 다음에서 비롯되었다. 필자는 그 동안 동국대학교 법과대학에 부임하여, 일반 교양과목으로 인권과사회 과목을 가르쳤다. 국·내외적인 인권쟁점을 약 6학기 강의하면서, 적지 않은 학생들이 새로운 내용으로 지식의 지평을 넓힐 수 있었고, 대학에서 정말 가치 있는 내용을 공부했다고, 진정으로 감사의 뜻을 전하며 인간사회의 참된 모습을 갈구하는 학생들을 접했다. 이에 더 큰 사명감에 인권에 대한 문제를 더 체계적이고 학문적으로 학생들에게 전달하려고 노력하면서도, 인간과 정의에 대한 이해 없이는, 진정한 인권을 학생들에게 전달할 수 없음을 느꼈다. 비록 필자의 경우에는 인권과사회 과목시간이나 다른 법학수업 시간에, 단편적으로 존 로크와 특히 진정한 자유가 무엇인지를 설파한, 임마누엘 칸트의 도덕철학을 학생들에게 전달해 보기는 했지만, 그것만으로는 부족하다고 생각하고 있었다. 이에 마침내 정의의 문제를 본격적으로 각종 법원 판례와 더불어 일상의 사례를 동원하여 쉬운 표현으로 책으로 출간하기로 결심하기에 이른 것이다.

물론 가장 중요한 이유는, 필자가 2011년 학기부터 동국대학교의 핵심교양 과목으로 정의론(윤리적 추론(ethics reasoning))을 담당하게 되었다는 사실이었다. 필자는 정의론이라는 핵심교양과목을 책임있게 가르치고자, 차제에 그 동안 인권과사회과목을 강의하면서 정리해 두었던 내용에 필자의 다른 연구와 실천적인 이해를 더하여, 일반시민도 이해하기 쉽게, 쉬운 표현으로 정의를 다룬 책을 집필하기로 마음먹었다. 필자의 욕심은 일반국민 누구나 정의에 대한 체계적인 이해를 도모하여, 진정으로 대한민국을 정의로움이 차고도 넘치는 국민들이 충만한 국가가 되었으면 하는 바램에서이다. 그러므로 이 책은 결코 정의에 대한 심오한 독자적 연구에 따른 자기이론의 상제가 결코 아니다. 천학비재의 필자로서는 그러할 능력도 전혀 없다.

정의론을 마무리하는 필자의 생각으로는 오늘날에도 공리주의적 정의론으로 문제되는 상황에 대해서는 약 80%는 해결이 가능하다고 판단된다. 다만 불가피하게 인권유린적 조치가 수반될 위험성을 가지고 있는 공리주의에 대한 비판론은 겸허히 수용하고, 보완하면 '공정론'처럼 자칫 공허하기 쉽고 아전인수격으로 정의를 이념의 잣대로 악용하기 쉬운 상황에서, 일반시민 모두에게 납득할 수 있고 행복이 따르는 정의를 세울 수 있을 것으로 사료된다. 또한 정책결정을 하여야 할 불가피한 상황이라면, 공리주의적 정의론보다 더 구체적이고 간단명료하게, 정의를 고무줄 잣대로 악용하는 것을 배제할 수 있는 정의론은 없기 때문이다. 그러므로 공리주의 정의론에 로버트 노직과 존 롤즈의 정의론 그리고 마이클 샌델의 공동체적 정의론을 종횡무진으로 비교분석하여 결론을 도출한다면, 진정으로 살아있는 정의를 도출할 수 있을 것으로 사료한다.

그러나 영원히 공동체 사회를 형성할 우리들에게, 정의는 올바른 정치의 역할을 통해서 가치개념이 충전될 수 있다는 사실을, 한시라도 잊어서는 안 된다. 주권자로서의 개개인의 기본권은 존중하되, 공동체의 미덕은 서로 칭찬하고 함양함으로써, 올바른 민주시민정신을 고양하는 올바른 역할은 바로 정치의 힘이기 때문이다. 더불어서 아리스토텔레스가 설파한 것처럼 정의는 실천을 통해서만 그 진정한 가치가 완성될 수 있음도 깨달아야 한다.

향후에도 유익하고 교훈적인 정의에 대한 에세이나 법원판결들을 눈을 뜨고 추려내어, 계속하여 보완을 해 나갈 생각이다. 본 서적이 동국대학교의 핵심교양으로 채택된 정의론을 위한 교재용으로 준비된 것이기는 하지만, 그 성격상 논술을 해야 하는 고등학생은 물론이고, 정의가 이념인 법을 직접 공부하는 법과대학생이나 로스쿨 학생, 제반 전공분야에서 학문의 기초를 다져, 배움에 막힘이 없어야 할 모든 대학생들, 정의의 주체자들인 정치인들, 올바른 정책을 수립하고 집행해야 하는 정책담당자들도 한번은 탐독할 내용임을 자신할 수 있다. 물론 오늘날 현대사회의 다양한 쟁점에서 정의에 목마른 일반시민들의 경우에는 짬짬이 읽고도, 어렵지 않게 정의에 대한 깊은 이해와 체계를 다질 수 있을 것으로 확신한다.

본서를 집필함에 있어서도 고마운 분이 적지 않다. 필자에게 영원한 숙제를 남기고 하늘나라로 가신 아버님은 꿈에서 나타나 정의에 대한 가르침을 주셨다. 한없는 사랑을 남겨주시고 떠나신 장인어른도 마찬가지이다. 또한 항상 어린자식으로만 생각하면서 본인들의 건강보다도 자식의 건강만을 걱정하시는, 양가 어머님의 애정과 사랑은 잊을 수가 없다. 무엇보다도 생의 반려자로 영원히 사랑하는 집사람과 자랑스러운 아들 그리고 이 책을 마무리할 무렵에, 미국 대학에서 한국의 의과대학으로 진학하기 위해 돌아온 딸! 나를 포함한 오순도순 4명의 가족은 원동력이었다. 마지막으로 책에 대한 욕심이 남다른 삼영사의 고성익 부사장님은 졸저를 반드시 삼영사에서 출간하고 싶다며, 하나라도 더 좋은 내용을 소개하도록 필자를 채근하는 힘이 되어 주었다. 이분들 모두에게 하나님의 가호와 행복이 가득 넘치고 정의가 충만해 지기를 진심으로 축원드린다.

2011년 신유년 새해 벽두에

백년동국 만해관에서

한희원 씀

# 차 례

## 제1장 정의란 무엇인가?

## 제2장 존 로크의 자연권사상

## 제3장 공리주의적 정의론

# 제4장 임마누엘 칸트의 도덕철학

## 제5장 자유주의적 정의론

# 第6장 공동체적 정의론

## 제7장 정의 판단의 실전사례

## 제8장 사회 현실에서의 정의의 구체적인 이해

# 제1장 정의란 무엇인가?

# 제1절 정의의 의의

## 제1항 정의(正義, justice)에 대한 이해

정의란 무엇인가(What is Justice)?

도발적이며 무척 어려운, 그러면서도 가슴 벅찬 묵직한 질문이다. 그렇다면 정의란 무엇인가? 라는 돌발적인 질문 대신에 다음과 같은 질문은 어떤가?

**① 무엇이 올바른 일인가(What's the right thing to do)?**
**② 어떤 선택을 해야 하나(What should I choose)?**
**③ 나는 어떻게 해야 하나, 어떻게 행동해야 하나(What should I do)?**

조금은 우리에게 가까워지고 구체적인 질문인 듯싶지 않은가? 여기에서의 ① 무엇이 올바른 일인가? 라거나 ② 나는 어떻게 해야 하나? 라는 선택의 문제에서 어떤 선택을 해야 하는가 라는 것이 바로 정의와 관련된 질문이다.

그러한 질문은 유죄와 무죄, 옳고 그름에 대한 문제이다. 더 나아가 무엇이 올바른 삶의 방식이고, 어떤 것이 올바르지 않은 삶의 모습인가? 에 대한 질문이다. 사실 이러한 질문들은 인간사회에서의 기본적인 질문들로 윤리적 논쟁의 출발점이다.

이처럼 정의는 추상적인 의문이 아니다. 정의는 인생, 죽음, 섹스, 폭력, 돈과 명예 등에 대한 갈등이다. 정의는 인간세상에서 가장 중요하고 기본적인 가치이고·이념이다. 정의는 '옳음'과 '아름다움'의 의미를 겸유한 가치개념이다.

정의를 사전적으로 정의(定義)하면 **진리에 맞는 올바른 도리 또는 사람으로서의 올바른 도리 또는 사회를 구성하고 유지하는 공정한 도리**를 의미한다.

그러나 정의는 사람으로의 온당한 도리라는 윤리적이며 주관적인 측면에만 주안이 있는 용어가 아니다. 정의는 윤리, 합리성, 실정법, 자연법, 인권, 종교, 공정 또는 형평 등에 기초한 객관적으로 그리고 도덕적으로도 정당함을 의미하는 개념이다. 따라서 정의는 실천적으로 그러므로 외면적으로도 인간의 미덕과 악행 그리고 권리와 의무에 대한 본질적인 추구라고 할 수 있다.

지금으로부터 약 2,400년 전 철학자 플라톤과 아리스토텔레스 이래로, 수많은 철학자들이 정의를 최고의 인생덕목으로 생각했고, 사회정의를 구현하는 것과 정의로운 사회를 이루는 것을 최고의 과제로 인식하였다. 이런 생각은 오늘날에도 큰 차이가 없다.

그러므로 인류역사는 정의를 향한 역사였다고 말할 수 있다. 인간사회가 동물사회에서 벗어나게 된 것도 인간의 정의 지향성에서 비롯했다. 물론 인간이 한결같이 정의를 지향한 것은 아니었지만, 역사의 긴 흐름을 살펴보면 정의를 실천해 가는 방향으로 진행해 온 것이다. 세계 여러 나라의 민주화 운동은 정의를 실현하는 과정이었다.

그러나 사회에서 정의의 가치는 제대로 구현되지 못하고 있는 것이 현실이다. 사실 일반시민들은 정의가 무엇인지, 왜 인간사회에서 정의가 필요한지, 어떻게 하면 이 사회가 정의로운 상태를 유지할 수 있는지를 잘 알지 못한다.

그 이유는 청소년 시절, 학교에서 정의에 대해 체계적으로 교육을 받지 못한 것이 가장 커다란 원인의 하나이다. 정의에 대한 충분한 교육이 없었고, 빨리빨리에만 익숙해온 기성세대들은, 사회생활을 함에 있어서 주장을 하는 것에는 익숙했다. 그러므로 오히려 청소년들의 정의관에 악영향을 끼칠 올바르지 않은 행동을 한 경우도 적지 않았다. 모두가 정의에 대하여 알고 적용하고 실천하는 교육을 받지 못한 결과라고 할 것이다.

### 플라톤(Plato, 428BC - 348BC)

플라톤은 그리스의 철학자로, 소크라테스의 제자이고 아리스토텔레스의 스승이다. 대표적인 저술은 스승인 소크라테스가 자주 등장하는 '대화편'이다.

플라톤과 소크라테스

1. 플라톤이 이성 우위의 전통을 가진 서양철학에 미친 영향은 지대하다. 영국의 철학자 화이트헤드(Alfred Whitehead)는 "서양 2000년 철학은 모두 플라톤의 각주에 불과하다."라고 말했다. 시인 에머슨도 "철학은 플라톤이고, 플라톤은 철학"이라고 칭송했다.
2. 플라톤은 인간영혼은 충동적인 정욕(情慾)과 진리를 추구하는 이성(理性)의 결합체로 파악했다.
3. 플라톤은 인간이성에 있어서의 덕이 지혜(Sophia)이며, 정욕에 있어서의 덕이 절제이고, 정욕을 억압하는 덕이 용기라고 하여, ①지혜, ②절제, ③용기가 인간의 3가지 덕(德)이라고 말했다.
4. 플라톤은 올바름 그러므로 정의(justice)란 지혜와 절제와 용기라는 3가지 덕이 서로 알맞게 기능을 발휘할 때의 상태라고 설파했다.
5. 플라톤은 이러한 덕론(德論)을 통하여 개인의 윤리학을 논했지만, 정의의 실현은 개인의 덕을 달성하는 것만으로는 이루어지지 않는다며, 사회 전체의 윤리설을 주장했다. 그것이 플라톤이 주장하는 '철인(哲人)이 통치하는 도덕국가'이다.
6. 플라톤은 국가도 개인의 확대판으로 생각하여 개인에 있어서의 정욕이 국가에 있어서는 농 · 공 · 상업의 서민이며, 개인의 용기가 군인 · 관리이고, 개인에 있어서의 이성이 통치자라고 설명했다.
7. 그러면서 "철학자가 왕이 되거나, 왕이 철학을 해야 한다"고 하는 철인(哲人)정치론을 역설했다.

## 제2항 일상에서의 정의

### Ⅰ. 서 언

사실 윤리나 정의에 흥미를 갖는다는 것은 인간 삶에 대해 관심을 갖는다는 의미이다. 현대인들은 "정의"라는 말을 매일 한번 이상 접한다. 정의라는 용어는 일상의 범죄나 비리에서 뿐만이 아니라 "공정" "불공정" "차별" "불평등" 이라는 다양한 용어로 우리에게 전달된다. 뉴스나 신문은 사회 곳곳에서 일어나고 전 세계에서 벌어지고 있는 차별과 불평등의 뉴스를 전한다.

그러므로 우리 스스로는 아무런 잘못을 하지 않고, 법에 위반된 행동을 하지 않는다고 하는 경우에도 매일 매일의 일상에서 도덕적인 쟁점 그러므로 정의의 문제에서 결코 자유로울 수 없다. 정의가 과연 여러분의 생활과 관련이 없다고 생각하는가? 일상에서 얼마나 많은 정의의 문제 그러므로 도덕과 윤리의 문제가 제기되는지를 다음을 통해서 알아보자.[1)]

### Ⅱ. 일상의 언론보도를 통해서 본 정의의 문제

#### 1. 이 대통령 "국론 분열되면 북한이 우리를 넘본다."

신문은 "국방력이 아무리 강하고 우월해도 국론이 분열되면 상대(북한)는 그걸 활용하려 할 것이다. 이럴 때일수록 우리 국민이 하나 되는 것이 매우 중요하다. 한반도 평화와 통일이 될 때까지는 투철하게 안보의식을 갖고 해야만 경제도 성장시킬 수 있다. 국정목표는 국민의 삶의 질을 높이는 것이다. 생명과 인권을 중시하고 복지를 필요한 곳에 강화하고, 재난과 재해를 사전에 예방하고, 북한의 도전을 확고하게 방어해 한반도 평화를 유지함으로써 국민의 삶의 질을 높일 수 있다." 라는 대통령의 말을 전한다.

1) 2010. 12. 20 조선일보와 한겨레신문 각 참조.

국민 삶의 질의 본질적인 내용은 무엇일까? 정의는 국가를 전제하고 평화를 밑받침으로 하는가? 국가안보는 국민의 질적인 삶과 어떻게 연결될까? 모두 공동체적 삶에서 인간행동의 가치평가와 연관된 문제로서 묵직한 정의의 주제이다.

## 2. 주성영 "'박근혜 비난' 박지원, 싸가지 없다" 맹비난

조선일보는"박 원내대표다운 싸가지 없는 얘기"라는 헤드라인으로 한나라당 주성영 의원이 "박지원 원내대표는'3김 시대'사람 아니냐.'3김 시대'정치인이고 정치적 비리로 구속까지 됐다가 사면 복권돼서 국회에 와 있는데 과거 구태정치를 했던 사람의 입에서 그 정도의 말 밖에는 나오지 못하지 않을까 생각했다."라는 기사를 실었다. 앞서 박지원 원내대표는,'박근혜의원은 박근혜표 복지'를 달성하기 위해선, 최소한 이번 예산안 날치기에서 복지예산이 어떻게 됐는지를 함께 밝혀야 한다. 대통령이 되겠다는 분이 중요한 이슈에 대해선 일절 언급을 하지 않으면서 유리한 얘기일 경우 고개를 쳐들고 말씀을 한다고 박근혜의원을 비판했었다.

신문기사는 국회의원들은 어디까지 얼마나 자유롭게 말할 수 있는가? 라는 의문을 제기한다. 분명 일반시민이 박근혜의원이나 박지원 대표를 상대로 위와 같은 언급을 했다면 무사히 넘어갈 수 있었을까? 과연 공평한가? 또 다른 한편으로는 정치지도자라면 모든 일에 자신의 의견을 표명해야 하는가? 라는 정치지도자의 덕목과 연결된 의문을 제기한다. 이것은 공동체적 삶에서 공동체 지도자의 처신에 관련된 문제이다.

## 3. 정쟁에 통째로 날아간 '독도 예산' 43억원

신문은 "날치기 파동과 소위 형님예산으로 얼룩진 새해 예산안 처리과정에서, 독도 관련 예산이 쏙 빠진 모양새라면서, 2011년 독도 관련 홍보 등을 위해 쓰일 43억 원의 예산이 국회 본회의 처리과정에서 반영되지 않고 빠졌다."는 기사를 전달한다. 신문기사가 독도예산에 대한 객관적인 사실과 수치를 널리 알리는 문제라면 소위 "자유로운 선택"의 문제가 아닌, 단순한 사실에 대한 문제이므로 가치판단이나 윤리 그리고 도덕의 문제가 개입되지는 않는다. 그러나 기사는 마치 그 책임을 어떤 특정인에게 전가하는 또는 그런 의문이 있는 것처럼 느껴지게 하는 내용으로서, 기사 자체의 정당성과 기사 내용이 진실이라면 그것은 과연 옳은 일인가? 라는 의문을 제기한다.

## 4. 서울시 '무상급식 조례안' 재의 요구

신문은 서울시 의회가 무상급식 지원 대상을 유치원과 초·중·고교, 보육시설로 하고, 초등학교는 내년, 중학교는 2012년부터 시행하는 내용을 골자로, 민주당측 의

원들만 참여한 가운데 조례안이 의결된 사실과, 시의회 민주당측은 어떤 경우에도 조례안을 원안대로 통과시킨다는 방침, 그리고 이에 대해 "시장 고유권한 침해…… 양측 갈등으로 진통 예상" 이라는 부제목으로 정치적 대립을 담은 내용을 독자들에게 전달하고 있다.

기사는 몇 가지 의문을 제기한다. 먼저 동일한 사안을 두고 같은 민족, 인종, 국민들의 견해나 입장이 어쩌면 이렇게 극명하게 $180^0$ 다를 수 있을까? 라는 의문을 제기한다. 그러므로 무엇이 과연 진실인가? 다음으로 국가의 역할과 입법은 어디까지인가? 하는 문제이다. 국민들에게 밥을 먹이는 것도 국가가 할 일인가? 국가의 사적 영역에의 개입의 한계이다. 이것은 로버트 노직 같은 자유지상주의 정의론자의 입장에서는, 국가가 국민의 삶의 영역에 복지적으로라도 개입하는 범위가 넓어지면, 그것은 오히려 타성이 되어 시민의 자유와 권리를 관리하려고 들거나, 급기야는 불가피하게 제한하거나 침해하는 모습으로 나타나기 때문에, 국가는 꿈도 꾸지 말아야 하는 한계라는 주장이 제기된 것이다. 과연 무엇이 옳은 일인가?

## 5. 한나라당, '국회폭력' 민주-민노당 맞고발하기로

신문은 새해 예산안 단독처리를 시도하는 가운데, 국회 본회의장 안에서 민주당 강기정 의원과 주먹다짐을 벌인 한나라당 김성회 의원에 대해 민주당이 고발한 것과 관련하여, 김무성 한나라당 원내대표가 당 최고위원 회의에서 "예산안 처리 당시 정상적인 회의진행을 방해하고 폭력을 쓴 야당에 책임이 있다. 민주당과 민노당 보좌진을 모두 맞 고발할 것이다"라고 말했다는 기사를 게재하고 있다.

아리스토텔레스에 의하면 일반시민에게 정치적 모범의 삶을 영위하여 공동체 생활에서 시민의 덕과 선을 고양해야할 정치인들의 역할은 과연 무엇인가? 즉 정치인의 정의란 무엇인가를 생각하게 하는 기사이다.

## 6. 민주당이 집권했다면 북한 협박에 훈련포기할 건가?

조선일보는 사설에서 "우리 군의 20~21일 중 연평도 사격훈련 재개 방침을 둘러싸고 국내외가 찬반으로 진영이 나뉘었다. 정부와 여당, 미국, 일본은 한국군이 늘 해오던 통상적 활동이라면서 북한의 보복 사격 협박을 비난하고 있는데 반해, 민주당과 좌파단체, 중국, 러시아는 사격훈련 취소를 요구하고 나섰다. 북한이 2차, 3차의 예상할 수 없는 자위적 타격을 예고하고 나선 상황에서, 민주노동당과 좌파단체들의 사격훈련 중단 요구는 그들의 종북적(從北的) 입장을 다시 한번 확인한 것이다. 민주당이 현재 집권당이라면 북한이 9개월 전 천안함을 폭침(爆沈)시켜 우리 장병 46명을 비명(非命)에 가게 한 뒤 다시 연평도를 기습 공격해 우리 민간인과 군인을 살상했는데도 북한의 보복 협박에 훈련을 포기하겠는가.... 민주당은 북한에 그들의 죄과(罪過)를 상기시키고, 다시 똑같은 짓을 되풀이한다면 책임추궁을 면하지 못할 것이라고 엄중 경고해야 마땅하다. 만일 민주당 주장대로 한국이 북한의 협박에 무릎을 꿇는다면 서해 5도 주변 해상이 북한 소유라고 인정하는 것이나 다름없고 대한민국 주권(主權)은 빈말이 되고 말 것이다." 라고 언급하고 있다. 사실 정치적 논점은 정의의 핵심 가운데 하나로 공동체 삶에 있어서 윤리적 그리고 도덕적으로 가장 치열한 토론 쟁점의 하나이다.

## 7. 청와대, 軍·외교부·경찰 인사 청탁 근절 솔선수범을

신문은 외교부가 인사개혁 차원에서 성과가 부진한 공관장과 간부들을 좌천시키거나 비(非)인기 지역과 부서로 보내는 인사안을 청와대에 올리자, 몇몇 대상자들이 정치권을 동원해 뒤집기를 시도했다는 내용을 전하고, 김성환 외교부장관이 "일부 직원이 외부 인사를 동원해 인사청탁을 하는 구태(舊態)에서 벗어나지 못하고 있다"면서 관련자에게 인사 불이익을 주고 명단을 공개하겠다고 경고했다는 기사를 게재했다. 이어서 국방부와 경찰의 인사청탁 근절 방지도 소개했다. **권리와 의무이외에 영광과 명예는 어떻게 분배되어야 하는가? 기사는 근본적인 배분의 문제 그러므로 정의의 문제를 제기한다.**

## 8. '르완다 봉사' 지진희 "국내 아닌 해외 아동 돕는 이유는…"

신문은 배우 지진희가 르완다 어린이들을 돕는 사실을 전하면서, "국내에도 어려운 아이들이 많은데 왜 해외 아이들을 돕느냐는 얘기를 들었었고 나도 예전에는 그렇게 생각했었는데 직접 가서 아이들을 만나고 짧게나마 삶을 함께 해 보니 절대적 빈곤은 아이들이 감당하기에는 너무 어려운 상황"이라며 "많은 분들도 방송을 보고 나눔에 동참할 수 있는 계기가 되길 바란다."는 언급을 보도했다.

기사는 두 가지 의문을 제기한다. 먼저 인류 보편적인 가치로서의 인권의 문제를 상기시킨다. 오늘날 일부 철학자는 정의는 바로 인권보장이라고 주장한다. 다음으로는 하지만 과연 인권은 윤리적, 도덕적으로 모든 가치에 앞서는 인간행동의 지침인가? 라는 의문을 제기한다. 더 구체적으로는 자기 가족에 대한 사랑, 직장동료애, 사회, 단체에 대한 충성심이나 소속감, 조국에 대한 애국심은 인권에 앞서는 어떤 연대감이나 충직함으로, 그러므로 "우리"라는 개념은 자기가족, 자기이웃, 자기민족, 자기동포를 먼저 생각하는 것이 옳은 것이 아닌가? 라는 의문을 제기한다. 이러한 의문은 더 나아가면 보편적 인권의 관점에서는 과연 국경이 필요한 것인가? 라는 또 다른 의문을 제기한다. 과연 무엇이 올바른 일인가?

또 다른 근본적인 쟁점은 정의의 궁극적인 발현은 무엇인가? 라는 문제이다. 정의론의 개척자 아리스토텔레스는 일찍이 실천으로 배우기(learning from practicing)를 강조했다. 그는 정의는 실천이라고 말했었다. 아리스토텔레스는 풀룻 연주를 음악책을 보고 음악이론을 배워서 하는 것은 아니라고 말했다. 유명한 코미디언이 코미디언 북으로 공부하는 것이 아니고, 훌륭한 요리사가 베스트셀러 요리책을 탐독한다고 하여 되는 것은 아니라는 것이다. 또한 스포츠 선수가 좋은 책에서 빼어난 체육이론을 공부한다고하여 세계적인 운동선수가 될 수 있는 것은 아니다. 지금으로부터 약 2,400년 전에 이미 아리스토텔레스(Aristotle)가 날카롭게 한 지적이다. "실천이 완벽하게 해 준다(practice makes perfect)"라는 말은 이러한 의미이다.

소크라테스(469 BC-399 BC)

지진희는 인권을 이론으로 설명한 것이 아니다. 그는 인권의 소중함으로 몸으로 보여준 것이다. 마찬가지로 정의도 궁극적으로는 실천의 문제인 것이다. 신문기사는 무엇이 올바른 일인지를, 그러므로 무엇이 정의인지를 이해하고 정의롭게 행동하고 처신해야한다는 것을 알려준다.

지진희가 한 일의 내용을 보자. 얼마나 가치있고 소중한 일인가? 그러나 정의의 문제를 야기하는 것이다.

"어려서 아버지를 여의고 어머니와 할머니, 3명의 동생들과 함께 어렵게 생계를 이어가며 살고 있는 쟈넷트의 딱한 사연을 듣고 염소를 선물하고, 어려운 형편과 환경 속에서도 우등생인 쟈넷트에게 학용품도 선물했다. 르완다의 질병 중 80%가 수인성 질병인 만큼 매우 심각한 수준의 비위생적인 식수 문제를 안고 있는데, 식수펌프 후원을 결심하고 지속적으로 쟈넷트의 후원자가 되기로 하였으며, 지역 보건소를 찾아 일주일에 한 번씩 주민들에게 배급되는 영양 죽을 직접 만들고 배급하였고, 바나나 잎으로 만든 집에서 어렵게 생활하고 있는 독거노인을 위해 마을 주민들과 함께 새 집을 짓는 일에도 참여하고, 지역 아이들과 축구 경기도 했다."

## 9. 이대엽 전 시장 一家 온갖 비리에 관여 15억 챙겨

신문은 이대엽(75) 전 경기 성남시장과 조카 등 '일가(一家)'가 시장 재임 8년간 건설업자와 공무원 등에게 뇌물을 받는 등 방법으로 총 15억여 원 가량을 챙겼다는 사실을 보도했다. 이 과정에서 성남시청 공무원들은 판교신도시 건설과 호화청사의 대명사인 성남시 신청사 건립과정에서 업자들에게 압력을 행사해, 시장 일가와 관련된 업체에 공사를 주도록 알선하고 인사승진 자료를 시장 조카에게 제공하는 등 일가 비리에 직. 간접적으로 관여한 것으로 확인됐다." 라는 내용을 보도했다.

사실관계 자체의 부도덕성을 차치하고, 신문기사는 공정함의 우려를 전한다. 왜냐하면 이어지는 보도내용을 보면 문제되는 사람은 이대엽 시장 부부, 큰 조카 뿐임에도 주체를 "**이대엽 전 성남시장 일가와 성남시청 공무원**"이라고 함으로써 자식과 다른 친지들 그리고 선한 공무원들에게도 모두 멍에를 안겨 주고 있다. 이것은 시민들의 알권리의 대상이 되는 언론보도의 정확성과 한계 그러므로 언론윤리 문제를 제기한다.

## 10. "선생님 애 낳으셨어요?" "첫 경험 고등학교 때 했죠?" 남녀 중학생들 단체로 女교사 성희롱하는 동영상 파문

신문은, 인터넷 포털 사이트에 '개념 없는 중딩(중학생을 일컫는 속어)'이라는 제목으로 올라온 동영상에 대한 내용을 소개한다. 그것은 중학생으로 보이는 학생들이 수업 중 여교사에게 성적(性的)인 질문을 하고 놀리는 장면으로, 한 여학생이 "선생님 애 낳으셨어요?"라고 질문하자, 뒤이어 남녀 학생들이 "선생님 첫 키스는 언제?" "선생님 첫사랑은 누구?" 하고 번갈아 질문을 한다. 교사가 당황할수록 학생들 분위기는 고조돼 나중엔 단체로 박수를 치면서 "첫사랑! 첫사랑!" "첫 경험! 첫 경험!" "생리는 언제 했어요?" "선생님, 첫 경험 고등학교 때 했죠?"라는 질문 공세를 펼치며 자기들끼리 낄낄 웃기도 한다. 교사가 화가 난 표정으로 소동을 주도한 남학생에게 다가가 주의를 주려 하자, 해당 학생은 도리어 교사를 향해 "가까이서 보니 진~짜 이쁘네" 하고 반말로 말한다.

일찍이 미국 연방대법원의 포터 스튜어트 대법관이 말한, 자신은 음란물이 무엇인지 개념정의는 못하지만 "**보면 안다(I know when I see it)**"라는 말을 연상시킨다.[2] 일반 시민이라도 정의가 그리고 윤리나 도덕이 무엇인지를 개념정의를 하지는 못할지언정, 이래서는 안 된다는 것은 본능적으로 알 것이다.

## 11. 대법 "여성도 종중 최고어른 될 수 있다"

신문은 여성도 종중 총회를 소집할 수 있는 연고항존자(年高行尊者 · 항렬이 가장 높고 나이가 가장 많은 사람)가 될 수 있다는 대법원 판결을 소개한다. 남녀동등권에 대한 쟁점으로 평등은 정의 문제의 핵심이다.

## 12. 천박한 법과 원칙 그리고 돈

한겨레신문은 매우 도발적인 제목으로 강렬한 내용을 소개한다.

"그동안 대통령과 정부는 어떠한 일이 있어도 법과 원칙을 지켜야 한다고 했습니다. 그런데, 날치기를 버젓이 정의라 말합니다. 더군다나 민간인 사찰과 대포폰이란 엄청난 일에 대해서는 일언반구도 없습니다. 천박하다 하지 않을 수 없는 일입니다. ............... 나에겐 무소불위의 힘이 있으니 내가 하는 행위는 그 어떤 것이라도 정당하고, 자신들의 치부를 지적하는 모든 행위는 법과 원칙이라는 구호를 앞세워 처단하려고만 하고 있으니… 문득 하워드 진의 책『역사의 힘』에 언급된 내용이 떠오릅니다."

기사는 진위를 포함하여 몇 가지 의문을 제기하지만, 대표적으로 공동체 생활에서 아무리 내 주장이 맞는다고 해도, 아무리 내 의견이 옳다고 해도, 상대방의 의도나 목적을 정확하게 알지 못하고 표명된 것만을 기준으로 거침없는 의견을 제기할 수 있는가? 그것은 또 다른 스트레스를 주는 것은 아닌가? 라는 공동체적 생활의 한계를 생각하게 하고 가치판단을 요구한다. 또한 특정한 한사람의 의견을 인용하면서 나머지 전부를 비판하는 것은 사상의 사대주의는 아닌가? 그러므로 과연 무엇이 옳은 일인가? 라는 근본문제로 돌아가게도 한다.

## 13. 악법도 법이다? 과거사 반성 없는 검찰, 군사독재 때 사건들 재심 무죄선고에 잇단 상소, "당시 시대상황 기준으로 처벌해야" 억지 논리

신문은 대법원이 대통령 긴급조치 제1호는 '국민의 기본권을 침해한 것'이라며 정부 비판을 했다가 옥살이를 한 오종상(69)씨에게 무죄를 선고한 판결에 대해, 검찰이 법원에 상소했음을 소개한다. 또한 검찰이 그동안 재심 무죄선고에 상소하지 않던 '관행'을 깨고 '이번 정부'들어 상소하는 것이라고 보도하고, 검찰의 상소이유는 당시 시대상황을 거론하며 당시에는 처벌하는 게 맞는다고 강변한다는 것이다. 신문은 이에 대해 유족회 쪽은 "검찰이 잘못된 과거사를 반성하기는커녕 끝까지 처벌을 고집한다."며 울분을 터뜨리고 있다고 보도했다.

시대상황 반영이라는 검찰의 주장이 옳은가? 아니면 유족회의 주장이 옳은 것인가? 이 상황에서 정의란 무엇인가? 수십 년 동안 사회적으로 범죄인을 취급받아 억울함이 하늘을 찌른다는 유족의 입장은 충분히 이해하고도 남음이 있다. 검찰의 입장은 또 무엇인가? 법치주의에서 법에 규정된 정당한 절차를 이행함은 당연한 권리이자 의무라는 논리이다. 공리주의적 정의론, 자유주의적 정의론 그리고 공동체적 정의론을 총동원한다고 해도 해결이 쉽지는 않아 보인다. 그러나 신문보도에서 명백히 제기되는 사회 윤리적 그리고 도덕적 쟁점은 정의는 단지 권리와 의무, 재산과 소득의 분배의 문제가 아니라 영광과 미덕 기쁨과 슬픔의 공정한 분배와 해소의 문제도 포함한다는 사실이다. 영광과 미덕이나 아픔과 기쁨에 대한 문제의 해결 없이 일반 시민들이 상황을 이해하기는 어렵다고 보인다.

**14. 공공기관 자발적 공개, 아직 먼 나라 얘기, 미국·영국 등 다양한 정보제공, 시민 클릭으로 동네정보 싹~**

신문은"장병인(43)씨는 올해 초 자신이 자주 가던 서울 마포구의 단골식당이 식품위생법 위반으로 행정처분을 받은 사실을 우연히 알게 됐다. 스마트폰에 콘텐츠를 공급하는 사업을 구상 중이던 그는, 행정처분을 받은 식당을 한눈에 찾아볼 수 있는 '옐로카드'라는 스마트폰 애플리케이션을 만들었다."라는 내용을 소개하면서, 우리사회는 여전히 정보공개를 꺼리는 경향이 강해 비공개하는 경우가 잦고, 설사 공개된 정보이더라도 시민들이 쉽게 찾을 수 없는 구조임을 지적한다.....

기사는 몇 가지 문제를 제기한다. 공공기관의 정보공개의 이유와 타당근거는 무엇인가? 공공기관이 공개한 공개자료의 이용에 대한 한계는 없는가? 그러한 공개자료를 유상으로 활용하는 것도 가능할까? 라는 연쇄적인 의문을 제기한다.

## Ⅲ. 평 가

이런 내용들이 2010년 12월 20일 단 하루에 제기되었던 정의와 관련된 문제들이었다. 과연 우리들의 일상은 정의와 무관하고 정의는 나와는 관계가 없는 남의 일인가? 아마 다른 신문들도, 역시 비슷하거나 더 많은 정의와 관련된 기사를 게재했을 것이다. 사회면의 사건 사고를 포함하면 정의에 대한 기사는 훨씬 많았을 것이다. 그런 모든 기사에 근본적인 가치판단 그러므로 윤리와 도덕의 문제가 개재되어 있다. 그러므로 정의를 배우는 것은 윤리를 배우는 것이고, 도덕을 생각하는 것이며, 일상생활에서 접하는 문제에 대한 깊은 이해와 통찰력을 시험하게 하는 것이다. 정의는 결코 먼 나라의 이야기가 아니다. 우리들 일상의 자연어이다.

---

2) Jacobellis v. Ohio 378 U.S. 184 (1964). 미국 연방대법원 판결문에서 가장 유명한 명구 가운데 하나이다. 원문을 본다. 'I shall not today attempt further to define the kinds of material I understand to be embraced within that shorthand description ["hard-core pornography"]; and perhaps I could never succeed in intelligibly doing so. But I know it when I see it, and the motion picture involved in this case is not that." — Justice Potter Stewart.

## 제3항 정의와 인간의 삶

### Ⅰ. 정의 판단의 요체로서의 자유와 가치판단

정의는 단적으로 자유를 요청하는 개념이다. 정의는 행위를 하지 않을 수 없는 자유로운 존재인 인간이 무엇인가를 선택하고 결정을 하려고 하는 경우에 항상 제기된다. 인간 공동체 생활에서는 구성원들 각자의 행위와 선택에 대해서는 공동체적 관점에서의 윤리적 그리고 도덕적 평가가 뒤 따르기 때문이다.

그런데 행위나 선택의 도덕성 판단이나 윤리성 판단에서 중요한 것은, 판단과 행위의 이면에 있는 동기나 의도, 행동의 결과 그리고 사회적 또는 개인적 가치이다. 정의는 인간의 내면의 문제만도 아니고 외면의 문제에 한정하는 것도 아니다. 정의는 내면과 외면이 함께하는 인간 공동체 생활에서의 가치나 이념의 문제이다.

예를 들어 누군가가 여러분에게 "내가 노란색을 입을까요, 파란색을 입을까요?라고 질문했다고 하자. 질문은 그 자체로는 도덕적인 문제가 없다. 그러므로 정의의 문제가 개재된 질문이 아니다. 그러한 질문은 사실적인 의문이다. 하지만 그 질문이 노란색을 상징하는 민주당 아니면 파란색으로 상징되는 한나라당에 가운데 어떤 당을 선택하는가와 관련된 질문이라면 사정은 달라진다. 그 질문에는 동기나 의도가 개재되어 있기 때문이다.

다른 예를 보자. 예컨대 "사람들이 기근으로 죽어간다"라는 말은 정의의 쟁점이 개재된 도덕적인 서술이 아니다. 하지만 여러분이 "그러나 나는 북녘에 있는 내 동포들을 위해 어떤 역할도 할 수 없다."라는 말을 덧붙이면 이것은 정의 판단의 문제가 되는 것이다. 그 대답에는 답변이라는 행동에 투영되는 의도, 답변에 따라서 이루어질 상대방 행동의 결과 그리고 답변자의 사회적 또는 개인적 가치가 담긴 의미 있는 내용이 포함되어 있다. 이것은 거의 전적으로 도덕적 가치 그러므로 정의와 관련된 문제가 되는 것이다.

그러므로 반대로 해석하면 사실관계 그 자체만으로는 무엇이 옳고 그른지를 판단하기 어렵고, 동기와 의도, 결과, 가치지향적인 이념 등 인간 행동의 내면적 그리고 외면적 요소를 함께 고려할 때 올바름의 판단이 설 수 있다는 것을 알 수 있다. 결국 도덕과 정의의 중심에는 각자가 스스로 판단하여 결정할 수 있는 자유가 있어야 가능함을 알 수 있다. 왜냐하면 만약 어떤 행동을 함에 있어서나, 선택에 있어서 자유롭지 못하다면 각자는 각자의 행동에 대해 윤리적인 책임을 부담할 수는 없기 때문이다. 그러므로 정의는 필연적으로 진정한 자유를 전제로 하는 개념이다.

정의의 판단에 자유가 필수적인 요청임은 정의를 인권이라고 보는 관점에서는 더욱 명백해진다. 일반적으로 인권은 1789년의 프랑스 인권선언이 가르쳐 주듯이 자유·평등·박애를 지향하는 가치개념이다. 간략하게는 인권은 자유권과 평등권을 속성으로 한다. 그러므로 자유가 정의의 근본적인 요소가 됨은 자명하다. 자유롭지 못한 선택이나 행동의 경우에 정의를 논할 수는 없다. 정의의 문제에 있어서 자유는 정의를 결정하는 주체적 인자이지만 평등은 사전 고려적 요소이고 결과적 현상이라고 할 수 있다.

## II. 정의의 문제는 주로 공동체 삶에서의 권리와 의무

정의논쟁의 상당부분은 권리와 의무에 대한 논쟁이다. 권리와 의무는 인간의 공동체적인 삶에 불가결한 모습으로 연결되어 있는 상호간의 연결고리이기 때문이다. 그런데 정의론에서 말하는 권리와 의무는 일반적인 법률용어만을 가리키는 것은 아니다.

즉, 정의에서 말하는 권리와 의무는 법에 의해 부여된 힘이라는 권리 또는 법적책임을 의미하는 의무의 개념만을 지칭하는 것이 아니라는 말이다. 정의론에서 말하는 권리와 의무는 인간이 합리적으로 사회에서 무엇을 바랄 수 있는가? 그리고 그에 보답하여 우리는 사회에 어떻게 기여할 수 있는가?를 포괄하는 의미이다. 그런데 사람이 어떤 권리와 의무를 가지고 있는가? 에 대해서는, 오랜 철학적 난제였다. 권리와 의무의 근거에 대해서는 3가지가 거론된다.

① 대표적으로 먼저 존 로크가 잘 설파했듯이, 인간은 자연상태에서 국가권력 그러므로 입법이 제정되기 전에 이미, 어떤 양도할 수 없는 권리가 있고 그에 따른 의무가 있다. 소위 자연상태에서의 천부적인 인권이다. 그러므로 천부인권을 유린하는 것은 결코 정의롭지 못하다는 평가를 받게 된다.
② 두 번째로 인간은 이 땅에서, 국가권력을 창설한 후에 합의에 의해서 다양한 권리와 의무가 발생한다. 그러므로 국가제도적인 질서나 자유로운 합의를 파기하는 것도 정의롭다는 평가를 받을 수 없다.
③ 문제는 이상의 두 가지 종류이외에, 인간에게는 어떤 권리와 의무를 발생시키는 제3의 구속이 있는가의 문제이다. 소위 후술할 공동체주의적 정의론의 관점이다. 대표적으로 가족애, 동료애, 촌락이나 부족 그리고 마을 조직이나 단체 더 크게는 국가에 대한 연대감이나 애국심이 정의의 정당화 요소로의 권리나 의무의 근거로 인정될 것인가의 문제이다. 그러므로 가족이나 국가 사회에 대한 사랑이나 연대감 때문에 인권유린을 눈감을 수 있는가? 그런 이유로 인권유린 상황을 외면하는 행동이 과연 정의로운가? 의 문제를 제기한다는 점에서 인간사회에서의 권리와 의무의 미묘한 쟁점이 있다. 연대감이나 사랑, 우정, 애국심에서 비롯되는 어떤 의무를 저버리는 것도 정의롭지 못한 것일까?

## Ⅲ. 정의는 인간의 삶을 예술과 같이 만들어 준다.

예술은 영감, 직관 균형감, 사용할 수 있는 재료의 사려 깊은 사용에서 탄생하는, 인간의 가장 창조적인 지적활동이다. 그래서 예술은 단순히 물질적인 캔버스, 페인팅 그리고 예술 활동에 사용된 돌이나 철물 같은 어떤 재료 이상의 지적활동으로 평가되고 가치를 부여받는다. 예술은 주어진 재료에 생명을 불어넣어, 사용한 물질을 통해서 예술가가 무엇인가를 말하려고 하고, 어떤 의미나 가치 또는 희망을 부여하려고 한 것이다.

그런데 인간의 삶에서 정의가 바로 예술에서의 재료와 같은 역할을 한다. 정의는 인간의 삶은 예술로 승화시켜줄 수 있는 이념이나 진정한 가치가 된다. 우리가 어떤 형태의 삶의 한 모습을 선택하여, 우리가 선택하고 결정한 바에 따라서, 삶을 차츰차츰 보살피고 가다듬어 나가는 모습이 인생이기 때문이다. 인간은 단순한 육체나 뼈 그리고 일상생활의 잡다한 담보물이나 전리품의 총합이 아니다. 인간은 결코 재력이나, 노동력, 사회적·정치적 지위로 평가될 수 있는 단순한 존재가 아니다. 인간은 사회에서 단순한 구조적인 소비자이거나 생각 없는 구성품이 아니다. 인간은 결코 유전적으로 또는 사회 환경적으로 삶의 진행방향이 프로그램 되어 있는 자동기계도 아니다.

인간은 윤리와 도덕을 생각하며 무엇이 정의인가를 추구하며, 정의를 실천할 수 있는 이성적 존재이고, 따라서 삶의 진정한 모습은 정의를 바탕으로 할 때, 단순한 물리적 구성품의 합산을 넘어선 엄청난 창작물이 되는 것이다. 인간은 감정이 있고 직관이 있으며 꿈이 있고 그리고 야망이 있기 때문이다. 인간의 삶은 끊임없이 스스로가 선택하여 만들어가는 방향으로 형성되어진다. 삶은 예술이고 예술적 삶의 중심에 정의가 있는 것이다.

정의로운 행동으로 자신의 삶을 예술적인 모습으로 승화시킨 사람은 인류역사에 허다하다. 노예폐지를 이루고 암살된 에이브러햄 링컨, 영국에 맞선 비폭력 독립 운동으로 평화의 상징이 된 마하트마 간디, 평화 행진을 벌이며 인종 차별을 막은 마틴 루터 킹, 나치의 인종 학살에서 유대인들을 구한 코리 텐 붐, 아프가니스탄 여성들의 권리를 위해 온몸을 바친 미나 케시와르 카말, 버마의 인권 지도자 아웅 산 수치들은 그들의 삶에 정의의 가치를 크게 하여 불의와 폭력에 시달리는 가난하고 병약한 사람들 편에 서서 인류에게 희망과 용기를 불어넣어 주었다.[3)]

3) 요나 윈터, 정의의 힘으로 세상을 지킨 사람들, 주니어 김영사(2011).

**에이브러햄 링컨(Abraham Lincoln, 1809~1865년)**

링컨은 미국의 제16대 대통령으로 재직했다. 그는 남북전쟁이라는 미국의 내부적 위기로부터 나라를 이끌어내는 데 성공하여 연방을 보존하였고, 노예제를 끝냈다. 링컨은 켄터키주(州) 호젠빌에서 가난한 농민의 아들로 태어났다. 어려서부터 노동을 하였기 때문에 학교교육은 거의 받지 않았지만, 독학하여 1837년 변호사가 되어 스프링필드에서 개업하였으며, 1834~1841년 일리노이 주의회 의원으로 선출되었다. 상원 의원 선거에서는 두 번 실패하였다. 그는 가족과 함께 시간을 많이 보내지는 못했지만, 자상한 남편이었고 네 아이의 아버지였다.

1863년에는 노예 해방 선언을 발표했고, 수정 헌법 13조의 통과를 주장하며 노예제의 폐지를 이끌었다. 링컨은 남북전쟁에서 율리시스 그랜트 장군과 같은 최고 지휘관의 선발에 깊이 관여하며 남북전쟁을 승리로 이끌었다. 1863년 11월 게티즈버그국립묘지 설립 기념식 연설에서 유명한 "국민에 의한, 국민을 위한 국민의 정부는 지상에서 영원히 사라지지 않을 것이다"라는 불멸의 말을 남겼다.

그의 게티스버그 연설은 미국의 전통인 자유주의 곧 자유, 평등, 민주주의에 대한 상징이 되었으며, 역사를 통틀어 가장 많이 인용되는 연설로 손꼽힌다. 전쟁이 종료돼 가면서 링컨은 전후 재건에 대해 신중한 시각을 보이며 관대한 화해를 통해 국가를 통합하는 정책을 주장했다.

1865년 4월 9일 남부연합 사령관 로버트 리 장군이 그랜트에게 항복함으로써 남북전쟁은 종막을 고하였다. 남군 항복 2일 후인 4월 14일 워싱턴의 포드극장에서 연극관람 중에 남부인 배우인 J.부스에게 피격당하여 이튿날 아침 사망하였다.

## Ⅳ. 정의 개념의 상대성

Justitia

안대를 두르고 저울과 검을 든 유스티치아는 정의의 상징이다. 유스티치아는 눈에는 안대를 하고 오른손에는 칼을 들고 왼손에는 저울을 들고 있다. 이 유스티치아가 바로 법, 즉 저스티스(Justice)를 말하는 것으로 정의는 법이 지향하는 이념의 하나이다.

정의의 여신인 유스티치아가 소지하는 3가지 물건을 다음을 상징한다. 먼저 검은 강제력을 상징한다. 저울은 공평하게 측정하는 기준을 상징한다. 마지막으로 안대는 검과 저울을 사용함에 있어서 편견이 없이 공평무사하게 사용함을 상징한다.

그런데 안대를 두른 것은 편견을 배제하기 위한 불가피한 선택이기는 하지만, 암흑 속에서의 판단을 의미한다. 다른 관점에서는 눈을 뜨고 보는 경우와 달리 정확성에 의문이 제기될 수 있다. 상황윤리의 적용가능성도 높다는 의미이다.

그 결과 현실사회에서 정의는 실제로는 애매모호한 개념이다. 철학이나 법철학의 영역에서 정의의 올바른 뜻을 확립하고자 많은 고민을 해왔던 사실이 역설적으로 이를 잘 말해준다. 예로부터 전해 오는 가장 뛰어난 정의론은 아리스토텔레스에 의한 상대적 정의개념이었다. 아리스토텔레스는 정의는 "같은 것은 같게, 다른 것은 다르게"라는 의미한다고 하여 정의 개념의 상대성을 잘 말해 주었다.

# 제4항 정의에 대한 일반적인 이해

## Ⅰ. 개 관

공평의 상징

정의를 한마디로 잘라 말하기는 어렵다. 하지만 일상생활에서 그것은 "공평하다" 아니다 "공평하지 못하다"는 말이 제기되는 경우에, 그것이 바로 인간 공동체 생활에서 정의와 가장 밀접한 관련이 있는 요구이다. 사회생활에서 공정하지 못하다고 생각되는 것이 시정되어져 이루어져야 할 상태, 그것이 바로 일반인으로 느끼기에는 정의가 구현된 상태라고 할 수 있기 때문이다. 이처럼 사회공동체 생활에서 정의란 일반적으로 "공정함"을 의미하는 것이다. 그러나 물론 그 공정함을 어떻게 채울 것인가의 문제에 이르게 되면 다시 정의란 무엇인가? 라는 근본적인 질문으로 회귀하게 된다.

정의는 인류역사를 통틀어 철학, 법학 그리고 신학적 반성의 주제였다. 정의에 관련한 수많은 중요한 질문이 격렬하게 논쟁되어 왔다. 그 가운데 가장 중요한 질문은 다음으로 요약할 수 있다.

**① 정의란 과연 무엇인가(What is justice)?**

**② 정의의 실현을 위해 정의는 개인과 사회에게 무엇을 요구하는가? (What does it demand of individuals and societies)?**

**③ 사회에서 부와 재화의 공정한 분배의 기준은 무엇인가? (What is the proper distribution of wealth and resources in society)?**

이러한 세 가지 질문에 대한 대답은 각자의 정치적 그리고 철학적 관점에 따라서, 헤아릴 수없이 많이 주창되고 이해되어 왔다. 이들 모두는 앞으로 정의론에서 생각해 볼 문제들이다. 사실 인간의 삶에 있어서 옳고 그름, 즉 선악의 문제를 근본적으로 명쾌하게 풀 수 있는 하나의 기준이나 원리, 즉 정의가 있는가?를 두고, 수많은 철학자들은 줄곧 골머리를 앓아왔고 지금도 계속해서 뜨겁게 논쟁중이다. 정의에 대한 기초적인 개념을 다지기 위해서 정의에 대한 의미 있는 표현들을 살펴보자.

## 1. 조화로서의 정의(Justice as harmony)

대표적으로 플라톤은 정의란 '**인간의 지혜, 절제, 용기의 3가지 덕이 알맞게 그 기능을 발휘할 때의 상태**'라고 말했다. 하지만 플라톤은 정의의 실현은 개인의 덕을 달성하는 것만으로는 이루어지지 않는다고 하여 사회 전체의 윤리설을 강조했다. 그것이 플라톤의 유명한 철인통치론이다. 철인정치론은 국가윤리의 확립을 위해서 "철학자가 왕이 되거나 왕이 철학을 해야 한다"는 주장이다. 정의로운 사회를 달성하기 위해서 오늘날의 정치인들이 되새겨야할 덕목이다.

## 2. 자연법으로서의 정의(Justice as natural law)

존 로크(John Locke)는 정의를 자연법의 일부라고 주창했다. 그러므로 정의는 어떤 행동이나 선택에서 필연적으로 야기되는, 즉 인과론에 따른 결과론적 체계를 갖는다고 보았다. 따라서 자연법으로서의 정의는 일면으로는 철저한 인과관계가 적용되는 물리학의 이치와 유사한 보편적이고 절대적인 개념이다. 이런 조건이면 저렇게 행동해야 정의로운 것이 된다. 법이나 인간사회의 도덕적 원리나 원칙 심지어 인간의 윤리를 지배하는 종교도 정의의 개념을 조문화한 것에 지나지 않는다고 보았다. 하지만 인간은 때때로 정의를 잘못 이해하고, 잘못 조문화하여, 인간사회의 질서는 자연의 진정한 본질과 배치될 수도 있다고 보았다. 여기에서 저항권이 연유하는 이유가 발생한다.

### 3. 인간 창조물로서의 정의(Justice as human creation)

정의를 조화의 발견이나 신성한 명령, 또는 자연법칙으로 보는 통념과 달리, 정의를 인간이 창조한 개념으로 보는 입장이다. 이에는 두 가지 주장이 있다. 하나는 정의를 일부 인간이 창조한 개념이라는 견해이고 다른 하나는 정의는 인간 모두가 창조한 보편적인 개념이라는 견해이다. 아리스토텔레스는 정의론에서 노예제도가 정당하다고 역설했음을 상기할 필요가 있다. 인간창조물로서의 정의는 법으로 나타나는 것이 대표적이다.

### 4. 권위적 명령으로서의 정의(Justice as authoritative command)

토마스 홉즈(Thomas Hobbes)에 의하면 정의는 강제력 있는 공권력에 의해 생성된 것이다. 반면에 불의는 도덕과는 무관하게 당국이 금지한 것에 위배하는 행위라고 말했다. 이 입장은 정의가 신의 명령이라는 신령설과 유사한 것으로 다만 신(God)의 자리를 국가, 즉 공권력으로 대체한 입장이다. 권위적 명령으로서의 정의는 대개 조직이나 단체의 수장의 지도로 나타난다.

### 5. 상호 합의로서의 정의(Justice as mutual agreement)

일반적인 사회계약설에 의하면, 정의는 이해관계 있는 모든 사람의 사회적 합의에 의해 공평과 편견 배제의 견지에서 도출된 계약이라고 본다. 합의의 정당성과 타당성에 대해서는 후술한다. 그러므로 자유로운 합의는 정의로운 것이라는 결론에 이른다. 여기에서 합의의 중요성과 진정한 의미가 문제된다.

## Ⅱ. 공동체 사회와 정의

### 1. 정의의 역사와 공동체 사회에서 정의의 원리가 필요한 이유

인류의 역사는 인간의 존엄성과 가치의 창조를 위한 꾸준한 노력으로 점철되어 왔다. 인간이 최초로 군집(群集)하였다고 추정되는 메소포타미아 문명 이래로, 인간은 자신의 존엄성을 향상시키고 가치창조의 계속을 위한 중요한 방편으로 자유를 의식했다. 그러므로 인류 역사는 노예와 같은 피

종속적인 상태에서 자주적인 인간성의 회복을 위한 자유를 위한 투쟁의 역사였다.

그러나 인간은 이러한 투쟁의 과정에서 자유란 무한한 것일 수만은 없다는 사실을 인식했다. 자유가 무제한일 경우에 무한한 자유를 얻기 위한 "만인의 만인에 대한 투쟁"으로서 오히려 파멸에 이르러 결국 아무런 자유도 얻을 수 없다는 것을 깨달은 것이다. 그리하여 인간은 자발적인 계약을 체결하여 자유를 필요에 따라 제한할 수 있도록 하자는 데에 의견의 합치를 보았다. 그리고 계약된 범위 내에서 자신이 누릴 수 있는 능력의 모습을 권리라고 이름 지었다. 권리에 대한 반대의 대가개념으로 의무도 설정했다.

따라서 권리는 본질적으로 수레의 한 쪽 바퀴에 불과한 것이며, 다른 한 쪽의 바퀴, 즉 의무가 부가되지 않는 한 존재의의를 상실한다. 권리는 존중되어야 하며 의무는 준수되어야 하는 이유가 여기에 있는 것이다. 그러나 권리를 존중하고 의무를 준수함에 있어서 일관하는 하나의 원리가 필요하다. 만약 그렇지 못할 경우에는 권리와 의무가 수익자 또는 수탁자의 자의에 따라서 아무렇게나 해석되고 행사될 위험성이 생기기 때문이다. 또한 해석상의 문제점이 비일비재할 경우 권리와 의무는 애초의 존재 목적을 상실할 것이기 때문이다. 여기에 권리 · 의무 이행에 있어서의 일관된 원리가 필요한 이유가 있다. 그러한 많은 원리 중에서도 권리의 존중과 의무의 준수를 위하여 먼저 그리고 궁극적으로 필요한 것이 **정의의 원리**인 것이다.

## 2. 권리행사의 한계로서의 정의의 요소

인간의 역사를 정의를 회복해 가는 역사라고 하는 경우에, 인간의 역사는 인권의식의 역사였고 인권목록 확장의 역사였다. 역사적으로 오랜 시간의 민권투쟁을 통하여 시민계급이 기본권을 쟁취하였을 때까지만 해도, 시민들은 자신의 권리가 비대해 짐으로써 일어날지도 모르는 부작용을 깨닫지는 못했다. 시민계급은 권리를 쟁취함으로써 모든 것이 잘 되리라고 믿었던 것이다. 그러나 사태는 엉뚱한 방향으로 전개되었다. 즉, 과도한 권리행사는 지나친 권리의 제약에 못지않게 사악하다는 사실이 입증되었다. 자기중심의 최대한의 권리행사는 필연적으로 타인의 자유와 권리와의 충돌을 불가피하게 야기하기 때문이다. 하지만 현명한 인간은 권리는 의무를 수반한다는 권리행사 제약의 원리를 인식하고 방책마련을 서둘렀다. 이러한 움직임은 미국에서 최초로 일어났다. 그들은 청교도적 금욕주의에 입각하여 자제하지 않는 권리란 사회에 유해할 수도 있다는 사실을 깨닫고, 1776년의 버지니아 권리장전 제15조에 "모든 인민은 모름지기 정의와 절제와 덕성에 입각하여 사회의 제반원리로 되돌아가서 처신하지 않는 한 자유정부도 자유의 혜택도 향유할 수가 없다"고 강조함으로써 민권을 스스로 제약한 최초의 시민이라는 영광된 칭호를 얻었다.

이러한 정신, 즉 시민권을 행사함에 있어서 정의의 원리에 입각해야 한다는 사실은 그 후 각국의 모든 민권법안에 그 영향을 미쳤다. 한국의 경우에도 민권행사의 제약이론은 '민주적 기본질서'와 '국가안전보장 · 질서유지 또는 공공복리'라는 용어로 표현되고 있다. 헌법 제32조 2항에서는 "국민의 자유와 권리는 국가안전보장 · 질서유지 또는 공공복리를 위하여 필요한 경우에 한하여 법률로써 제한할 수 있다"고 규정하여 권리의 행사는 국가안전보장 · 질서유지 또는 공공복리에 모순되는 바가 없어야 한다는 점을 분명히 밝히고 있는 것이다.

이처럼 권리란 그 행사에 있어서 즐거움에 못지않은 의무의 부과가 있음을 직시해야 한다. 통치권의 행사에서도 의무의 부과에 못지않은 권리의 보장이 선행되어야 한다. 이러한 상관관계를 주재하는 가장 중요한 원리가 곧 정의의 원리이다. 정의의 원리에 입각하지 않는 권리행사나 제약은 사실상 권리와 의무의 본질에 반하는 것이다. 루돌프 폰 예링(Rudolf von Jhering)이 그의 저서 『권리를 위한 투쟁』(Der Kampf uns Recht)에서 말한 바와 같이 "권리자의 주장은 권리자 자신의 인격의 주장이며, 권리의 주장은 곧 사회 공공에 대한 의무인 것이다."

## 3. 정의와 법

정의와 관련하여 법은 2가지 관점을 가진다. 공동체 사회에서 법은 정의를 직접적으로 실현하는 것을 목적으로 한다. 그러므로 법은 정의를 실현하기 위한 대표적인 수단이 되기도 한다. 법의 강제력은 일반인으로 하여금 불의를 회피하게 하는 예방적 기능이 있다. 또 다른 한편으로 정의는 법의 이념으로 법은 구체적인 정의의 표현내용이 된다. 그러므로 원칙적으로 공동체 생활에서 법대로 하면 일응의 정의는 실현되는 것이다.

일반적으로 사법(私法)은 배분적 정의를 실현시키려는 데 그 목적이 있고, 공법(公法)은 교정적 그리고 절차적 정의를 실현시키려는 데 주된 목적이 있다. 한편 법의 판단은 공정함을 가치지향으로 한다. 그러나 법의 이상인 공정함은 정의의 단지 한 양상일 뿐 그 전체는 아니다. 그러나 법의 내용이 명백하고도 당연하게 정의를 징표 하는 것은 물론 아니다. 그것은 오늘날의 입법구조를 보면 다수결을 원칙으로 하는 타협의 산물이기 때문이다. 여하튼 정의는 사회정의 실현을 궁극적인 목적으로 하는 법의 영원한 이념이다.

## 4. 정의와 윤리 및 도덕

윤리와 도덕은 모두 인간의 공동체 생활에서의 정의로움 판단의 요소들이다. 일반적으로 윤리는 개인이 아닌 집단이나 전체의 도리이고 또한 외면적 결과를 반면에 도덕은 개개인의 내면적 가치를 의미한다고 할 수 있다.

### 1) 윤리(倫理, ethics)

윤리는 사람으로서 마땅히 행하거나 지켜야 할 사람의 도리를 의미한다. '윤리'의 '윤(倫)'자는 무리(類) · 또래(輩) · 질서라는 뜻이다. '이(理)'자는 이치 · 이법(理法) 또는 도리라는 의미이다. 윤리는 인간의 자유의지에 의해서 실현되어야 할 이법이다. 윤리의 대칭에 사물의 이치인 물리(物理)가 있다. 물리는 자연에 있어서 사물이 언제나 그렇게 나타나는 존재의 이치이다. 하지만 윤리는 자연적으로 나타나는 것은 아니다. 윤리는 존재(存在)의 이치가 아니라, 개별적 사람의 의지와 관계없이 공동체 사회에서 그렇게 해야만 하는 당위(當爲)로서의 이법이다. 유교는 대표적인 인간관계로 ① 부자(父子)관계 ② 군신(君臣)관계 ③ 부부(夫婦)관계 ④ 장유(長幼)관계 ⑤ 붕우(朋友) 관계로 표현되는 오륜(五倫)을 든다. 유교에서의 윤리는 이 다섯 가지의 인간관계에서 이루어져야 할 인간의 도리가 된다.

### 2) 도덕(道德, morality)

도덕은 개개인의 인간이 지켜야 할 도리 또는 바람직한 행동기준을 말한다. 그러므로 도덕적 판단은 개개인의 행동이 정당한지 아니면 부정당한지 또는 이기적인 것인지 이기적이 아닌 것인지를 결정하는 것이다.

근대에 이르러 도덕과 윤리는 혼용되었다. 윤리 또는 도덕을 의미하는 그리스어의 'ethos', 라틴어의 'mores', 등이 모두 '습속'이라는 뜻으로, 도덕이나 윤리란 특정집단과 더불어 생활하여 온 인간이 한 구성원으로서 살아간 방식과 습속에서 생긴 것이다. 그러므로 도덕과 법 역시 같은 근원에서 나온 것이다. 다만 사회가 복잡해짐에 따라 법은 사회적 외적(外的) 규제로, 그리고 도덕은 개인적 내적(內的) 규제로 분화되었다. 계급사회의 성립과 함께 법과 도덕은 정치 지배의 유력한 수단이 되기도 하였다. 그래서 법이 국가권력을 지배하고, 도덕이 보편적 원리를 지배하는 원리가 되었다. 도덕은 행위의 이상적인 규범의 기준으로 언급되어 판단기준이 된다. 그러므로 도덕은 특정한 상황에 있는 개별적인 사람들이 무엇인가를 선택해야 할 때 어느 좋이 올바른 것인가? 를 결정하는 기준이 된다.

### 3) 도덕과 윤리학

윤리나 도덕에 대한 이론적 성찰이 윤리학이다. 윤리학은 도덕적 결과가 어떻게 특정한 상황에서 성취될 수 있는지(응용윤리학), 도덕적 가치들이 어떻게 결정되는지(규범윤리학), 무엇이 사람들을 실제로 도덕적 규범들에 따르게 하는지(기술윤리학), 어떤 목적적 정당화를 포함하는, 윤리학과 도덕성의 근본적인 본질은 무엇인지(분석윤리학 또는 메타윤리학), 도덕적 수용력과 도덕적 힘은 어떻게 발달하고 그것의 본성은 무엇인지(도덕 심리학)와 같은 질문들을 던지고 고민한다. 그러므로 윤리학은 공동체 사회에서 사람과 사람의 관계를 규정하는 규범 · 원리 · 규칙에 대한 학문으로 인간 사이의 행위에 관한 여러 문제와 규범을 연구하는 학문이다. '윤리학'이라는 이름을 가진 최고(最古)의 책은 아리스토텔레스의 《니코마코스 윤리학 : Ēthica Nichomacheia》이다.

# 제2절 정의의 분류와 현실적 이해

## 제1항 정의의 분류

### Ⅰ. 개　관

일반적으로 정의를 공정함이라고 말할 때 공정함의 문제는 크게 3가지로 분류된다. 그러므로 통상 정의도 3가지로 분류된다. 정의를 이처럼 3가지로 분류해 보면 정의와 관련된 문제 상황을 조금 더 명확하게 이해할 수 있고, 공정하고 현명하게 분쟁이나 문제를 해결할 수 있게 된다. 보통 민주법치사회에서는 다음의 배분적 정의나 교정적 정의 그리고 절차적 정의가 합리적이고 공정하게 이루어지는 체계를 갖추고 있는 것으로 전제하고, 인류 각자의 삶을 영위하고 있는 것이라고 할 수 있다. 정의 분류에 대한 상세는 후술한다.

### Ⅱ. 정의의 현실적 분류

#### 1. 배분적 정의

배분적 정의는 사회의 경제적 생산물을 공정하게 분배하는 형태를 말한다. 사회의 재화와 용역을 분배하거나 상호간에 나눌 때 그러한 분배가 공정한가? 아닌가?를 생각하는 것이 바로 배분적 정의 또는 분배적 정의를 다루는 문제이다. 이 경우에 분배의 대상에는 이득과 부담 또는 손해가 모두 포함된다. 임금, 용돈, 점수, 발언권, 투표권과 같은 것은 이득의 형태이고, 세금, 숙제, 노동과 같은 것은 부담의 형태이다. 이러한 이득과 부담을 누구에게 그리고 어떻게 분담시키는 것이 공평한 일일까?라는 문제는 영원한 난제이다.

## 2. 교정적 정의

어떤 잘못에 대해 처벌을 부과하거나 피해에 대해 배상을 요구하거나 명령하는 경우에 그러한 처벌이나 배상이 합리적이고 공정한가를 고려하는 문제이다. 어떤 잘못이나 피해에 대해 처벌이나 배상이 너무나 가혹하거나 반면에 처벌이나 배상이 모자란다면 정의로운 것이 아니다.

## 3. 절차적 정의

어떤 문제나 분쟁에 대한 실체적인 내용은 아니지만, 그러한 분쟁이나 문제의 실체적인 내용을 판단하는 과정에서의 정보나 증거를 수집하는 과정과 그것을 증거나 근거로 하여 판단하는 과정 자체가 공정한 것인가를 따져보는 문제가 절차적 정의이다.

# 제2항 정의(Justice) 논쟁의 현실적 이해와 필요성

## Ⅰ. 정의의 이해와 현실적 필요성

### 1. 서 언

정의란 과연 무엇인가?
정의를 묻는 것은 왜 필요한가?
정의를 묻는다는 것은 도대체 무엇을 묻는 것일까?
정의는 철학적인 문제인가 아니면 현실적인 삶의 문제인가?

정의에 대한 이러한 근본적인 의문을 제기해 보면 정의에 대한 우리의 이해수준과 생각할수록 알기 어려운 정의의 중요성을 느끼게 된다. 아리스토텔레스에서 벤담, 노직, 롤즈, 마이클 샌델 등에 이르기까지 수많은 철학자들이 정의란 무엇인가? 의 문제에 대해 우리의 고민을 대신했다.

그동안 수많은 학자가 정의에 대한 질문에 대답해왔지만, '정의란 무엇인가'의 저자인 마이클 샌델교수처럼 비교적 쉽게 접근할 수 있게 해 준 사람은 드물다. 그러나 사실 그 책만을 가지고는 정의에 대한 체계적인 이해는 또한 쉽지 않다. 사실 사회가 정의로운지 묻는 것은 우리가 소중히 여기는 것들, 이를테면 **소득과 부, 의무와 권리, 권력과 기회, 공직과 영광** 등을 어떻게 분배하는지를 묻는 것이다. 정의로운 사회는 이것들을 올바르게 분배한다. 개인에게 합당한 몫을 나눠준다. 그런데 정의로운 분배를 이해하는 방식에는 세 가지가 있다.

### 2. 정의를 이해하는 3가지 관점

정의를 이해하는 3가지 관점에는 **행복 · 자유 · 미덕**의 관점이 있다. 행복과 자유와 미덕은 용어상으로는 비슷한 듯이 보이지만 정의의 판단에 있어서는 각기의 강조점이 다르다.

### 1) 행복 극대화의 관점

행복 극대화의 관점은 시장중심주의 사회에서는 가장 일반적이고 보편적으로 정의를 이해하는 방법이다. 오늘날의 정치논쟁은 결국은 국민들의 경제적 풍요나 경제성장에 박차를 가해 빈부의 해소를 지향하는 관점이다. 예컨대 가난 속에서도 행복한 국민이 되자! 라는 구호를 외치는 정당에는 표가 가지 않을 것이기 때문이다, 그러므로 불가분 공동체 생활에서 정의로운 것이란 행복을 극대화하는 것이라는 생각과 이어질 수 있다.

### 2) 정의를 자유와 연관 짓는 관점

정의를 자유와 연관 짓는 관점은 개인의 권리를 존중하는 이론이다. 자유를 본질적인 내용으로 하는 인권을 정의의 가장 중요한 요소로 보는 경우의 정의론이다. 사실 오늘날에는 전 세계적으로 정의는 보편적 인권을 존중하는 것이라는 생각이 갈수록 힘을 얻고 있다. 정의를 자유와 연관 짓는 관점은 공평주의, 즉 공정주의 진영과의 치열한 정치논쟁을 벌이게 된다.

### 3) 정의를 좋은 삶과 연관 짓는 관점

정의를 미덕 그리고 좋은 삶과 연관 짓는 관점은 문화적으로는 보수주의, 종교적으로는 우파와 동일시되는 경향이 있다. 이러한 시각은 도덕적·종교적 이상을 바탕으로 정의에 대한 시각을 정립하려는 이론이다. 행복이 조금 못 미치더라도 개인의 자유가 조금 희생되더라도 공공의 선을 고양하고 공동체 생활의 미덕을 함양하기 위하여 공동체적 질서에 순응해야 한다는 관점이 된다.

## 3. 정의의 3가지 관점에서 본 군인 모집제도

### 1) 다양한 징병방법

역사적으로 보면 군인의 수급을 위한 제도에는 강제징용제와 지원병제가 있고, 유급 대리인을 허용하는 징병제도도 있었다. 과연 무엇이 정의로운 제도일까? 앞서 본 3가지 정의적 관점에서는 어떤 제도가 정의로운 것이고 그 결과는 과연 어떠했을까?

### 2) 정의로운 징집제도는 무엇일까?

자유야말로 지상 최고의 가치라고 생각하는 이들에겐 징병제는 강제성을 띤 일종의 노예제도로 볼 수 있다. 또한 '최대 다수의 최대 행복'을 말하는 공리주의자에게는 지원병제가 최고의 선택이 될 수도 있을 것이다. 그러므로 이들에게는 지원병제 아니면 최소한 유급대리인을 허용하는 징병제가 정의로운 제도라고 주장할 것이다.

그렇다면 징병제의 가치는 어디에 있을까. 국가안보를 위해서는 군대가 필요한데, 지원병제를 통해서는 군대 자원이 조달되지 않는다고 하는 경우에, 그리고 유급대리 징병제가 신분의 차별문제를 야기할 우려가 있는, 그런 경우에도 행복과 자유의 관점에서 정의로운 제도라고 지원병제를 옹호하고 지원병제에 매달려야만 할까? 국가의 안보를 위해 필요하다면 미덕의 관점에서 징병제를 도모할 현실적인 필요성은 없는가? 정의란 무엇인가로 회귀된다. 군 복무는 여러 직업 중 하나가 아니라 공동체의 신성한 의무라는 입장에 선다면 어떻게 될까. 이런 경우에 징병제, 지원병제 가운데 어느 쪽이 정의로운 사회제도가 될까?

목숨을 담보하는 징병제의 사례는 우리에게 정의의 문제에 대해 다시 한번 질문을 던진다. 정의는 행복의 극대화인가? 자유를 최대로 존중하는 것인가? 아니면 공동체의 미덕과 공동선을 증진하는 행동이어야 하는가? 정의론의 핵심은 **행복. 자유. 미덕**에 대한 이해인 것이다. 여기에서 공리주의적 정의관, 자유주의적 정의관, 그리고 공동체주의적 정의론이 탄생한다.

사실 정의란 무엇인가를 묻는 질문은 추상적인 철학 논쟁이나 이념논쟁이 아니다. 평범한 시민으로서도 사회현실의 문제를 진솔하게 그러나 올바르게 이해하는 길이다. 그것은 바로 옳고 그름을 판단할 수 있는 온당한 시민의식을 함양한다는 것을 의미한다. 정의를 찾아나서는 것은 현재의 문제를 해결하는 것이다. 아래의 실제 사례를 통해서 현실사회에서 정의를 논의 하는 것이 얼마나 필요하고 그야말로 현실적인가를 직시해 보도록 한다.

# 제3절 무엇이 정의인가?

## 제1항 사례를 통해서 본 정의의 이해

다음의 5가지 질문은 살인행위에도 도덕살인이 있는가? 즉, 살인의 도덕적 측면을 묻는 질문으로 정의란 무엇인가를 고민하게 하는 질문이다. 가상 상황이지만 어떻게 행동하는 것이 올바른 행동인가를 질문한다. 책의 저 뒤편에 정의가 문제되는 현실에서의 역사적 사례를 살펴본다.

### Ⅰ. 사례 1. 화물트럭 운전사의 딜레마

#### □ 사실관계

학생 여러분들이 대형 화물트럭 운전사라고 가정한다. 여러분은 화물을 가득 싣고 서울에서 목적지 부산을 향해 고속도로를 시속 120 킬로미터로 질주하고 있는 중이었다. 중부고속도로 제1터널을 지났다. 그런데 도로 전방에는 7명의 사람들이 작업 중이었다. 여러분은 이를 뒤늦게 발견하고 정지하려고 브레이크를 밟았으나 브레이크가 고장 난 것을 알았다. 매우 절망적이었다. 화물트럭 운전자인 여러분은, 그대로 진행하면 7명 모두를 사망시킬 것임을 잘 알기 때문이다. 그런데 여러분은 이런 절망적인 상태에서 우측에 안전 도로 지대가 있음을 발견했다. 마침 안전지대에는 단 1명의 사람만이 작업 중이었다. 차의 브레이크는 고장이지만 운전대는 정상적으로 작동이 가능하여 여러분은 우측으로 얼마든지 핸들 조작이 가능한 상태이다. 우측으로 핸들을 틀면 여러분은 1명을 죽이게 되지만 그 대신에 7명을 살릴 수 있게 된다. 선택은 단 두 가지이다. 그대로 직진할 것인가? 아니면 우측으로 핸들을 틀 것인가?

### □ 질문 - 정의로운 행동은 무엇인가?

① 여러분이라면 어떤 선택을 할 것인가?
② 그 선택을 한 이유는 무엇인가?
③ 그러한 선택의 밑바탕에는 어떤 사상이 있는 것인가?
④ 어떤 선택이 (도덕적, 정의적으로) 올바른 일일까?

## II. 사례 2. 또 다른 화물 트럭 사례

### □ 사실관계

이번에는 학생 여러분들은 화물트럭을 직접 운전하는 운전사는 아니다. 여러분은 교량 보수원으로 객관적인 구경꾼이다. 여러분 각자는 한강 다리 위에서 다리 보수 공사를 하고 있었다. 그런데 여러분은 다리 아래로 화물트럭이 보이는 다리 난간에서 공사를 하고 있었다. 그때 브레이크가 고장난 화물 트럭이 질주하고 있었다. 화물 트럭 진행방향 약 300미터에는 7명의 인부들이 작업을 하고 있었다. 그대로 두면 화물트럭은 그대로 7명을 치여, 7명 모두를 즉사케 할 것임이 명백했다. 여러분은 다리 난간위에서 그 장면을 보고 절망적인 상태였다. 그런데 옆을 돌아다보니 매우 비만한 사람이 다리 난간에 비스듬히 기대어 햄버거를 먹고 있음을 발견했다. 여러분은 마음만 먹으면 비만한 사람을 간단히 아래로 밀어 버릴 수 있는 상황이었다. 그러면 뚱뚱한 사람은 화물 트럭 앞에 떨어져 자신은 죽지만, 화물트럭 진행 방향 전방에 있던 7명의 사람은 놀라서 대피하여 7명의 목숨을 살릴 수 있는 상황이다.

### □ 질 문

**(특히 앞선 사례에서 우측으로 핸들을 틀어 7명을 살릴 것이라고 대답한 사람들은 일관성의 관점에서 자신의 입장을 잘 생각해 볼 필요가 있다)**

① 여러분이라면 어떤 선택을 할 것인가?
- 옆의 비만한 사람을 아래로 밀어버릴 사람은?
- 즉 1명을 희생하여 7명을 구출할 사람은?

② 그러한 선택을 한 이유는 무엇인가?

③ 그러한 선택의 밑바탕에는 어떤 사상이 있는 것인가?

④ 어떤 선택이 (도덕적, 정의적으로) 올바른 일일까?

**(사례 1과 달리, 특히 이번에는 7명을 죽일 수밖에 없다고 생각하는 학생은)**

⑤ 사례 1과 사례 2의 행위의 선택에는 무엇이 선택의 차이를 가져 오는가?
- 적극적 행위인가 아닌가의 의식의 차이인가?
- 운전사와 목격자라는 차이인가?
- 직접 당사자인가, 아닌가라는 차이인가?
- 작위인가 아니면 부작위라는 차이인가?

⑥ 그렇다면, 비만한 사람을 직적 밀어 버리지 않고, 간접적으로 난간을 돌릴 수 있는 것이어서 떨어뜨릴 수 있는 상태라면 비만한 사람을 아래로 떨어뜨려 희생시킴으로서 7명을 구출하는 행동은 올바른 행동인가?

## Ⅲ. 사례 3. 어느 응급실 의사의 딜레마

### □ 사실관계

학생 여러분은 동국대학교에서 한희원 교수에게서 법학을 공부한 후에, 훌륭한 법률가가 되었고, 융합학위를 위해서 의학전문대학원을 진학하여 의사면허도 획득하여 현재 종합병원에 근무하는 전도가 유망한 의사이다. 마침 여러분이 병원 응급실의 당직 의사였다. 그런데 119 구급차에 8명의 교통사고 중환자가 실려 왔다. 모두 브레이크가 고장 난 화물트럭에 충격을 당한 사람들이었다. 환자들의 목숨은 전적으로 의사인 여러분들의 손에 달려 있다. 모두 중환자이지만 그 가운데에 7명은 시간적인 여유가 있는 상태였다. 하지만 다른 1명의 환자는 하루 종일 의사의 독점적인 치료가 불가피한 위독한 상태였다. 그런데 여러분이 그 한사람에게만 집중하면 7명의 환자는 모두 죽을 수밖에 없는 상황이다. 반면에 여러분이 7명을 돌보면 7사람을 살릴 수 있지만, 나머지 한사람은 죽을 것이 명백한 상황이다.

### □ 질문 - 무엇이 정의로운 선택인가?

① 의사인 여러분은 어떤 선택을 할 것인가?
 - 의사로서 7명의 환자를 살릴 사람은?
 - 상황이 더 급한 한명을 살릴 사람은?
② 그 선택을 한 이유는 무엇인가?
③ 그러한 선택의 밑바탕에는 어떤 사상이 있는 것인가?
④ 어떤 선택이 (도덕적, 정의적으로) 올바른 일일까?
⑤ 사례의 경우 쟁점은 언제나 1명 대 7명의 문제인가?

## Ⅳ. 사례 4. 또 다른 의사의 딜레마

### □ 사실관계

여러분은 능력을 인정받아 계속 위 병원에 근무하게 된 외과 수술의사이다. 오늘 생명이 위독한 환자 7명을 수술해야 한다. 그들 환자 7명은 모두 장기 이식을 필요로 하는 중환자들이다. 이들이 필요로 하는 인간 장기는 심장, 간, 폐, 신장(콩팥, kidney), 췌장 등이었다. 산 사람에게서는 얻을 수 없는 장기들이다. 그런데 적시에 그러한 장기기증자가 없다.

여러분은 의사로서 이들 환자들이 죽어가는 것을 안타깝게 지켜보아야만 했다. 그런데 마침 옆방에 신체 건강한 한 젊은 사람이 신체검사를 하러 왔다. 여러분은 그 사람을 보고 좋은 생각을 했다. 신체검사를 하러 온 그 사람은 마치 신체검사 대기 중에 졸고 있었다.

이러한 상황에서 여러분은 1명을 죽이더라도 7명을 살리려는 일념으로, 살금살금 그 사람에게 접근해서 마취제 주사를 놓은 후에, 필요한 7개의 장기를 떼어낼 수 있다. 그러면 이제 7명의 환자는 살릴 수 있게 된다. 그러나 그 경우에는 신체검사 받으러 온 사람은 자신의 장기를 내주고 죽게 된다.

### □ 질 문

① 여러분은 어떤 선택을 할 것인가?
 - 의사로서 7명의 환자를 살릴 사람은?
 - 즉 신체검사 받으러온 한 사람을 죽일 학생은?
② 그런 선택을 한 이유는 무엇인가?
③ 그러한 선택의 밑바탕에는 어떤 사상이 있는 것인가?
④ 어떤 선택이 (도덕적, 정의적으로) 올바른 일일까?

## V. 사례 5. 아들의 딜레마

### □ 사실관계

다른 가치판단이 개재된 조금 더 복잡한 사례를 예로 들어 보자. 여러분은 고생한 부모를 두고 있는 훌륭한 아들. 딸 들이다. 여러분은 자식을 키우느라고 고생한 부모님을 생각하며 열심히 공부하여 검사가 되었다.

사회의 부정의와 싸우느라고 파김치가 되어 퇴근하는 어느 날 자정 무렵 인적이 뜸한 도로변에 5명의 노인분들이 피를 흘리며 쓰러져 있는 것을 목격했다. 도주차량에 의한 피해가 틀림없어 보였다. 차에서 얼른 내려 현장에 가보니 그중의 한분이 여러분의 모친이었다. 다른 분들도 어머니의 친구로 여러분이 전혀 모르는 관계는 아닌 것으로 보였다.

그런데 여러분의 모친은 물론 피해는 무척 심했지만 막 죽어가는 다른 피해자들에 비해 상태가 위중해보이지는 않았다. 여러분은 물리적으로 단 한차례만 병원 응급실에 갔다 올 수 있다고 가정한다. 즉, 기회는 단 한차례 밖에 없고 다른

4명의 상태는 모두 동일하다고 전제한다. 여러분의 어머님만 약간의 차이가 있을 뿐이다. 막 죽어가는 다른 4명을 싣고 병원 응급실에 가면, 여러분의 어머니는 그대로 방치해야 한다. 반면에 여러분의 어머니를 먼저 데려가면 나머지 4명의 환자는 죽을 것이 틀림없어 보인다.

### □ 질 문

① 여러분은 어떤 선택을 할 것인가?
  - 시민의 일원으로서 더욱 위중한 4명의 부상자를 구출할 사람은?
  - 상대적으로 가볍기는 하지만 어머님을 먼저 구출할 사람은?

② 그런 선택을 한 이유는 무엇인가?

③ 그러한 선택의 밑바탕에는 어떤 이유나 조건이 있는 것인가?

④ 어떤 선택이 (도덕적, 정의적으로) 과연 올바른 일일까?

## □ 종합질문

모든 사례에서 희생자의 사전 또는 암묵적 동의가 결론을 달리하나?

## 제2항 정의 판단: 행위 판단의 도덕기준에 대한 학설

### Ⅰ. 서 언

사례들은 모두 무엇이 정의 판단의 기준이 되어야 하는가에 대한 근본적인 의문을 제기한다. 즉, 5가지 질문에서 어떤 도덕적 원리가 나타나고, 도덕적 판단이 문제 되고 있음을 알 수 있다. 여러 가지 이론이 있지만, 윤리학에서 보는 정의 판단의 기준은 대별하면 두 가지이다. 하나는 결과적 도덕주의, 즉 결과주의이다. 다른 하나는 절대적 · 정언적 도덕성의 원리 즉, 행위주의이다.

### Ⅱ. 행위의 윤리성 판단에 대한 학설

#### 1. 결과주의(結果主義, Consequentialism) = 목적론적 윤리론

##### 1) 의 의

행위의 윤리판단에 있어서의 결과주의는 **목적론적 윤리론 또는 결과적 도덕성의 원리**라고도 한다. 결과적으로 최대의 행복을 가져오는 행위라면 그것은 옳고 정의롭다고 보는 윤리론이다. 즉, 구체적인 상황에서 올바른 일이란, 그러므로 정의로운 행동이고 도덕적인 행동이란, 여러분의 행동으로 나타날 결과에 의해서 판단된다는 이론이다.[4)]

따라서 도덕규칙에 따르거나 약속을 지키기보다는, 그것들을 어기는 것이 보다 많은 행복을 가져온다면 결과론자들은 도덕규칙이나 약속을 과감하게 어겨도 좋다고 말한다. 결과론자들도 전통적인 도덕규칙들이 대체로

---

4) The right things to do or moral things to do is depends on the consequences that will result from your actions.

사람들에게 가장 커다란 행복을 가져다주는 지침으로서, 오랜 세월을 거쳐 정선된 것임을 인정한다. 그러나 단지 특정한 상황에서 기존의 규칙을 따르는 것이 좋은 결과를 보장하지 않는다는 점이 명백하다면, 그것을 어겨도 좋다고 판단하는 윤리론이다. 그러므로  결과주의에 따르면 앞선 5가지 사례에서 결과적으로 7명을 살리는 것이 1명을 죽이는 것보다 타당하다는 결론에 도달한다. 왜냐하면 사회에 더 많은 행복을 가져오기 때문이다.

"**결과가 수단을 정당화한다.**"라는 격언은 도덕적 판단에 있어서의 결과주의를 말한다. 결과주의는 목적이 수단을 정당화한다.[5]는 것이므로 앞서 본 사례에서 옆의 뚱뚱한 한 사람을 아래로 밀어서, 7명을 구출하고, 졸고 있는 한 사람의 장기를 적출하여 7명의 생명을 구하는 것도 결과를 생각하면 정당하다는 결론에 도달한다. 결과주의의 대표적인 견해는 18세기 영국의 정치철학인 공리주의이다. 공리주의의 거두는 공리주의 창시자인 제레미 벤담이다.

공리주의의 명제인 "**최대다수의 최대행복(the greatest happiness for the greatest number)**"은 행복을 가져오는 행위의 결과를 반영하여 도덕성을 판단하는 이론인 것이다. 즉, 정의롭고 올바른 일은 공리를 극대화 하는 것이라는 견해이다. 공리주의적 정의론에서 상세하게 살펴 볼 것이지만, 제레미 벤담은 인간세상에서, 정의롭고 올바른 행동은 행복을 극대화하는 것이라고 단언한다. 하지만 결과주의에 대해서는 다음과 같은 비판이 제기된다.

### 2) 비　판

결과론자들은 결과적인 행복을 최대로 추구하는 것이 도덕에 있어서 유일한 의무라고 하며, 어떤 사람의 행복도 모두 똑같이 중요하다고 한다. 그러나 우리의 부모나 형제자매, 친구 등과 같이 사람에게는 특수한 이해관

---

5) "The ends justify the means." 사느냐 죽느냐가 문제가 되는 그 같은 싸움에서는 사용하는 무기가 무엇인지, 또 그 무기를 사용해서 파괴하는 재산이 무엇인지도 쳐다보지 말아야 한다(비스마르크 회상록)

계가 있고, 그럴 경우의 특정한 도덕적 의무에 따른 행복을 모두 일률적으로 동일시하기는 어렵다. 사례 1의 케이스에서 1명의 인부가 있는 안전지대로 핸들을 틀다가 보니 인부가 당신의 아버님이었다면 어떻게 할 것인가? 사례 5 아들의 딜레마는 또한 어떠한가?

다음으로 결과주의는 도덕규칙에 지나치게 많은 예외를 허용할 위험성이 농후하다. 결과주의는 규칙을 어기는 것이 규칙을 따르는 것보다 전체의 행복에 보탬이 된다면, 미련 없이 규칙을 버리라고 한다. 그러나 이때의 행복이란 과연 무엇인가라고 하는 의문이 없을 수 없고, 결과주의는 자의주의(恣意主義)로 흐를 위험성이 있다.

## 2. 행위주의 = 의무론적 윤리설, 정언적 도덕명령설,

### 1) 의 의

행위의 윤리판단에 있어서 행위주의는 **의무론적 윤리설, 정언적 도덕명령설, 절대적. 정언적 도덕성의 원리**[6]라고도 한다. 어떤 행동의 윤리성이나 도덕성 그러므로 정당함은 결과가 아니라 행위 자체로 이미 명백하다는 것이다. 의무론적 윤리설은 결과와 관계없이 행위 당시에 이미, 하려고 하는 행동 그 자체가 도덕적인가 아닌가? 를 따지는 이론이다. 즉, 결과와 무관한 절대적, 정언적 의무의 요청대로 했는지 그렇지 않은지에 따라서, 행위의 도덕성을 판가름 하는 입장이다.

그러므로 의무론적 윤리론자들은 도덕법칙에 일치하는 행위는 옳은 것이고, 반면에 도덕법칙에 어긋나는 행동은 아무리 결과가 좋았다고 해도, 올바른 행동은 아니라고 판단한다. 즉, 도덕적으로 옳지 않으면, 결과가 아무리 좋아도 정의로운 행동이 아니라는 결론이다.

이 입장은 인간은 어떠한 상황에서도 도덕법칙을 따라야 하며 설사 도덕법칙 준수에 따른 결과가, 아무리 나쁘다고 하여도 그것 때문에 도덕법칙에 예외를 허용할 수는 없다는 입장이다. 그러므로 행위주의에 따르면 살인은 어디까지나 살인이고, 강간은 어디까지나 강간이며, 홍길동 같은 의

6) "Categorical moral reasoning."

적이라고 해도 강도는 여전히 강도일 뿐이다.

그러므로 사례에서 7명을 살리기 위함이라고 하지만, 운전대를 갑자기 틀어 영문도 모르고 원래 진행방향에 있지도 않던 안전지대의 1명을 죽이는 것은 고의(故意)살인이라는 것이다, 7명을 살리기 위해 옆의 뚱뚱한 사람을 아래로 밀거나, 졸고 있는 사람에게서 장기를 적출하는 행위는, 행위 본질적으로 정당하지 않다는 결론에 이르게 된다. 사람을 죽이는 것. 그것도 순진한 사람을 죽이는 것은, 그것이 비록 많은 사람을 살리기 위한 것이라도 행위 자체가 도덕적이지 않기 때문이다.

행위주의의 최고봉은 18세기 독일의 철학자인 임마누엘 칸트이다 칸트의 도덕법칙은 의무론적 윤리설을 대표한다. 행위주의는 행동 그 자체가 도덕적인가 아닌가? 를 가장 중요한 요소로 판단한다. 그러므로 **행위의 동기**를 무엇보다 중요시한다. 이것이 어떤 행위의 결과와 무관한 절대적, 정언적 의무의 요청이다. 절대적 요청을 의미하는 정언적 의무의 요청은 정언명령(定言命令), 단언명령(斷言命令) 또는 무상명령(無上命令)에 따른 행동을 말한다.

칸트에 따르면, 도덕법칙은 이 세상의 행복을 얻기 위한 수단으로서, 이렇게 저렇게 해야 하는 것이 아니다. 즉, "만약 행복해지려면 …하라!"라는 가언 명령(假言命令), 즉 조건부적 명령이 아니다. 칸트는 인간이라면 행복해 질 것인가, 어떤가에 관계없이, 인간은 무조건으로 반드시 이렇게 또는 저렇게 해야 한다고 명령한다. 의무론적 윤리에 따르는 도덕법칙은 그 자체가 최고의 가치를 지니며, 어떤 수단이 되지는 않는다. 칸트는 의무의 아름다움을 다음과 같이 설파했다.

"의무여! 우리에게 복종을 요구하는 숭고하고도 위대한 이름이여!(....) 우리 의지를 움직이기 위해 우리 마음속에 들어온 자연성향들을 쫓아내지 않으면서도,(....) 너에게 저항하는 그 모든 성향들을 침묵하게 만드는 너! 너의 존귀함은 어디에서 연유하는가? 자연성향과의 모든 유착을 늠름하게 거부하는 너의 고귀한 혈통은 어디에서 시작하는가! 오직 인간만이 자신에게 부여할 수 있는 가치, 그러한 가치의 필수적 조건은 도대체 어느 뿌리에서 연유하는 것인가?[7]."

행위주의의 최고봉인 임마누엘 칸트는 행위의 준칙인 도덕법칙을 정립하여 우리에게 두 가지 기준을 제시해 주었다.

○ 제1명령: "너의 의지의 준칙이 언제나 동시에 보편적인 입법으로써 간주될 수 있도록 행동하라" (보편성의 원칙)
○ 제2명령: "결코 인간을 너의 인격에서 뿐만이 아니라 다른 사람의 인격에서도 단순히 수단으로서 사용하지 말고 언제나 동시에 목적으로 대하라." (인간성 목적 대우의 원칙)

### 2) 비 판

그러나 윤리적 의무론에 대해서는 다음과 같은 비판이 제기된다. 먼저 수많은 도덕규칙 가운데 어떤 것이 옳은 규칙인가를 가려줄 기준을 의무론은 제시하지 못한다. 의무론자들은 흔히 당대의 도덕규범을 무조건 정당화할 수 있겠지만, 단지 이미 도덕원칙으로 존재해 있다는 이유만으로 그 시대의 도덕규범이 옳다고 할 수는 없다.

두 번째로 상충되는 규범 가운데 무엇을 선택할지, 그 기준을 제시 못하는 당연한 결과로, 결국 상황에 따른 직관적인 결정에 의존할 수밖에 없게 된다. 결국 의무론은 구체적인 상황에서 필요한 해결책을 제시하지 못하는 종이위의 이론이라는 비판을 피하기 어렵다. 사르트르가 제시한 예가 대표적으로 말해준다. 여기에서 정의론을 체계적으로 공부할 이유가 있다.

(프랑스의 실존주의 철학자)

장 폴 사르트르(Jean Paul Sartre)의 사례

한 청년이 찾아와서 상담하기를 홀로 계신 노모를 남겨두고 전쟁에 참여해야하는지, 아니면 위기에 빠진 조국을 외면하고 자식 된 도리를 해야 하는가를 물었을 때, 사르트르는, '**오직 본인의 자유의사에 결정을 맡길 수밖에 없다**'고 대답했다.

---

7) (KpV A 154), 쉽게 읽는 칸트, 정언명령, 이학사 참고.

# 제2장 존 로크의 자연권사상

# 제1절 존 로크의 천부인권과 사회계약론

## 제1항 존 로크(John Locke, 1632~1704) 사상 개관

### Ⅰ. 서언과 전기

본격적인 정의론에 들어가기에 앞서서, 오늘날의 정의론 논쟁에 근본적인 기여를 한 존 로크의 자연권 사상을 살펴볼 필요가 있다. 로크는 인간의 묵시적 합의를 포함하여 어떤 동의나 합의에 의하지 않고도, 인간은 인간이라는 이유만으로 자연상태에서 천부적으로 부여받은 어떤 권리가 있음을 확실히 믿은 사람이다. 이러한 존 로크의 이론은 "자아 정체성"에 관한 근대적 개념의 기원으로 종종 인용되고, 데이비드 흄과 쟝 자크 루소 그리고 임마누엘 칸트 같은 이후의 철학자들의 연구에 현저한 영향을 주었다.

영국의 철학자 존 로크는 계몽철학 및 경험론 철학의 원조로 인식론의 창시자로 일컬어진다. 로크는 근대 민주주의(近代 民主主義)의 대표적 사상가 중의 한사람이다. 로크는 1632년 섬머셋셔의 작은 마을 라잉턴(Wrington)에서 법조인의 아들로 태어났다. 존 로크는 아버지와 이름이 같았다. 존 로크는 변호사였던 아버

John Locke

지 존 로크(John Locke)와 빼어난 미모를 가졌던 것으로 알려진 어머니 아그네스 케네(Agnes Keene) 사이에 태어났다. 부모들은 모두 독실한 청교도인 들이었다. 로크도 1632년 8월 29일 태어나면서 바로 세례를 받았고 부모로부터 청교도식의 엄한 교육을 받았다.

1652년 옥스퍼드 대학의 크리스트 칼리지에 장학생으로 입학하여 언어, 논리학, 윤리학, 수학, 천문학을 두루 공부하면서 데카르트 철학을 처음으로 알게 되었다. 처음에는 데카르트 사상에 관심을 가졌으나, 후에는 데카르트의 생득적 관념을 비판했다. 로크는 관념은 오직 경험에서 발생한다는 경험론의 입장을 취하였다. 1660년 옥스퍼드 대학의 튜터로 활동하면서 1664년경부터 의학을 공부했다. 의사로서 치료하여 생명을 구해준 중앙정치의 실력자 백작 에쉴리(Ashley)의 서기로 발탁되어 1675년에는 무역 식민위원회의 서기장에 임명되었다. 또한 영국공사 비서로서 독일에 머무르며, 약 10여 년간 현실 정치무대에서 활동하였다.

당시의 영국에는 정치・사회적으로 극적인 일들이 많았다. 먼저 왕정복고(Restoration)가 있었다. 왕정복고란 1660년에 찰스 2세가 의회의 지지를 얻어 왕위에 올라, 그동안의 공화제를 폐지하고 군주제를 부활시킨 것으로 민주주의의 후퇴라고 할 수 있는 일이다.[1)]

1664-1665년에는 런던에서 발생한 페스트로 런던 인구의 약 1/5의 생명을 앗아간 런던 대역병(大疫病, Great Plague of London)이 발생했다. 이듬해인 1666년에는 당신의 런던 인구 8만 명 가운데 7만 명이 집을 잃고 노숙자가 되게 한 런던 대화재(Great Fire of London)가 발생했다.

이처럼 로크가 살았던 시대는 영국 역사에서 가장 극적인 시기였다. 왕당파와 의회파의 정치 갈등, 그리고 영국 국교(성공회)와 가톨릭의 종교 갈등이 겹치면서 크고 작은 파열음을 내고 있었다. 그는 이 혼돈의 시대의 한 복판에 살면서 냉철한 시각으로 명예혁명을 이끌어낸 정치 철학자였다. 그는 지혜롭고 냉철했다. 그의 철학에는 진보성과 보수성이 놀라운 균형을 이루고 있다. 로크는 사회계약을 통해 인간이 정부에 권리를 위탁한다는

1) 영국은 1642년 혁명지도자 크롬웰의 청교도 혁명에 의해서 왕정을 폐지하고 공화제를 실시하고 있었다.

점에 동의했지만, 동시에 정부에 양도할 수 없는 권리가 있다는 점도 명백히 했다.

로크는 평생을 통해 결혼하지 않았고, 자식도 없이 지내다가 1704년 10월 28일 사망했다. 로크의 저서로는 당시의 새로운 과학 곧 근대과학을 포함한 인식의 문제를 다룬 그의 주저(主著)인 인간 오성론(An Essay concerning Human Understanding)이 있다. 그 이외에도 관용에 대한 편지(A Letter concerning Toleration), 통치론(Two Treatises of Government) 등이 있다.

## II. 존 로크의 후대에의 영향

로크는 오늘날까지 이어지는 자유주의 정치철학에 심대한 영향을 미쳤다. 그는 절대주의 홉스론자(Hobbesian absolutism)들을 유혹하여 자유주의를 출범시켰다는 평가를 받는다. 로크는 또한 교회의 영역과 국가의 영역을 명백하게 구분했다. 이후의 여러 정치철학자들은 로크의 영향을 많이 받았다. 특히 프랑스의 계몽주의 철학자 볼테르는 로크를 "**지혜로운 로크(le sage Locke)**"라고 극찬했다.[2] 뒤에서 살펴볼 로크의 천부인권 사상은 데이비드 흄과 볼테르, 장 자크 루소 그리고 임마누엘 칸트 등 이후의 철학자들의 연구에 현저한 영향을 주었다.

존 로크의 정치, 철학의 근본적인 주장은 어떻게 하여 인간의 자연권(自然權)을 옹호(擁護)하는가에 있었다. 이를 위해 로크는 절대전제주의에 반대했다. 국가는 오직 개인의 생명·재산·자유를 보호해야 한다고 하였다. 국가성립에 관해서는 계약설을 택하고, 의회 민주정치와 입법·사법·행정의 삼권분립의 기초를 만들었다. 사회계약론의 필연으로 저항권(the right of rebellion)을 인정했다.

---

2) 종교적 광신주의에 맞서서 평생 투쟁했던 볼테르는, 관용 정신이 없이는 인류의 발전도 문명의 진보도 있을 수 없다고 생각했다. 볼테르는 당대의 지배적 종교 권력이었던 가톨릭을 꾸준히 비판했다. 그러나 볼테르의 생각에 반대하는 사람들은, 볼테르가 전통적 가치들의 토대인 기독교 정신을 무너뜨리려 하고, 풍기를 문란케 한다고 비난했다.

자유주의와 사회계약에 대한 로크의 이론은 미국 건국의 아버지들로 불리는 알렉산더 해밀턴, 제임스 메디슨, 토마스 제퍼슨의 독립선언문 등 문서화 작업에 직접적인 영향을 주었다.[3] 그의 사상은 토머스 제퍼슨에게 커다란 영향을 주었고, 이는 후에 미국 독립혁명의 밑거름이 되었다. 특히 미국 독립선언문을 직접 기초한 제퍼슨은 베이컨, 로크 그리고 뉴턴의 3사람에게서 많은 영향을 받았음을 숨기지 않았다. 이에 로크의 자유주의는 미국에서는 신성시 여겨졌고 민족이론으로까지 발전되었다.

로크가 프랑스에 끼친 영향도 엄청나다. 로크의 사상이 프랑스에 전해져 훗날 프랑스 계몽주의, 프랑스 대혁명 등의 대 사건에 크나큰 영향을 주었다. 로크의 기본권 사상은 1789년 프랑스 인권선언의 기초가 되었으며, 결과적으로 오늘날 보편적 인권관 확립에 초석이 되었다. 로크의 천부인권론은 1948년의 세계인권선언으로 이어지며 오늘날 각국 헌법의 기본권에 대한 근간의 가치와 이념을 형성한다. 철학에서 로크가 이룬 업적은 참으로 대단하지만, 정의론을 다루는 정치사상에 미친 영향은 더욱 크다.

## Ⅲ. 존 로크의 인식론 - 타불라 라사(tabula rasa)

타블라 라사(*tabula rasa*)는 “아무 것도 쓰이지 않은 서판”이라는 뜻을 가진 라틴어로 로크의 경험주의 인식론을 상징하는 용어로 정착되었다.[4] 로크는 인간의 정신을 백지상태 또는 빈 서판이라고 했다. 로크는 데카르트나 기독교 철학과는 다르게 인간은 어떤 선천적 관념이나 본유관념 즉, 생득관념을 지니지 않고 태어난다고 말했다. 지식은 오로지 감각에 의해 체득된 경험에 의해 결정된다고 주장하였다. 로크는 인간의 마음은 빈 방이나 아무런 문자가 없는 백지, 또는 완전히 밀폐된 암실과 같은 것이라고 비

3) 미국의 사학자 리차드 모리스(Richard B. Morris)는 1973년 그의 저서 “Seven Who Shaped Our Destiny: The Founding Fathers as Revolutionaries”에서 미국 건국의 아버지로, ① Benjamin Franklin, ② George Washington, ③ John Adams, ④ Thomas Jefferson, ⑤ John Jay, ⑥ James Madison, ⑦ Alexander Hamilton의 7명을 꼽았다.

4) 로크 이전에도 마음을 백지로 비유하는 표현은 고대 그리스 아리스토텔레스의 영혼론과 아퀴나스의 신학대전에 등장한다. 타블라 라사는 라이프니츠가 로크 인식론을 비판하기 위해 쓴 글에도 나온다.

유적으로 설명했다. 인식론의 창시자인 존 로크는, 경험적 존재로서의 인간을 다음과 같이 설명했다.

> "인간의 마음은 본래 백지(白紙)와 같은 것으로 어떠한 성분도 생득적 관념(生得的 觀念 또는 본유관념(本有觀念)도 가지고 있지 않다. 인간에게 지식(智識)과 추리(推理)의 재료인 관념을 주는 것은 경험뿐이다. 그런데 경험은 감각(感覺)과 성찰(省察로 나누어진다.[5] 우리는 감각에 의하여 달다, 짜다, 희다, 둥글다 등의 관념을 가진다. 반면에 성찰(省察)에 의하여 사유(思惟), 의지(意志), 상기(想起) 등의 관념을 가진다. 그런데 감각과 성찰은 단순관념(單純觀念)으로서 이들이 복합(複合)하여 지식으로서의 복합관념이 생긴다."

경험주의는 "인간의 모든 지식은 경험에 근거를 두고 있으며, 궁극적으로는 경험에서 지식이 나온다."는 주장이다. 그러므로 경험적 존재인 인간은 정의를 공부하고 체험함으로써 정의를 알 수 있게 된다.

---

5) 성찰을 반성(反省)이라고도 한다.

# 제2항 존 로크의 천부인권론

## Ⅰ. 서 언

존 로크는 오늘날의 자유주의자의 창시자(Father of Liberalism)로 널리 알려져 있다. 존 로크는 어떤 동의나 합의가 없더라도, 인간은 단지 인간이라는 이유만으로 자연상태에서 천부적으로 부여받은 어떤 권리가 있음을 확실히 믿은 사람이다. 이러한 존 로크의 이론은 "자아 정체성"에 관한 근대적 개념의 기원으로 인용된다.

로크가 천부인권을 도출한 '자연상태'는 본격적으로는 홉스가 한 말이다. 자연상태라는 용어는 그 이전에도 사용되었으나 홉스에 의해 특별한 의미로 사용되면서 정치철학적 용어로 굳어진 말이다. 홉스는 자연상태를 "만인에 대한 만인의 투쟁"인 전쟁상태라고 상정했다.

반면에 로크는 자연상태를 자연법이 지배하는 평화롭고 자유로운 상태이지만 시비가 일어날 때 공정한 중재나 판단이 없어서 불편이 있는 상태로 해석했다. 로크에 따르면, 태초에 모든 인간은 자유롭고 평등했다. 자신의 행동은 자신이 각자 자유롭게 결정했다. 그러나 자연상태에서는 모두 자신이 옳다고 판단하기 때문에 이를 중재하거나 판단할 수 있는 판관이 없어 모두 불안했고 불편했다. 그래서 인간은 사회계약을 체결하여 정부를 세우고 그들의 권리를 위탁한다. 자연상태를 전제로 한 사회계약론에 대해서는 후술한다.

## Ⅱ. 로크의 종교관과 종교적 관용론(religious tolerance)

유럽의 종교전쟁을 목도한 로크는 종교적 관용론을 제시했다. 종교적 관용은 서로 다른 믿음과 수행방법을 가진 다른 종교에 대해서도 넉넉하게 수용하고 이해하려는 자세를 말한다. 종교적 관용론에 대한 존 로크의 중심적인 사고는 다음의 3가지이다.

① 종교의 지구상의 주재자인 인간은, 결코 여러 종교들의 진실을 평가할 수 없다.
② 설령 그들이 그럴 수 있다고 하는 경우에도 유일한 진리라고 강조하는 것은 결코 바람직한 효과가 있을 수도 없다. 왜냐하면 믿음은 강제할 수 있는 것이 아니기 때문이다.
③ 강요에 의한 종교적 획일성(Coercing religious uniformity)은 다양성을 인정할 때 보다 훨씬 더 나쁜 사회불안(social disorder)을 초래한다.

그는 영국 국교인 성공회를 믿는 독실한 신자였지만, 종교의 자유를 주장했다. 결론적으로 로크는 불확실한 신(神)의 존재를 인간사(人間事)로부터 배제시키고, 사람들에게 미신적 습관을 버리고, 자신들을 자연의 일부로서만 인식하라고 강조했다.

## Ⅲ. 존 로크의 천부인권론

### 1. 천부인권론 서언

철학자 로크는 자유주의론자들의 강력한 동료이다. 로크는 개개인은 어떤 정부나 권력도 빼앗아 갈 수 없는 근본적인 권리를 가지고 있다고 믿었다. 로크는 다음과 같이 주장한다.

① 개개인의 근본적인 권리들은 정부가 성립되기 이전에 이미 존재하는 권리이다.
② 그것은 법이 만들어지기 이전의 자연상태(the state of nature)에서 인간에게 주어진 권리이다.
③ 그것은 단지 인간(human being)이기 때문에 주어진 권리이다.
④ 우리가 동물이나 사물이 아니라, 다만 인간이라는 사실 때문에 주어지는 권리이다.

⑤ 그러한 권리는 모든 개인에게 똑 같이 자연에 의해 주어졌다.

## 2. 그러한 천부적인 권리에는 어떤 것들이 있는가?

로크의 천부인권 사상은 기본적으로는 오늘날 자유의지론자들이 주장하는 바와 같은 것이다. 자유주의론자들은 인간에게는 어떤 근본적인 권리가 있다고 믿는다. 존 로크나 자유주의론자들이 상정하는 그러한 근본적인 권리는 너무나 소중하여 어떤 정부도 정부의 최고 대표자도, 더 나아가 민주적으로 선출된 정부라고 할지라도 그러한 개인의 권리를 침범할 수 없다고 믿었다.

존 로크는 그러한 인간의 자연권은 본질적으로 자연법의 규율을 받는다고 말한다. 그러므로 논리적으로 인간의 힘으로는 자연권을 보탤 수도 없고, 또한 박탈당할 수도, 박탈할 수도 없다고 주장한다. 존 로크는 그러한 근본적인 자연권에는 3가지가 있다고 설명한다. 그 3가지는 바로 인간의 생명(life), 자유(liberty), 재산(property)에 대한 권리이다.

## 3. 인간의 기본권이 자연에서 주어진다는 의미는 무엇일까?

그렇다면 인간의 근본적인 자연권인 생명, 자유, 재산에 대한 권리가 자연에 의해 주어진다는 것은 무엇을 의미하는가? 그 질문은 자연은 누가 만드는가? 라는 물음과 연관되어 있다. 로크 시대의 자연법 사상은 희랍의 자연법 사상의 근대적 연장이었다. 다신교인 희랍의 사상이 그러했듯이, 자연은 결국 조물주인 신이 창조한 것이다. 결국 로크에게 있어서도 자연권은 신에게서 비롯되는 권리였다.

## 4. 자연권에 대한 자연법에 의한 자연스러운 2가지 제약!

후술하는 바와 같이. 존 로크는 토머스 홉스와 달리 자연상태를 자유의 상태라고 하지만, 자연상태에서도 인간의 자연권에는 자연법에 의한 자연스러운 2가지 제약이 있다고 설명한다.

**① 첫 번째 제약은, 우리 각자는 자연적으로 갖는 권리를 스스로가 포기할 수 없다는 제약이다.**

**② 두 번째 제약은, 우리는 결코 다른 사람의 자연권을 빼앗아 올 수 없다는 제약이다.**

즉, 존 로크에 따르면 내가 자연상태에서 자유롭다는 진정한 의미는, 나의 자연권을 포기할 수도 없음과 동시에 타인의 자연권을 강탈할 수도 없다는 것이다. 그것은 나의 권리도 포기할 수 없지만, 타인의 자유와 권리를 침해해서도 안 된다는 의미이다. 그러므로 자연적인 제약으로 인해서, 자연상태에서의 나는 사실은 자유로운 존재가 아닌 것이다. 아니 어쩌면 그것이 바로 자유의 진정한 내용인 것이다.

**① 자연상태에서 나는 다른 사람의 생명, 자유, 생명, 재산을 빼앗을 수 없다.**
**② 자연상태에서의 나는, 역시 내 자신의 생명, 자유, 재산을 포기할 수 없다.**

비록 내가 자유롭지만, 나는 자연법을 어길 수 없는 것으로서 방종스럽게 자유롭지 못하다.[6] 그러므로 나는 자살할 수도 없고 스스로를 노예상태로 속박할 수도 없다. 다른 누구에게 내 신체를 주어서도 안 된다. 그것이 나의 권리를 압도하는 절대적인 전제권력의 요구인 경우에도 그렇다.

## 5. 자연상태에서의 2가지 제약은 어디에서 오는가?

그렇다면 자연권에 대한 이러한 제한은 어디에서 오는 것일까? 바꾸어 말하면 누가 제약할 수 있는 것일까? 로크는 두 가지 답변을 준다.

첫 번째 답은, 인간은 절대자의 창조물로서, 창조주 절대자의 소유물이다. 인간은 그들이 존재하는 동안 다른 누구에게도 아닌, 그 스스로를 위해 창조된 현명한 절대자의 피조물이다. 따라서 인간이 자연상태에서 허여 받은 자연적인 생명, 자유, 재산의 권리를 포기할 수 없는 이유는, 엄격하게 말하면 그것은 진정으로는 우리들의 것이 아니기 때문이다. 그것은 궁극적

6) 원문 표현은 다음과 같이 훨씬 더 설득력이 있다 "Even though I.m free, I.m not free!"

으로는 인간의 창조주인 신의 창조물인 것으로 창조주의 권리인 것이다. 그런데 신은 인간보다 더 커다란 권리를 갖고, 앞선 권리를 갖는다. 그러므로 인간은 신의 것을 포기할 수도 없고, 빼앗을 수도 없다.[7)]

그렇다면 신을 믿지 않는 사람들에게는 로크는 무엇이라고 대답하겠는가? 이것이 두 번째의 대답이다. 존 로크는 이성에 대한 추론으로 자유의 본질에 대한 아이디어를 도출했다.

> "우리가 적절하게 숙고하면 자유라는 것은 결코 우리가 원하는 모든 것을 마음대로 할 수 있다는 것을 정당화 하는 의미가 아니다."

그러므로 아무리 자연상태에서의 자유라고 하는 경우에도 자연적인 제약은 불가피하다고 로크는 설파한다.[8)]

## 6. 양도할 수 없는 권리란 무슨 의미인가?

천부적 자연권이 양도할 수 없는 권리라는 점에서, 존 로크의 자연권을 이해하는데 혼란스러운 모순상태가 초래될 수 있다. 사실 양도할 수 없는 권리라는 개념은 한편으로는 친근하지만 다른 한편으로는 '권리'라는 용어와 양립하기 어려운 매우 이상한 개념이다.

존 로크는 자연권은 양도할 수 없다고 말한다(Natural right are unalienable). 그렇다면 그 경우에 양도할 수 없다는 것은 무슨 의미인가? 자연권을 양도할 수 없다는 것은 자연권을 인간에게서 동떨어지지 않게 하는 것 즉, 소외되지(alienate)않게 하는 것이다. 직설적으로 표현하면 거래하여 팔 수 없다는 것을 말한다. 양도할 수 없는 권리가 어떤 속성인지를 다음의 사례로 살펴보자.

---

7) For men, being all the workmanship of one omnipotent, and infinitely wise maker,(예컨대 신) they are his property, whose workmanship they are, made to last during his, not one another's pleasure.

8) 원어를 본다. "The state of nature has a law of nature to govern it which obliges everyone: and reason, which is that law, teaches all mankind, who will but consult it, that being all equal and independent, no one ought to harm another in his life, health, liberty or possessions." (John Locke)

> 예컨대 오늘날 비행기 항공권(airline ticket)은 일반적인 거래, 그러므로 양도가 금지되어 있다. 항공권은 거래할 수 없는 티켓 즉 구매자가 함부로 타에 양도할 수 없는(unalienable) 것이다. 물론 항공권 구매자는 티켓을 절대적으로 소유한다. 그러나 항공권 사용에는 한계가 있다. 구매자는 그것을 구매자 스스로의 목적을 위해서는 마음대로 사용할 수 있다. 하지만 구매자는 그것을 다른 목적으로는 판매할 수는 없다.
>
> 그러므로 한편으로는 양도할 수 없는 권리, 즉 거래할 수 없는 권리는, 내가 소유하는 어떤 것을 충분히 내 것으로 만들지는 못한다. 그러나 다른 의미에서는 양도할 수 없다는 것은 본인 스스로에게만 해당한다는 것으로, 누구에게도 줄 수 없는, 그러므로 더 깊게(deeply) 심원하게(profoundly) 진정으로 본인 스스로의 권리가 되게 한다는 것을 의미한다. 특별히 생명, 자유 재산에 대한 권리를 양도할 수 없는 권리라고 하는 것은, 그러한 권리는 다른 사람이 아닌 본인 스스로만 마음껏 향유할 수 있다는 것을 의미하는 것이다.

이것이 바로 양도할 수 없는 자연권이라는, 존 로크의 생각으로 토머스 홉스와 결정적으로 차이가 나는 부분이다. 로크의 양도할 수 없는 자연권 사상은 토마스 제퍼슨이 기초한 미국독립선언문에도 이어져 나타난다. 제퍼슨은 양도할 수 없는 생명권, 양도할 수 없는 자유권, 양도할 수 없는 행복추구권(pursuit of happiness)을 미국 독립선언문에 명시했다.[9)]

이처럼 양도할 수 없는 권리란, 그러한 권리는 너무나 본질적으로 나의 것이기 때문에, 나는 그것을 거래의 대상으로 삼을 수도 없고, 내가 포기할 수도 없고 누구에게 줄 수도 없다는 의미인 것이다. 그것이 바로 양도할 수 없는 권리이고, 양도할 수 없다는 진정한 의미다. 당신만이 오직 소중하게 잘 간직하라는 것이다.

물론 양도할 수 없는 타인의 권리도, 마찬가지로 존중하라는 의미도 내포한다. 이러한 양도할 수 없는 권리가, 인간이 자연상태에서 가지고 있는 권리이다. 그러므로 정부가 성립하기 이전의 자연상태에서는, 나는 내 목숨을

9) 다만 미국 독립선언문은 존 로크가 주창한 재산권대신에 행복을 추구할 권리로 대체했다. 행복을 추구할 권리를 천부적 자연권으로 양도할 수 없는 권리라고 선언한 것이다.

양도하여 스스로 끊을 수도 없고, 노예상태로 나를 매매할 수도 없으며, 즉, 양도하거나 처분할 수 없으며 그것은 내가 다른 사람을 것을 그렇게 할 수 없는 똑 같은 이치로 기능한다.

# 제2절 사회계약론(On Social Contract)

## 제1항 사회계약론의 이해

### Ⅰ. 서 언

사회계약론은 국가를 국민적 합의의 산물로 파악하는 국가발생이론이다. 사회계약론은 인간사회의 출발점을 '자연상태'라고 가정하는 데서 출발한다. 토머스 홉스, 장 자크 루소, 존 로크가 대표적인 사회계약론자들이다.

사회계약은 각자가 스스로의 권리를 함께 동시에 양도하는 것으로 나타난다. 그러므로 A와 B는 서로를 죽이거나 침해할 권리를 포기함으로써 사회계약이 성립한다. 그러므로 이제 사회는 더 이상 혼란스럽지 않게 된다.

사회계약설로 탄생한 결과물인 국가가, 홉스의 경우에는 절대 군주제이다. 루소는 사회계약설에서 대의제인 의회주의 국가가 아니라 직접민주제 국가를 구상했다. 로크의 경우는 민주 공화정을 상정했다. 사회계약론의 출발점은 자연상태이다. 그러나 이 세 사람이 상정하는 자연상태에는 조금씩 차이가 있다.

## II. 자연상태(state of nature)

### 1. 서 언

자연상태라는 용어는 이전에도 사용되었으나, 토머스 홉스에 의해 특별한 의미로 사용되면서 정치철학적 용어로 굳어진 말이다. 홉스는 자연상태를 "만인의 만인에 대한 투쟁상태" 즉, 전쟁상태로 전제했다. 하지만 존 로크는 자연상태를 토머스 홉스와는 다르게 보았다. 자연상태를 자유상태로 보았다. 로크에 따르면, 태초에 모든 인간은 평등했고 자유로웠다. 자신의 행동은 자신이 각자 자유롭게 결정했다.

마지막으로 장 쟈크 루소는 현실의 근대문명사회를 비판하기 위해 자연상태를 활용했다. 자연상태에서 인간은 야생상태의 동물에 더 가깝다고 보았다. 인간은 자연이 부여한 본능에 묶여 자기보존만이 유일한 관심거리이다. 미래를 내다보는 능력은 기껏해야 그날의 저녁으로 한정된다. 사랑도 육체적인 결합에 대해서만 알 뿐, 열정적이고 낭만적 측면에 대해서는 무지하다. 욕망에 따라 우연히 결합하고 다음 날에는 누군지도 모른다. 자연상태에서는 선과 악이란 개념조차 없다. 그것은 **무위(無爲)의 상태**이다.

**사회계약론자들의 필연적 전제인 자연상태의 모습**

① 홉스는 자연상태를 "만인에 대한 만인의 투쟁" 상태로, 전쟁상태이다.
② 존 로크의 자연상태는 자연법이 지배하는 평화로운 자유상태이다.
③ 쟝 자크 루소의 자연상태는 불평등이 없는 무위・평등의 상태이다.

### 2. 존 로크에게 자연상태(state of nature)는 자유의 상태이다.

로크는 자연상태는 **자유의 상태**(state of liberty)라고 말한다. 계속하여 다음과 같이 설명한다. 자연상태인 자유의 상태에서는 인간은 모두가 자유롭고 동등한 존재이다. 자연상태에는 어떤 계급(hierarchy)도 없다. 결코 어떤 사람은 왕이 되도록 태어나고 어떤 사람은 노예로 태어나는 것이 아니다. 자연상태에서 우리는 자유롭고 평등하다(We are free and equal in the state of nature). 하지만 로크는 인간이 사회를 형성함에 따라서 자유의 상태(state of liberty)와 허가의 상태(state of license)로 구분되었음을 지적한다.

## 3. 그러나 자연상태는 무한한 자유의 상태가 결코 아니다.

하지만 로크는 계속해서 말한다. 평화의 상태인 자연상태는 무한한 자유의 상태가 아니다. 그 이유는 다음과 같다. 아무리 자연상태라고 하더라도 거기에도 어떤 법이 있기 마련이다. 물론 자연상태의 법은 결코 입법자들이 제정한 법, 즉 실정법이 아니다. 그것은 자연스러운 구김이 없는 자연스러운 자연의 법(law of nature)이다. 그런데 자연의 법은 우리가 아무리 자유로운 존재라고 하더라도, 우리가 마음대로 자유롭게 할 수 있는 것을 자연적으로 제한한다. 어폐가 있는 듯 하지만 쉽게 말하면 자연상태에서의 자연에 의한 자연스러운 제한이 필연적으로 수반된다.

자연 섭리적으로도 밤이 지나면 낮이 오고, 겨울이 지나면 봄이 오며, 가뭄이 오래되면 수증기가 증발하여 비가 되어 내린다. 자연적으로도 일방적인 지속은 어렵고 자연스러운 제약이 따르는 것이다. 이것은 자유의 속성적 성격으로 절대적, 무한정한 자유는 존재할 수 없음을 말한다.

그런데 자연에 의한 자연스러운 제한의 이유는 자유의 속박을 위해서가 결코 아니다. 자연적인 제약은 오히려 서로간의 자유를 최대한으로 보장해주기 위함이라고 로크는 설명한다. 그럼 그 경우의 자연에 의한 자연스러운 제한이란 과연 무엇일까? 다음의 2가지인 것이다.

**① 자연상태에서 나는, 다른 사람의 생명, 자유, 생명, 재산을 빼앗을 수 없다.**

**② 자연상태에서의 나는, 역시 내 자신의 생명, 자유, 재산을 포기할 수 없다.**

즉, 로크에 따르면 내가 자연상태에서 자유롭다는 진정한 의미는, 나의 자연권을 포기할 수도 없음과 동시에 타인의 자연권을 강탈할 수도 없다는 것이다. 나의 권리도 포기할 수 없지만, 타인의 자유와 권리를 침해해서도 안 된다.

그러므로 자연적인 제약으로 인해서, 자연상태에서의 나는 사실은 자유로운 존재가 아닌 것이다. 이것이 바로 자유의 진정한 내용인 것이다.

## Ⅲ. 사회계약(Social Contract)

### 1. 개 념

사회계약은 자연상태에서 개인들이 상호동의를 통하여 연합하여 사회로 나가는 것을 설명하는 이론이다. 사회계약론은 정통성 있는 정부는 피치자들의 동의에 의해서만 출현이 가능하다는 이론으로 역사적으로 국가출범에 대한 여러 가지 중요한 개념 가운데 핵심을 이룬다. 개개인은 합의에 의해 정해지는 어떤 규칙에 따르기로 하고, 서로를 폭력, 사기, 태만 등에서 보호하는 의무를 받아들일 것을 약속한다. 사람들은 일정한 규칙(rule of law)에 의한 사회질서를 유지하기 위해 그들의 권한을 정부나 다른 권위에 양도 또는 이양한다.

사회계약론의 출발점은 어떤 사회질서도 구축되어 있지 않는 소위 자연상태(state of nature)에 대한 가상체험에서 시작한다. 자연상태에서는 개개인의 행동은 각자 스스로의 힘이나 양심에만 기초하게 된다. 결국 사람들이 자연상태에서의 불안전한 자연권을 자발적으로 포기하는 것은, 정치·경제적 질서 속에서 안정된 이득을 얻으려고 하는 것에 있다. 사회계약은 자연법(natural law)과 연결된다.

한편 자연법 사상은 자연권 사상과 밀접하게 연결되어 있다. 자연권은 어떤 공권력도 이를 훼손할 수 없는 정부이전의 그리고 공권력 이전의 권리이다. 그런데 계몽주의 시대에 자연법 사상은 절대적이고 신성한 것으로 간주되던 왕권에 대한 도전을 감행했다. 따라서 사회계약론, 실정법, 정부라는 개념을 도출했고 결과적으로 개개인의 법적권리를 인정하게 되었다. 인권이라는 개념도 자연권과 밀접하게 연결되어 도출되었다.

토머스 홉스와 존 로크 그리고 장-자크 루소는 가장 유명한 사회계약론자들이다. 하지만 그들은 자연상태라는 동일한 출발점에서 상당히 다른 결론에 도달했다. 토머스 홉스는 전제군주(authoritarian monarchy)를 그리고 루소는 직접민주제를 옹호했다. 반면에 로크는 자유 공화정(liberal republicanism)을 주창했다. 사회계약론은 1776년 미국 독립선언문에 문서로 발현된 이래로 최근에는 존 롤즈(John Rawls)에 의해 다시 상기(想起)되었다.[10)]

## 2. 사회계약론의 연혁(沿革)

### 1) 고대 사회계약론의 효시 - 소크라테스의 국법준수 사상

일반적으로 플라톤의 대화편 크리톤(Crito)이 사회계약론을 암시하는 것으로 이해한다.[11)] 플라톤의 대화편에서 소크라테스는 사형을 모면하기 위한 탈옥을 거부한다. 플라톤은 그의 일생을 통틀어 자신은 원하면 다른 곳으로 갈 수 있었음에도, 자발적으로 아테네에 살았던 것으로 그것은 아테네의 법을 받아들이기로 한 것, 즉 사회계약에 따르기로 한 것이라고 말한다. 그런데 이제 와서 아테네의 법이 불리하게 적용된다고 해서, 그를 회피

---

10) Celeste Friend, Social Contract Theory, available at, http://www.iep.utm.edu/soc-cont/

11) 《크리톤》은 고대 그리스의 철학자 플라톤이 쓴 글이다. 소크라테스의 사형집행일을 이틀 앞둔 날, 노우(老友)인 크리톤은 소크라테스에게 탈옥을 권하기 위하여 이른 아침 감옥으로 찾아간다. 크리톤은 온갖 이유를 들어 소크라테스를 설득한다. 그러나 소크라테스는 "가령 자기의 행동이 정의이고 국법이 틀린 것이라고 하더라도, 사회인은 사회질서에 복종해야 한다. 일부 몰지각한 사람들에게 부당한 처우를 받았다고 하여 조국과 국법에 대하여 부정(不正)을 행하여도 좋다고 할 이유는 없다. 조국이란 어머니나 아버지보다도 존엄하고 신성한 것이다. 조국의 보호 아래 아버지는 어머니를 맞아들여 우리를 낳았다. 조국이 인종(忍從)을 명하는 경우에 그것이 구타든 투옥이든 묵종(默從)해야만 한다. 도망을 치거나 맡은 자리를 떠난다고 하는 것은 부모에게 폭력을 휘두르는 것 이상으로 나쁜 짓이다."라고 말하면서 오히려 탈옥을 권하는 크리톤을 꾸짖는다.
저자인 플라톤은 여기에서 죽음을 목전에 두면서도 평시와 조금도 변하지 않는 정의의 사람 소크라테스를 선명하게 묘사하는 한편, 국법과 개인의 정의, "악법도 법이다"라는 불행한 모순을 문제로서 제출하였다고도 간주된다. Stokes, Michael C. (2005). Dialectic in Action: An Examination of Plato's Crito. Swansea: Classical Press of Wales.

하고 도망칠 수는 없다고 설명한다.

### 2) 근대 사회계약 이론 – 휴고 그로티우스(Grotius, 1583-1645)

17세기에 이르러 국제법의 아버지로 불리는 휴고 그로티우스가 중세의 암흑을 깨뜨리고 근대적 의미의 사회계약을 암시했다. 네덜란드의 법학자이자 정치가인 그로티우스는 "국제법의 아버지" 또는 "자연법의 아버지"로 불린다. 그로티우스는 고대 그리스와 로마시대를 지나 중세 토머스 아퀴나스에 의해 합리화된 자연법을 더욱 진전시켰다. 그는 자연법을 신(神)이 아니라 인간이성에 기초를 둠으로써 자연법의 세속화를 전개해 나갔다. 그 결과 그로티우스는 자연의 질서나 제도로서가 아니라 개개인 각자의 권리라는 의미로서의 근대적 의미의 자연법 사상을 도입했다. 그는 개개인은 자신의 보존을 가능하게 하는 어떤 자연권을 가지고 있다고 상정했다. 그로티우스는 각자는 스스로의 관할권을 갖는다. 즉, 각자의 법을 갖는다(sui juris)라고 말했다.[12]

그는 또한 다른 사람도 각자의 자연권을 가지고 있음을 상기하고, 스스로의 보존을 위한 자연권의 도덕적 한계를 따라야 한다고 주장했다. 그러므로 우리는 타인에 해를 끼치지 말아야 하고 서로 간섭하는 것을 피해야 하며, 이를 어길 경우에는 처벌을 받는다고 설파했다.

그로티우스의 이러한 생각은 개개인의 도덕적 합의와 근대과학의 맹아를 형성했다. 그는 전쟁과 평화의 법에서 신의 존재를 부인했다. 이러한 그로티우스의 사상은 합의에 의해서 성립된 정치적 사회, 즉 국가가 최초에 설립된 취지를 몰각한다면 개개인들은 스스로를 보존하기 위한 조치를 취할 수 있다는 것으로, 궁극적인 권력은 개개인들에게 있다는 결론으로 귀결된다. 개개인이 주권자라는 이러한 생각은 당시에는 매우 선동적인 생각이었다.

결국 1613년 그로티우스에 대한 체포 포고령이 발령되었다. 중세와 근대

---

12) 그로티우스에 대해서 1613년 체포 포고령이 발령되었고, 1618년 8월 29일 체포되었다. '스스로의 관할권을 갖는다.'의 영어표현은 = of one's own laws 또는 under their own jurisdiction라는 의미임

의 접점의 시대에 살았던 그는 유럽에서 벌어진 수많은 전쟁들을 몸소 목도하면서, 국제사회에도 자연법을 적용하고, 개인의 자연권에 상당하는 국가주권 간의 자연법적 질서를 가지고 국제법의 기초로 삼아 이론을 전개했다.[13)]

### 3) 3대 사회계약론자와 존 롤즈의 정의론(Theory of Justice)

사회계약론은 17세기와 18세기에 본격적으로 논의 되었다. 그 중심에 토머스 홉스, 존 로크, 장 자크 루소가 있다. 그 후 사회계약론은 1776년 미국 독립선언문에 문서로 발현된 이래로, 최근에는 존 롤즈(John Rawls)에 의해 그의 대작 정의론(1971)에서 다시 상기(想起)되었다.

---

13) 이러한 경험은 그로 하여금 전쟁을 어떻게 하면 방지할 수 있을지에 대한 고민을 안겨다 주었고, 전쟁의 국제법에 대한 이론을 떠올릴 수 있게 하는 계기가 되었다. 그는 자신의 주저(主著)인 전쟁과 평화의 법(On the Law of War and Peace)에서 전쟁의 정당한 원인으로 자기방위, 재산회복, 처벌의 세 가지 요인을 한정하여 정당한 전쟁의 범위를 설정하였다.

## 제2항 대표적 사회계약론자들의 주장

### Ⅰ. 토머스 홉스(Thomas Hobbes, 1588~1679)

사회계약이론을 구체적이고 상세하게 설명한 철학자는 토머스 홉스이다. 영국의 철학자 토머스 홉스(Thomas Hobbes, 1588~1679)는 인간 본성에 대한 성악설, 그리고 자연상태를 만인의 만인에 대한 투쟁상태로 상정했다. 성악설과 자연상태라는 두 가지 조건을 전제로 국가탄생의 사회계약론을 주창했다.

Thomas Hobbes

홉스는 투쟁상태인 자연상태에 있던 인간은, 각자의 이익을 위해서 자발적으로 공동계약을 체결하여 국가를 만든다. 사람들은 스스로의 '자연권'을 국가에 양도하고 절대권력에 복종한다고 보았다. 논리의 필연적인 결과로 전쟁상태인 자연상태를 안정적인 평화상태로 만들기 위해서는, 강력한 전제군주제(專制君主制)가 이상적인 국가형태라고 말한다. 그 이유는 다음과 같다.

홉스에 의하면 인간은 본래 이기적이어서 '자연상태'에서는 아무것도 자제할 수 없다. 개인의 힘이 곧 권리이다. 자연상태에서 우리 모두는 자연의 모든 것을 상대로 무한정한 자유를 구가하려고 할 것이고, 그러한 무한정한 자유는 스스로의 보존도 위협하게 될 것이다. 그러나 모든 사람이 자기 이익만을 끝까지 추구하는 자연상태에서는 '만인(萬人)의 만인에 대한 투쟁(Bellum omnium contra omne)'이 있을 뿐이다. 모두는 모두에 대하여 이리(狼)와 같기 때문에 자기보존마저 위태롭다.[14] 그러므로 하루하루가 전

14) "war of all against all". Leviathan, Chapter 13

쟁상태인 자연상태에서 어떤 정치적인 권위에 의한 사회질서가 구축되어 있지 않으면, 인간의 삶은 "외롭고, 가난하며, 끔찍하고, 잔인하고, 짧을 수밖에 없다.[15] 사람들은 하루하루를 불안에 떨며 살아간다. 힘이 약한 사람은 힘이 강한 사람에게 언제 목숨을 잃을지 몰라 불안하다. 힘이 강한 사람은 또 자신이 잠든 사이에 힘이 약한 사람이 몰래 자기의 목숨을 해치지 않을까 걱정하는 공포적인 상황이다.

Leviathan

이런 전쟁상태를 피하기 위해 인간은 정치적 공동체를 형성한다. 즉, 사회계약을 통해서 시민사회를 형성한다. 거기에서 시민들은 스스로를 시민법과 정치적 권위에 복종하기로 약속한다. 각자는 반대급부로 시민권(civil rights)을 부여받는다. 각자의 이익을 위해서 계약으로써 국가를 만들어 '자연권'을 제한하고, 국가에 복종한다. 이렇게 탄생한 국가가 리바이어던이다.[16] 결국 악순환의 투쟁상태를 해결하기 위해, 사람들은 자기에게 주어진 자유를 포기하고, 강력한 국가를 만들어 창설된 국가에 자신의 자유와 권리를 모두 양도하는 대신에, 국가로 부터 개개인의 안전을 보장받는 계약을 체결한다는 것이 토머스 홉스의 사회계약론이다.

## II. 존 로크(John Locke, 1632~1704)

존 로크의 사회계약론은 몇 가지 점에서 홉스의 그것과 다르다. 하지만 중심사상에는 자연상태에서 인간들은 자발적으로 사회계약을 체결하여 국

---

15) "solitary, poor, nasty, brutish and short" without political authority.

16) 리바이어던이란 구약성서 《욥기(記)》에 나오는 거대한 영생(永生)동물의 이름인데, 토머스 홉스는 교회권력으로부터 해방된 국가를 가리키는 용어로 사용했다.

가를 형성하려고 한다는 점에서는 일치한다. 홉스는 자연상태를 "만인의 만인에 대한 투쟁상태(war of all against all)" 즉, 전쟁상태로 전제했다 하지만 로크는 홉스와 전혀 반대로 자연상태를 자유상태로 보았다. 로크에 따르면, 태초에 모든 인간은 평등했고 자유로웠다. 자신의 행동은 각자 자유롭게 결정했다. 로크는 자연상태에 있는 개개인도 홉스가 생각하는 것보다 훨씬 더 스스로의 행동에 도덕적인 제약을 가지고 있다고 생각했다.

그런데 로크에게 있어서 인간이 사회계약을 통해서 자연상태를 떠나서 국가를 형성하는 것은, 자유인인 각자가 주재자가 됨으로 인한 어떤 불편함 때문에, 중립적인 심판관(neutral judge)을 갖는다는 것이다. 사람들은 사회계약으로 그들의 천부인권인 생명권, 자유권, 재산권을 더 잘 보호될 것이라고 생각했기 때문이라는 것이다.

그러나 존 로크의 경우에 사회계약에는 한계가 있다. 먼저 양도할 수 없는 권리라는 제약이다. 양도할 수 없는 권리라는 대목에서 홉스와 로크의 사회계약이 결정적으로 갈라진다. 홉스는 사회계약을 통해 사람들은 그들이 가지는 모든 권리를 정부에 양도(讓渡)하고 그 대가로 시민권을 부여받는다고 말한다. 하지만 로크는 그렇지 않다고 말한다. 천부인권은 결코 양도할 수 없는 권리라는 것이다. 양도할 수 없는 권리를 주장하는 대목에서 로크는 자유주의의 틀을 세운 자유주의의 아버지가 된다. 또 양도할 수 없는 권리로 재산권을 포함시킨 대목에서 사적소유권이라는 정치경제학의 이론을 제공한다.

다음으로 로크는 사회계약과 시민권은 영원히 고정된 것이 아니라고 말한다. 사회계약은 오로지 모두의 이익을 위한 것이라는 목적을 위한 수단일 뿐이다. 존 로크나 루소에 의하면 사회계약은 만인을 위한 보편적인 이익(general interest) 또는 루소의 경우에는 일반의지(general will)에 부합하는 경우에만 적법하다. 그러므로 사회계약의 조건에 대한 불이행이 있는 경우에 사람들은 재협상을 하여 조건을 바꾸거나 담당자를 교체할 수도 있다. 그를 위한 대표적인 방법이 선거와 입법이다. 존 로크는 더 나아가 독재자에 대해서는 그를 전복시킬 저항권(right of rebellion)이 있다고 말한다. 로크가 제공한 정부론은 1688년 명예혁명의 이론적 토대가 되었다. 로크의 사회계약론에 대한 논점별 상세는 후술한다.

## Ⅲ. 장 자크 루소(Jean-Jacques Rousseau, 1712~1778)

### 1. 서 언

Jean-Jacques Rousseau

장 자크 루소는 로크가 사망한지 8년 후에, 그리고 임마누엘 칸트가 출생하기 12년 전에 스위스 제네바에서 가난한 시계공의 아들로 태어났다. 어머니는 출산 후유증으로 열흘 뒤에 사망했다. 10세 때는 아버지마저 집을 나가 숙부에게 맡겨져, 공장(工匠)의 심부름을 하면서 소년기를 보냈다.

평생 동안 광범위한 문제를 논하였으나, 일관된 주장은 인간성 회복이었다. 인간은 자연상태에서는 자유롭고 행복하고 선량하였으나, 자신의 손으로 만든 사회제도나 문화에 의하여 부자유스럽고 불행한 상태에 빠졌으며, 사악한 존재가 되었기 때문에 다시 참된 인간의 모습 즉 자연 속에서의 모습을 발견하여 인간성을 회복하지 않으면 안 된다고 주장했다.

루소는 자연상태를 불평등과 차별이 없는 **무위의 평등한 상태**로 보았다. 여기에서 로크가 자유를 강조한 사회계약자로 평가되는 반면에, 루소는 평등을 강조한 사회계약론자라는 평가를 받는다. 자연상태에서 각 개인은 자유와 평등을 최대한으로 확보하면서 공동의 이익을 지키기 위해서, 약속을 하고 국가를 형성한다. 이 약속이 사회계약이다. 그것은 주권자인 개개인 상호간의 약속이며, 지배자에 대한 국민의 복종을 뜻하는 것이 아니다. 루소는 일반의지에 바탕을 둔 국가를 형성하는 수속을 제시한 것이 '사회계약'론이다.

루소는 자유와 평등의 자연권을 국가 상태로 확정하기 위한 절차적 근거로서 사회계약론을 전개했다. 권력행사가 정당화되는 유일한 조건으로서, 국민의 전체 의사와는 상위한 '항상 정당한' 일반의지를 두었다. 다만 일반의지는 실제로는 시민들의 다수결에 의하여 확인된다고 하였다. 루소가 구상한 국가는 의회주의 국가가 아니라 직접민주제의 국가이다. 루소는 자유는 시민 전체에 의한 직접민주주의를 통해서만 가능하다고 보았다. 루소의 정치사상은 일면에서는 로크의 개인주의적 자유주의와 상통한다. 하지만 자유주의를 주창하면서도 시민 전체의 일반의지(general will)가 최상위에 있다고 함에 있어서 로크의 개인주의적 자유주의와 차이가 있는 전체주의적 또는 평등주의적 자유주의론자였다. 대표 저술로 1762년도에 출간된 '사회계약론'과 에밀이 있다.

## 2. 루소의 인간불평등기원론(人間不平等起源論, 1755년)

루소가 생각하는 자연상태는 1753년에 디종 아카데미의 현상 논문에 출품한 "인간 사이에 있어 불평등의 기원은 무엇인가, 그리고 그것은 자연법에 의해 정당화되는가?"라는 논문에서 잘 나타난다. 루소의 동 논문은 당시 계몽주의 이성의 시대에 선동적인 사상이라는 이유로 낙선되었으나, 1755년에 네덜란드에서 출판되었다.

본문은 2부로 나뉘며, 제1부에서는 인간은 본래 고립 분산하여, 자기보존과 연민이라는 본능에만 순응해서 자기만족의 생활을 한다. 이것을 '자연상태'라고 논하고, 제2부에서는 인간은 공동생활을 시작하여 얼마 동안 행복했으나, 재산의 사유(私有)가 시작되고 산업발전에 따라 불평등이 심해졌지만, 국가는 그 빈부(貧富)의 차를 합법화하는 것에 급급하다고 문명제도와 사유재산제도를 신랄하게 비판했다. 루소가 생각한 불평등 원인은 문명 그 자체였다. 따라서 인간사회의 불평등을 해결하려면 사회를 근본적으로 재편해야 한다고 주장했다. 한 세대 뒤에 일어난 프랑스 혁명의 정신은 그 연장선에 있었다.

루소는 자신이 제기한 문제를 해결하기 위해 자연상태에서 인간이 어떠했는가를 살펴보는 전략을 취했다. 홉스가 자연상태를 전쟁상태로 묘사함으로써 절대군주제를 정당화한 반면에, 루소는 현실의 근대문명사회를 비판하기 위해 자연상태를 활용했다. 결론적으로 루소는 홉스가 자연상태를 제대로 포착하지 못했다고 주장한다. 루소가 보기에 자연상태는 사회상태와는 어떠한 특성도 공유하고 있지 않아야 한다. 루소의 자연상태에서 인간은 문명사회의 인간보다 야생상태의 동물에 더 가깝다.

그들은 자연이 부여한 본능에 묶여 있어 자기보존만이 유일한 관심거리이며 어떠한 섬세한 감정도 갖고 있지 않다. 미래를 내다보는 능력은 기껏해야 그날의 저녁으로 한정된다. 사랑도 육체적인 결합에 대해서만 알 뿐, 그것을 어렵게 만드는 열정적이고 낭만적 측면에 대해서는 무지하다. 욕망에 따라 우연히 결합하고 다음 날에는 자기와 결합했던 사람이 누구인지도 모른다.

그렇다고 자연상태의 인간이 선하다고 할 수도 없다. 그곳에는 선과 악이란 개념조차 없기 때문이다. 오히려 본능적으로 편하고 좋은 것만 찾는 이기적인 존재로 보았다. 결국 루소에게 있어서 평화로운 자연상태는 **무위(無爲) 평등의 상태**이다.

### 3. 자연으로 돌아가라(Go back to nature)

루소가 보기에 인간 불평등의 기원은 문명과 소유제도였다. 루소는 야금술과 농업이야말로 수확과 더불어 예속과 비참이 싹트고 증가하는 두 가지 기술이었다고 말한다. 야금술과 농업을 통해 인간은 비사회적(asocial) 상태에서 벗어나 문명사회를 이루고 가족을 이룬다. 또한 농업의 발달에 따라서, 자연이 가져다주는 열매를 누구나 향유할 수 있을 때와 달리, 소유의 관념이 생겨났다. 잉여재산이 생김으로서 교환경제가 발달했고 그것은 더 커다란 불평등으로 전개되었다. 어리석거나 사태를 제때 파악하지 못한 사람들은 가난하게 되었다. 소유한 자들이 정치적 지배권까지 장악하게 되면서 '주인과 노예의 관계'가 인간 사이의 기본적인 관계형식으로 자리 잡는다. 그에 대한 유일한 해결책은 다시 자연으로 돌아가 자연상태에서의 인간의 자연적인 본성을 회복하는 길 뿐이다(Go back to nature).

루소의 급진적이고 혁명적인 사상은 그의 대작인 "사회계약(The Social Contract)"에서 나타나는 "인간은 자유롭게 태어났으나 어디서든지 속박받는다."[17] 라는 말에 잘 나타난다.

---

17) Man is born free, and everywhere he is in chains.

루소는 자유주의의 흐름에 있지만 이단적이란 평가를 받는다. 무엇보다 그의 자유개념이 로크식의 영미 자유주의 전통과 다르다. 루소가 '자연으로 돌아가자'고 하는 것은 문명을 포기하고 원시상태로 돌아가자는 의미는 아니다. **그것은 자연상태의 인간이 갖고 있던 정념의 평정심과 타인에 대한 연민을 강조하는 것이다.** 이런 측면에서 그의 사상이 현대 공동체주의에 이념적 뿌리로 평가받기도 한다. 루소의 급진적이고 혁명적인 정치적 사고는 1789년도의 프랑스 대혁명에 영향을 미쳤고 사회주의 이론과 국수주의 사상의 발전에도 영향을 미쳤다.

### 4. 일반의지(general will)

루소의 사회계약론의 중심에는 일반의지가 있다. 루소는 개개인은 이기주의적인 심성으로 인해서, 개개인의 사익을 위해서 전체의 이익을 훼손할 수도 있다고 보았다. 하지만 집단적 존재로서의 개개인은 각자의 이기심을 일단 일반의지를 창출하는데 양보한다. 그렇게 하여 탄생한 일반의지는 모든 권력의 최정점에 위치한다. 일반의지가 탄생시킨 최고의 권력이 국민주권(Popular sovereignty)이고 바로 법의 지배(rule of law)이다.

이 경우의 '일반의지'란 자유와 평등을 지향하는 시민(people) 전체의 추상적인 의지를 말한다. 예컨대, 만약 A가 어떤 단체의 회원인 경우에, A는 조직원으로서가 아니라 자신의 이기적인 이익만을 생각할 수도 있다. 그것은 개인의 개인의지이다. 그런데 다른 조직원들도 개인의지만 내세운다면 그러한 단체나 조직은 약해지고 발전하지 못할 것이다. 그러나 만약 조직원들이 먼저 단체의 이익을 생각한다면 단체는 강해지고 생기가 있을 것이다. 이처럼 조직이나 단체 더 나아가 국가에서의 공적정신이, 루소가 말하는 일반의지이다.[18)]

그러므로 국가에서의 일반의지는 시민들이 자신의 사적인 이익을 바라지 않고 일반 선(善)을 바라는 의지이다. 즉, 일반의지는 모두의 선을 위한

---

18) 루소는 세 가지 의지, (1) 개인의지, (2) 단체의지, (3) 일반의지를 구분한다. 임태평, 루소의 '일반의지' 개념과 시민교육, 교육철학 제36집(2008. 12) : 173~194

시민 모두의 의지이다. 루소는 일반의지를 국가성립 이전에 존재하는 추상적인 실체로 보았다. 또한 일반의지는 시간의 경과와 함께 개선되는 보편적인 것이라고 말한다. 그러므로 루소에 의하면, 가장 일반적인 의지는 항상 또한 가장 정의로운 의지이다.

## 5. 국가의 탄생

이러한 시민들의 일반의지야말로 주권의 기초이며 법이나 정부도 그리고 모든 권력도 여기서 나온다. 이 국민의 일반의지는 절대적이며 그르친다는 예외도 없다. 타인에게 양도나 분할도 불가하다. 따라서 일반의지에 기초한 시민주권은 또한 절대적이다.

이러한 루소의 주권론은 가장 철저하고 절대적인 시민주권론이고 국민주권론이다. 국민주권은 사회전체를 위해서 무엇이 올바르고 좋은지를 결정한다. 그러므로 군주나 행정부의 수반을 비롯한 개개인 각자는 국민주권에 복종해야 한다. 루소에 따르면 시민들이 사회계약을 통해서 서로 연합하고 일반의지에 스스로의 자연권을 포기함으로써 각자는 오히려 자유를 얻고 스스로를 진정으로 보존할 수 있게 된다고 보았다.

한편 루소는 통치권(sovereignty)을 정부와 구분하였다. 국민주권의 하위개념인 통치권은 어디까지나 시민의 일반의지에 복종하여야 한다고 하였다. 그러므로 통치권의 주체인 정부는 다만 시민의 일반의지를 보충하고 이행하는 것에 주안과 목적이 있다. 루소는 통치권이 시민의 대표제 그러므로 대의제의 형태로 행사되는 간접민주정치를 지극히 반대했다. 어디까지나 시민들이 직접 법을 만들어야 한다고 주장했다.

일반의지라는 개념이 상정되기는 했지만 루소의 이러한 극단적인 사고실험이 루소의 정치사상이 구현되지 못하게 한 연유이기도 하다. 이처럼 루소는 주권이 전체로서 국민에 있다고 믿었다. 주권자 의지는 일반의지였으며, 그래서 하나의 전체로서 국민이 정치의 중심에 선다. 일반의지는 양도할 수 없기 때문이다. 그러므로 대의제 주권이라는 용어는 용어자체가 모순이기 때문에 불가능하다. 모든 사회는 일반의지의 특수성을 수행하는 하나의 정부를 갖고 있어야 하나 정부는 주권국민의 수탁자(trustee)로서

만 행동한다. 정부는 결정을 하지 않는다. 정부는 일반의지를 시행할 뿐이다.[19)]

## Ⅳ. John Rawls' Theory of Justice (1971)

존 롤즈(1921~2002)는 그의 정의론을 구축함에 있어서 칸트의 도덕철학에 입각하여 사회계약론적 접근방법을 취하였다. 합리적인 인간은 원초상태(original position)의 무지의 베일(veil of ignorance)에서 사회계약으로 어떤 정의의 원칙에 도달한다는 것이 롤즈 정의론의 요체이다. 그렇게 도출된 정의론은 공정성(fairness)이 상징이다. 상세는 후술한다.

19) 임태평, 루소의 '일반의지' 개념과 시민교육, 교육철학 제36집(2008. 12) : 173~194

## 제3항 존 로크의 사회계약으로 탄생한 국가의 한계

### Ⅰ. 인간은 왜 자연상태에서 사회계약을 맺어 국가를 탄생시켰는가?

그렇다면 로크의 경우에 사람들은 왜 자연상태에서 사회계약상태로 들어갔는가? 자연상태는 인간이 원한다면 계속하여 거기에 머무를 수 있는 자유와 평등의 상태이다. 그런데도 왜 사람들은 자유로운 자연상태에 머물지 않고, 스스로의 자연권을 제약하게 되는 정부탄생에 동의했는가?

존 로크는 인간들이 자유로운 평화의 상태인 자연상태에서, 자신의 자유를 속박할지도 모르는 정치공동체를 결성한 것은, 자연상태의 어떤 "**불편함(inconvenience)**" 때문이라고 설명한다. 그렇다면 자연상태의 불편함이란 무엇인가? 원래 자연상태에서는 모두가 자연법의 실행자 소위 집행자이다. 집행자는 만약 누군가가 자연법을 위반한다면, 그는 침범자, 즉 이성을 잃은 사람으로, 누구나 그 사람을 임의로 처벌할 수 있다. 벌의 종류는 생각할 필요도 없고 침략자를 죽일 수도 있다. 그러면 상대방도 가만히 있지 않고 공격은 이어지고, 따라서 자기방위가 필요하게 된다. 이처럼 자연상태에서는 각자 모두가 집행자로 침해자를 처벌할 수 있다.

결국 자연상태는 무방비의 무법천지가 된다. 자연상태는 자유의 상태였기 때문에 객관적인 질서유지 수단인 경찰도 없고 군대도 없다. 각자는 단지 자기 사건의 판사가 되고 집행자가 된다. 로크가 보기에 사람은 자기 사건의 판사가 되면 자기에게 유리하게 판단한다. 그런데 자연상태에서는 개개인 모두가 자신이 옳다고 판단하므로 스스로가 주권자로서 재판관이 된다. 그러나 이러한 상태는 결국 모두에게 각자에게 유리한 쪽으로의 결론을 내릴 것으로, 객관적인 판단이 어려운 불편함을 초래했다. 결국은 누구도 자신의 주권자가 되지 못하게 할 위험성과 불안감을 초래했다. 결국에는 자연법을 따를 수가 없다는 결과가 된다. 그러므로 이러한 자연상태에서는 양도할 수 없는 인간의 자연권이 결코 보호되지 못한다.[20] 이러한 모든 것들이 자연상태의 불편함이다.

그래서 인간은 이러한 불편함을 해소하기 위해 국가를 탄생시킨 것이다. 로크는 또한 자연 속에서 자연법칙이 존재하는 한 인간은 자유를 누를 수 있었다고 주장하였다. 논리적 연장성에서 내 재산이 도난을 당했을 시에는 도둑에 대한 처벌을 할 수 있는 권리가 누구에게나 있었다고 주장하였다. 그러나 인간은 자기의 재산을 보다 더 효과적으로 안전하게 지키기 위해서 다른 어떠한 기관이 필요하였는데, 그 기관을 만들기 위한 중간과정이 바로 사회계약설이다. 사회계약설에 의하여 국가는 성립되었으나 탄생한 국가는 홉스의 국가관과 대조되게, 절대권력을 행사하는 기관이 아니며, 어디까지나 입법부가 정한 법에 의해 행정부에서 통치되는 기관이었다. 국가는 그 기능을 제대로 수행하지 못했을 경우, 국민의 재산을 안전하게 보호할 의무, 계약을 성립한 국민에 의해 파기될 수 있다고 로크는 주장한다. 저항권 이론의 배경인 것이다.

## II. 사회계약으로 탄생한 국가에 자연권 이양의 한계

토머스 홉스는 리바이어던에서 사회계약에 따라서 인간은 그들의 **모든 권리**를 탄생한 국가에 양도(alienation)했다고 설명한다. 즉, 모든 권리를 소외(alienation)시킨 것이다. 과연 존 로크의 경우에는 어떨까? 존 로크의 경우에 있어서도 분명히 인간은 각자의 권리를 탄생한 국가에게 이양하게 된다. 그러면 자연상태의 불편함을 해소하기 위해 사회계약에 의해 국가를 탄생시킨 것이므로, 존 로크의 경우에 있어서도 인간은 그들의 모든 천부적 자연권을 새롭게 탄생한 국가에게 양도한 것일까?

그러나 존 로크가 말하는 이양은 **위탁(trust)**인 것으로서 그것은 홉스가 말한 '양도(alienation)'와 전혀 다르다. 양도가 권리를 전적으로 넘겨주는

20) 로크는 그러한 상황을 다음과 같이 격렬하게 묘사했다. "One may destroy a man who makes war upon him... for the same reason that he may kill a wolf or a lion; because such men... have no other rule, but that of force and violence, and so may be treated as beasts of prey, those dangerous and noxious creatures, that will be sure to destory him, whenever he falls into their power." - John Locke

것인 것에 반해서, 위탁은 미리 정해진 계약조건을 이행하는 경우에 한해서 조건적으로 권한을 위임하는 행위로 조건 불이행 시에는 되찾아올 수 있는 계약관계이다. 그렇다면 제한적인 양도에 지나지 않는 자연권의 위탁만을 하는 이유는 무엇일까? 전적으로 인간들 스스로의 판단일까? 즉, 존 로크에 있어서 토머스 홉스와 달리 인간이 사회계약에 의해서도 국가에게 권리를 양도하기 못하고, 위탁밖에 할 수 없는 이유는 무엇일까?

가장 큰 이유는 존 로크가 보기에 인간이 자연상태에서 부여받은 자연권은, 그 성격이 양도할 수 없는 천부적인 권리이기 때문이다. 즉, 인간의 자연권은 속성적으로 양도 불가능한 권리이기 때문에, 그러므로 이것을 국가에게 양도할 수 있는 것이 결코 아니라고 로크는 설명한다. 즉, 자연상태에서의 인간의 천부적인 권리는 불가양적 권리이기 때문에, 인간은 결코 국가에게 자연권을 양도할 수 없다는 것이다. 이처럼 양도할 수 없는 권리라는 점에서 홉스와 로크의 사회계약이 결정적으로 분별된다. 홉스는 사회계약을 통해 모든 권리를 정부에 양도했다고 주장하지만, 로크는 결코 그렇지 않다고 생각한 것이다.

결코 양도할 수 없는 권리로서의 자유를 주장하는 대목에서, 존 로크는 또한 정치적 자유주의의 틀을 세운 자유주의의 아버지로 간주된다. 또 양도할 수 없는 권리에 재산을 포함시킨 대목에서, 로크는 사적소유의 이론적 틀을 세운 정치경제학의 초석을 제공한 것으로 평가받는다.

이처럼 로크는 평화 · 선의 · 상호부조(相互扶助)가 있는 자유로운 자연상태에서 노동에 의한 자기 재산을 보유하는 자연권의 안전한 보장을 위하여 사회계약에 의해서 국가가 발생되었다고 주장하는 것이다. 그렇게 탄생한 국가의 임무는 시민의 최소한의 안전보장에 있다는 야경국가(夜警國家論)이어야 한다.

## Ⅲ. 국가권력의 한계

존 로크에 의하면 합법정부는 사람들의 동의에 의해 탄생된 정부이다. 전술한 것처럼 사람들은 자연상태에서는, 각자가 모두 재판관이자 집행관이 되는 까닭으로 인해서, 자연상태는 얼핏보면 매우 유순하고 아름다운 세상 같지만 자세히 들여다보면, 잠재적으로는 격렬하고 무법천지의 상태이다. 그러므로 사람들이 잠재적으로는 격렬하고 무법천지가 될 수 있는 자연상태를 떠나려고 하는 것이다. 사람들이 어떻게 떠나는가? 여기에 사회계약이라는 합의가 등장했다. 무법의 자연상태에서 탈출하는 유일한 방법은 집행 권력에 일정한 권리를 이양하고, 자연권의 보호에 대한 적극적인 동의를 받는 것이다. 그리고 정부를 창출하는 것이었다.

사회계약으로 사람들은 입법부도 창설한다. 모든 사람들은 다수결에 의해 결정된 것은 순응하기로 미리 약속한다. 그러므로 합의에 대한 이해는 다수결로 결정할 수 있는 한계는 무엇일까라는 의문에 대한 대답이 된다. 결론적으로 아무리 다수결이라고 하여도 그러므로 아무리 새롭게 탄생한 합법정부 즉 국가라고 하여도 양도할 수없는 권리는 여전히 침범할 수없는 것이다. 즉 시민들의 생명, 자유, 재산에 대한 본질적인 권리를 침해할 수는 없는 것이다.

여기에 국가의 한계적인 의무가 있다. 이것이 대한민국 제37조 제2항이 "국민의 모든 자유와 권리는 국가안전보장 · 질서유지 또는 공공복리를 위하여 필요한 경우에 한하여 법률로써 제한할 수 있으며, 제한하는 경우에도 자유와 권리의 본질적인 내용을 침해할 수 없다."라고 규정한 근본적인 이유인 것이다. 결국 시민들의 합의에 의해 탄생한 합법정부의 권한의 내용 그러므로 합의에 의해 성립된 정부의 한계는, 시민들의 천부적인 권리를 최대한 보호하고 존중해 주어야 한다는 지상명령에 따르게 된다.

# 제3절 존 로크의 재산권 개념

## Ⅰ. 서 언

재산(Property)은 개인이나 단체가 가지는, 어떤 물체나 무형의 실체를 의미한다. 재산의 성격에 따라서 소유자는 그 재산을 소비하거나, 매매하거나, 빌려주거나, 담보로 제공하거나, 교환하거나 처분할 권리를 가진다. 이러한 재산에 대해 가지는 제반 권리를 재산권(財産權, property right)이라고 한다. 법적으로는 재산권은 인격권 · 신분권 · 사원권 등의 비재산권과 대립되는 개념이다. 민법상의 소유권, 물권, 채권은 모두 재산권이다. 광업권 · 어업권 · 특허권 · 저작권 · 실용신안권 · 상표권 · 의장권 등의 무체재산권도 재산권이다. 재산권은 전통적으로 다음과 같은 권리를 포함한다.

① 사용을 통제할 수 있는 권리
② 재산으로부터 이익을 향유할 수 있는 권리
③ 매도하거나 양도할 수 있는 권리
④ 타인을 배제시킬 수 있는 권리

그렇다면 이 같은 재산권에 대한 로크의 생각은 어떤가? 재산에 대한 권리도, 생명과 자유에 대한 권리와 똑 같은 수준의 천부적인 자연권인가? 재산권은 한번 주어지면 그대로인가? 재산권은 어떻게 획득하는 것일까? 재산권도 생명권, 자유권과 동열에서는 천부적이고 불가침적이며 불가양의 권리일까?

## Ⅱ. 재산권의 속성 - 천부인권

존 로크는 재산권을 천부인권으로 인정한 최초의 정치 철학자였다. 로크는 결단코 주장한다. 개인의 재산에 대한 권리는 결코 정부나 법의 창출물이 아니다. 재산권도 엄연한 자연적인 권리로서, 재산권은 선(先)정치적인 것이다. 정부가 이 땅의 무대에 등장하기 이미 오래전에, 즉, 의회나 국회가 권리를 개념 짓기 위한 법을 제정하고 제정한 법을 시행하기 이미 오래전에, 재산권은 천부적으로 시민의 권리였다고 말한다. 재산권은 자연권이기 때문에 당연히 선(先)정부적인 것이다. 따라서 국가권력이라고 할지라도 개인의 재산을 자의적으로 처분할 수 없다.[21] 이처럼 재산권은 로크에게는 역시 본질적인 자연권이기 때문에, 개개인의 사유재산권은 어떤 정부가 성립되기 전이나 법이 제정되기 전에 이미 자연상태에서 인정되는 권리라고 명백히 한다.

이처럼 존 로크는 단적으로 재산권(Right of property)은 자연권(natural right)이라고 말한다. 그런데 재산권은 아래에서 보는 바와 같이, 특이하게 인간의 노동을 통해서 사후적으로 획득이 가능한 자연권이라고 보았다.

결국 사유재산권은 입법에 의한 창설적 권리가 결코 아니다. 입법은 천부재산권인 사유재산권을 단지 확인할 뿐이다. 사유재산권의 내용과 범위를 확인하는 한도에서만 사유재산권은 실정법상의 권리가 된다. 존 로크에 있어서 재산권은 한 면으로는 자연권이지만 다른 한편으로는 실정권이라는 것은 이를 두고 한 말이다.

## Ⅲ. 재산권의 취득 - 근면한 노동(Labor theory of property)

성경에 따르면 하나님은 이 땅을 창조하여 모든 사람에게 똑 같이 주었

---

21) 이에 대해 후일 칼 막스(Karl Marx)는 그의 사회이론(social theory)에서 로크의 재산권 이론을 비판했다.

다. 그런데 어떻게 개인의 사유재산권이 인정되는 것일까? 또한 사유재산에 대한 박탈인 과세는 어떻게 가능한가? 라는 의문이 제기된다. 과연 인간은 자연상태에서 어떻게 사유 재산권을 획득하고 사유재산권은 어떻게 증대될 수 있는 것일까? 로크는 그에 대한 해답으로 노동을 제시한다.

로크에게 노동은 의문의 여지없이 노동자 자신의 소유이다. 그런데 사람이 일을 하면 노동이 대상물에 투입된다. 그러면 대상물은 이제는 그 사람의 소유가 된다는 것이다. 그러므로 로크는 노동이 가미된 어떤 것에 대해서도 소유권을 갖는다고 말한다. 그 경우의 소유권은 독점적인 것이라고 말한다. 그러면서 로크는 인간은 사냥하고, 낚시하는, 토지로부터 그 과실만을 소유할 뿐이 아니라, 인간이 그 토지를 가꾸고 경계를 치고 작물을 재배하는 등으로 관리하면, 그 땅도 소유한다고 말한다. 예컨대 자연상태에 있던 어떤 토지에 대해 토마토를 재배하면 토마토만이 아니라 그 땅도 소유한다는 것이다. 더 나아가 어떤 무소유물에 노동이 혼합된 것에 대해서도 소유권을 갖는다고 사유재산권 증대의 방법에 대해서 설명한다. 로크는 스스로의 노동을 통하여 신이 주신 자연을 주변 사람의 동의 없이 소유할 수 있다는 획기적인 주장을 했다.

여하튼 이러한 경과를 거쳐서, 이 땅에 정부가 성립되기 전에 인간에게는 사유재산권이 있었고, 각자의 소유임이 분명한 노동력을 자연상태의 무주물(無主物)에 투입하고 반영함으로써, 인간의 사유재산권이 증대하는 것이라고 로크는 답변한다.[22] 이렇게 사회계약이 체결되기 이전의 자연상태에서의 선조들에 의한 재산질서의 확립이, 그 후 국가탄생 이후의 합법적인 재산권 양도제도에 의해 오늘날 우리에게 이어진 것이다. 존 로크의 천부적인 자연권으로서의 재산권 소유의 사상은 결국에는 우리는 우리를 소유한다는 사상으로, 후일 자유주의론자들의 논리로 전이된다. 즉, 우리는 우리 자신에 대한 소유권을 갖는다는 사고에 이른다.

로크는 결론적으로 사회의 목적을 물질적 부의 추구라고 보고 사회구성원들은 그들의 목표를 물질적 풍요로움에 두라고 말했다. 물질적 부의 무

22) "Every man has a property in his own person. This nobody has any right to but himself. The labor of his body, and the work of his hands, we may say, are property his."

한대적인 축적은 과학기술에 의해 개발된 자원이 뒷받침되어야 했는바, 17세기 로크의 시대에는 이미 뉴턴 이래로 그 기초가 충분히 준비되어 있었기에 가능했다.

## Ⅳ. 재산 축적의 한계(Limits to accumulation)

로크는 인간은 자연상태에서 자신의 재산을 가질 수 있다고 보았다. 이것은 그 당시의 다른 철학자들이, 자연상태에의 인간의 소유는 이웃의 동의를 받아야 한다는 주장과는 전혀 다른 관점인 것이다. 하지만 이러한 소유에는 두 가지 한계가 있다.

하나는 객체에 대한 제한이다. 노동은 아직 누구의 소유가 아닌 것에 대해서만 가능하다.[23] 다음의 한계는 자신이 사용할 수 있는 한도 내에서 소유해야한다는 것이다. 즉, 각자의 생산과 소비의 한계이다. 로크에 따르면 사용되지 않는 재산은 낭비이고 또한 자연의 속성에 역행하는 것이다. 재산권을 자연권이라고 본 로크의 상념에는, 자연 속에서의 재산의 모습과 속성을 전제하는 것이었다. 로크는 그것이 자연의 이치이기 때문이라고 말한다. 가령 예를 들어 어떤 사람이 혼자 먹을 만큼 이상의 사과를 얻어 그 사과를 썩게 한다면, 그것은 자연의 법에 어긋난다.

그렇다면 부지런한 사람이 아무리 열심히 일하더라도 남보다 더 가져서는 안 되는 것일까? 로크는 그렇지는 않다고 말한다. 일찍 일어나는 새가 더 많은 벌레를 잡아먹는 것도 자연의 이치이기 때문이다. 여기에서 남은 잉여생산물에 대한 물물교환이 생겨난다. 그러한 물물교환을 간편하게 하기 위해서 돈이 발명되었다. 금, 은, 돈과 같은 것들은 썩지 않기 때문에 인간은 자연법칙을 어기지 않는 한도 내에서 자신의 재산을 증식할 수 있다.

로크의 재산권 이론은 '노동이 재산을 창출한다(Labour creates property)'는 것이다. 그러나 이제 내구적인 재산의 도입에 의해, 인간은 변질할 수 있는 초과재산을 가치적으로 교환할 수 있다. 그럴 경우에는 또한 자연의

23) 반면에 루소는, 인간불평등기원론에서 인간은 자신이 창조하지 않는 것은 소유할 수 없다고 주장한다.

본성에 반하는 것은 아니라고 말한다. 쉽게 말해 화폐의 도입으로, 변질할 수 있는 초과재산을 화폐로 교환하여 무한정 축적하는 것이 가능하다. 그러한 화폐에 금과 은도 포함된다. 결과적으로 화폐의 도입은 재산축적의 한계를 없애 주었다.

로크는 이처럼 재산권은 무주물을 대상으로 한 노동에서 시작하고, 재산축적의 한계는 무한하다는 입장을 견지했다. 자연상태에서는 인간은 원래 평등하고 독립된 객체로 생명권·자유권·재산권을 가지고 태어나는데, 노동의 정도와 강도에 따라서, 이제 그 소유량에 불가피한 차이가 발생하게 된다.

로크도 재산의 무한정한 축적의 문제점을 잘 인식했지만, 그것은 자신의 일이 아니라고 생각했다. 로크는 국가가 개인의 무한정한 재산축적의 문제와 재산 불평등으로 인한 문제를 조종할 수 있음을 암시했다. 하지만 그럴 경우에도 어떤 법칙이나 이론이 적용될 것인지에 대해서는 또한 말해주지 않았다. 그러나 어느 경우에도 각자의 재산을 제대로 그리고 제때 사용하지 않아 변질되어 그대로 버리게 되는 것은, 욕심에 근거한 것으로 자연의 본성에 반하는 것이라고 할 것이다. 한편 세계인권선언 제17도 재산권을 인권으로 규정한다.

**① 모든 사람은 단독으로 뿐만 아니라 다른 사람과 공동으로 재산을 소유할 권리를 가진다.**
**② 어느 누구도 자의적으로 자신의 재산을 박탈당하지 아니한다.**[24)]

24) (1) Everyone has the right to own property alone as well as in association with others.
(2) No one shall be arbitrarily deprived of his property.

# 제4절 존 로크의 자연권과 정의에 대한 토론과 인식자료

## 제1항 토론자료

1. 존 로크의 "자유에 대한 양도할 수 없는 권리(unalienable right)"라는 개념으로 스스로의 목숨을 끊을 권리도 없다고 보인다. 올바른가? 자유권은 여러분에게 무엇을 할 권한을 주는가? 어디에서 그런 제약이 오는가?

2. 존 로크는 믿기를 일단 합법정부가 성립되면, 정부는 다수결의 원칙에 의해서 지배되어야 한다. 그러나 그는 또한 믿기를 정부의 목적은 국민들의 권리를 보호하는 것이다. 즉, 국민들의 양도할 수 없는 재산에 대한 권리를 보호해 주어야 한다. 그러면 소수의 가난한 사람들이 부자들의 재산에 과세를 하기를 원하는 경우에 국가는 어떻게 해야 할 것인가?

3. 다수결에 의한 입법이라면 자연권의 침해는 아니지 않는가?

4. 자연상태에서 합법정부를 탄생한 연후에 다시 자연상태로 돌아가는 것이 가능한가? 즉 여러분은 여러분의 동의를 취소하고 다시 자연상태로 돌아가고 싶다, 가능할까?

5. 실제로 여러분이나 나는 사회계약 동의의 당사자는 아니고 한참 후에 태어난 후손이다. 결코 오늘날 대부분의 사람들은 사회계약에 서명하지 않았다. 존 로크는 무어라고 대답하는가?

6. 존 로크는 개인의 자연권에 대한 자의적인 선택 그리고 제약을 거부했다. 예컨대 빌게이츠를 특정해서 세금을 징발하는 것과 같은 경우이다.

7. 존 로크의 양도할 수 없는 권리라는 개념이 자유주의론자와 구분 짓는 개념이다. 왜냐하면 자유주의론자들은 각자 스스로에 대한 절대적인 소유권을 주장한다. 자유주의론자들은 우리는 각자 자신의 신체도 소유하고, 각자의 소유물을 가지고 각자가 원하는 무엇이든지 할 수 있다고 본다. 이러한 차이점 때문에 로크가 자유론자들에 대한 견고한 응원자는 아니다. 로크는 자연권 사상을 주창하면서 본질적으로 내재된 권리의 한계 즉 양도할 수 없는 권리개념을 설정하고 있다.

8. 그런데 존 로크의 양도할 수 없다는 자연권의 제한은 진실로 자유롭기 위해서 설정한 최소한의 제약이다.

9. 그러나 재산권에 관한 한에 있어서는 경작을 하건 농작물을 재배하건, 그러한 소유물은 인간의 노동이 가미되는 한 독점적인 권리이다. 따라서 마음대로 처분할 수 있는 것이므로, 존 로크는 자유주의론자들과 의견을 같이 한다.

10. 하지만 오늘날의 자유론자들이 로크에 실망하는 두 가지 이유이다.
첫 번째는 자연권은 양도할 수 없는 권리라는 로크의 생각은 잘못이라는 것이다. 자유지상론자들은 인간은 스스로의 권리는 어떻게 하든 절대자유라고 보기 때문이다.
두 번째로 자의성만 배제한다면, 즉 보편성만 확보된다면 합법정부에 있어서 다수결의 원리에 의해 국민들의 사유재산권에 대한 권리제약도 가능하다는 로크의 생각은 뒤에서 살펴보는 바와 같이 자유주의론자들에게는 용납될 수 없는 견해이다.

## 제2항 존 로크 재산권의 현대적 이해와 정의

### Ⅰ. 문제점

2009년 9월 8일 특허청에 따르면 지난 11년간(1998~2008년) 에이즈 치료제 특허출원은 238건으로 집계됐다. 내국인 출원보다 외국인이 10배쯤 더 많다. 국내보다는 해외에서 활발한 것으로 나타났다. 나라별 출원은 미국이 62%로 으뜸이고 유럽(21%), 우리나라(10%), 일본(5%)이 뒤를 이었다. 이들 4개국이 전체의 98%로 거의 대부분을 차지하고 있다.

에이즈 치료제의 세계시장 규모는 2006년에 약 91억 달러다. 특히 최근 5년간 한해 13% 이상의 성장률을 나타내 2009년은 121억 달러, 2012년엔 160억 달러 규모로 커질 전망이다(Business Insight Ltd. 2007).[25]

1983년에 인체면역결핍증상(AIDS)를 일으키는 원인으로 HIV 바이러스가 발견된 이래 지도부딘(Zidovudine, 1987년)을 선두로 에이즈 치료제가 개발돼 왔다. 마침내 2003년 기존 에이즈 치료제들과 차별화 되는 새 범주의 치료제로 감염 1단계를 저해하는 푸제온(Fuzeon, 로슈사) 및 셀센트리(Selzentry, 화이자), 감염 3단계를 저해하는 이센트레스(Isentress, MSD)가 차례로 개발되면서 에이즈치료의 새 국면이 열리게 되었다.

그러나 이러한 난치병 치료제의 개발에는 현대적 재산권에 대한 또 다른 쟁점을 야기한다. 예를 들어 2006년 8월 7일 오전 10시 30분에 방콕에 있는 글락소스미스클라인 앞에서 500여명의 태국HIV/AIDS 감염인들이 콤

---

25) 에이즈 치료제 특허출원 활발, 2009년 9월 9일, http://www.friendspat.co.kr/bbs/kboard.php?board=new_notice&act=view&no=153&page=25&search_mode=&search_word=&cid=&PHPSESSID=10ffea3c76b94371330eb80b6592cf73. HIV감염은 4단계로 나뉜다. 사람 세포로 침입하는 1단계, 복제되는 2단계, 복제된 HIV가 DNA(유전자)로 들어가는 3단계, 새 바이러스가 불어나는 4단계다. 이때 각 단계를 막는 세포침입 저해제, 역전사 효소 저해제, 인테그라제 저해제, 프로테아제 저해제가 에이즈치료제 개발목표다. 지금까지 에이즈환자는 감염 2단계를 저해하는 약물 1~2종과 감염 4단계를 저해하는 약물을 함께 투여해 치료하는 칵테일요법이 주로 쓰이고 있다.

비드(한국에서는 콤비비어(combivir)라는 이름으로 판매)의 특허신청을 취소할 것을 촉구하는 시위를 벌였다. 특허요건을 갖추지도 않은 콤비드에 대해 특허를 허여하는 것은 태국에서 에이즈치료를 받고 있는 8만 명의 환자의 생명을 위협할 것이라는 환자들의 우려였다. 태국국영제약회사가 생산하여 공급하는 질라비르와 GPO-vir의 생산이 중단되는 것뿐만 아니라, 콤비드의 독점화로 가격은 더욱 상승할 것이고, 태국정부에서 운영하는 국가에이즈치료프로그램에 비참한 결과를 가져올 것이라고 태국에이즈환자들은 주장하고 있다.

환자의 생명을 위협하는 초국적 제약자본의 독점 강화와 특허권강화 그리고 자유무역협정은 태국에이즈환자들만의 투쟁이 아니기 때문에 한국, 미국, 말레이시아, 인도 등의 활동가 및 환자들은 태국에이즈 환자들의 투쟁을 지지하였다.[26)]

그런데 이러한 쟁점이 재산권은 인권에 우선할 수 없다! 라고, 존 로크의 관점에서 보면 우려되는 주제로 논의되기도 했다.[27)] 그 취지를 모르는 것은 아니지만, 존 로크는 분명 재산권을 천부인권으로 설파하였음을 상기해야 한다. 다음의 사례를 본다.

□ **에이즈**

의약품에 대한 제약회사의 가격 폭리 정책은 전 세계 모든 국가에서 첨예한 갈등을 낳고 있다. 남반구에 있는 제3세계 국가들의 사회적 기반을 흔들고 있는 에이즈는 이 갈등의 정점에 있는 질병이다. 1987년 최초의 에이즈 치료제인 '지도부딘' 개발 이후 수십종의 에이즈 치료제가 개발되어 대다수 선진국에서 에이즈는 당뇨나 고혈압과 같은 만성질환처럼 여겨진다. 그러나 에이즈로 인해 매년 200만 명이 넘는 사망자가 발생하고 그들의 대다수가 아프리카에 살고 있다. 대부분의 에이즈 치료제 가격은 그들의 1년 소득을 훨씬 뛰어넘기 때문이다. 2007년 UN 에이즈계획은

26) 콤비드에 대한 특허허여를 저지하기 위한 투쟁, 2006년 8월 9일
http://www.professornet.org/webbs/view.php?board=professor-16&id=9244&page=22

27) 의약품과 특허의 문제-재산권은 인권에 우선할 수 없다! 정혜주(민중의료연합 공공의약팀), http://act.jinbo.net/drupal/node/2513

현재와 같은 상황이 지속될 경우, 25년 후에 인도와 중국에서 에이즈로 인한 사망자 수가 각각 3천 100만 명, 1천 800만 명에 달할 것이며, 아프리카에서만 1억 명에 이를 것으로 전망했다(2010년 06월 24일).

□ **의약품 특허**

특허를 둘러싼 전 세계적 이슈 중 하나가 '의약품 특허' 문제이다. 특허로 인한 독점은 의약품 가격을 높이며, 이로 인해 약이 있어도 환자들이 의약품에 접근하지 못하는 문제가 발생하게 된다. 이 때문에 2001년 카타르 도하에서 열린 세계무역기구(WTO) 회의에서 각 국의 각료들은 "무역관련 지적재산권협정(TRIPS)이 각 회원국의 공공 건강을 보호하기 위한 정책을 방해하지 않는다."라는 선언을 채택하기도 하였다. 지나친 특허 독점의 폐해를 방지하기 위해 취할 수 있는 공공정책의 하나가 '강제실시(compulsory license)'이다. 강제실시란 국가위급상황이나 공중의 건강보호와 같은 공공의 이익을 위해 특허권자의 허락이 없이도 정부나 정부의 허락을 받은 제3자가 특허발명을 실시할 수 있는 제도이다.

## Ⅱ. 특허권의 강제실시

어떤 약을 생산할 수 있는 제약회사가 이 세상에 하나밖에 없다면, 의약품을 저렴한 비용에 안정적으로 확보하는 것은 불가능하다. 이 경우 약값은 협상을 통해 내리는 것이 아니라 여러 곳에서 만들도록 해서 저절로 내려가게 해야 한다. 그러나 설령 제약회사가 자율적으로 약값을 내린다 하더라도 어떤 약을 생산할 수 있는 제약회사가 하나뿐이라면, 의약품의 자율적이고 안정적인 공급을 보장할 수 없다. 약은 다양한 곳에서 생산되어야만 한 국가, 또는 국제적 필요를 만족시킬 수 있다. 강제실시는 약값의 인하와 안정적 공급이라는 이 두 가지 목표를 모두 달성시키면서 의약품에 대한 사회적 통제를 형성하는 계기로 작용한다. 이를 위해 도입된 제도가 특허권의 강제실시이다. 강제실시(强制實施)란, 특허권자의 의사에 상관없이 특허 받은 발명을 타인이 실시할 수 있게 한 제도이다. 물론, 특허권자에 대한 보상이 있고, 특허권자의 권리가 소멸되거나 정지되지 않는다.

특허법의 목적이 특허권자에 대한 보호와 함께 사회 공공의 이익을 천명하고 있기에, 강제실시는 특허제도의 필수적인 장치이다. WTO의 트립스 협정 제31조, 우리나라 특허법 제106조와 107조에서도 강제실시를 규정하고 있다. 특허법에 따르면 정부는 국가 긴급사태나 기타 극도의 위기 상황, 혹은 공공의 비영리적 사용을 위해 필요한 경우 강제실시를 발동할 수 있다.

강제실시는 특허권자의 의사와 상관없이 발동되며, 특허권자가 독점적으로 이용하는 특허 발명을 제3자가 이용할 수 있기 때문에 종종 특허를 보호하지 않는 행위로 오해받기도 한다. 그러나 강제실시가 발동되어도 특허는 유효하다. 특허법의 목적에 비추어 본다면, 특허의 '보호'란 특허권자의 허락이 없다면 아무도 그의 특허 발명을 사용할 수 없다는 뜻이 아니기 때문이다. 대신 특허권자는 '정당한' 보상금을 받으므로 경제적으로도 손해를 보는 것은 아니다.

강제실시는 만성적인 의약품 부족 현상과 제약회사의 가격 폭리 정책에 대한 효과적인 억제 수단으로 평가 받는다. 실제로도 강제실시 요구가 빗발치는 대상이 바로 의약품이다. 미국의 경우 강제실시를 가장 많이 하는 나라로, 2001년 9/11 사태 이후 탄저병 확산에 대처하기 위해 독일의 '바이엘'사가 공급하는 치료제인 '씨프로'에 대해 강제실시를 검토했다. 그 즉시 바이엘은 씨프로를 저렴한 가격에 미국에 공급할 것을 약속했다.

국내에서는 1961년 특허법이 제정된 이후 지금까지 네 차례의 강제실시 청구가 있었다. 그러나 1978년의 강제실시를 제외하고 모두 기각 결정이 내려졌다. 이 중 2002년, 2008년에 각각 청구된 두 번의 강제실시는 모두 환자들이 치료제를 구하기 위해 취한 조치였다.

2002년 1월 30일, 한 알에 약 25,000원이라는 높은 가격이 책정된 백혈병 치료제 글리벡을 국내에 원활히 공급하기 위해 백혈병 환자들과 시민단체는 강제실시를 청구했다. 그러나 2003년 3월 4일 특허청은 "발명자에게 독점적 이익을 인정하여 일반 공중의 발명의식을 고취하고 기술개발과 산업발전을 촉진하고자 마련된 특허제도의 기본취지를 크게 훼손할 수 있는 만큼"이라는 이유로 기각 결정을 내린다.

2008년 12월 23일, 국내의 에이즈 환자단체는 에이즈 치료제 푸제온에 대해 강제실시를 청구한다. 제약회사 로슈는 정부가 제시한 푸제온의 가격에 불만을 품고 식약청의 시판 허가가 내려진 이후 4년 넘게 국내에 푸제온을 공급하지 않고 있었다. 그러나 2009년 6월 19일 특허청은 "'공공의 이익을 위해서 특히 필요한 경우'에 해당한다고 보기 어려운 것"이라고 판단하고 또 다시 기각 결정을 내렸다. 한편 국가인권위원회는 "'특허권'보다 환자'생명권'이 우선"특허청장에게 푸제온(AIDS 치료제) 공급 위해 강제실시 필요 의견을 표명하기도 했었다.[28)]

## Ⅲ. 토론 쟁점

현대적 의미의 재산권에도 전 로크의 천부인권론이 그대로 적용되어야 하는가? 라는 의문은 여전히 남는다. 특허에 의한 살인을 초래한다는 현실과 비판을 무시할 수는 없기 때문이다. 존 로크의 천부인권으로서의 재산권에 대한 이해를 바탕으로, 첨부자료를 읽고 다음의 질문에 답해 보자?

28) 국가인권위원회, 홍보협력과, 2009. 6. 22.

## 토론자료 - 다음의 질문들을 생각해 보자?

### □ 특허권보호론자 v. 환자 인권우선론자

1. 먼저?
   ① 존 로크의 3대 천부인권은 무엇인가?
   ② 우열이 있는가?
   ③ 특허권은 재산권인가?
2. 현대적 난치병 치료 의약품에 관계되는 권리는 무엇들인가?
3. (전반적으로) 각 그룹의 입장을 찬성하는 이유는 무엇인가?
4. 국가인권위원회의 결정이 타당하다고 보이는가?
5. 특허청의 결정은 온당한가?
6. 한국 로슈가 푸제온을 공급하지 않는 이유는 무엇인가?
7. 강제실시가 이루어지면 구체적으로 어떻게 푸제온이 공급되는가?
8. 인권적 차원에서,
   ① 어떤 가치를 우선 보호해야 한다고 생각되는가?
   ② 그 이유는 무엇인가?
   ③ 어떻게 해야 보호할 수 있는가? 공공 제약회사 설립의 문제
9. 정의의 차원에서, 그러므로 윤리와 도덕적 차원에서 생각해 보자!
   ① 배고프다고 남의 빵을 훔쳐 먹은 장 발장은 무려 징역 5년을 살기도 했다.
   ② 그러므로 어떤 질서가 요구되는 것은 아닌가?
   ③ 그 질서가 과연 무엇일까?
10. 천부인권으로서의 재산권의 비판적 이해
   ① 존 로크의 경우에 재산권이 천부인권이 되는 과정은 어떠했는가?
   ② 천부인권으로서의 재산권의 제약은 무엇이었는가?
   ③ 다국적 제약회사의 재산권은 어떻게 형성되는가?
   즉, 누구를 전제로 하는가?

④ 자연상태에서 시작한 재산권과 의약품에 대한 특허권이 동일구조 인가?

11. 그러나 다국적 제약회사의 특허권을 재산권으로 보호한다는 것은 중요한 의미가 있고, 공동체 사회의 질서형성에 커다란 중요성을 부여하는 내용일 것임

12. 로크는 자의성만 배제한다면 즉 보편성만 확보된다면 합법정부에 있어서 다수결의 원리에 의해 국민들의 사유재산권에 대한 권리제약도 가능하다고 했는데, 특허청 결정은 시민들이 다수결로 결정한 자국법이외에 국제사회의 규칙도 동일한 제약요인이 되어야 하는가?

## [자료 1] 국가인권위원회 푸제온 강제실시 의견서

# 국 가 인 권 위 원 회 상 임 위 원 회
# 결 정

**제 목 푸제온 관련 특허발명의 강제실시에 대한 의견표명**

## 주 문

특허청장에게,

특허등록 제355407호 및 제633214호 특허권에 대하여 통상실시권을 설정하도록 재정하는 것이 바람직하다는 의견을 표명한다.

## 이 유

### Ⅰ. 의견표명의 배경

2008. 12. 정보공유연대 IPleft와 감염인연대 KANOS는 특허청장에게 'HIV 감염을 저해하는 합성펩티드(특허등록 제355407호)와 펩티드 합성 방법 및 그 조성물(특허등록 제633214호)(이하 "푸제온관련 특허발명"이라 한다)'의 통상실시권 설정에 관한 재정(이하 "강제실시"라 한다)을 청구하였다. 이에 우리위원회는 위 청구에 대한 재정이 대한민국헌법과 UN 경제적, 사회적, 문화적 권리에 관한 국제규약(이하 "사회권규약"이라 한다)에서 보장하고 있는 국민의 건강권과 밀접한 관련이 있다고 판단하여 아래와 같이 검토하였다.

### Ⅱ. 판단기준

헌법 제10조 및 제36조 제3항, 사회권규약 제12조를 판단기준으로 삼았고 UN 경제적, 사회적, 문화적 권리위원회(이하 "사회권위원회"라 한다) 일반논평 14, 사회권위원회의 지적재산권과 인권에 관한 성명서("Human Rights and Intellectual Property : Statement by the Committee on Economic, Social and Cultural Rights"), 경제사회이사회 인권위원회 인권보호 및 촉진 소위원회의 인권과 지적재산권에 관한 결의, TRIPs협정이 인권에 미치는 영향에 대한 UN인권고등판무관의 보고서("The impact of the Agreement on Trade-Related Aspects of Intellectual Property Rights on human rights"(General comment 14), Commission on Human Rights) 등을 참고하였다.

## Ⅲ. 판 단

「특허법」 제107조 제1항 제3호는 공공의 이익을 위해 특히 필요한 경우 특허청에 강제실시 청구를 할 수 있도록 규정하고 있다. 세계무역기구(WTO) 무역관련지적재산권협정(Agreement on Trade-Related Aspects of Intellectual Property Rights, TRIPs협정) 제31조 역시 공중보건, 특히 의약품의 접근성 증진을 위해 개별 국가들이 강제실시 여부를 결정할 수 있음을 인정하고 있다. 이를 구체화한 TRIPs 협정과 공중보건에 관한 선언문(Declaring on the TRIPS Agreement and Public Health, WTO 각료회의 특별선언문)은 공중의 건강을 보호하기 위한 조치로서, 회원국은 강제실시권을 부여할 권리를 가지며 강제실시권을 부여할 사유(grounds)를 결정할 자유가 있음을 인정하고 있다. 따라서 특정국가의 강제실시 필요성 여부는 개별적 사례에 따라 구체적인 상황을 고려하여 판단되어야 한다.

사회권규약 제12조와 사회권위원회 일반논평 14에 따르면 건강권은 도달 가능한 최고 수준의 건강을 실현하기 위해 필요한 시설, 상품, 서비스 및 환경을 향유할 포괄적 권리이며, 국가는 이러한 건강권을 실현하기 위해 질병 발생 시 모든 사람에게 의료와 간호를 확보할 여건을 조성하는 조치를 취해야 할 의무가 있다. 우리 「헌법」 또한 제36조 제3항에서 '모든 국민은 보건에 관하여 국가의 보호를 받는다.'고 규정하고 있다. 일반적으로 이 조항은 국민의 건강생활을 침해하지 않을 소극적 의무뿐만 아니라 국민보건을 위해 필요한 정책을 수립하고 시행할 적극적 의무를 국가가 지는 것으로 해석되고 있다. 이와 관련하여 헌법재판소도 국민의 생명권과 건강권은 매우 중대한 헌법적 법익이라고 판시한 바 있다(2005. 3. 31. 선고 2001헌바87 결정 참조). 또한 WTO 각료회의 특별선언문은 HIV/AIDS, 결핵, 말라리아 및 기타 다른 유행병을 포함하는 공중 보건 위기가 강제실시를 허용할 수 있는 국가 긴급사태 또는 기타 극도의 긴급상황을 나타낼 수 있다는 것으로 이해될 수 있다고 선언했다.

푸제온은 AIDS환자 치료에 필수적인 의약품이다. 기존의 항레트로바이러스 치료에 실패한 환자에게 사용 가능한 약물로 푸제온 이외에 프레지스타(한국얀센), 인텔렌스(한국얀센), 셀센트리(화이자) 및 이센트레스(한국MSD)가 있지만 항레트로바이러스치료법(highly active antiretroviral therapy)에 의해 복합처방되는 AIDS 치료법의 특성 상 푸제온 처방이 필요한 환자가 존재하기 때문에 이들 약품들이 반드시 상호 대체 가능하다고 보기 어렵다는 것이 관련 전문가의 의견이다. 따라서 기존의 레트로바이러스 치료제에 저항성이 생긴 AIDS환자에게 푸제온은 생명유지를 위해 반드시 필요한 의약품이다. 그럼에도 불구하고 현재로서는 안정적인 푸제온 공급방안이 신속하게 마련되기 어렵다. 보건복지가족부는 강제실시 외에 푸제온을 공급할 수 있는 방안으로 공급사에 대해 공급을 지속적으로 독려하는 것 외에 패키지협상이나 리펀드제도의 도입, 신개발 AIDS 치료제에 대한 공급 촉진 등을 제시하고 있다. 그러나 2004. 5. 푸제온이 국내에서 시판허가를 받은 후 보건복지가족부는 한국로슈와 약가협상을 계속해왔지만 위에서 제시한 어떤 방안으로도 푸제온 혹은 그 대체제를 공급하지 못했고 한국로슈는 년 이상 푸제온을 공급하지 않다가 관련단체들이 4 특허청에 푸제온에 대한 강제실시를 청구한 이후에야 비로소 무상공급을 개시하였다. 위와 같이 보건복지가족부가 제시한 대안이 존재함에도 불구하고 푸제온이 계속 공급되지 않아 강제실시 청구에까지 이르게 된 현실적 상황을 고려할 때, 위와 같은 대안이 신속하게 작동할 것으로 단정하기 어렵다. 또한 개인적으로 외국에서 약을 구입할 수 있다하더라도 AIDS 환자로서 경제활동이 원활하지 않은 상황에서 한달에 백팔십 만원이 넘는 푸제온의 약값을 100% 자비로 감당할 가능성은 희박하다 할 것이다.

의약선진국의 보복성 규제에 대한 우려와 관련하여, 푸제온 관련 특허발명의 강제실시가 반드시 통상문제를 유발할 것으로 보기 어렵다. TRIPs협정 이후 많은 나라들에서 특허에 대한 강제실시권 발동을 적극적으로 고려하거나 발동해왔다. 미국과 캐나다 정부의 탄저병 치료제 사이프로 사례, 브라질 정부의 AIDS 치료제 Efavirenz과 Nelfinavir 등의 사례, 태국 정부의 AIDS 치료제 Efavirenz와 Lopinavir/ritonavir, 심장질환치료제 Clopidogrel, 유방암 치료제 Letrozole와 Docetaxel 사례 등이 있다. 이러한 사례는 강제실시권 발동을 고려하거나 발동한 것이 통상문제를 유발하기보다 오히려 약가를 국내수준에 부합하도록 조정하는 유효한 수단이 되었다.

설령 지적재산권 보호와 생명권 및 건강권 보호 간에 충돌이 발생한다고 해도 국가는 인권을 우선적 가치로 하여 이를 존중·보호·실현하도록 노력해야 할 의무가 있다. UN 경제사회이사회 인권위원회 인권보호 및 촉진 소위원회는 2001. 인권과 지적재산권에 관한 결의를 통하여 모든 국가에게 국제법에 근거한 인권보호 의무가 경제무역정책과 국제무역협정에 우선하도록 해야 한다고 요구한 바 있다.

공공의 이익과 푸제온 관련 특허발명의 강제실시로 인해 침해되는 사익을 비교형량해보더라도 강제실시에 따른 적절한 보상이 제약회사에 지급되도록 규정되어 있는 현행 특허법 상, 강제실시로 인한 로슈의 실제 경제적 손실이 그리 크다고 보기 어렵다. 또한 제약회사의 경제적 손실보다 푸제온 불공급으로 인한 AIDS환자의 생명권 침해의 긴급성이 우선적으로 고려되어야 한다. 따라서 일부 AIDS환자의 치료에 푸제온은 필수적인 약품이고 다른 공급 강제수단이 없는 상황에서 취약한 AIDS환자의 생명유지를 위하여 푸제온 강제실시를 허용하는 것이 공공의 이익에 부합할 뿐만 아니라 국민의 건강권과 생명권 보호를 위한 국가적 의무에도 부합하는 것으로 판단된다.

## Ⅳ. 결 론

이상과 같은 이유로 국가인권위원회법 제19조 제1호 및 제7호의 규정에 따라 주문과 같이 의견을 표명하기로 결정한다.

2009. 6. 15.

## [자료 2] 특허청 푸제온 강제실시 기각 결정문

# 통상실시권 설정 재정서

**1. 재정번호 : 2009재통2호**

**2. 사건의 표시 :**

특허 제633214호에 대한 특허법 제107조 제1항 제3호에 의한 통상실시권 설정의 재정청구

**3. 청 구 인 : 에이즈감염인연대 'KANOS' 대표자**

정보공유연대 'IPleft' 대표자
위 청구인들의 대리인 변호사

**4. 피청구인 : 트라이머스 인코퍼레이티드**

미국 노스캐롤라이나 27707, 듀러햄, 유니버시티 드라이브 3747
대리인 변리사

**5. 재정 주문 : 이 건 재정청구는 받아들이지 아니한다.**

**6. 재정의 이유:**

청구인은 2008년 12월 23일 특허 제633214호 발명의 실시물인 푸제온이 후천성면역결핍증의 치료를 위해서 긴급히 필요한 약제이고 대체 가능한 약제가 아님에도, 약가협상 결렬로 4년 이상 국내 공급이 거부되어 환자의 의약품 접근권을 심각하게 제한하고 있다는 이유로 특허법 제107조 제1항 제3호의 규정에 의한 통상실시권 설정의 재정을 청구하였다.

이에 대하여, 특허청은 특허법 제109조의 규정에 따라 산업재산권분쟁조정위원회와 보건복지가족부의 의견, 그리고 청구인과 피청구인 측 주장

을 청취하고 검토한 결과, 이 건 특허발명의 실시물인 푸제온은 일부 후천성면역결핍증환자치료에 반드시 필요한 것으로서 환자의 생명과 밀접한 관련이 있는 것으로 판단되므로 푸제온의 공급을 위한 조치는 공공의 이익을 위하여 필요하다고 본다.

그러나 특허법 제107조 제1항 제3호의 통상실시권 재정은 "특허발명의 실시가 공공의 이익을 위하여 특히 필요한 경우"에 한하여 허용될 수 있음이 법문상 명백한 바, 이 건 특허발명의 실시물인 푸제온도 제반사정을 종합하여 그와 같은 요건을 충족하는지에 따라 재정 여부를 판단하여야 할 것이다.

이 건 푸제온의 공급이 중단된 경위가 단지 약가협상의 결렬로 피신청인이 공급을 중단하고 있다는 것으로 이와 같은 사실만으로 특허권을 제한할 경우 발명실시의 보호라는 특허권의 본질적 내용을 저해할 우려가 있고, 통상실시권 설정 여부는 그 청구목적의 달성 가능성도 고려하여 판단할 일이나, 청구인은 통상실시권 설정 시 직접 제조하거나 위탁 제조 또는 수입하는 등의 실시방법과 계획을 구체적으로 제시하지 못하고 있어, 통상실시권을 설정한다고 하여도 환자의 의약품접근권을 보호할 수 있을지 매우 의심스러운 점, 의약계의 의견에 따르면 푸제온외 기타 후천성면역결핍증 치료제가 국내외에서 지속적으로 개발되어 상품화되고 있는 점, 그리고 현재 피청구인 측이 이 건 해당 의약품을 무상공급함으로써 일단 환자의 의약품접근권 문제가 해소된 상태로 재정의 긴급성이 낮아진 점 등을 종합적으로 고려할 때, 이 건 특허발명 재정청구는 청구인들에게 통상실시권을 설정하여야 할 정도로 "공공의 이익을 위해서 특히 필요한 경우"에 해당한다고 보기 어려운 것으로 판단된다.

따라서 이 건 특허발명에 대한 재정청구는 특허법 제107조 제1항 제3호의 규정에 의한 통상실시권 설정의 요건을 충족하지 못하였으므로 기각하기로 하여 주문과 같이 재정한다.

2009. 6.

특 허 청 장

**특허법 제107조(통상실시권 설정의 재정)**

① 특허발명을 실시하고자 하는 자는 특허발명이 다음 각호의 1에 해당하고 그 특허발명의 특허권자 또는 전용실시권자와 합리적인 조건하에 통상실시권 허락에 관한 협의(이하 이 조에서 "협의"라 한다)를 하였으나 합의가 이루어지지 아니하는 경우 또는 협의를 할 수 없는 경우에는 특허청장에게 통상실시권 설정에 관한 재정(이하 "재정"이라 한다)을 청구할 수 있다. 다만, 공공의 이익을 위하여 비상업적으로 실시하고자 하는 경우와 제4호의 규정에 해당하는 경우에는 협의를 하지 아니하여도 재정을 청구할 수 있다.〈개정 2005.5.31〉

1. 특허발명이 천재 · 지변 기타 불가항력 또는 대통령령이 정하는 정당한 이유없이 계속하여 3년 이상 국내에서 실시되고 있지 아니한 경우
2. 특허발명이 정당한 이유 없이 계속하여 3년 이상 국내에서 상당한 영업적 규모로 실시되지 아니하거나 적당한 정도와 조건으로 국내수요를 충족시키지 못한 경우
3. 특허발명의 실시가 공공의 이익을 위하여 특히 필요한 경우
4. 사법적 절차 또는 행정적 절차에 의하여 불공정거래행위로 판정된 사항을 시정하기 위하여 특허발명을 실시할 필요가 있는 경우
5. 자국민 다수의 보건을 위협하는 질병을 치료하기 위하여 의약품(의약품 생산에 필요한 유효성분, 의약품 사용에 필요한 진단키트를 포함한다)을 수입하고자 하는 국가(이하 이 조에서 "수입국"이라 한다)에 그 의약품을 수출할 수 있도록 특허발명을 실시할 필요가 있는 경우 ......

④ 특허청장은 제1항 제1호 내지 제3호 또는 제5호의 규정에 따른 재정을 함에 있어서 재정을 받는 자에게 다음 각 호의 조건을 부과하여야 한다.....

⑤ 특허청장은 재정을 함에 있어서 상당한 대가가 지급될 수 있도록 하여야 한다. 이 경우 제1항 제4호 또는 제5호의 규정에 따른 재정을 함에 있어서는 다음 각 호의 사항을 대가 결정에 참작할 수 있다......

⑧ 제1항 제5호의 규정에 따른 의약품은 다음 각 호의 어느 하나에 해당하는 것을 말한다.

1. 특허된 의약품
2. 특허된 제조방법으로 생산된 의약품
3. 의약품 생산에 필요한 특허된 유효성분
4. 의약품 사용에 필요한 특허된 진단키트

⑨ 재정을 청구하는 자가 제출하여야 하는 서류, 그 밖에 재정에 관하여 필요한 사항은 대통령령으로 정한다. 〈신설 2005.5.31〉

# 제3장 공리주의적 정의론

# 제1절 공리주의(功利主義, Utilitarianism) 개관

## Ⅰ. 서 언

공리주의는 18세기 말부터 19세기 전반에 걸쳐 영국을 중심으로 태동한 정치철학이자 윤리사상이다. 대표적인 공리주의자들로는 창시자인 제레미 벤담(Jeremy Bentham, 1748~1832)을 비롯하여, 벤담의 학문적 친구이자 후학인 제임스 밀(James Mill, 1773~1836), 제임스 밀의 아들인 존 스튜어트 밀(John Stuart Mill, 1806~1873)이 있다.

공리주의는 공리성(utility)을 인간행동과 처세의 옳고 그름에 대한 가치 판단의 기준으로 하는 사상으로서 "**최대다수의 최대행복(the greatest happiness for the greatest number)**"을 실현하려는 윤리설이다. 공리주의는 행복이 크면 클수록 행위의 도덕적 가치가 크다고 보고, 사람들이 더욱 많은 행복을 얻으면 얻을수록, 그 행위는 칭찬할 가치가 있다고 본다.

연혁적(沿革的)으로 보면 고대 희랍의 에피쿠로스 학파[1]가 사라진 이후 쾌락주의는 2000년 동안 발전이 없었다. 그런데 오랜 침묵을 깨고 18세기 말부터 19세기 전반에 걸쳐 영국의 철학자들이 행복에서 사회적으로 적용가능한 개인윤리를 찾는 노력을 다시 시작함으로서, 고대 그리스 쾌락주의의 새로운 장이 열렸다. 하지만 공리주의는 개인의 쾌락보다도 사회전체의 공공의 쾌락을 역설했다는 점에서 그리스의 개인적 쾌락주의와는 차이가 있다.

1) 에피쿠로스학파(Epicurean school)는 고대 그리스 철학자인 에피쿠로스의 학설을 신봉하는 학파를 말한다. 삶의 최고 목표는 실천적 덕이라고 주장하는 스토아 철학과는 달리, 삶의 목표를 행복 또는 쾌락에서 찾았다.

## Ⅱ. 공리(功利, Utility)란 무엇인가?

**공리란 고통이 아닌 쾌락, 손해가 아닌 이익, 불행이 아닌 행복**을 말한다. 일반적으로 공리는 유용성 또는 효용이라고도 호칭된다. 공리주의자들에게 공리는 선(good)이고 행복이다. 로마에 있는 콜로세움 경기장의 집단 황홀경을 통해서 구체적인 공리의 내용을 살펴본다.[2)]

기원후 64년 로마에 대화재가 일어났다. 엿새 동안 화마(火魔)가 로마의 화려한 유적들을 태워버렸다. 로마는 희생양을 찾았다. 그리스도인들로 낙점되었다. 그리스도인들은 여기저기서 맞아죽고 십자가에 매달려 산 채로 불태워졌다. 로마가 그리스도인들을 희생양으로 선택한 것은, 모든 신을 존중하는 다신교적 종교관을 가진 로마인들로서는, 유독 이스라엘 백성들만이 유일신 여호와를 믿으며 다른 신을 부정하는 독선을 이해할 수 없었던 것이다.

The Christian Martyrs' Last Prayer

이에 고대 로마인들은 원형경기장의 사자우리에 그리스도인들을 던져놓고 포효하는 사자들에게 죽어가는 그리스도인들의 모습을 군중들로 하여금 보고 즐기게 했다. 죽어가는 그리스도인들의 고통과 불행 그리고 환호하는 로마인들의 황홀경이 바로 공리이다. 그리스도인은 사자에 물어뜯기는 극심한 고통을 겪는다. 그것은 마이너스 공리, 즉 고통과 불행이다. 그러나 콜로세움을 가득 메운 구경꾼들이 환호하며 느끼는 집단적 황홀경 그것은 플러스(+) 공리, 즉 쾌락이고 만족이며 행복이다.

2) 로마 콜로세움 경기장은 콘크리트와 돌로 세운 거대한 건물로 가로, 세로가 각각 190미터, 155미터에 이르며 4단으로 된 관람석은 4만 5천 개의 좌석과 5천 개의 입석을 갖추고 있다. 그것은 로마 제국의 건축물 가운데 가장 커다란 것으로 로마의 건축술과 조각술의 정수로 손꼽힌다.

그런데 역설적으로 로마는 지나친 공리, 즉 집단행복의 추구로 허물어졌다. '콜로세움이 멸망할 때 로마도 멸망하며 세계도 멸망할 것이다'라는 말이 있었다. 원래 로마는 끊임없이 외부의 적과 싸우면서 자신의 영토를 확장한 정복국가였다. 그러나 국토가 확장되어 외국의 노예가 들어오면서 로마인들은 노동을 부끄러운 것으로 생각하게 되었다.

평원을 울리던 전투의 함성이 콜로세움에서 집단 황홀경을 즐기며 검투사를 응원하는 아우성으로 바뀌었을 때, 로마의 진취적 기상은 이미 찾을 수 없었다.[3] 콜로세움에서의 검투사들의 경기도 로마시민들의 황홀경을 더했다. 검투사(劍鬪士, Gladiators)는 고대 로마 때 경기장에서 사람이나 야생동물, 범죄자 등과 싸우는 것을 업으로 삼았던 직업적 전사를 말한다.

콜로세움에서는 검투사들끼리의 싸움이나 맹수들과의 싸움을 시민들에게 구경시킴으로써 한편으로는 로마시민으로서의 일체감과 애국심을 불러일으키기도 하고, 다른 한편으로는 공포심을 심어주기 위한 정치적인 목적을 달성했다.

Thumbs Down

## Ⅲ. 공리주의 공식 - 정의(正義)란 공리를 최대화 하는 것이다.

공리주의 원리는 2가지로 요약된다. 먼저 인생의 목표는 행복으로, 인간 행동의 통치자는 행복이라는 것이다. 두 번째는 행위의 '올바름'은 행복의 창출정도에 의해 결정된다는 것이다. 행위의 선악을 행복을 기준으로 판단하는 이러한 원리를 '공리의 원리' 또는 공리원칙이라고 한다.

---

3) 그러나 312년 콘스탄티누스 황제가 밀라노칙령을 반포해 그리스도교를 공인했다. 밀라노칙령으로 인해 "어떤 종교든 관계없이 각자 원하는 종교를 믿고, 거기에 수반되는 제의에 참가할 자유를 완전히 인정받는다. 어떤 신이나 어떤 종교라도 명예와 존엄성이 훼손당해서는 안 된다."는 것이 밀라노 칙령이었다.

### 공리원칙1: 인생의 목표는 행복이다.

공리주의는 인생의 목표는 행복이라고 단정한다. 인생의 목표가 행복이라는 사실에 대해 공리주의는 특별한 증거를 제시하지는 않는다. 벤담은 '인간을 이루고 있는 자연적인 구조'에 의해서 인간은 자연스럽게 인생의 목표는 행복이라는 원칙을 받아들인다고 주장한다. J.S.밀은 조금 적극적으로 사람들이 보편적으로 행복을 원하고 있다는 사실 자체가 논거가 된다고 하면서, 사람들이 행복을 원하기 때문에 그리고 "**행복을 원하는 것이 지극히 자연스러운 이치**"이기 때문에 인생의 목표는 행복이라는 사실을 누구나가 알 수 있다고 주장한다. 이처럼 공리주의는 원천적으로 인간은 쾌락이나 행복을 추구하고 고통과 불행을 피하려 하는 본성을 지닌 존재로 파악한다. 이를 바탕으로 인간행동에 대한 윤리적 판단의 기준은 인간의 쾌락과 행복을 늘리는 데 기여하는 것은 선한 행위이지만, 고통과 불행을 크게 하는 것은 악한 행위로 보는 것이다.

### 공리원칙2: 행위의 올바름은 행복의 창출 정도에 달렸다!

공리원칙의 두 번째 원리는 행위의 '올바름'은 행복의 창출정도에 의해 결정된다는 것이다. 따라서 행위는 행복을 증진시키는 경향에 비례하여 옳은 행동이 된다. 문제는 행위의 공리성을 계산하는 방법과 기준이지만 벤담은 모든 쾌락을 수량화할 수 있고 측정 가능한 것으로 보고 어떤 행위의 경향성을 정확히 계산할 수 있는 방법을 제시했다. 벤담은 강도(强度) · 계속성(繼續性) · 확실성(確實性) · 원근성(遠近性) · 생산성(生産性) · 순수성(純粹性) · 연장성(延長性)이라는 7가지 척도로 공리를 계산하려 했다. 구체적인 계산법은 다음과 같다.

**① 쾌락의 가치 산정**
**② 고통의 가치 산정**
**③ 모든 쾌락의 가치와 고통의 가치를 합산한다.**
**④ 이해관계가 있는 사람들의 숫자를 계산하고, 이 과정을 반복한다.**
**⑤ 평균을 낸다.**

이러한 정치한 계산법을 통하여 어떤 행위가 행복을 증진시키느냐 그렇지 않느냐에 의해서, 옳은 행동, 즉 정의와 옳지 않은 행동, 즉 불의가 결정된다.

## Ⅳ. 공리주의 사상의 영향

① 먼저 공리주의는 쾌락과 행복을 추구하는 개인의 이기심을 전제로 하므로 경제적 자유주의를 뒷받침한다. 그 결과 공리주의는 물질적 성장을 제일의 원리로 하는 자본주의의 철학적 골격이고 바탕으로서, 원칙적으로 **경제적 자유주의**를 뒷받침한다.

② 하지만 공리주의의 관점에서는 사회적 공리의 증대에 도움이 된다면, 정부의 간섭과 분배를 위한 **사회적 입법**도 정당화된다.

③ 또한 공리주의는 점진적인 분배의 평등을 강조하는 **현대복지국가사상**의 발달에도 커다란 영향을 끼쳤다.

④ 이처럼 공리주의는 최대다수의 최대행복에 입각한 그 공리성이라는 보편적 기준으로 경제적 자유주의와 자본주의 그리고 사회주의와 민주주의에도 모두 근거를 제공했다.

⑤ 공리주의는 윤리학에서는 인간의 행동의 옳고 그름을 판정할 때 행위자의 의도나 동기보다는 행복이나 쾌락을 많이 창출한 최선의 결과를 가져오는 행위는 옳고 그렇지 못한 행위는 그르다는 결론에 도달하는 결과주의의 입장으로 귀결된다.

이 같은 공리주의의 핵심사상은 간결하며 언제 들어도 마음에 와 닿는다. 도덕의 최고원칙은 행복을 극대화하는 것, 쾌락이 고통을 넘어서도록 하여 전반적으로 조화를 이루는 것이라는 명료한 주장 때문이다.[4] 공리주

4) 역사를 거듭하며 이론적 수정을 거친 공리주의는 다음과 같이 몇 가지로 분류할 수 있다.
A. 고전적 공리주의 v. 세련된 공리주의
① 고전적 공리주의: 정의(justice)는 공리의 일부분으로 정의를 행복에 종속시키는 입장이다.
② 세련된 공리주의: 공리성과 구별되면서도 공리성과 동격인 정의를 제안하는 입장이다.
B. 양적(量的) 공리주의 v. 질적(質的) 공리주의
① 양적공리주의: 행복의 질적 차이를 부인하고 모든 행복을 쾌락으로 보는 입장이다.
② 질적공리주의: 행복에는 질적 차이가 있다는 견해이다.

의의 거두인 벤담과 존 스튜어트 밀에 대해서 살펴본다.

C. 행위공리주의 v. 규칙공리주의

① 행위공리주의(act-utilitarianism): 개별 행위 자체의 공리성을 판단하는 입장이다. 여러 대안적 행위들 가운데서 최선의 결과를 가져오는 행위가 옳은 행위라고 주장한다.

② 규칙공리주의(rule-utilitarianism): 공리성은 어떤 행위가 전반적으로 공리성을 가지고 있음을 보여주는 일반적인 규칙에 부합한다면 옳은 행동이라는 견해이다.

# 제2절 제레미 벤담의 공리주의

## Ⅰ. 개 관

Jeremy Bentham

영국의 법학자이자 철학자인 제레미 벤담(Jeremy Bentham, 1748~1832)은 1748년 영국에서 출생했다. 12살에 옥스퍼드 대학에 입학했고, 15살에 로스쿨에 진학했으며 18살에 변호사 자격을 획득했다. 그러나 벤담은 변호사 개업은 하지 않았고, 대신 법학과 도덕철학의 연구에 매진했다. 그는 영국의 판례법주의를 통렬히 비판하고 성문법 제정 운동을 벌였고, 자유경제를 주장했다. 정교분리와 표현의 자유, 양성평등, 동물의 권리 등을 주장했다. 또한 보통선거와 비밀투표 등을 주장하여 세계 각국의 법률에 큰 영향을 미쳤다.

벤담의 주된 생각은 도덕법칙의 가장 고귀한 원칙은 개인적 도덕성이건 공동체 사회에서의 정치적 도덕성이건 전체적인 복지 또는 행복의 합산량을 최대화하는 것이다. 소위 공리의 원칙이다. 벤담은 '최대 다수의 최대 행복'을 공동체 사회에서의 도덕과 입법의 원리로 제시했다. 벤담은 1789년 발표한 〈도덕과 입법 원리 입문(Introduction to the principle of morals and legislation〉에서 공리주의 핵심원리를 체계화했다. 이 책에서 벤담은 도덕의 최고 원칙은 행복을 극대화하는 것이라고 결론짓는다.

벤담에 따르면 옳은 행위, 즉 정의로운 행위는 공리를 극대화하는 모든 행위이다. 이러한 공리의 극대화 원칙은 개인만이 아니라 입법자나 정책담당자에게도 적용된다고 명령한다. 따라서 책임 있는 정부는 법과 정책을 만들고 집행할 때, 공동체 전체의 행복을 극대화하는 일이라면 무엇이든 해야 한다고 말한다. 이 같은 간단명료한 벤담의 철학은 오늘날에도 정책입안자, 경제학자, 경영자, 일반시민들에게 막강한 영향력을 행사한다.

## Ⅱ. 벤담 공리주의의 특성

### 1. 벤담은 양적 공리주의

벤담은 쾌락의 질적인 차이를 인정하지 않고 쾌락은 모두 계량 가능한 것으로 파악했으며 행복의 총량만을 계산했다. 그래서 벤담은 고전적, 양적 그리고 행위 공리주의자로 지칭된다. 벤담은 방법을 불문하고 그리고 행복의 질적인 가치는 불문하고 **최대 다수의 최대 행복**을 주장한다. 이웃집 어린아이와의 계약을 파기하면서 얻는 공리나, 강아지를 놀리면서 얻는 쾌락이든, 클래식 음악을 들으면서 얻는 쾌락이든 차이가 없다는 입장이다. 벤담에 따르면 옳은 행위, 즉 정의로운 행위는 어떻든 공리를 극대화하는 모든 행위이다.

### 2. 행복은 인간의 통치권자

벤담은 도덕의 최고원칙은 행복을 극대화하는 것이라는 결론을 다음과 같이 추론했다. 인간 모두는 **고통과 쾌락**이라는 감정에 지배된다. 이 감정은 우리의 통치권자이다. 이 감정은 모든 행위를 지배할뿐더러 인간이 무엇을 해야 하는지도 결정한다. 그러므로 옳고 그름은 고통과 쾌락이라는 감정의 주권에 달렸다. 그런데 우리 모두는 쾌락을 좋아하고 고통을 싫어한다. 이것은 스스로 명백한 자명한 진리이다. 그러므로 도덕의 최고원칙은 행복을 극대화하는 것이다. 이러한 공리의 극대화 원칙은 개인만이 아니라 입법자나 정책담당자에게도 적용된다. 따라서 책임 있는 정부는 법과 정책을 만들고 집행할 때 공동체 전체의 행복을 극대화하는 일이라면 무엇이든 해야 한다.

### 3. 공리원칙의 추론

벤담이 공리의 원칙을 도출한 추론을 정리하면 다음과 같다.

① 우리들은 모두 고통과 쾌락의 지배를 받는다.
② 고통과 쾌락 즉, 행복은 우리의 지배자(sovereign masters)이다.
③ 따라서 어떠한 도덕체계도 고통과 쾌락을 염두에 두지 않고는 성립되지 않는다.
④ 그렇다면 도덕체계에서 우리의 통치자인 고통과 쾌락을 어떻게 고려할 수 있는가?
⑤ 그것은 공리를 최대화하는 것으로, "최대다수의 최대행복의 원칙"에 도달하는 것이다.
⑥ 정확하게 무엇을 극대화하여야 하는가?
⑦ **행복** 더 정확하게는 공리(utility)를 최대화해야 한다.
⑧ 이 경우에 개개인의 공리를 최대화해야할 뿐 아니라, 입법을 통해서 얻으려는 공동체전체의 이익을 최대화해야 한다.

### 4. 공동체 사회의 공리는 개별 국민들의 공리의 합산

벤담은 말하기를 공동체 사회란 "허구의 집단"이며 결국은 그것을 구성하는 개인들의 합산이다. 그러므로 가장 좋은 정책을 결정할 때나, 법이 무엇이어야 하는가?를 결정할 때나, 그러므로 무엇이 정의로운 것인가?를 결정할 때, 입법자들은 과연 이 정책의 모든 이익을 합산하고, 연후에 모든 비용을 공제한 연후에 올바른 일이란, 국민들 개개인의 공리를 최대화하는 것으로서 행복과 고통의 균형에서 행복의 총량이 더 많아 지도록 해야 한다고 말한다. 이처럼 국가의 책임은 개별 국민들의 공리를 최대화하는 정책을 수립하고 집행하는 것이어야 한다고 가르친다.

### 5. 천부인권 주장은 죽마에 탄 헛소리

어떤 사람들은 인간에게는 절대적이고 확실한 어떤 권리나 의무가 존재한다고 말할지 모르지만, 벤담은 그것은 "**죽마에 올라탄 헛소리**"라고 비판하면서 절대로 그렇지 않다고, 즉 천부인권 같은 것은 없다고 단언한다.

벤담은 절대적이고 천부적인 권리나 의무를 부인하면서, 공리의 극대화만이 도덕적 행동의 기초라는 공리의 원리를 강력하게 천명했다. 벤담은 공리원칙과 한판 붙겠다는 사람은 자신도 모르는 사이에 바로 공리원칙에서 나온 근거를 가지고 싸우는 꼴이라고 주장한다.

그러므로 모든 도덕적 싸움은 알고 보면 쾌락을 극대화하고 고통을 극소화하려는 공리주의 원칙을 어떻게 적용하느냐를 두고 이견을 보일 뿐이지, 결코 공리원칙 자체를 문제 삼지는 않는 법이라고 단언한다.[5)]

## Ⅲ. 행복의 총량(최대선)인가? 최대다수인가?

벤담이 말한 "최대 다수의 최대행복(the greatest good for the greatest number)"은 공리주의의 핵심을 보여주는 말이다.[6)] 벤담의 공리주의를 상징적으로 보여주는 이 말의 해석에 대해 의문이 제기된다. 과연 이루어야 할 것은 행복의 총량(최대선)인가? (최대행복을 누리는) 최대다수인가?

| 도식 Ⅰ - 최대선 | 도식 Ⅱ - 다수의 최대선 |
|---|---|
| A는 20단위를 받는다. | A는 5단위를 받는다. |
| B는 1단위를 받는다. | B도 5단위를 받는다. |
| C도 1단위를 받는다. | C도 5단위를 받는다. |

도식 I 의 행복의 합산량은 22로, 도식 II의 행복 총량 15보다 많다. 그렇다면 벤담의 공리주의가 지향하는 정식은 어느 쪽인가?

주지하다시피 벤담은 철저한 양적 공리주의자다. 그러므로 벤담의 관심은 **행복과 쾌락의 총량**이지 행복의 질이나 합리적 분배나 평등이 아니었

5) 벤담은 다음과 같이 비유한다. 인간이 지구를 움직일 수는 있다. 하지만 그러기 위해서는 밟고 설 다른 지구부터 찾아야 한다. 그 유일한 지구, 유일한 전제, 도덕적 주장의 유일한 출발점은 바로 공리원칙이다.

6) 이 명언을 벤담이 직접 창안하지 않았다는 것이 정설이다. 벤담 스스로가 이탈리아 법철학자인 베카리아로부터 차용했다고 밝혔고 똑같은 내용의 문구가 다른 여러 문헌에서도 발견되었기 때문이다.

다. 모든 사람의 행복의 보장이 공리주의의 목적이라면 평등추구로 사회주의와 직결된다. 하지만 벤담은 사회주의자가 아니라 자유방임적 보수주의자였다.

그러므로 공리주의에 있어서는 최대 다수와 최대수량이 경합하는 경우에는 **최대수량을 중시한 총량의 성장주의**를 뒷받침하는 것이 논리적이다.

## Ⅳ. 벤담 공리원칙의 현실에의 적용

### 1. 개 관

벤담은 철저한 양적 공리주의자다. 그러므로 벤담의 관심은 행복과 쾌락의 총량이지 행복의 질이나 합리적 분배나 평등이 아니었다. 모든 사람의 행복의 보장이 공리주의의 목적이라면 평등을 추구한다는 것으로, 이는 사회주의와 직결된다. 하지만 벤담은 자유방임적 보수주의자였다. 만인을 모두 행복하게 하는 것은 중요하지만, 우선 할 수 있는 일은 행복의 최대수량을 크게 하는 일이라는 것이다. 벤담은 공리원칙이 정치개혁의 기초를 제시할 수 있다고 생각했고, 공리를 극대화 할 수 있는 실천적인 형벌개혁방안을 제안했다. 사회현실에서는 공리의 원칙이 종종 비용·편익분석이라는 이름으로 도처에서 활용된다.[7] 모든 공리를 금전으로 환산하는 비용·편익분석은 기업의 성장을 위해서 대부분의 회사에서 사용한다. 또한 정책담당자들에 의해서도 애용된다.

### 2. 원형교도소 – 파놉티콘(Panopticon)

공리주의는 이익을 기준으로 사회의 제도나 문화 그리고 운영방식을 판단한다. 즉, 공리주의는 이익에 도움이 된다면 어떤 것이든 도구로 삼아 사람을 감시하고 교육하여 질서를 만들고 '유령처럼 군림'하는 감독을 시행한다. 인생의 목적이 '최대 다수의 최대 행복'이라고 말했던 벤담은 자신의

---

7) 비용-편익분석(cost-benefit analysis)이란 의사결정을 하는데 있어 가능한 모든 비용과 가능한 모든 편익을 따져 대안들 중 최적대안을 선정하는 기법을 말한다.

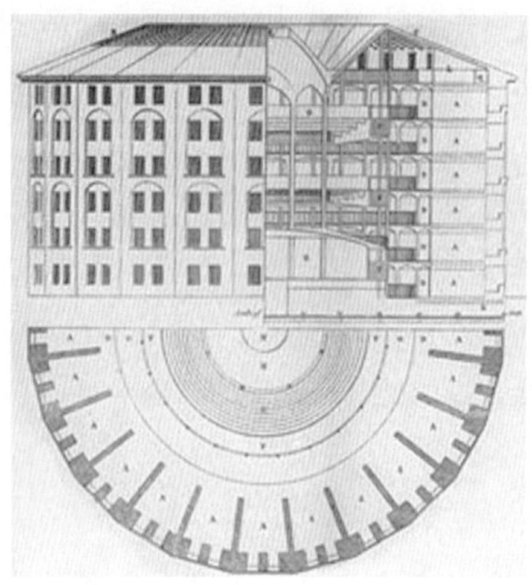
Panopticon blueprint, 1791

철학관이었던 공리주의 원칙에 따라서, 최소의 비용으로 최고의 효율을 창출하는 원형 교도소 즉 파놉티콘을 남겼다.[8)]

벤담은 중앙에 감시탑을 설치해서, 교도관이 재소자들을 관찰하되 재소자들은 교도관을 볼 수 없는 교도소를 제안했다. 벤담은 사회에 불안과 불쾌감을 가져오는 재소자들을 수용하고 관리하는 방법으로서, 원형교도소를 제안하여 위탁경영을 민간업자에게(이상적으로는 벤담 자신에게) 맡기고, 민간업자들은 대가로 죄수들의 노동력을 이용해 이익을 획득하게 함으로써 사회의 공리를 최대화할 수 있다고 제언했다. 감시를 통해 사람들을 통제하는 벤담의 파놉티콘의 원리는 감시와 경제성을 연결해야 하는 거의 모든 시설에 적용된다. 오늘날에도 병원, 병영, 학교, 공장 등의 공공시설이 효율적인 운용을 위해서 벤담의 파놉티콘을 모형으로 하는 경우가 적지 않다.

## 3. 구빈원 - 거지를 한 곳에 몰아넣기

벤담은 거지는 공동체의 공리를 크게 저해하는 소극적 부정적 인자라고 말했다. 벤담은 보통사람이 거지와 마주치면 두 가지 측면에서 행복이 줄어든다고 주장했다. 정(情)이 많은 사람이라면 동정심이라는 고통이 발생하고, 정이 없는 사람이라면 혐오감이라는 고통이 생긴다는 것이다. 어떤 경우이든 거지와 마주치면 공리가 아니라 고통이 생긴다. 그러므로 공리를 희생시키는 거지를 구빈원으로 몰아넣자고 제안한다.

벤담도 거지의 공리도 소홀히 하지는 않는다. 거리에서 구걸하는 것이

8) 어원은 그리스어로 '모두'를 뜻하는 'pan'과 '본다'를 뜻하는 'opticon'의 합성어이다. 벤담이 소수의 감시자가 자신을 드러내지 않고 모든 수용자를 감시할 수 있는 형태의 감옥을 제안하면서 이 말을 창안했다.

더 행복하다는 거지도 있을 수 있지만, 공리의 총량을 계산하면 거리에서 구걸함으로 인해서 행복을 얻는 소수의 거지보다, 구빈원에 거지를 유치하는 것은 거지를 포함해서 불행한 사람의 숫자가 절대적으로 줄어든다는 사실을 지적한다.

한편 구빈원을 설립하고 운영하려면 납세자에게 그 비용이 전가되어 납세자의 행복 즉 납세자의 공리가 줄어들지 않겠는가? 라고 하는 우려에 대해서도 벤담은 대비했다. 자체자금 조달방법인 "거지의 자기해방 장부"가 그것이다. 거지와 마주친 시민에게는 그를 붙잡아 가장 가까운 구빈원으로 데려갈 권리가 주어진다. 구빈원의 거지는 일을 해서 생활비를 충당해야 한다. 생활비는 "자기해방 장부"에 기재되고 열심히 일한 거지는 자기 비용을 충당하고 돈을 저축하여 자립할 수 있다. 한편 벤담은 시민이 거지를 붙잡아 구빈원에 넘기는 수고를 마다하지 않도록, 일정한 포상금 지급을 제안한다. 물론 그 포상금도 납세가가 아니라 해당 거지의 장부에 더해진다.

벤담의 제안은 언뜻 가혹해 보이지만 그 목적은 벌을 주려는 것이 아니라 공동체에 고통이 발생하고 증가하여 사회전체의 공리가 줄어드는 문제를 해결해 다수의 행복에 기여하려 했던 것이다.

## V. 벤담식 공리주의에 대한 비판

### 1. 벤담식 공리주의에 대한 비판의 요점

쾌락의 질적 차이를 인정하지 아니하고, 개인은 어떤 천부적인 권리를 갖는다는 주장을 죽마에 탄 헛소리라고 일축한 벤담의 공리주의에 대한 반박은 공리원칙의 간단명료함만큼이나 거세었다. 반박의 요점은 다음과 같은 두 가지로 요약할 수 있다.

① 개인이나 소수자의 권리 옹호 실패
② 인간의 모든 행위를 단일통화로 환산하는 오류

## 2. 9명의 행복을 위해 1명이 희생당하는 것은 정의로운가?

공리주의의 가장 두드러진 약점은, 개인의 권리를 존중하지 않는다는 점이다. 오직 행복의 총합에만 관심을 두는 탓에 개인의 권리를 짓밟을 수 있다. 예컨대 무고한 사람을 모함하고 폭력을 야기함으로써 인종폭동의 유혈사태를 피할 수만 있다면, 그렇게 하는 것이 정의라고 공리주의자들은 말한다. 공리주의는 약속을 어겨서라도 그리고 남에게 해를 끼치더라도 더 많은 공리를 얻을 수만 있다면, 언제든지 그렇게 하라고 말한다.

그러나 아무리 소수자라고 하여도 각별한 권리가 있고, 그러한 권리는 공리라는 이름으로 아무리 소수자라고 하여도 박탈되어서는 안 될 것이다. 전술한 바와 같이 고대 로마시대에, 로마인들은 무고한 크리스천을 콜로세움 스포츠 경기장의 사자 우리에 집어던졌다. 로마인들의 집단 황홀경을 위하여 크리스천은 전신이 찢어지는 엄청난 고통을 겪었다. 크리스천의 희생비용은 로마사회, 즉 다수 로마인의 공리를 위해 마땅히 희생될 만한 가치 있는 비용인가? 공리주의는 수많은 로마사람들이 크리스천의 희생으로 환희에 기뻐한다면, 공리의 원칙에서는 그것이 올바른 일이라고 답할 것이다. 하지만 용인될 수 없는 논리이다.

## 3. 인간의 목숨도 계산할 수 있는가?

공리주의는 인간 행동의 행복을 계량하고 계산할 수 있고, 인간의 생명에 대해서도 가격표를 매길 수 있다고 주장한다. 공리원칙이 돈으로 인간 생명의 가치를 계산한다는 것은, 일반적으로 재판에서 불법행위로 인한 손해배상의 산정을 위해 사람의 생명. 신체. 명예에 대한 배상액수를 산정하는 것과는 다른 차원의 문제이다. 공리주의에 대한 수많은 비판은 행복의 계산 가능성에 집중된다. 특히 인간의 생명에 대한 가격계산은 적지 않은 분노를 야기하고 공리주의의 커다란 업적에도 불구하고 공리주의를 천박하고 쓸모없는 이론으로 오도하게 하는데 일조했다. 공리주의의 관점에서 비용·편익을 분석한 구체적인 사례는 이해에 많은 도움을 준다.

### (1) 사례 1 - 담배의 이익

흡연이 널리 대중의 사랑을 받는 체코에서 담배판매업에 열중하던 다국적 기업 필립 모리스는 담배로 인해 야기되는 폐암의 이익을 비용. 편익 분석에 입각해서 단일통화로 계산하는 시도를 했다. 이유는 체코 정부가 흡연에 따른 의료비용 증가를 우려해서 담배에 부과하는 세금을 높이려고 하자 구체적으로 흡연의 공리를 계산해 보고자 한 것이었다.

분석결과 체코정부는 흡연으로 손해가 아닌 이익을 본다는 결론을 도출했다. 이유는 흡연자들이 생존 중에는 정부의 의료예산을 높이지만, 결국에는 일찍 죽기 때문에 노년층을 위한 의료. 연금. 주거 부문에서 상당한 예산 절감 효과를 낳는다는 것이었다. 흡연으로 인한 모든 비용을 더하고, 모든 이익을 계산하여 공제한 결과, 체코정부가 시민들이 흡연으로 인해 얻는 순수한 이득은 1억4천7백만 달러로 계산되었다. 구체적으로 체코정부는 담배에서 거둬들이는 기존의 조세수입, 흡연자의 조기사망에 따른 예산절감 등 흡연의 '긍정적 효과'를 모두 계산하면 연간 1억 4700만 달러의 순이익을 올린다는 계산결과가 나왔다. 시민들의 조기사망으로 인한 이득은 1인당 1,227달러였다.

필립 모리스 연구 보고서
- 흡연에 대한 비용·편익분석 -

| 비용 (부정적 효과) | 이익(긍정적 효과) |
|---|---|
| 건강의료비용의 증대 | ① 담배판매 세금 증대 |
| | ② (조기사망으로 인한) 건강보험 절약 |
| | ③ 연금비용 절감 |
| | ④ (조기사망으로) 생활비용 절감 |

이 비용·편익 분석은 대중의 분노를 자아냈다. 금연 운동을 펼치는 체코의 한 NGO는 어느 시체의 발가락에 한사람이 사망할 때마다 체코정부가 보는 이익인 $1,227라는 꼬리표가 달린 시체사진을 신문광고란에 실었다. 필립 모리스는 강력한 사회적 지탄을 받았고, 사려깊지 못한 보고에 대해 깊은 유감의 사과를 했다.

### (2) 사례 2 – 노인 할인: 사람의 가치평가하기

그렇다면 **사람의 목숨은** 얼마나 될까? 미국 환경보호국(EPA)이 문제에 대한 답을 구하려고 노력했다. 미국 환경보호국은 새로운 대기오염 기준을 내놓으면서 사람의 목숨에 대한 비용. 편익분석을 했다. 공기를 정화해서 살릴 수 있는 목숨의 가치를 1인당 370만 달러로 계산했다. 하지만 70세가 넘는 노인은 230만 달러로 계산했다. 이러한 차이는 공리주의의 논리에 따른 것이다. 젊은 사람은 노인보다 더 오래 살 것으로 앞으로 누릴 행복도 더 크므로 젊은 사람의 가치가 노인보다 크다는 논리이다. 하지만 노인의 권익을 옹호하는 사람들의 생각은 달랐다. 산전수전을 겪으며 풍부한 인생 경험을 한 노인의 생명 값을 청년의 그것보다 저렴하다고 평가해서는 안 된다고 격렬하게 반대했다. 결국 환경 보호국은 보고서 내용을 철회했다. 고려장 박정승의 사례에서 알 수 있는 바와 같이, 국가를 구한 노인의 현명함은 사실 돈으로 평가할 수는 없는 것이다.

#### 고려장(高麗葬) 풍속

고구려 때 박정승이라는 사람이 있었다. 그는 나이든 노모를 지게에 짊어지고 산으로 올라갔다. '고려장'을 하기 위해서였다. 깊은 산속에 도착한 박정승이 큰절을 올리자 노모가 말했다.

"얘야, 나라의 법을 어길 수는 없다. 날이 어둡기 전에 어서 내려가라. 네가 길을 잃을까봐 나뭇가지를 꺾어 길 표시를 해두었다." 박정승은 그 사랑에 감격해 노모를 다시 업고 내려와 남모르게 봉양했다.

그 무렵, 당나라 사신이 말 두 마리를 끌고 고구려를 찾았다. 사신은"이 말은 크기와 생김새가 같다. 어미와 새끼를 가려내보라"고 문제를 냈다. 조정은 매일 회의를 했으나 묘안을 찾지 못했다. 박정승이 이 문제로 고민하는 것을 보고 노모가 말했다.

"그게 무슨 걱정거리냐. 나처럼 나이 먹은 부모면 누구나 안다. 말을 하루 정도 굶긴 후 여물을 갖다 주어라. 먼저 먹는 놈이 새끼 말이다. 원래 어미는 새끼를 배불리 먹이고 나중에 먹는다."

아들은 어미와 새끼를 가려냈다. 그러자 당나라 사신은 고구려인의 지혜에 탄복하고 본국으로 돌아갔다. 박정승은 임금께 자초지종을 설명하고 '고려장'을 철폐할 것을 진언했다. 고려장은 사라졌다.

### (3) 사례 3 - 포드 핀토 이야기

포드 핀토(Ford Pinto)

포드 핀토는 1970년대 미국에서 가장 잘 팔린 소형 승용차였다. 그런데 다른 차가 이 차를 뒤에서 들이받을 경우 연료탱크가 폭발하는 사고가 다른 차보다 많이 발생했다. 그런 사고로 목숨을 잃은 사람이 500명이 넘었고 심각한 화재를 입은 사람은 그보다 훨씬 많았다.[9)]

화상을 입은 한 차주가 자동차의 설계결함을 이유로 소송을 제기했다.[10)] 소송에서 포드회사의 기술자는 내부공간을 넓히고자, 자동차 후면에 배치한 가스탱크의 폭발 위험성을 이미 알고 있었다는 사실이 드러났다. 그러나 회사 경영자들이 비용. 편익 분석을 해 본 결과, 가스탱크를 안전하게 보호할 장치를 부착하려면, 차 한 대당 11달러*(오늘날 약 57$)*가 추가되는 반면에, 교통사고를 방지하는 등으로 얻는 회사의 이익은 그보다 크지 않다는 결론에 이르렀다.

| 포드 핀토 수리판매 차량 비용 계산표 | |
|---|---|
| 비용(리콜로 인한 추가 비용) | 이득(리콜로 인한 이득) |
| 차량 1대당 \$11 × 1250만대<br>= 1억3천7백만 달러<br>(안정성 증대를 위한 비용) | 사망 180명 × 20만 달러<br>부상 180명 × 6만7천 달러<br>2천대 × \$700<br>= 4천9백5십만 달러 |
| 리콜하지 않음으로써 포드사가 얻는 이득 | 8천7백5십만 달러 |

9) 포드 핀토(Ford Pinto)는 포드회사의 소형차로, 1970년 처음 공개되어 1980년식 모델까지 제작되었다. 타임지가 선정한 사상 최악의 50대 자동차 중의 한대로 선정되었다. 비즈니스 위크지(Business Week) 역시 2009년도에 핀토를 최악의 자동차 목록(list of the Ugliest Cars of the Past 50 Years)에 등재했다.

10) 대표적인 소송이 캘리포니아에서 제기되어 진행된 Grimshaw v. Ford Motor Company (1 19 Cal. App.3d 757) 사건이었다.

논리는 다음과 같았다. 아무런 안전 조치를 하지 않을 경우에 매년 최대 약 180명이 죽고 180명이 화상을 입을 것으로 추정했다. 그에 따른 법원의 손해배상액수는 그동안의 배상판결을 분석하면 사망이 20만 달러, 화상이 6만 7천 달러였다. 여기에 불타는 핀토 자동차 대수를 계산하면 차를 안전하게 고쳤을 때 포드 회사가 얻을 수 있는 이득은 4,950만 달러 정도이다. 하지만 그동안 팔린 자동차 1,250만대에 개당 11달러짜리 안전장치를 부착하는 비용은 총 1억3750만 달러로 계산되었다. 결국 차량을 리콜하는 비용보다, 교통사고에 대해 개별적으로 배상하는 것이 3배 이상 이득이라는 계산에 도달했고, 리콜하지 않았다. 포드회사의 자체적인 연구자료를 보자 배심원들은 격분했다. 그리고 원고에게 손해배상금으로 250만 달러, 징벌적손해배상금으로 1억2500만 달러(상급심에서 350만 달러로 확정됨)를 지급하라고 평결했다. 포드사는 형사재판에서는 무죄판결을 받았지만, 수백만 달러의 손실과 '바비큐 시트 제조회사'라는 오명을 떠안게 되었다.

## 4. 인간행동의 가치를 단일 통화로 계산 가능한가? - 인간 행위 가격표

공리주의는 원칙적으로 모든 사람의 기호를 행복에 기초하여 동등하게 계산한다. 하지만 모든 도덕적 행위를 하나의 단일통화로 계산하는 것이 가능한가? 공리주의 비판론자들은 인간행동의 모든 가치를 금전이라는 하나의 저울로 계량하거나 비교할 수는 없다고 주장한다.

하지만 1930년대에 이런 반박에 답변하려는 심리학자가 있었다. 공리주의의 가정을 증명하기 위해 단일한 통화로 인간행위의 가치를 산정한 심리학자는 컬럼비아 대학교 심리학 교수 출신의 손다이크(Edward Thorndike)였다.

손다이크는 모든 인간행동을 가격으로 환산가능하다는 공리주의의 원칙을 증명해 보이기 위해, 정부 보조금을 받는 젊은이들을 상대로 설문조사를 실시해서 다양한 고통을 겪는 대가로 얼마는 받으면 좋을 것인가를 계산했다. 그는 고통에 대한 대가를 산정하여 다양한 인간행동의 가격을 계산했다.

### 5. 공리주의는 약속을 깨뜨리는 것을 보편화시킬 위험성도 제기한다. 자선 왕 또는 기부 왕이라고 칭송되는 김장훈의 행위는 마냥 정의로운가?

만일 가족을 위해 수입을 지출하기보다는 자선을 하는데 쓰는 것이 더 많은 행복을 가져다준다고 할 경우에, 공리주의는 그렇게 하라고 조언한다. 그러나 이것은 사회의 기본적인 공동체인 혈육관계를 훼손하고 존립을 위협하는 것으로서 마냥 정의롭다고 할 수는 없다는 주장이 제기된다.

이것은 천진난만한 이웃집 아이에게 잔디를 깎는 대가로 1만원을 주기로 약속하고 나서, 1만원을 고아원에 자선하는 편이 더 많은 공리, 즉 행복을 결과한다고 해서 그 약속을 파기하는 것과 같다는 비판이다.

이처럼 공리주의는 가장 근본적인 부양의무 같은 가족공동체에 대한 의무도 파기하여 사회의 공리만을 드높이는 것이 올바른 일이라고 부추길 수 있다는 위험성이 제기된다.

### 6. 공리주의는 산술적인 계산으로 안락사도 보편화시킬 위험성이 있다.

공리주의는 나이 많은 할아버지를 안락사 시킴으로써, 고통을 예방하고 후손들에게 물질적 그리고 육체적 또는 정신적으로 더 큰 행복을 가져다 줄 수 있다면, 노인들을 안락사 시키라고 명령한다. 이처럼 공리주의는 매순간 인간의 도덕적 직관을 유린한다. 그러므로 어떤 순수한 공리주의 이론도 인간이 가지는 강한 확신을 잘 설명할 수 없는 경우가 허다하다.

# 제3절 존 스튜어트 밀의 공리주의

## 제1항 개 관

제레미 벤담(Jeremy Bentham, 1748~1832)의 '최대다수의 최대행복'이라는 공리의 원칙에는 두 가지 반박이 제기된다. 하나는 인간의 존엄성과 인권을 소홀히 한다는 비판이다. 다른 하나는 근본적이고 중요한 도덕적 원칙의 문제를 모조리 쾌락과 고통이라는 하나의 저울로 측정하는 오류를 범한다는 비판이다.

개인이나 소수집단의 권리보호에 미흡하다는 비판에 대한 구제노력은 다양하게 변명되었다. 그런데 벤담의 경우에는 모든 쾌락이나 행복의 평등성과 등가성만을 인정했다, 행복의 집중력이나 지속성을 높이 평가하는 등으로 차등적으로 고려하지 않았다. 벤담에게는 고급쾌락이나 저급쾌락이나 모두 똑같은 공리의 단위요소로 취급되었을 뿐이다. 즉, 벤담의 경우에는 모차르트의 음악 감상에서 얻는 즐거움이나, 마돈나의 노래를 듣고 율동을 보면서 즐기는 쾌감이나 강수진의 발레를 보면서 얻는 만족감이나, 볼링을 하면서 얻는 쾌락이나 모두 동일하다고 보는 것이다. 벤담은 이들 중 누구의 쾌락이 더 높고 가치 있고 고상하다고 말하겠는가라고 반문한다?

하지만 과연 사람들의 쾌락이나 행복의 가치가 모두 똑같은가? 행복이나 쾌락에 보다 좋은 선호도와 그렇지 않은 나쁜 선호도 또는 고급쾌락과 저급쾌락이 있는 것은 아닌가? 라는 의문이 지속적으로 제기되었다. 로마 콜로세움 경기장의 피의 환희를 다시 한 번 생각해 보자. 그것은 기본적으로 크리스천의 권리를 무참하게 침해한 것이라는 비판도 가능하다. 다른 비판으로는 그러한 환희나 쾌락은 피의 향연으로 거기서 나오는 쾌락은 결국 로마를 멸망으로 이끈 저급하고 타락했으며 저질스러운 쾌락이라고 비판할 수 있는 것이 아닌가?라는 의문이다. 이처럼 벤담의 양적공리주의에 대한 반박이 꾸준히 제기되었다. 이러한 벤담식 공리주의의 한계를 극복하려고 한 사람이 바로 존 스튜어트 밀이었다.

John Stuart Mill

J.S.밀은 벤담의 공리주의 원칙에 대한 두 가지의 반박에 답을 할 수 있다고 믿었던 철학자이다. 벤담보다 한세대 뒤에 태어나 벤담의 공리주의를 이어간 존 스튜어트 밀(John Stuart Mill, 1806~1873)은 조금 더 인간적인 원칙으로 공리주의를 다듬어 벤담의 "최대다수의 최대행복"이라는 공리주의 원칙을 살리려고 노력했다.

영국의 철학자이자 정치경제학자인 존 스튜어트 밀은 1806년도에 영국에서 출생했다. 아버지는 제임스 밀로 벤담의 사제였다. 제임스 밀은 아들을 영재로 만들기 위해 소위 존 스튜어트 밀의 독서법을 시행했다. J.S.밀은 정규대학 교육 대신에 아버지에 의해 엄격한 교육을 받았고 제레미 벤담의 도움도 받았다. 벤담을 지지한 아버지 제임스 밀은 공리주의를 이어갈 후계자로 천재적인 지식인을 만들어낸다고 하는 목표를 가지고 아들을 교육시켰다. 존 스튜어트 밀은 세 살에 그리스어를 이해했고 8살에 라틴어를 깨우쳤으며, 10살에 로마법 역사(A history of Roman Law)라는 책을 저술했다. 그러나 20살에 신경쇠약에 걸려 5년을 고생했다. J.S.밀은 5년 동안의 요양기를 거쳐 25살에 유부녀인 해리엇 테일러을 만났다. 그녀의 영향으로 밀의 공리주의는 인간화되었다. 1859년 존 스튜어트 밀은 그 유명한 자유론(On liberty)를 저술했다. 1861년에 이르러서는 "공리주의(Utilitarianism)"라는 책을 저술했다.

존 스튜어트 밀이 관심을 가지고 연구한 것은 공리주의에 인간적인 관심을 부여하는 것이었다. 즉, ① 개인의 권리 존중, ② 고급쾌락과 저급쾌락의 구분으로 세련된 공리주의를 완성하는 것이었다. 그래서 J.S.밀은 질적 공리주의자로 간주된다. 벤담은 동물적, 관능적인 쾌락과 인간적, 지적인 쾌락을 구분하지 않고 공리의 양만을 강조함으로써 인간의 고유한 삶의 양식을 간과하고 있다고 강력히 비판받았다. J.S.밀은 이런 점을 수정, 보완함으로써 공리주의를 좀 더 설득력 있는 세련된 이론으로 발전시키려고 노력했던 것이다.

존 스튜어트 밀은 스승인 벤담의 입장을 고려하면서도 어떤 종류의 쾌락이 다른 종류의 쾌락보다 더 좋고 더 가치가 있다는 사실을 인정하는 것이 공리의 원리에 조금도 어긋나지 않는다고 생각하고, 쾌락에는 질적인 차이에 따라서 고상한 쾌락과 천박한 또는 저급한 쾌락이 있다고 논리를 전개했다.

**존 스튜어트 밀의 독서법 - 많은 고전을 읽는 것**

1. 윈스턴 처칠 - 처칠은 유년에 하루 5시간의 독서와 2시간의 운동
2. 시카고 대학교- 석유재벌 록펠러, 철학책 100권 거의 암송. 노벨상 82명
3. 힐러리 클린턴 - 입체적 사고

**□ 스튜어트 밀의 4단계 독서법**

1. 먼저 철학 고전 저자에 관해 쉽게 설명한 책을 읽는다.
2. 통독, 이해가 잘 되지 않더라도 그냥 읽는다. 소리 내어 읽는다.
3. 정독, 이해가 되지 않는 부분은 몇 번이고 되풀이해서 읽는다.
4. 노트에 중요 구문을 필사 하면서 통독, 책을 읽고 나면 토론을 한다.

*** 존 스튜어트가 실시한 독서 목록 ***

1. 저학년: 퀴로파이데이아, 소크라테스 “추상록”, 아드 데모니쿰, 아드 니코클렘, 플라톤 대화편 “에우튀프론”, “소크라테스의 변명” “크리톤” “파이돈” “크라튀로스” “테아이테토스”, 헤로도토스의 모든 저서, 디오게네스 라에르티오스가 지은 철학자들의 전기.
2. 고학년: “로마사”, “플루타르크 영웅전”, 영국 역사의 정치적 개관, 교회사, 유클리드의 기하학 서적 전부, “일리아드”, “오디세이아”, 아리스토텔레스가 쓴 수사학 서적 전부, 스콜라 철학에 관한 각종 논문

## 제2항 존 스튜어트 밀의 자유론(On Liberty)

### Ⅰ. 자유론의 의의

존 스튜어트 밀(John Stuart Mill, 1806~1873)의 '자유론'은 개인의 권리와 자유를 옹호하는 고전으로 벤담의 공리주의를 보완하는 내용이다. 하지만 자유론은 그것을 뛰어넘어 오늘날 자유주의 정치이론 또는 정치적 자유주의를 대표한다. 핵심 내용은 다음과 같다.

① 틀렸다거나 해롭다는 이유로 의견표명을 가로막으면 안 된다.
② 표현의 자유를 일부라도 제한하면 곧 모든 표현의 자유가 제한되고 만다.
③ 표현의 자유가 무제한 허용되어야 사회는 진보할 수 있다.
④ 표현하는 내용에는 제한이 없어야 하지만, 표현방식에는 제한이 필요할 수 있다.

표현의 자유가 진보로 이어진다는 J.S.밀의 믿음은 공론의 여과능력을 신뢰했기 때문이다. 만일 어떤 의견이 진실로 틀렸거나 해롭다면 공론의 장에서 틀렸거나 해로운 것으로 판명되어 도태될 것이라는 것이 J.S.밀의 신념이었다.

존 스튜어트 밀은 정부를 전복하려는 기획이나 살인을 정당화하는 이론일지라도, 그 표현에 사회적 박해나 정치적 탄압이 가해지면 안 된다고 말했다. 정부전복이 진실로 필요하다면 전복해야 할 것이고, 살인이 진실로 정당하다면 용인되는 것이 마땅하다는 이유에서였다.

그러나 의견을 공표하는 방식은 대중연설이나 저술이어야지, 다른 사람에게 직접 피해를 주는 선동적인 방식이면 안 된다고 말했다. 이것을

**"위해원칙"**이라고 한다. 예컨대 굶주림에 시달려 흥분한 상태의 군중을 상대로 곡물소매상을 지목하면서 "여러분이 굶주리는 것은 저런 자들의 착취 때문"이라는 표현은 직접적인 피해를 야기하는 의사표현으로 허용되지 않는다는 것이다.[11] 깜깜한 극장에서 장난으로 "불이야!"를 외쳐서 사람들을 공황에 빠뜨리고 다치게 만들 정도의 위험을 초래하는 표현은 표현의 자유에 포함되지 않는다는 것이다.

민주주의 사회에서는 어떠한 의사표현이라도 공론의 장에서 적자생존하거나 자연 도태될 것이라는 주장을 정치학에서는 **공론주의**라고 한다. 공론주의는 듣는 사람들이 스스로 판단해서 받아들일지 배척할지를 선택할 수 있는 상황이라면 어떤 의견이나 이론도 표현이 가로막히면 안 된다는 원리다.

## Ⅱ. 장기적 그리고 넓은 의미의 공리란 무엇인가?

존 스튜어트 밀(John Stuart Mill, 1806~1873)의 자유론의 요지는 사람들은 남에게 해를 끼치지 않는 한, 원하는 것은 무엇이든 자유롭게 할 수 있어야 한다는 것이다. 또한 정부는 개인의 자유를 간섭하면서 개인을 보호하려 들거나, 다수가 믿는다는 이유로 최선의 삶이라는 모델을 내세워 그를 개인에게 강요하지 않아야 한다는 것이다. 그러므로 J.S.밀은 누구에게도 해를 끼치지 않는 한, 나의 독립은 당연히 절대적이다. 개인은 자신에 대해 자신의 몸과 마음에 대해 주권을 갖는다고 주장한다.

그런데 개인의 권리를 이처럼 단호하게 주장하려면 대중을 위한다는 공리보다 더 강력한 무언가가 필요하지 않을까? 라고 하는 의문이 제기된다. 즉, J.S.밀은 전체와 개인의 조화를 시도하는 것인데, 전술한 것처럼 벤담식 공리주의의 원래의 모습에서는 다수의 공리를 위해 개인은 희생될 수도 있다고 보기 때문이다.

전체와 개인의 조화라는 J.S.밀의 과감한 시도는 소수종교의 자유의 문제에서 그 내용을 살펴보면 간명하다. 절대다수가 소수종교를 무시하면서

11) 이에 20세기 초 미국 연방대법원 판사 올리버 웬델 홈즈는 J.S.밀의 공론에 대한 입장 즉 공론주의를 기초로 **"명백하고 현존하는 위험(clear and present danger)"**이라는 기준을 세웠다.

종교관 설립을 반대할 때에, 다수의 절대 행복을 위해서라면 소수종교의 자유는 훼손돼도 무방한 것일까?

예컨대, 성전의 건립이 금지된 종교를 믿는 소수의 종교인들은 불행과 좌절에 슬퍼할 것이고, 따라서 그들의 공리는 최저가 될 것이다. 하지만 소수인의 종교를 금지하자는 사람들이, 절대 다수이고 그들의 소수 종교인에 대한 증오심이 깊다면, 전체의 행복은 소수가 겪는 불행보다 훨씬 클 것이다.

그러므로 이 경우에 벤담의 공리의 원칙에 의하면. 소수인의 종교의 자유는 부정되는 것이 온당한 것으로, 공리를 종교의 자유의 기초로 삼기는 부적합해 보인다. 그런데 존 스튜어트 밀의 생각은 달랐다. 그는 개인의 자유를 옹호하는 것은 전적으로 공리주의에 대한 전향적 사고에 달렸다고 보았다.

J.S.밀은 "**나는 공리가 궁극적으로 모든 윤리적 질문에 호소력을 갖는다고 본다. 그런데 이때의 공리는 (현재의 구체적이지는 않지만) 넓은 의미의 공리인 것으로서, 진보하는 존재인 인간에게 영원히 이익을 줄 수 있는 공리라야 한다.**"라고 말했다.

이처럼 J.S.밀은 공리를 극대화하되, 매 순간이 아니라 장기적인 관점에서 공리의 극대화를 고려해야 한다고 주장했다. 왜냐하면 오랜 세월에 걸쳐 개인의 자유를 존중하다 보면, 궁극적으로는 인간의 행복이 극대화될 것이기 때문이라고 주장한다. 여기에 J.S.밀이 자유론을 주장하며 전체와 개인의 조화로운 공리증진을 도모한 의미가 있다.

## Ⅲ. 존 스튜어트 밀의 자유론에 대한 비판

그러나 J.S.밀은 여전히 개인의 권리를 공리주의의 시각에서 바라보는 것을 포기하는 것이 아니다. 그러므로 J.S.밀이 자유론에서 주장하는 개인의 권리에 대한 생각은 여전히 충분하지 않고 불안하다는 비판을 받는다.

① 먼저 J.S.밀의 개인의 권리에 대한 시각은 사회발전을 위해서, 개인의 권리를 존중하는 수단적이라는 비판이 제기된다. 즉, 개인의 권리는 그 절대가치로서가 아니라 미래의 불확실한 상황에 볼모잡힌 잠정적인 권리에 지나지 않는다는 비판이 제기된다.

② 개인의 권리를 여전히 공리주의적 시각으로 바라보는 한계 때문에, 역으로 누군가의 권리를 침해했을 때, 그것이 장기적으로 사회전체의 행복은 증진시키는 것이라고 하여도, 당사자에게는 부당한 행위가 된다는 사실을 회피할 수가 없을 것임에도, 권리침해는 옳다고 하게 된다. 하지만 현재 박해받는 개인에게는 매우 부당한 일이 될 것이다.

**[세계]이슬람 사원 모스크 '수난의 시대'**

**"당신 집 뒷마당에 모스크(이슬람 사원)가 들어선다면?"** *(2010 08/24* | 위클리 경향 *889*호*).*

마이클 블룸버그 뉴욕 시장이 그라운드제로 모스크 설립 계획을 지지한다고 밝히고 있다

9/11 테러가 벌어진 지 9년 가까이 지난 지금, 세계가 모스크 때문에 시끄럽다. 대규모 모스크 건립 반대운동이 벌어지고 있다. 미국에서는 모스크가 화해의 상징이 될 수 있는지를 놓고 논란이 뜨겁다. 9/11 테러 현장인 뉴욕의 그라운드 제로 주변에 모스크를 건립해도 좋은지가 문제의 핵심이다. 이슬람 측은 모스크가 서방과 이슬람 세계 간의 상호이해를 높이고 화해를 도모하는 공간이 될 수 있다며 건립을 추진해왔다.

그러나 9/11 테러 희생자 유족들은 "왜 하필이면 여기냐"는 반응이다. 이들은 모스크 건립이 희생자들을 두 번 죽이는 일이라며 강경한 반대 입장을 굽히지 않고 있다. 뉴욕시는 일단 이슬람의 손을 들어줬다. 지난 8월4일 그라운드제로에서 두 블록 떨어진 곳에 위치한 파크플레이스 빌딩을 해체해도 좋다고 결정함에 따라 그곳에 모스크를 지을 수 있게 된 것이다.(.....)

이에 마이클 블룸버그 시장은 "우리가 무슬림들을 다른 이들과 구분해서 대한다면 우리의 가치를 스스로 배반하는 일이며 테러범들에게 승리를 넘겨주는 것"이라고 말했다. 무슬림들에게 종교의 자유를 보장해야 미국의 가치를 지킬 수 있다는 얘기다.

하지만 반대하는 측의 입장은 요지부동이다. 그라운드 제로 근처에 세워지는 모스크는 정치적 상징성을 가질 수밖에 없다는 이유에서다. 한 희생자 가족은"모스크는 테러범들에 대한'헌사'처럼 느껴진다고 말했다. 공화당 주요 인사들도 반대 입장을 분명히 했다. 보수의 아이콘인 페일린 전 알래스카 주지사가 선봉에 섰고 뉴트 깅리치 전 하원의장도 공개적으로 반대 의사를 밝혔다. 9/11 현장에서 구조 활동을 벌였던 소방관들과 보수단체들은 뉴욕시를 상대로 소송을 걸겠다고 밝혔다

**□ 과연 무엇이 정의인가? J.S. 밀의 선택은 무엇일까?**

# 제3항 존 스튜어트 밀의 규칙공리주의와 질적 공리주의

## Ⅰ. 존 스튜어트 밀(1806~1873)의 규칙 공리주의

규칙공리주의는 J.S.밀이 벤담의 행위공리주의에 가해지는 다양한 비판에서, 공리주의를 구하기 위해 주창된 이론이다. 공리성이 개별적인 행위의 결과에서가 아니라, 행위는 그것이 전반적으로 공리성을 가지고 있음을 보여주는 추상적이고 일반적인 규칙에 부합한다면, 설령 단기적으로는 공리를 가져오지 못하더라도 옳은 행동이라는 견해이다.

규칙공리주의는 여러 유형의 행위들 가운데서 모두에게 최선의 결과를 가져오는 행위를 정형화하여 규칙으로 정한다. 그리고 아래에서 살펴볼 일반적으로 정의롭지 못한 상황처럼, 일정한 규칙에 입각한 행위는 옳은 행위이고, 그렇지 않은 행위는 잘못된 행위라고 주장한다.

## Ⅱ. 존 스튜어트 밀(John Stuart Mill)의 질적 공리주의 - 만족한 돼지보다는 불만족한 인간, 만족한 바보보다는 불만족한 소크라테스!

### 1. J.S.밀의 질적 공리주의의 내용

존 스튜어트 밀은 쾌락의 질적인 차이를 인정했다. J.S.밀은 벤담과 달리 욕구의 양이나 강도만이 아니라 질(質)까지 평가해서 고급쾌락과 저급쾌락을 구별했다. J.S.밀은 인간은 동물적인 본성 이상의 능력을 가지고 있으므로 질적으로 높고 고상한 쾌락을 추구한다는 것이다. 그리하여 그 유명한 "**만족한 돼지가 되는 것보다는 불만족한 인간이 좋고, 만족한 바보보다는 불만족한 소크라테스가 좋다(It is better to be a human being dissatisfied than a pig satisfied. Better to be Socrates dissatisfied than a fool satisfied)**"라는 명언을 남겼다.[12)]

하지만 존 스튜어트 밀이 벤담의 양적 행위공리주의를 배척한 것은 아니다. 그도 철저하게 "행복을 양산할수록 옳은 행동이며, 반대상황을 초래할수록 나쁜 행동이라고 보았다. 다만 J.S.밀은 "더 바람직하고, 더 가치 있는 쾌락이 있다"고 덧붙였던 것이다. 존 스튜어트 밀은 다음과 같이 단언했다. **"공리는 도덕의 유일한 기준이다."** J.S.밀은 여전히 벤담의 공리주의를 옹호한 것으로, 벤담의 공리주의를 반박한 것이 결코 아니다.

## 2. 고급쾌락과 저급쾌락 구분하기

그렇다면 존 스튜어트 밀은 어떻게 고급쾌락과 저급쾌락을 구분했는가? 어떻게 고급쾌락을 저급하고 비열한 쾌락과 구분할 수 있다고 보았는가? J.S.밀은 다음과 같은 2가지 기준으로 고급쾌락과 저급 쾌락을 구분할 수 있다고 말했다.

① 먼저 우리가 만약 두 가지를 모두 경험한다면, 사람들은 자연스럽게 그리고 언제나 고상한 쾌락을 더 좋아할 것이라고 말했다. 결국 어떤 것이 고급쾌락이고 어떤 것이 저급쾌락이냐 하는 것은 이를 모두 경험한 사람들이 더 좋아하는 것에 의해 결정된다는 논리이다.

② 공리의 질적 구분을 위한 두 번째 방법으로 J.S.밀은 교육의 필요성을 제시했다. 예컨대 셰익스피어에 접근하기 위해서는 교육이 필요하다고 하여, 쾌락을 질적으로 구분하고 판단하기 위해서는 교육의 중요성을 강조했다. 즉, 고급쾌락은 문화적 소양과 교육을 필요로 한다는 것이었다. 그러므로 사람들이 일단, 교양을 갖추고 교육을 받으면 고급쾌락과 저급쾌락을 구분할 수 있을 뿐만이 아니라, 당연히 고급쾌락을 좋아할 것이라고 했다.

**설문조사) 다음 중 어떤 것이 더 좋은 고급 쾌락일까?**
**① 셰익스피어의 5대 희극 v. 인기 만화책**
**② 교양 프로그램 v. 포르노그래피**

---

12) *"It is better to be a human being dissatisfied than a pig satisfied. Better to be Socrates dissatisfied than a fool satisfied. And if the fool or the pig are of a different opinion, it is because they only know their side of question." - John Stuart Mill*

하지만 우리는 미술관 가기보다 포테이토칩과 맥주를 마시며 소파에 누워 TV를 보기가 더 좋을 때가 있다. 존 스튜어트 밀도 우리가 때로는 저급 쾌락에 굴복하는 것을 인정한다. 그러나 J.S.밀은 우리가 심지어 그렇게 하는 순간에도, 그런 나태함 그리고 타락과 게으름의 순간에도, 우리가 거기에서 얻는 쾌락이란 박물관에서 피카소를 보면서 얻는 쾌락보다는 저급하다는 것을 잘 알 것이라고 말한다. 왜냐하면 우리는 양자를 모두 경험했고, 교육을 받아 문화적인 소양도 갖추었기 때문이라는 것이다.

## Ⅲ. 정의와 공리의 관계

### 1. 개 관

정의와 공리는 독립적인가? 아니면 정의는 공리에 종속되는가? 이 문제는 존 스튜어트 밀의 질적 공리주의에 이르러 명확히 구분되었다. 공리주의에 의하면 "**행위가 행복을 증가시키는 경향에 비례하여 올바르며, 행복하지 않은 결과를 산출하는 경향에 비례하여 그 행위는 옳지 않다.**"

따라서 정의도 행복의 창출정도에 의해 평가된다. 결국 정의는 행복의 하위개념이 된다. 왜냐하면 올바른 일, 즉 정의로운 행동이란 행복을 창출하는 정도에 비례하여 그 정당성이 사후에 상대적으로 평가되기 때문이다.

이러한 공리주의 이론의 명백한 함의 때문에 정의라는 주제는 공리주의자들에는 언제나 장애물이었다. 왜냐하면 공리를 창출한 결과만 놓고 보면, 분명히 그 상황은 인권유린으로 정의롭지 못하다고 해야 할 것 같은데도, 공리주의의 관점에서는 윤리적으로 옳은 행위, 따라서 정의롭다고 말해야 하기 때문이다. 이에 정의를 공리에 앞세워보려는 노력도 있었다.

### 2. 규칙공리주의와 질적 공리주의에서의 정의의 위치

존 스튜어트 밀은 다시 한 번 정의가 독자적인 것인지? 아니면 정의는 공리성의 일부인지를 분명하게 가려보고자 했다. 결론적으로 J.S.밀은 다음과 같이 말하면서 정의란 독립적 영역을 구축하는 별개의 원리가 아니라

**정의는 공리성의 일부**라고 결론지었다. 이것은 아래 3항의 사례에서 명백해 진다.

> "나는 공리성에 기초하지 않는 정의의 이미지를 만들어 내는 어떤 이론에 대해서도, 그것은 겉껍데기에 불과하다고 생각한다."

정의와 인권까지도 감안한 장기적인 관점의 공리를 고려하는 입장에서 당연한 결론이라고 할 것이다. J.S.밀은 공리주의가 개인의 권리를 침해한다는 주장에 대해서도, 정의와 개인의 권리를 옹호하면서 반대논리를 전개한다. J.S.밀은 그러나 공리에 터 잡지 않은 정의는 무의미하며, 공리에 터 잡은 정의만이 인간 윤리의 가장 핵심적인 부분으로 도덕성의 근본이라고 말했던 것이다.

존 스튜어트 밀은 여전히 인간 행동의 통치자는 행복 즉, 공리라는 주장이다. 그러나 J.S.밀에 있어서는 정의는 개인의 높은 권리로서, 비록 공리의 하위개념으로 간주되었지만, 결코 무시할 수 없는 매우 중요한 가치였다. 정의는 장기적인 관점에서의 공리 판단의 주요한 가치이기 때문이다.

### 3. 정의 판단이 어려운 영역 - 공리만이 기능할 수 있는 영역

존 스튜어트 밀(1806~1873)은 정의는 공동체 사회에서의 어떤 도덕적 요구로서, 법적인 권리나 의무의 영역에서는 정의가 명백하게 인식된다는 사실에 대해서는 동의한다. 하지만 존 스튜어트 밀이 보기에 정의에 대한 일반적인 기준이 여전히 적용되지 못하는 곳에서 야기되는 갈등도 있다.

대표적인 것으로 어떤 행위에 대한 보상이 결과인 '**공적**'에 기초해야 하는가? 아니면 과정인 '**노력**'에 기초해야 하는가? 하는 논쟁이 그것이다. 그런데 존 스튜어트 밀이 보기에 '정의'에 대한 단순한 호소는 절대로 이 문제를 해결하지 못한다. 왜냐하면 어떤 사람들은 결과물인 공적에 대한 보상이 정의로운 것이라고 하는 반면에, 어떤 사람들은 그 동안 보여준 노력에 대해 보상하는 것이 오히려 더 정의로운 것이라고 주장할 수도 있을 것이기 때문이다.

양자를 모두 만족시킬만한 파이가 충분하지 않는 한, 정의 그 자체로서는 도저히 해결할 수 없는 갈등이다. 결국 공리주의 이외에 이런 혼돈과 갈등으로부터 탈출할 길은 없다. 이러한 상황에서의 정의로움의 판단은, 오로지 공리주의의 관점에서 "**결과인 공적**"과 "**과정인 노력**" 가운데 무엇이 행복을 더 많이 창출했는가? 에 따라서 평가할 수밖에 없을 것이라는 것이다. 그러므로 정의란 궁극적으로 공리성에 의존한다는 결론이 된다. 결국 존 스튜어트 밀의 논리에 따르면 정의는 결코 독자적인 것이 아니라 근본적으로 사회적 공리성에 의존하는 가치개념이다.

이처럼 공리주의자에 따르면 정의는 근본적인 가치가 아니다. 정의는 오히려 공정평가의 기준, 즉, 결과주의에서 파생되는 가치라고 간주된다. 결과주의에서 결과는 그로 인해서 발생한 공리의 평균이나 총량에 의해 평가된다. 그러므로 정의의 원리는 가장 많은 행복을 가져오는 행위가 정의라는 결론에 도달한다. 결국 공리주의에 의하면 정의는 공리에 종속된 가치이다.

## 4. 일반적으로 정의롭지 못한 상황

존 스튜어트 밀은 정의의 공리성에의 종속성을 주장하면서 일반적으로 '정의롭지 못한' 다음과 같은 6가지 상황을 찾아냈다.

① '법적인' 권리를 가지고 있는 물건을 강탈하는 행위
② '도덕적'인 권리를 가지고 있는 물건을 강탈하는 행위
③ 자격이 없으면서 물건을 획득하는 경우
④ '편파적인 것', 즉 호의를 보여서는 안 될 곳에서 호의를 보이는 것,
⑤ 사람들의 '신뢰를 깨뜨리는 것'
⑥ 사람들을 '불공평하게' 다루는 것

## 제4항 존 스튜어트 밀의 공리주의에 대한 비판

### Ⅰ. 쾌락의 질적 구분이 가능한가?

벤담식 공리주의를 구제하기 위한 노력인 존 스튜어트 밀의 고급쾌락론에는 반론이 제기된다. 단적으로 사람들은 대개 고급쾌락보다 오히려 저급한 쾌락을 더 좋아하지 않던가? 라는 비판이 그것이다.

셰익스피어나 칸트 책을 읽거나 오페라를 보러 가기 보다는 소파에 누워 만화책을 보거나 시트콤을 보고 싶어 하지는 않는가? 득도(得道)를 위해 20~30일간 먹는 것도 절제하며 용맹정진하기 보다는, 먹기를 걸고 내기하기를 좋아하지 않던가?

전술한 것처럼 J.S.밀은 우리가 만약 두 가지를 모두 경험한다면, 사람들은 자연스럽게 그리고 언제나 고상한 쾌락을 더 좋아할 것이라고 주장한다. 그러나 이 주장이 과연 옳은가? 고급쾌락과 저급쾌락의 구분 방법으로는 성공한 논리인가? 다음 세 가지 사례를 통해서 직접 경험해 보자. 과연 고급쾌락과 저급쾌락의 구별이 가능한가?

**① 햄릿의 독백(Hamlet Soliloquy)에서 얻는 공리**
**② 공포체험(Fear Factor)에서 얻는 공리**
**③ 사랑에서 얻는 공리**

현실의 사회에서는 쾌락을 질적으로 구분하고, 질적으로 좋다고 평가받는 쾌락이 선호된다고 단언하는 것도 결코 용이하지 않은 것이다.

## Ⅱ. 존 스튜어트 밀의 공리주의에서는 인권이 과연 그 자체로 존중되는가?

공리주의의 가장 두드러진 약점은 개인의 권리를 존중하지 않는다는 점이다. 오직 행복의 총합에만 관심을 두는 탓에 개인의 권리는 무참하게 짓밟을 수 있다. 개인의 권리나 자유는 다른 사람의 '행복'을 위해 유린될 수도 있다. 무고한 사람을 모함하고 폭력을 야기함으로써 인종폭동의 유혈사태를 피할 수만 있다면, 그렇게 하는 것이 정의라고 공리주의자들은 말한다. 공리주의는 약속을 어겨서라도 그리고 남에게 해를 끼치더라도 더 많은 공리를 얻을 수만 있다면 언제든지 그렇게 하라고 말한다.

이러한 비판에 대해 J.S.밀은 개인의 권리를 옹호하기 위해서, 전술한 것처럼 자유론에서 개인의 권리와 자유를 옹호했다. 그러나 그 시각도 사회발전을 위해 개인의 권리를 존중하는 수단적이라는 비판을 받았다. 즉 J.S.밀이 주창한 개인의 권리나 자유는 그 절대가치로서가 아니라 미래의 불확실한 상황 즉, 미래의 공리를 궁극적으로는 최대로 해 준다는 희망에 의해, 볼모 잡힌 잠정적인 권리에 지나지 않는다는 비판이 제기된다. 이처럼 개인의 권리와 자유의 보장에 대한 중도적. 수단적인 한계 때문에, 존 스튜어트 밀의 개인의 권리 옹호론은 여전히 비판받는다.

J.S.밀은 기본적으로 쾌락을 추구하는 것이 행복을 추구하는 것이라는 사실에는 동의하면서, 질적인 개념을 하나 추가한 것이다. 즉, 양적으로만 계산하는 벤담의 방식을 보완하여 질적인 기준에 따라 쾌락이 판단될 수 있다는 것이었다.

그러나 J.S.밀의 이러한 방식 또한 쾌락의 질적 우열을 판단하는 기준이 모호하고, 쾌락주의의 기본신조를 따르는 것으로서, 벤담에 대한 비판이 여전히 유효하여 공리주의가 노예제를 허용할 수 있고, 인권유린 등 명백하게 정의롭지 못한 일임에도 유용성의 명분하에서 비용대비 편익만을 따지는 이론이라고 비판받는다.

## Ⅲ. 창출된 공리는 누구에게 귀속되는가?라는 관점에서의 비판

대표적으로 후술할 존 롤즈(John Rawls)는 공리주의는 다른 사람의 이익으로 손해를 보상받는 것을 허용함으로써 정의를 위배한다고 정면으로 비판한다. 롤즈가 명백히 한 것처럼 **"다른 사람이 더 잘되게 하기 위해, 내가 손해를 감수해야 한다는 것은 편리한 발상이기는 하지만, 결코 정의롭다고 할 수는 없다."**

이어지는 롤즈의 비판은 이를 잘 말해 준다. "공리주의의 주장처럼 만일 유일한 의무가 공리의 최대화를 가져오는 것뿐이라면, 누가 그렇게 산출된 공리를 향유할 것인가 하는 물음, 즉 그것이 내 자신이 되건, 나의 후원자가 되건 혹은 나와 약속한 어떤 사람이 되건 아무런 문제가 안 된다는 것인데, **그러나 창출된 공리를 누가 향유하는가? 하는 문제는 정의로움 판단에서 대단히 중요한 문제이다.**"

창출된 공리주의는 과연 누구를 위한 것인가? 라는 질문은 행동이나 판단의 윤리성 그러므로 정의 판단에 있어서 매우 중요한 물음이 된다. 그러나 이러한 질문에 대해 존 스튜어트 밀의 개량된 공리주의도 답변하기 어렵다. 어떤 형태의 공리주의도 귀속주체를 불문하고 '최대 행복'을 창출하는 것만을 지고(至高)의 선(good)으로 평가하기 때문이다.

## Ⅳ. 일상의 언어가 공리주의 언어로 전환되었을 경우의 불합리 - 여대생의 정조를 값어치로 매길 수 있는가

전통적으로 영국이나 미국의 여자대학에는 여학생 방에서 남자 방문객이 자고 갈 수 없다는 규정이 있었다. 그러나 1970년 이래로 규정은 곧잘 깨졌고, 대학 관계자들 중에도 성도덕이라는 전통적 사고를 강조하는 것을 자신의 기본적인 임무로 생각하는 사람은 거의 없었다. 따라서 이러한 규정을 완화하라는 압력이 점점 높아졌다.

영국의 전통의 명문 여자대학이던 세인트 앤스 칼리지(St. Anne's College)

에서도 이 주제가 논쟁거리로 떠올랐다. 일부 나이든 여교수들은 전통적인 도덕률을 내세워 남자 방문객 숙박에 반대했다.

이들은 결혼하지 않은 젊은 여성이 남자와 함께 밤을 보내는 것은 부도덕하다고 반대했다. 그러나 시대변화에 따라 여성의 정조에 대한 사회의 관념과 기준도 달라짐에 따라서, 막연한 도덕률을 가지고는 개혁적인 완화론자들의 입장을 비판하거나 설득하기 어려웠다.

결국 노 교수들은 그들의 주장을 타협적으로 바꾸었다. 여대생 기숙사에 남자가 자고 가면 대학의 비용이 증가할 것이라는 공리주의적 논리였다. 그 이유는 남자들은 목욕을 하려 할 테고, 따라서 온수소비량도 늘 것이고, 매트리스도 더 자주 갈게 될 것이라는 것이었다.

St Anne's College, Oxford

이에 개혁주의자들은 전통론자들에게 타협안을 제시했다. 여학생 한 명당 자고 갈 수 있는 방문객 수를 1주일에 최대 3명까지만 허용하되, 방문객들은 하룻밤에 50펜스를 대학에 비용을 지불하도록 한다는 것이었다. 개혁론자들도 사람의 행위를 비용·편익분석으로 분석가능하다고 보는 공리주의에 동조한 것이었다.

다음날 "가디언" 신문의 헤드라인에 **"세인트 앤스 여대생들, 하룻밤에 50펜스(St. Anne's Girls, Fifty Pence a Night**(참고- 1펜스는 약 20원)"라는 머리기사가 실렸다.

미덕의 언어가 공리주의의 언어로 번역되자 전혀 다른 뉘앙스를 풍기며 오히려 도덕률에 반하는 결과를 초래했던 것이다.

## V. 공리주의는 여전히 분배의 결과에만 초점을 맞춘다.

분배의 결과에만 초점을 맞추는 공리주의적인 접근은 분배의 절차라고 하는 정의의 다른 중요한 측면을 무시한다는 비판도 제기된다. 오로지 분배의 결과에만 초점을 맞추는 공리주의적 접근은, 존 스튜어트에 이르러서도 분배의 절차라고 하는 정의의 다른 중요한 측면을 무시한다. 다음 도표를 본다.

| 사회 1 | 사회 2 |
|---|---|
| A는 2단위를 받는다. | 갑(甲)은 1단위를 받는다. |
| B도 2단위를 받는다. | 을(乙)은 1단위를 받는다. |
| C도 2단위를 받는다. | 병(丙)은 4단위를 받는다. |
| D는 3단위를 받는다. | 정(丁)은 8단위를 받는다. |
| E도 3단위를 받는다. | 무(戊)는 8단위를 받는다. |
| F도 3단위를 받는다. | 기(己)는 8단위를 받는다. |

전체적인 공리성의 측면에서나, 최대다수를 위한 최대행복의 관점에서나 공리주의의 관점에서는 사회2가 좋은 사회의 모습이라고 말할 것이다. 왜냐하면 먼저 사회1의 전체적인 공리의 총량은 15단위이고, 사회2의 공리의 총량은 30단위로 사회1의 그것에 2배에 이른다. 또한 사회1에서는 기껏해야 D, E, F의 세 사람만이 그 사회의 최대 공리인 3단위를 받는다. 하지만 사회2에서는 정, 무, 기는 사회1의 최대 수여 공리자인 D, E, F보다 2배 이상인 8단위를 받는다. 심지어 병도 사회1의 어느 누구보다도 많은 4단위를 받는다.

그러나 사회2의 경우에 병(丙), 정(丁), 무(戊),기(己)가 그 사회에서 1단위만을 받는 갑(甲)과 을(乙)에 비해서 그렇게 불균형적으로 몇 배가 넘는 큰 몫을 받아야 한다고 생각하는데 대한, 정당한 이유를 갖지 않는 한, 우리는 본능적으로 공동체사회적으로는 균질성을 이루는 사회1이 더 정의롭다고 생각할 것이다.

그러므로 최대의 행복이 주어지건 최대다수를 위한 최대선이 주어지건, 공리주의는 현저하게 불공평한 분배의 시정을 보증해 주지는 못하는 이론으로 보인다. 여전히 행복의 총량지향주의일 수밖에 없기 때문이다.

## 제5항 공리주의의 비판에 대한 재비판

### Ⅰ. 평가의 문제 - 하지만 1명의 고임금 숙련공 덕분에 나의 월급도 오른다면 좋은 일이 아닌가?

공리주의에 대한 반대론자들은 공리주의가 개인의 인권과 존엄을 유린하고 불평등을 무한하게 허용한다고 비판한다. 그러나 공리주의는 개인의 존엄과 인권은 결코 추상적인 구호로 보호될 수 있는 일이 아니고, 공리주의로 차별이 생길 수 있음에도 불구하고, 개인들의 전체적인 삶의 질을 높임으로써 궁극적으로는 개인의 존엄과 인권을 고양할 수 있다고 재반박한다.

그러므로 공리주의자들의 입장에서는, 공정성을 정의의 근본기준으로 보고 배분적 정의를 정의의 핵심으로 보는 추상적 정의론자들은 누가 무엇을 얼마만큼 받아야 하는가? 에만 초점을 맞추고 있지, 현실적인 생산과 배당의 관계는 무시하는 심각한 잘못을 범하고 있다고 주장한다. 다음의 표를 본다.

| 표 1 | 표 2 |
|---|---|
| A는 3단위를 받는다. | A는 4단위를 받는다. |
| B도 3단위를 받는다. | B는 6단위를 받는다. |
| C도 3단위를 받는다. | C는 7단위를 받는다. |

인간 평등의 원칙에서 원래 A ,B, C가 동등한 요구권을 갖는다고 가정할 때, 배분적 정의의 관점에서 보면 "**공정한 분배를 받는 표1**"이 "**차별적인 분배를 받는 표2**"보다 더 정의롭다고 평가될 것이다. 표1에서는 사회구성원 모두가 전혀 불평등 없이 동등하게 몫을 받기 때문이다.

그러나 사람들은 현실적으로는 재화가 공정하게 분배되지는 않았지만 표 1보다 2단위 이상은 더 받게 되는 표2를 선호할 것이다. 표2에서 가장 적게 분배받는 갑의 경우에도 표1의 A, B, C 어느 누구보다도 2단위를 더 분배받기 때문이다. 즉 표2에서의 꼬리인 갑이 표1에서는 머리가 되는 것이다.

이러한 현상을 다른 말로 표현하면 만일 불공평한 재화의 분배가 모든 사람들에게 더 많은 이익을 가져다주기만 한다면, 좁은 의미에서는 "**정의롭지는 않겠지만 최소한 더 좋기는 할 것**"이다. 이것이 바로 공리주의의 현실적인 강점이고 실질적인 분배라는 주장이다.

레셔(Rescher)가 주장했듯이 "**온전히 표현된 정의는, 현실성 있는 선이다.**"[13] 그러므로 좁은 의미에서는 '불공정'하게 보이는 것이 넓은 의미에서는 '정의로울' 수 있다는 것이 공리주의자들의 반론이다.

그리고 파이가 커짐으로 인해서 사회 전체적으로 재분배할 가능성도 더불어서 커질 수 있다는 것이다. 나눌 것이 없는데 분배는 공허한 주장이라는 것이다.

## Ⅱ. 인권침해에 대한 재반론과 재재 반박

### 1. 공리주의자들의 재반론

고급쾌락과 저급쾌락의 구분과 무관하게 공리주의는 여전히 인권침해를 정당화하는 논리라는 비판론자들의 견해에 대해, 존 스튜어트 밀(John Stuart Mill, 1806~1873)은 질적 공리주의는 절대로 개인이나 소수자의 권리를 본질적으로 침해하는 것은 아니라고 재반박한다.

즉, 원칙적으로 가치 그 자체에 있어서는 소수자의 가치나 다수자에서의 권리 사이에 어떤 차이가 없다고 본다는 것이다. 다만 숫자에 있어서나 선호도에서 차이가 있어서, 소수자보다 다수자의 공리가 많은 경우에, 일정한 시점에서는 불가피하게 어떤 결정을 해야 할 것으로, 그러면 어쩔 수 없이 최대의 행복을 위한 입법과 정책을 실행해야 할 뿐이라는 것이다.

즉, 원칙적으로 개인이나 소수자들의 선호도나 권리도 다수자의 그것과

---

13) Rescher, Distribute Justice, p. 92.

마찬가지로 똑같이 계산되지만, 최종적인 의사결정을 위해서 불가피하게 사람들의 선호도를 합하여 다만 어느 쪽이 큰 것인지를 따져야 하는 절차적인 문제라는 주장이다. 그러므로 공리주의가 소수자의 권리를 애당초부터 경시한다는 것과 같은, 권리의 본질적인 경시를 당연시 하는 이론이 아니라는 반론이다.

### 2. 공리주의 비판론자들의 재재반론

그러나 이러한 공리주의 옹호론에 대해서는 구체적인 현실에서는 공리주의의 관점에 서게 되면, 불가피하게 소수자의 권리나 인권이 침해될 수밖에 없다는 엄연한 사실을 부인할 수 없다는 재반박이 이어진다.

예컨대 후술한 대서양 한 가운데서의 난파선의 사건에서 동료 선원들에 의해 잡아먹힌 파커는 아무리 고아라고 하지만, 분명하게 다른 선원들과 똑 같이 살 권리가 있었다. 하지만 파커는 단지 살 가능성이 적은 소수자라는 이유에서 희생되었다. 그러나 소수자라는 입장이 자동적으로 다수자들이 살 기회를 제공해주기 위해, 다수자에게 소수자로 힘 약한 파커를 잡아먹을 권리를 보장해 준다고는 할 수 없을 것이라고 재재반박한다.

## Ⅲ. 사회에서는 암묵적으로 인간에 대한 가치평가가 도처에서 이루어진다.

공리주의자들은 인간세상의 질서에는 알게 모르게 인간행동에 대한 가치평가, 그러므로 인간에 대한 가격표가 형성된다고 주장한다. 다만 공리주의는 그것을 공식화하고 명백히 하는 것에 불과한데, 공리주의에 대한 비판론자들은 그러한 가치평가가 인간성을 인간이 창출한 통화로 가치 평가하는 것으로서, 인간의 존엄성과 가치 그리고 인권을 침해라는 것이라는 이유로, 현실을 굳이 인정하지 않고 외면할 뿐이라고 재 비판한다.

사실 교통사고와 같은 불법행위로 인간의 목숨이나 신체 그리고 명예가 훼손된 경우에 그 손해에 대한 배상을 위해 인간에 대한 통화가치 평가가 부득이한 경우이외에도 인간에 대한 가격표는 다양하게 형성되는 것이 현실이다.

다음의 사례는 그를 잘 보여준다.

**고속도로 제한속도 변경과 그 값어치 계산하기**

1970년대 미국에서는 한해 약 4만 명의 사람이 교통사고로 사망했다. 하지만 대다수 사람들은 자동차 사용을 포기하지 않았고 생활 구조상 포기할 수도 없다.

유류파동이 일던 1974년도에 미국 의회는 법으로 전국적으로 고속도로의 제한속도를 55마일(약 89 킬로미터)로 하향했다. 공식적인 목적은 에너지 절감이었지만, 속도를 낮춘 덕에 교통사고 사망자도 크게 줄일 수 있었다.

1980년대에 의회는 제한을 풀었고, 오늘날 대부분의 주가 제한속도를 시속 65마일(약 105킬로미터)로 상향조정했다. 운전자들은 시간을 절약했지만 교통사고 사망자는 늘었다.

경제학자 두 사람이 비용·편익계산을 이용하여 운전속도를 높여서 생기는 이익이 목숨이라는 비용을 들일 정도로 가치가 있는지의 계산에 도전했다.

이들은 제한속도를 높여서 얻는 이익 가운데 하나가, 직장에의 출퇴근 시간이 빨라지는 것으로 보았다. 이에 절약되는 시간의 경제적 이익을 계산한 뒤에 평균임금을 적용하여 그 이익을 65마일로 상향 조종한 후에 추가로 발생한 사망자 수로 나누었다.

그 결과 미국은 운전속도를 높이는 편의를 위해 사람 목숨의 가치를 사실상 1인당 154만 달러로 계산하고 있다는 결론이 나왔다. 그것은 시속 10마일(약 16킬로미터) 더 빠르게 차를 몰 때, 한 사람을 희생해 얻는 경제적 이익이었다.

공리주의 옹호론자들은 인간세상의 다양한 국면에서 사실상 인간의 행동이 불가피하게 가치 평가되는 상황을 인정하고, 오히려 눈을 크게 뜨고 지켜보아야 하는 것으로서, 따라서 비록 사람 목숨에 가격표를 붙이는 한이 있어도 가능한 한, 체계적 그리고 합리적으로 비용·편익분석이 되도록 해야 한다고 공리주의를 옹호한다.

과학기술의 발달에 따라 야기된 오늘날의 문명의 이기(利器)에 대해서도 불가피하게 공리주의의 원칙이 적용된다. 예컨대 운전 중 휴대폰 사용을 금지할 것인가? 허용할 것인가?의 논리도 결국은 공리주의의 관점에서만 온당한 논리와 설득방안이 제기될 수 있다.

미국에서는 사람들이 운전 중에 휴대폰을 사용하는 것을 금지해야하는가? 하는 논쟁이 있었다. 미국의 경우 약 2천명의 사람들이 매년 운전 중에 휴대폰을 사용함으로 인해 사망한다.

그런데 하버드 대학교 부설 비용·편익센터에서 연구한 결과에 따르면, 만약 운전 중에 휴대폰 사용으로 인한 이득을 감안하면 손해가 아니라는 결론이었다. 많은 사람들이 시간절감으로 얻는 이익, 시간낭비 없는 신속한 의사결정, 사업하는 사람들의 거래성사, 친구들이나 애인과의 대화로 얻는 안정감 등을 고려하면 운전 중에 휴대폰 사용이 손해가 아니라는 계산이었다.

이것 역시 인간의 생명을 돈으로 환산하려한 잘못된 계산법이 아닌가? 라는 비판이 제기되지만, 공리주의로서만 가치평가가 가능하고, 이러한 현상은 과학문명의 발달에 따라서 불가피하게 치러야 할 대가라고 공리주주의 자들은 반론을 제기한다.

## Ⅳ. 대법원 자료 - 인간사회에서 사람에 대한 금전 평가는 불가피하다.

2010년 대법원은 신체장애에 따른 배상기준표를 47년만에 새로 마련했다. 대법원은 대한의학회에 연구용역을 의뢰해 새로운 신체장애 배상기준을 만든 것이다. 의학발달과 직종변화를 반영해 만들어진 새 기준으로, 사고로 어깨·팔·손 등을 다쳤을 때 손해배상액이 지금보다 많아지는 등 큰 변화를 가져올 것으로 보인다.

현재 일선 법원은 미국 정형외과 의사인 맥브라이드가 1936년 만든 신체장애 평가기준에 기초한 '맥브라이드 표'를 배상액 산정 근거로 사용하고 있다. 하지만 이 표는 1963년 마지막으로 개정돼, 그 동안의 의학 발달과 직종 변화를 반영하지 못한다는 지적을 받았다. 한편 냉정한 법에서도 정신적 충격도 위자료라는 이름으로 돈으로 환산된다.

### ○ 전형적 장애유형별 기준(맥브라이드 방식과 비교)

| 장　애 | 산 재 보 험 지급률 | 맥브라이드 | | 대한의학회 기준* | |
|---|---|---|---|---|---|
| | | 신체장애율 | 노동능력 상실률 | 신체장애율 | 노동능력 상실률 |
| 두 팔 절단 | 90 | 75 | 75-88 | 84 | 89-95 |
| 견관절 이단 | 61 | 50 | 50-65 | 60 | 63-78 |
| 중수골에서 절단 | 45 | 40 | 40-55 | 54 | 60-72 |
| 두 다리 절단 | 90 | 58 | 58-83 | 64 | 67-81 |
| 고관절 이단 | 61 | 35 | 35-59 | 40 | 42-57 |
| 중족골 | 38 | 30 | 30-54 | 20 | 21-32 |
| 두 눈 실명 | 90 | 85 | - | 85 | 92-96 |
| 청력 완전 소실 | 61 | 100 | 100 | 50 | 50-68 |
| 요추압박골절(20-30%) | | 20 | 20-45 | 15 | 16-25 |
| 요추전방전위증(매우 심함) | | 63 | 63-86 | 25 | 28-40 |
| 관상동맥질환(한정된 작업으로 3회째 발작) | | 75 | 75-89 | 40 | 45-57 |

자료 : 대법원

## 제6항 결어와 토론 가이드

### Ⅰ. 토론 가이드 서언

삶에 있어서 옳고 그름 즉, 선악의 문제를 근본적으로 명쾌하게 풀 수 있는 하나의 기준이나 원리가 있는가를 두고, 수많은 철학자들이 골머리를 앓아왔고 오늘날에도 뜨겁게 논쟁 중이다.

그런데 대담하게도 제레미 벤담(Jeremy Bentham, 1748~1832)은 인류 역사상 최초로 **도덕의 최고원리에 대한 하나의 기준**을 제창했다. **최대다수의 최대행복**이라는 공리의 원칙을 도출한 것이다.

이처럼 공리주의는 행복과 선을 윤리의 원리로 삼는다. 그러나 사실 행복이 무엇이냐는 것부터가 철학적으로 정답이 없는 오랜 난제이다. 물론 공리주의는 그것은 고통이 없고, 이득을 주는 것과 같은 상태라고 단언하지만 행복을 정의하는 것도 간단치 않다. 행복과 쾌락은 주관적이기 때문이다.

고통이 없는 상태를 쾌락이라고 정의하지만 그럴수록 미궁으로 빠져든다. 고통이 없는 진정한 쾌락이란 없을 뿐더러, 고통을 통과할 때라야 오히려 쾌락이 배가될 수 있기 때문이다. 공리주의에서 말하는 '쾌락'이 윤리의 한 가지 척도는 될 수 있을지라도, 결코 선악을 판단하는 하나의 최고원리나 잣대는 될 수는 없다는 비판이 제기되는 이유이다.

이러한 비난 속에서 공리주의를 구출하기 위한 존 스튜어트 밀(John Stuart Mill, 1806~1873)의 개량형 공리주의는 초기의 벤담과는 상당히 다른 모습을 보여주는 듯하다. J.S.밀은 조금 더 인간적인 철학자였고, 벤담은 좀 더 일관된 그러므로 엄격한 철학자라는 평가를 받는다.

J.S.밀은 양적쾌락에서 질적으로의 쾌락을 주장한 것이 돋보인다. 그러나 쾌락을 정신적 쾌락으로 대체했을 뿐, 더 이상의 것은 없다. 하지만 정

신적 쾌락이 비정신적 그리고 양적쾌락보다 우월한 가치를 띤다는 논리도 현실적으로는 입증하기 쉽지 않다. 또한 물질적 쾌락이 어느 정도 충족되지 않는 상황에서는 정신적 가치도 무용지물이 될 수 있고, 현실적으로 정신적 가치에만, 만족하면서 살 수 있는 사람도 극히 제한적일 수밖에 없다.

공리주의는 "목적론적 경험주의를 자처하고도 윤리의 당위만 설파할 뿐, 과학적 논증을 하지 않음으로써 모순의 늪을 헤맸다"는 지적을 받았고, 윤리·선악판단의 기준을 제시하는 데 성공하지 못했다는 비판을 받았다.

하지만 공리주의는 철학이 도전해야 할 윤리의 최고원리를 두고, 깊이 고민했고 도덕과 윤리가 조롱당하는 현실에서도 그 빛을 완전히 잃지 않을 것이라는 점은 인정된다. 정의가 논의되는 공간에서 공리주의가 갖는 강점은 다음의 두 가지이다.

첫째, 공리주의는 어려운 의사결정을 하는데 있어서 구체적인 단일방법을 제공하여 준다.

둘째, 정의론의 일부로서 행복이나 선(善)의 중요성을 강력하게 인식시켜 주었다.

결론적으로 공리주의가 정의에 대한 최상의 이해를 항상 제공하지는 않지만, 공리주의는 정의론을 완성하기 위한 중요한 차원을 제공한다. 공리원칙은 쉽지 않은 의문을 제기하고, 심지어는 역으로 부도덕한 상황을 연출하지만, 공리주의는 여전히 매우 중요한 도덕원칙이고 오늘날에도 공공정책이나 입법의 방향에서 그 영향력은 상당하다.

공리주의는 또한 정의론에 도전하는 모든 사람들에게 심각한 도전을 제기하며 중요한 의제를 마련해 주었다. 예컨대 공리주의를 반박하며 탄생한 대표적인 정의론이 존 롤즈가 주창한 자유주의적 절차론적 정의론이다.

## Ⅱ. 공리주의에 대한 정리

공리원칙에 따르면, 어떤 행동은 그것이 행복을 창출하는 정도에 비례하여 올바른 행동이고, 불행을 감소시키는 정도에 비례하여 역시 올바른 행동이다. 바꾸어 말하면 올바른 행동은 그러므로 정의로운 행동은, 최대다수의 최대행복을 창출하는 모든 것이고, 최대다수의 최대의 불행을 예방하는 모든 일이다.

그러나 실제의 생활 현장에서는 어떤가? 다음의 토론 자료에서 살펴 볼 것이지만, 수십만을 수용할 수 있는 운동경기장 건립과 새로운 병원 건립을 선택할 경우를 가정해 보자.

벤담의 공식에 따르면 여러분은 얼마나 많은 사람들이 운동경기장의 건립으로 인해 행복을 얻을지 그 행복의 총량을 계산하고, 다른 한편에서는 새로운 병원의 건립으로 인해서 얼마나 많은 사람들이 질병의 고통에서 해방되는 만족을 얻을 지를 계산해야 할 것이다. 그 결과 만약 경기장 건립으로 인한 행복의 총량이 많다면 우리는 운동경기장을 건립해야한다. 이것이 전형적인 벤담식 공리주의의 설명이고 이해이다.

## 1. 벤담식 공리주의

① 공리주의자 벤담에게는 행복은 쾌락이고 고통이 없는 상태이다. 사람들은 쾌락을 느끼는 한 행복하다. 그리고 고통을 느끼는 한 불행하다. 행복에 비견할 만한 다른 가치는 없다. 능력, 성취, 우정, 사랑, 인권 같은 것들은 기껏해야 행복을 측정하는 한 가지 단위요소에 지나지 않는다. 인간 감정의 최고 통치자는 어디까지나 행복이다!

② 벤담식 공리주의의 두 번째 특성은, 모든 쾌락이나 고통을 계산가능하다고 보고 또한 종류에 무관하게 동등하게 취급한다. 만약 양적으로 같다면 어떤 종류의 쾌락이든지 사람들에게 안겨주는 행복은 동일하다고 본다.

예컨대 출중한 업적으로 성공적인 경력을 획득하는 행복도, 한가로이 아이스크림을 먹음으로써 얻는 쾌락으로 압도될 수도 있다. 한편 어떤 사람이 상대방의 모욕으로부터 얻는 행복이, 모욕으로 인한 고통보다 총량이 더 크다면 역시 참아야 할 모욕이 된다.

③ 벤담식 공리주의의 세 번째 특징은 개인의 권리는 다수를 위해서 언제든지 희생될 수 있다는 것이다.

병원 대신에 운동장을 건립해야하는가의 쟁점이 말해주듯이 아픈 사람은 얼마 되지 않고, 반면에 광적인 스포츠팬들이 훨씬 더 많다면, 공리원칙은 운동경기장을 세우라고 명령한다.

### 2. 존 스튜어트 밀의 공리주의

그런데 행복은 단순하게 쾌락으로 고통의 부재인가? 그리고 인간행동의 목적은 쾌락이어야 하는가? 그러므로 공리주의는 도덕원리로는 적정하지 못은 것은 아니지 않는가? 이러한 의문에 대해 존 스튜어트 밀은 벤담을 옹호하면서 대답한다.

① 존 스튜어트 밀은 공리주의에 대한 이러한 비판에서 벤담의 공리주의를 변호했다. J.S.밀은 질적으로 놓은 쾌락에 대해서는 더 커다란 가치가 주어져야 한다면서, 행복을 질적으로 분류하려고 했다. 그러면 어떤 쾌락이 더 높은 쾌락인가? J.S.밀은 고급쾌락에 대한 두 가지 기준을 제시한다. 먼저 두 가지 쾌락을 모두 경험한 사람들 가운데 다수의 사람들이 동의하는 쾌락이 고급쾌락이다. 다음으로 교육의 효과를 강조한다.

② 존 스튜어트 밀은 공리주의가 개인의 권리를 존중하지 않는다는 비판도 반박했다. 그는 오히려 공리주의와 개인의 권리 사이에는 긴장이 없고, 공리원칙은 장기적 그리고 실질적으로는 개인의 권리를 보호해 준다고 주장한다. 즉 개인의 권리를 보호해 주는 것이 결국에는 사회 행복의 총량을 증가시킨다는 것이다.

이처럼 공리주의를 만개한 존 스튜어트 밀은, 전통적인 양적 공리주의와는 달리 개인의 권리를 보호해야 한다고 주장한다. 왜냐하면 궁극적으로는 개인의 권리를 보장해 주는 것이 장기적으로 보면 행복의 총량을 증가시키는 길이기 때문이라고 설명한다.

## Ⅲ. 실제의 토론 자료

### 1. 무고한 사람에게 손해 가하기

공리의 원칙에 따르면 우리는 최대의 행복을 창출하는 것이라면 무엇이든지 해야 한다. 또한 고통이나 불행을 막을 수 있는 일이라면 무엇이라도 해야 한다. 하지만 과연 그것이 올바른 것일까?

여러분은 항상 행복의 최대화를 위해 노력해야 하는가? 또한 여러분은 불행의 최소화를 위해 항상 행동해야 하나? 그런데 최대의 행복을 창출하고 최대의 불행을 회피하는 유일한 방법이 선량한 사람에게 피해를 주는 것이고, 심지어는 그를 죽이는 방법밖에 없다면 어떻게 해야 할까?

다수의 사람들에 대한 불행을 예방하는 것이, 소수의 사람들에게 해를 끼치는 방법으로서만 가능하다고 하는 경우에도, 다수를 위해 소수를 희생하는 것이 온당한가?

① 수만 명의 사람들이 전쟁 상대국 군수품 공장의 인근에 살고 있다. 만약 여러분이 군수품 공장을 폭파하면 수만 명의 무고한 이웃 나라 시민들은 모두 죽을 것이다. 그러나 여러분이 공장을 폭파하지 않으면 상대국가는 거기에서 생산한 폭탄으로 여러분의 국가를 공격하여 수십만 명의 피해를 야기할 것이다? 무엇이 올바른 일인가?

② 때는 2001년 9월 10일이다. 테러범이 서울 시내 한복판에 폭탄을 설치했다고 가정한다. 경찰이 찾아내지 못하는 한 24시간 이내 즉, 다음날 9월 11일(나인 일레븐)에 폭발한다. 경찰은 진정한 테러범인지 아닌지도 모르지만 정보를 캐내기 위해 용의자를 고문하는 것이 올바른 일일까? 공리의 원칙은 올바른 해답을 가지고 있는가?

③ 더 나아가 알라 신에 자신의 목숨을 바치기로 결심한 테러 용의자는 심한 고문에도 자백하지 않고 있다. 시간은 흘러간다. 서울시민 수십만, 아니 수백만 명의 목숨이 경각에 달렸다. 유일한 방법은 용의자의 집사람과 어린 자식을 아빠 앞에서 상상을 초월한 가족 고문을 가하는 길만이 남았다. 국가정보원이 무고한 시민을 고문하는 것이 올바른 일인가?

**고문을 정당화할 수 있는가? - 시한폭탄 이야기!**

다양한 고문도구

당신은 국가정보원의 테러담당 국장이다. 어느 날 테러 용의자를 붙잡았다. 그가 서울 한 복판을 폭파할 핵무기를 가지고 있다는 정보를 가지고 있다. 이미 폭탄을 설치했다고 의심할 근거도 있다. 시계는 흘러가지만 용의자는 핵폭탄의 위치를 실토하지 않는다.

이 경우에 용의자가 폭탄이 설치된 장소를 말할 때까지 고문을 할 수 있고 해야 하는가? 즉 고문은 정당화 되는가?

공리주의의 입장에서는 긍정한다. 고문은 용의자에게는 고통을 주고 그의 공리의 수준을 급격히 떨어뜨린다. 그러나 핵폭탄이 터지면 죄 없는 수십만 명의 목숨이 날아갈 판이다. 따라서 공리주의는 엄청난 인명피해와 고통을 막을 수만 있다면, 한 사람에게 극심한 고통을 가하는 행위가 도덕적으로 정당하고 오히려 정의로운 행동이라고 말한다.

반면에 후술할 자유주의적 정의론에서는 고문을 원칙적으로 반대한다. 고문은 근본적으로 인권을 침해하고 인간의 존엄성을 짓밟는다는 이유에서다.

하지만 공리주의자들은 여전히 반문한다. 시한폭탄이 째깍거리고 수만 명의 무고한 목숨이 날아갈 판이라면, 피해자가 수백만 명이라면? 아무리 인권이 소중해도 폭탄이 설치된 곳을 알 수 있는 테러 용의자 한 사람을 고문하기보다, 숱한 사람이 목숨을 잃도록 하는 편이 도덕적으로 올바른 일이라고 주장하기는 힘들 것이라고 ……

그러나 한편 더 나아가 만약 테러용의자의 입을 열 유일한 방법이 아무것도 모르는 천진난만한 테러용의자의 어린 외동딸을 고문하는 것이라고 가정하자? 그렇다면 이 어린 딸에 대한 고문은 도덕적으로 허용될 것인가?

아무리 강심장인 공리주의자라고 하더라도 이번에는 쉽게 답변하기 어려울 것이다. 공리주의적 계산 자체가 쉽지 않음을 보여 준다.

### 2. 진실 말하기 - 다음 장의 임마누엘 칸트와 비교해 보자.

공리원칙은 고통과 불행을 최소화 할 수 있는 것이라면, 무엇이든지 하라고 우리에게 명령한다. 그러나 고통과 불행의 원천은 워낙 다양하다.

다음과 같은 상황을 가정한다. 국가의 최고책임자가 진실을 말하는 것이 국민들에게 매우 커다란 고통과 불행을 가져온다. 예컨대 국가재정이 거덜났다거나, 어제 동맹국이 우리에 대한 지지를 포기했다거나... 자, 그럴 경우 거짓말하거나 침묵하는 기만이 국민 대다수의 고통과 불행을 회피할 수 방책이라면, 국가 최고 지도자는 국민들에게 진실을 밝히는 대신에 거짓말을 해야 할까? 연장선에서 다음의 질문들을 생각해 보자.

① 여러분의 친구가 무대에서 노래 부르기를 좋아한다. 그는 자기를 훌륭한 가수라고 생각한다. 그러나 사실은 진짜 들어주기 거북한 음치이다. 여러분은 친구에게 친구의 인생목표인, 자기 확신을 망가뜨리고 인격적으로도 모멸감을 느끼게 할 수도 있을 것이지만, 그럼에도 불구하고 진실을 말해주어야 하나?

② 어떤 사람이 여러 해 동안 행방불명이었다. 그런데 여러분은 방금 그 사람이 죽었다는 사실을 알게 되었다. 여러분은 자식의 생환만을 인생의 유일한 낙으로 기다리며 간절히 소망하던 그 사람의 부모님에게, 자식의 사망 소식과 유해를 전달해 주어야 하는가?

③ 만약 여러분이 위 2개의 케이스에서 거짓말 하는 것은 옳지 않다고 생각한다면, 결과와 무관하게 진실을 말해야 한다는 어떤 도덕의 원리가 있다고 생각하는가? 그러한 도덕의 원리는 공리원칙이 잘못되었음을 지적하는 것인가?

### 3. 세상 살아가기

공리의 원칙은 사람은 항상 행복을 최대화하여야 한다고 말한다. 그것은 우리가 일반시민이건 공직자이건 불문이다. 가능한 모든 상황에서 공리원칙은 최대의 행복을 창출해 내는 방향으로 행동이나 자세를 가질 것을 주문한다.

즉, 공리원칙에 따르면 우리는 항상, 최대의 행복을 창출할 행동을 해야 한다. 그것이 항상 옳은 일일까? 다음 사례들을 통해서 공리주의 원리의 결함을 지적하고 생각해 본다. 과연 올바른 일인가?

① 여러분의 자상한 손길을 기다리는 매우 곤궁한 사람들이 세상에는 널려있다. 여러분이 1주일에 단 하루만 자발적인 봉사활동을 해 준다면, 곤궁에 처한 많은 사람들의 고통과 불행은 줄이고 행복과 쾌락은 증진 시킬 수 있다. 더 나아가 만약 여러분이 일주일 내내 자발적인 봉사활동을 할 수 있다면, 수많은 사람들의 고통과 불행은 줄이고 행복과 쾌락은 증진 시킬 수 있을 것이다. 여러분은 학생으로서의 본분인 공부하는 시간은 빼고, 나머지 시간은 모두 이들을 위해 자원봉사해야 하나? 여러분이 자원봉사하지 않는 것은 사회의 행복을 증진시키지 않는 나쁜 행동으로 잘못된 것인가?

② 세상에는 음식이나 옷 그리고 편히 쉴 장소나 심지어 아플 때 먹을 최소한의 약도 살 수 없는 사람들이 허다하다. 만약 여러분이 하루에 1천 원씩만, 예컨대 국제인권의료단체인 옥스팜(Oxfam) 같은 곳에 기부한다면 절망적인 상태에 있던 사람들을 구출할 수 있고 따라서 여러분들은 사회의 행복을 증진시킬 수 있다. 자! 여러분은 이제 동국대학교를 훌륭한 성적으로 졸업하고 좋은 직장에 취직하여 좋은 파트너를 만나서 단란한 가정을 꾸리고 있다.
그런데 여러분은 더 나아가 가수 김장훈처럼, 재산이 모일 때마다 기부한다면, 아니면 최소한 매달 수입의 상당부분을 곤궁한 사람들을 위해 기부한다면 훨씬 많은 절박한 사람들을 구해낼 수 있고 사회적인 행복은 증진시키고 고통이나 불행은 줄일 수 있다. 그러므로 여러분은 소득의 상당부분 그리고 여가 시간을 모두 옥스팜이나 불우이웃에게 기부하는 것이 올바른 행동일까? 반면에 기부하지 않는 것은 올바르지 않은 행동인가? 돈을 버는 사람이 기부하지 않는 것 역시 나쁜 일인가?

③ 서울시가 잠실에 20만 명을 수용할 수 있는 세계 최대의 스포츠 스타디움 건립과 노약자들을 위한 300베드의 병원 신축사이에서 결정해야 한다고 가정한다. 현실적으로도 노약자보다 훨씬 더 많은 스포츠 팬들이 있다. 그러므로 우리는 두 개의 선택사항 가운데 아픈 사람들

을 위한 병원시설 대신에 스포츠 경기장을 건립해야 하나? 최대다수의 행복을 위해 병약자들의 이익은 희생하는 것이 올바른 선택인가?

④ 정부보조금 10억 원을 가지고 있다고 가정한다. 10억 원으로 300명의 학생들을 위한 새로운 학교건물을 지을 수도 있고, 10만 명의 아이들을 위해 10만개의 아이스크림을 사줄 수도 있다. 우리는 300명보다 훨씬 많은 10만 명의 쾌락이나 만족을 위해 아이스크림을 사주어야하나? 모든 쾌락이 동일한 가치를 가지나? 학교 무상급식은 어떤가?

⑤ 여러분이 보스턴과 라스베이거스 둘 중의 하나의 도시로 이민 갈 수 있다고 가정한다. 만약 전 세계 학문의 공장인 보스턴으로 이민 간다면, 많은 공부를 하고 좋은 파트너를 만나서 소박하지만 아름다운 가정을 꾸릴 수 있다. 그러나 만약 도박의 도시인 라스베이거스로 이민 간다면, 도박으로 엄청난 부를 획득할 수 있고 매일 저녁 환락을 즐기지만 독신으로 살게 된다. 부자가 되는 것이 더 커다란 쾌락을 준다고 라스베이거스로 갈 것인가? 쾌락은 동등하게 비교할 수 있나?

## Ⅳ. 공리주의 평가하기 - 최종 마무리

① 행복은 단순하게 쾌락으로 고통의 부재인가? 그리고 인간행동의 목적은 쾌락이어야 하는가? 그러므로 공리주의는 도덕원리로는 적절하지 못은 것은 아니지 않는가?

② 모든 재화와 서비스의 가치를 측정할 수 있는가? 그들 서로 다른 종류의 재화와 서비스가 동일한 기준으로 똑 같은 저울로 측정될 수 있는가? 예컨대 사랑, 우정, 동료애 같은 것은 쾌락이나 금전적 가치와는 양립할 수 없는 가치들이 아니지 않는가?

③ 공리주의는 개인의 존엄과 인권을 위협하는가?
그래도 누군가는 희생되어야 할 상황에서 소수를 희생함에 의한 고통의 총량보다, 다수에게 안겨줄 수 있는 행복의 총량이 훨씬 크다면 과연 어떻게 해야 할 것인가?

④ 존 스튜어트 밀은 공리주의가 개인의 권리를 존중하지 않는다는 비판을 반박하려고 했다. 그는 오히려 공리주의와 개인의 권리 사이에는 긴장이 없고, 공리원칙은 장기적 그리고 실질적으로는 개인의 권리를 보호해 준다고 주장한다. 왜냐하면 궁극적으로는 개인의 권리를 보장하는 것이 장기적으로 보면 행복의 총량을 증가시키는 길이기 때문이라고 주장한다. 과연 그런가?

# 제4장 임마누엘 칸트의 도덕철학

# 제1절 임마누엘 칸트의 도덕철학

## 제1항 서　언

공리주의적 정의론에서 자유주의적 정의론으로 넘어가기 전에 검토해야 할 사람으로 임마누엘 칸트(Immanuel Kant, 1724~1804)가 있다. 현대철학에 불변의 주춧돌을 제공한 칸트의 도덕철학은 정의론의 온전한 이해를 위해 짚고 넘어서야 할 선결과제이다. 임마누엘 칸트는 근대 계몽주의를 정점에 올려놓음과 동시에 독일 관념철학의 기초를 놓은 철학자이다.

사실 칸트는 정의에 대한 별도의 의견이나 사상을 내 놓지는 않았다. 그러나 칸트의 도덕철학과 자유개념은 존 롤즈의 평등적 절차주의적 정의론을 비롯한 제반 정의론에 지대한 영향을 미쳤다.

Immanuel Kant

칸트는 1724년 4월 22일 동프로이센의 쾨니히스베르크(현 러시아의 칼리닌그라드)에서 태어나 80년 뒤인 1804년 그곳에서 유명을 달리했다. 칸트는 마구를 만드는 수공업자인 아버지 요한 칸트와 어머니 안나 레기나 사이의 부유하지 않은 집에서 태어났다.

부모님은 개신교 경건주의자들로서 그는 경건주의를 따르는 가정에서 성장했다. 임마누엘은 세례명으로 "하나님이 함께 계시다."라는 의미이다. 칸트는 명성이나 권력을 구하지 않았고 열정적인 사랑에 빠진 적도 없었으며, 평생 독신으로 그의 삶은 단조로웠다. 일생을 고향인 쾨니히스베르크에서 지냈다. 그는 쾨니히스베르크로부터 100마일보다 더 멀리 떨어진 곳으로 여행한 적이 없다.

칸트는 열여섯 살에 쾨니히스베르크대학에 입학했다. 대학졸업 후 귀족가문의 가정교사 생활을 하면서 철학연구를 계속했다. 그의 철학은 인간영혼의 깊은 문제에서부터 우주의 모든 문제에 대한 고민과 답을 담고 있다.

31세가 된 1755년 꾸준한 연구로 박사학위를 받고 대학에서 기본급 없이 수강하는 학생 수에 따라서 보수를 받는 강사로 강의를 시작하였다. 하지만 인기가 좋은데다 부지런해서, 일주일에 강의를 스무 개나 소화했다. 형이상학, 물리학, 논리학, 윤리학, 자연신학, 법학, 지리학, 인류학 등 여러 과목을 강의했다. 1770년 쾨니히스베르크대학의 철학 교수가 되었고, 이때부터 1796년까지 약 40년간 쾨니히스베르크대학에서 강의를 했다.

57세가 되던 1781년 첫 번째 저서인 《순수이성비판》(The Critique of Pure Reason)을, 4년 뒤인 1785년에는 도덕철학에 관한 첫 번째 저술인 《도덕 형이상학의 기초》를 출간했다. 정의론과 관련된 주된 내용인 '도덕 형이상학의 기초'는 벤담이 1780년 《도덕과 입법의 원리》를 저술한지 5년 뒤에 나온 것으로서, 공리주의를 통렬하게 비판했다.

《도덕 형이상학의 기초》는 1776년의 미국독립혁명 직후에 그리고 1789년 프랑스혁명 직전에 출간된 책이었다. 자연히 제반 시민혁명의 정신적·도덕적 기초로 작용했고, 그 파장과 더불어서 오늘날 보편인권 개념에 막강한 토대를 제공했다. 1788년 《실천이성비판》, 1790년 《판단력비판》을 잇달아 발표하면서 칸트 비판철학의 정수를 정립했다.

눈부신 학문적 성취와 더불어 1786년에는 쾨니히스베르크대학의 총장에 선출되었다. 그러나 논문에 대한 검열을 두고 학부관리처와 의견충돌이 있었다. 계몽된 법치주의를 지향하던 프리드리히 2세와는 달리, 후계자인 프리드리히 빌헬름 2세는 관용적이던 종교정책을 마감했다.[1)]

1) 논쟁의 시작은 1792년의 《인간본성에 있어서의 근본악에 관하여》이라는 논문이었다.

Kant's tombstone Kaliningrad

1794년에 칸트가 종교철학 논문인 《만물의 종말》을 출판하자, 협박을 담은 왕의 칙령이 칸트에게 내려지고, 더 이상 종교저술은 발표하지 않겠다는 약속을 했다. 하지만 1798년에 빌헬름 2세가 사망하자 그때까지 침묵을 지켰던 칸트는 다시 종교 철학적 입장을 밝힌다. 후술할 거짓말의 철학에서 살펴본다.

작은 키의 왜소한 체구에도 불구하고 철저한 건강관리와 규칙적인 생활로 많은 강의와 엄청난 저술을 감당했던 칸트는 1799년부터는 눈에 띄게 쇠약해졌다. 칸트는 수강생이었던 바지안스키의 도움으로 말년을 보냈다. 평생 독신으로 살며 커피와 담배를 즐겼던 칸트는 1804년 2월 12일 새벽 4시에 80세를 향년으로 생을 마감했다. 마지막으로 "**그것으로 좋다(Es ist gut)**"라는 말을 남겼다. 칼리닌그라드에 있는 칸트의 묘비에는 "내 마음을  채우고 있는 것은 두 가지라네. 저 하늘에 빛나는 별과 내 마음 속의 도덕법이지."라는 문구가 새겨져 있다.[2)]

칸트의 폭넓은 영향은 헤아릴 수 없을 정도이다. 철학 연구가 칸트 이전으로 돌아갈 수 없을 정도로 철학의 구조를 바꾸었다. 즉, 철학 패러다임의 전환을 이루었으며, 이러한 전환은 철학과 사회과학, 인문학 분야 등 학문의 다방면에 걸친다. 칸트의 '코페르니쿠스적 전환'은 지식에 대한 연구의 중심에서 인간의 주체적 역할을 강조한다.

칸트는 국가성립에 대해서 계몽기의 사회계약 사상을 발전시켜서, 국민

---

2) Two things fill the mind with ever new and increasing admiration and awe, the more often and steadily we reflect upon them: The starry heavens above me and the moral law within me.

주권을 위한 이론적 요청으로 파악했다. 또한 칸트는 국가 간의 전쟁을 하지 않는, 영구(永久)평화를 어떻게 실현할 수 있을지에 대하여 연구했고, 국제법의 개념에 근거한 국제연맹을 제안했다. 칸트의 도덕철학은 도덕형이상학의 기초(Groundwork of the Metaphysic of Morals, 1785), 실천이성비판(Critique of Practical Reason, 1788), 도덕의 형이상학(Metaphysics of Morals, 1797)에 잘 나타난다.[3)]

칸트의 3대 비판철학

1. 《순수이성비판》(1781년) : 나는 무엇을 어떻게 알 수 있을까? - 인식론(認識論)
2. 《실천이성비판》(1788년) : 나는 어떻게 행동해야 하나? - 윤리학(倫理學)
3. 《판단력비판》(1790년) : 나는 무엇을 희망할 수 있나? - 미학(美學)

**【순수이성비판(Critique of Pure Reason)】**

① 순수이성비판은 학문으로서의 형이상학(metaphysics)의 성립가능성을 묻는 질문이다. 형이상학은 존재자의 궁극적인 근거 즉, 물자체(物自體)를 연구하는 것이다. 형이상학은 영역적·부분적인 지식이 아니라 보편적·전체적인 지식으로 초월적 지식이다.

② 그런데 칸트에 따르면 기존의 형이상학은 '끝없는 논쟁의 싸움터'로 전락해버렸다. 이제 '형이상학'의 잃어버린 위엄을 되찾고 학문으로 재확립하기 위해서는, 형이상학을 다루는 이성(reason) 자체에 대한 비판이 없이는 불가능하다고 보았다. 칸트는 형이상학이 '학문의 길'로 들어서기 위해서는 이미 이러한 단계에 이른 '수학' 과 '물리학'의 성공을 본받아야 한다고 생각했다.

③ 그런데 물자체(物自體)의 세계에 관한 형이상학적 인식은 이론이성(理論理性)으로는 불가능하며, 실천이성(Practical Reason)에 의한 보완이 뒤따르지 않으면 안 된다고 결론지었다.

3) 본 파트는 '윤리 형이상학의 정초(Grundlegung zur Metaphysik der Sitten, 1785년)', 백종현 옮김, 아카넷; '실천이성비판(Kritik der praktischen Vernunft, 1788년)', 백종현 옮김, 아카넷(2002); Jonathan F. Bennett, Groundwork for the Metaphysic of Morals (2008), available at, http://www.earlymoderntexts.com/pdf/kantgw.pdf.을 주요 자료로 했다.

④ 이처럼 칸트는 형이상학을 부정하기 위해 순수이성비판을 논의한 것이 아니었다. 형이상학의 정초를 다시 마련하기 위해 순수이성을 비판했던 것이다. 칸트가 자신의 철학을 '**형이상학에 관한 형이상학**'이라고 불렀던 것도 이런 이유 때문이다.

⑤ 칸트철학에서 비판이란 과거의 철학을 비판적으로 연구하고 분석한다는 의미이다. 칸트는 기존의 말장난과 같은 형이상학과는 다른 '학문으로서의 형이상학' 체계를 세우려고 진력했다. 결국 순수이성비판은 이성이 이성 자신을 비판하는 철학이다.

## 제2항 칸트 도덕철학의 핵심으로서의 이성과 자유

### Ⅰ. 개 관

칸트의 도덕철학은 1785년에 출간한 《도덕 형이상학의 기초》에서 나타난다. 도덕의 형이상학적 근거를 논구한 이 책에서 칸트는 우리에게 중대한 두 가지 질문을 던진다.

① **도덕의 최고 원칙은 무엇인가**(What is the supreme principle of morality)?
② **자유란 무엇인가**(What freedom really is)?

칸트의 도덕철학을 이해하기는 어렵다. 하지만 칸트가 도덕철학을 통해서 무엇을 말하려고 했는지를 이해하려고 노력하는 것은 매우 중요하다.

칸트의 도덕철학은 인간의 권리와 의무에 대한 근본적인 이해를 제공하고, 민주시민의 기본권인 자유의 본령을 잘 설명해 준다. 그런데 권리와 의무에 대한 이해는 법학의 기초이며 정의는 법의 이념의 하나이다. 사회정의는 도덕에 근거한다. 따라서 칸트의 도덕철학을 이해한다는 것은 구체적인 사건에 대해 공평한 판단을 도출해야 하는 법률가에게는 필수적이다.

한편 사람으로서의 도리인 도덕은 윤리학의 핵심이자 인간 삶의 영원한 주제이다. 개개인의 도덕에 대한 객관적인 이해가 인간 윤리이다. 사회정의는 또한 도덕과 윤리에 근거한다. 그러므로 칸트의 도덕철학을 이해한다는 것은 도덕과 윤리에 대한 이해이고, 정의에 대한 이해이다. 그리고 사회에 대한 이해이고 그것은 바로 인간 삶에 대한 이해이다. 일반인도 책임 있는 민주시민이 되기 위해서는 칸트의 도덕철학을 이해해야하는 이유가 여기에 있다.

이처럼 칸트의 도덕철학은 우리가 모르는 사이에, 도덕과 정치 그러므로 정의와 인간 공동체에 대한 사고방식에 결정적인 영향을 미친다. 그러므로 칸트를 이해한다는 것은, 철학을 이해하는 것일 뿐만이 아니라, 정의를 이념으로 하는 법과 인권을 이해하는 것이다. 궁극적으로는 인간 이해를 통해 공동체적 삶의 핵심 사고방식을 살펴보는 일이 된다.

칸트는 자유만능주의자들의 주장처럼 인간은 자신을 소유하기 때문에 타인으로부터 부당한 침해를 받지 않아야 한다거나, 신학자들이나 사회계약론자들의 주장처럼 우리 목숨과 자유는 하느님의 선물이기 때문에 소중한 것이라고 말하지 않았다.

칸트는 인간은 이성적 존재이기 때문에 **그 자체로 존중받아야 하는 존엄한 존재**라고 설파했다. 이것은 당시로는 신에 대한 도전과 같은 충격적인 발상이었다. 이러한 인간 존엄성에 대한 획기적인 인식변화는 현대의 보편적인 인권개념을 예고한 것이었다.

이처럼 칸트 도덕철학의 핵심은 인간 그 자체를 목적으로 여기고 존중하는 것이다. 이를 위해 주관적인 감정이나 상황에 따라서 차이가 나는 행복이나 쾌락 같은 감각적인 도덕원칙이 아니라, 모두가 인정할 수 있는 보편적이고 객관적인 도덕의 최고원칙 즉, 도덕법칙을 추구했다. 그런데 존엄한 인간이 도덕법칙을 만들기 위해서는 자유가 전제되어야 한다. 그러므로 자유는 칸트 도덕철학의 중심개념이다.

## Ⅱ. 자유란 무엇인가? - 도덕철학의 기초로서의 자율적 자유

칸트의 도덕철학을 이해하기 위해서는 먼저 인간 권리의 핵심인 자유의 진정한 의미를 이해해야한다. 자유는 칸트 도덕철학의 핵심가치이다. 자유는 도덕법칙을 제정할 수 있고 그리고 실천할 수 있는 능력이고 의지이기 때문이다.

### 1. 공리주의에 대한 비판

원래 보편적 인권을 믿는 사람이라면 공리주의자는 아니다. 원래 모든 인간은 그가 누구든 어디에 살든 존중받을 가치가 있다는, 보편적인 인권관에 의한다면, 어떤 경우에도 인간을 집단적 행복의 개별도구로 취급하여 공리를 계산해서는 안 될 일이다.

칸트도 역시 공리주의를 배격했다. 공리주의는 인권을 따질 때도 최대행복에 기여하는지를 계산해 보는 탓에, 인간을 무기력하게 만든다. 더 큰 문제는 우연성이 농후한 행복이나 쾌락에서 도덕원칙을 끌어냄으로써 도덕을 생각하는 방식부터 욕구적이다. 따라서 행복이나 공리에서 보편적인 도덕법칙을 도출할 수는 없다.

칸트는 공리주의는 사람들이 특정한 시기에 드러내는 흥미, 취향, 기호 같은 감각적이고 주관적인 요소에 도덕성을 의존하는데, 이러한 요소들은 가변적이고 우연적이어서 결코 보편적인 도덕원칙이 될 수는 없다고 말한다.

물론 존 스튜어트 밀(John Stuart Mill, 1806~1873)처럼 인권을 존중하면 장기적으로는 공리가 극대화된다는 이유로 인권을 옹호할 수도 있다. 그러나 그 경우에 인권을 존중하려는 것은, 인권을 가진 사람 자체를 존중해서가 아니다. 모든 사람에게 이익이 될 수 있기 때문에 존중하려고 하는 것으로서, 보편적인 인권관과는 분명한 차이가 있다. 아이에게 고통을 안겨준 행위를 비난하는데, 전체적인 공리가 줄었다는 이유로 비난하는 것과, 천진한 아이를 괴롭히는 것은 무조건적으로, 그 자체로 절대적으로 부당한 처사라는 이유로 비난하는 것은 근본적으로 다르다.

## 2. 인간행동의 새로운 도덕기준

그렇다면 인간의 쾌락과 욕구, 즉 행복이 도덕의 최고원칙으로서 자격미달이라면 무엇이 도덕의 최고원칙, 즉 도덕법칙이 될 수 있다는 말인가? 칸트의 상념은 이에 집중되었다. 인간 세상에는 허다히 많은 도덕이 있다. 서로 사랑하라! 남을 미워하지 마라! 정직하라! 선을 베풀어라! 간음하지 마라! 도둑질 하지 마라! 살인하지 마라! 등등 허다히 많은 도덕의 원리가 존재하고 그를 바탕으로 사회가 지탱한다. 칸트는 수많은 도덕의 원리 가운데 최고의 도덕원리, 즉 보편적인 도덕법칙을 도출하려고 했다.

그런데 도덕법칙의 도출을 위해서는 먼저 그러한 도덕법칙을 만들어 낼 수 있는 도덕의 기초가 필요하다. 당시에는 양도할 수 없는 권리의 기초를 하느님에게서 이끌어낸 사회계약론자 존 로크의 사상처럼, 도덕의 기초를 자연이나 하느님에게서 찾으려는 것이 사회의 대세였다. 하지만 칸트에게 하느님이나 자연은 답이 아니었다. 칸트 자신도 비록 그리스도인이기는 했지만 칸트는 도덕의 기초를 신성한 권위에서 찾지 않았다.

칸트는 그것을 인권을 가지는 개개인의 자유에서 찾았다. 그리고 자유의 뿌리를 인간이성에서 구했다. 자유로운 인간이 도덕법칙을 만들어 낼 것이라는 것이다. 그러므로 자유는 칸트의 도덕철학에서 핵심가치이다. 이처럼 칸트는 제레미 벤담(Jeremy Bentham, 1748~1832)이 인간 윤리의 중심 가치를 행복이나 쾌락이라고 본 것과 달리 자유라고 말하는 것이다.

## 3. 자유란 무엇인가(What freedom really is)?

자유란 진실로 무엇인가? 일반적으로 사람들은 자유를 아무런 방해도 받지 않고, 또한 하고 싶은 일을 할 수 있는 권리라고 생각한다.

하지만 칸트의 생각은 전혀 그렇지 않다. 칸트 생각에 인간이 원하는 것은 무엇이든지 할 수 있고, 원하는 것을 하려고 할 때 방해받지 않는 것은 결코 자유가 아니다. 그것이 일반적으로 사람들이 자유를 생각하는 방식이지만, 그것은 결코 칸트가 생각하는 자유가 아니다. 칸트가 말하는 자유는 매우 엄격하고 까다로우며 요구조건이 많은 개념이다. 자유는 칸트 도덕철학의 핵심가치로 자유는 도덕법칙을 만들어 낼 수 있는 원동력이고 또한 도덕법칙의 목적이다. 자유는 도덕법칙을 정립하고 스스로 설정한 도덕법칙을 실천할 수 있는 능력이고 의지이기 때문이다.

생명권 · 자유권 · 재산권이라는 천부인권을 자연상태에서 단지 인간이라는 이유만으로 부여받는다고 본, 존 로크(John Locke, 1632~1704)의 경우에도 자유에는 내재적 속성상 자연 자체도 스스로의 제약이 있듯이 자유에는 일정한 한계가 따른다. 그런데 칸트가 생각하는 진정한 자유의 제약은 자연상태의 자유로운 그러나 불가피한 제약인 존 로크의 제약개념과 다르다.

칸트 도덕철학의 핵심인 진정한 자유에 대한 칸트의 추론은 다음과 같다. 인간이 만약 동물처럼 고통은 회피하고 쾌락을 추구하며 욕망의 만족만을 바란다면 우리는 진정으로는 자유롭게 행동하는 것이 아니다. 그것은 단지 식욕과 욕구본능 또는 충동의 노예로 행동하는 것이다.

왜 그런가? 그 경우에는 우리는 실제로는 욕망의 노예로 또는 자극의 충동으로 행동하는 것에 지나지 않는다. 내가 이 특별한 욕구나 저 특별한 욕망을 충족시키기 위해 행동하는 것은, 실제로는 내가 그러한 행동을 선택한 것이 아니다. 나는 단지 이미 외부에서 또는 본능적으로 결정된 욕망이나 필요성에 따라서 추동적으로 행동하는 것뿐이다. 칸트에게는 이러한 욕구적이거나 충동적인 그러므로 이미 결정된 필요성에 따른 행동은 진정한 자유가 아니다. 진정한 자유는 그 반대개념인 것이다. 진정한 자유는 스스로가 결정해야 한다.

## 4. 자율(autonomy)

그렇다면 인간의 행동을 진정하게 자유로운 행동으로 만드는 것은 무엇일가? 여기에서 칸트의 자율의 개념이 등장한다. 칸트에 따르면 자유롭게 행동한다는 것은, 자율적으로 행동한다는 뜻이다. 그리고 자율적으로 행동한다는 것은, 천성이나 사회적 통념과 인과법칙이나 중력법칙 같은 자연의 법칙이 아니라, 내가 이성적으로 나에게 부여한 자율적인 도덕의 원리, 즉 도덕법칙에 따라서 행동하는 것을 의미한다.[4)]

다음의 사례를 보자. 예컨대 우리가 아이스크림을 어떤 맛으로 주문할지 결정한다고 가정하자. 초콜릿, 바닐라, 아니면 에스프레소와 바삭한 과자를 얹은 아이스크림? 이는 언뜻 우리가 선택의 자유를 행사하는 듯 하지만 사실은 그렇지 않다. 왜 그런가? 이유는 다음과 같다.

> **"그러한 선택은 어떤 맛이 내 기호에 가장 잘 맞는지 파악하는 행위에 지나지 않는다. 내 기호는 천성적인 것으로서 애초에 내가 선택한 것도, 선택할 수 있는 것도 아니다. 그러므로 나는 자유롭게 아이스크림을 선택하는 것이 아니다. 외부에서 이미 결정된 내용, 즉 천성적인 기호에 따라서 행동할 뿐이다. 바닐라보다 초콜릿 아이스크림을 먹고 싶다는 욕구는 내가**

---

4) To act autonomously is to act according to a law I give myself - not according to the dictates of nature or social convention. 자율적으로 행동하는 것은 사회관습이나 자연의 명령에 따라 설정한 것이 아니라 내 스스로 설정한 도덕법에 따라 행동하는 것이다.

**결정한 것이 아니다. 이미 갖고 있는 욕구이다. 나의 선택은 자유로운 행동이 아니라 본성적인 행동이다."**

다음은 칸트의 논리를 잘 보여준다. 스프라이트 음료는 다음과 같은 광고문구를 선보였다. "**너의 갈증에 복종하라(Obey your thirst).**" 스프라이트 캔 하나를 집어들 때마다 자유가 아니라 갈증에 복종하는 셈이다. 그것은 내가 선택하지 않은 기호적 욕구에 반응하고, 더 이상은 못 참고 내 갈증에 복종하는 행위인 것이다. 스프라이트는 광고에 칸트철학의 통찰력을 담았던 것이다.[5] 욕구를 충족하기 위한 행동은 스스로가 설정한 것이 아니라, 밖에서 이미 주어진 조건이고, 이어지는 행동은 외부에서 설정된 목적을 위한 도구적인 것에 지나지 않는다. 내 행동이 내 스스로가 결정한 것이 아니라면 생물학적으로 결정된 것이든, 사회적으로 훈련된 것이든 그것은 진정으로 자유로운 행동은 아니라는 결론에 도달한다.

이렇게 설명하면 적지 않은 학생들은 칸트의 자유개념이 지나치게 협소한 것은 아니냐고 질문한다. 그러나 칸트 자유개념의 핵심은 후술하는 공동체 정의론에서 알 수 있지만, 칸트는 공동체가 설정하는 "공공의 미덕"이나 "올바른 삶의 모습" 같은 집단적 가치를 부정하고, 이성을 가진 인간은 자율적인 자유를 바탕으로 공동체적 가치가 아니라, 각자 스스로의 가치를 마음껏 설정할 수 있다고 역설하기 위한 자유에 대한 추론이었다.

그러므로 칸트의 자율적 자유개념은 결코 자유의 영역을 축소하기 위한 것이 아니다. 진정으로 자유를 최대한 보장하고 확충하기 위한 노력이라고 할 수 있다. 이점에서 칸트는 폴리스라는 정치공동체에서 공공의 미덕을

5) 광고문구는 다음과 같다. "Never forget yourself cause first things first, grab a cold, cold can, and Obey your thirst. Image is nothing. Thirst is everything. Obey your thirst."

강조하는 아리스토텔레스의 자유개념과 배치되는 생각을 가졌던 것이다. 상세는 공동체주의적 정의론에서 살펴본다.

## 5. 타율(heteronomy)

칸트가 말하는 자율적 자유의 의미를 이해하는 더 좋은 방법은, 자율의 반대개념과 대조해 보는 것이다. 칸트는 자유롭게 행동한다는 것은 자율적으로 행동하는 것이라고 말한다. 이 경우에 자율적으로 행동한다는 것은, 자기 스스로가 결정한 법(명령)에 따라서 행동하는 것을 말한다. 그러므로 자율적으로 행동한다는 것은 물리법칙이나 인과법칙 같은 자연법칙은 물론이고 욕망이나 식욕 같은 본성 그리고 사회적 압력이나 분위기에 따른 행동이 아니다.

예컨대 레스토랑에서 이 음식을 선택하거나 저 음료수를 선택하는 것과는 다른 차원의 행동이다. 그러한 행동은 단지 내 욕구나 갈망을 확인하고 결정하는 행동이지 진정으로 자유로운 행동이 아니다.

그렇다면 진정한 자유를 형성하는 자율의 반대개념은 무엇일까? 칸트는 진정한 자유를 형성하는 자율에 대한 반대상태를 설명하기 위해 대립개념을 창출했다. 타율(他律, heteronomy)이 그것이다. 칸트는 '타율'이라는 개념을 만들어 진정한 자율적 자유의 의미를 포착했다. 타율적으로 행동한다는 것은 내 밖에서 주어진 결정에 따라서 행동하는 것을 말한다. 다음의 사례를 보자.

① 당구공을 손에서 놓으면 공은 땅에 떨어진다. 이것은 당구공의 자유로운 행위가 아니다. 당구공은 자연법칙, 즉 중력의 법칙을 받아 타율적으로 하강할 뿐이다.
② 63빌딩에서 (자의든 타의든) 떨어진다고 가정하자. 땅으로 돌진하는 나를 보고 자유의지로 자유롭게 행동하는 것이라고 말 할 사람은 없을 것이다. 내 움직임을 스스로 결정할 수 없다. 내 몸은 당구공처럼 중력의 법칙에 지배를 받는 것이다.
③ 9/11 테러공격을 받은 국제무역센터빌딩에 있던 사람이 무작정 지상으로 몸을 던졌다. 그들은 이리 죽으나 저리 죽으나 마찬가지일 것이

라는 어쩔 수 없는 상황에서 무작정 허공에 몸을 던졌다. 자율에 기초한 자유로운 행동인가?

The Falling Man- 사진작가 Richard Drew, 2001년 9월 11일 9:41:15)

다음 사례는 자율적인 자유로운 행동인가?

새벽 3시, 대학에서 같은 방을 쓰는 친구가 당신에게 묻는다. 왜 늦게까지 자지 않고 브레이크가 고장 난 트럭 운전사의 도덕적 딜레마를 고민하느냐고?

"한희원 교수의 인권법에 대한 보고서를 잘 쓰려고."

"왜 잘 써야 하는데?"

"학점을 잘 받으려고."

"학점에 왜 신경을 쓰는데."

"나중에 법 경제학을 전공하여 국제 투자금융 쪽에 일자리를 얻으려고."

"왜 투자금융에서 일자리를 얻지?"

"법적 지식을 갖춘 해지펀드 매니저가 되려고."

"왜 하필 해지펀드 매니저야?"

"돈을 많이 벌려고."

"돈을 많이 벌어서 뭐하게?"

"40대 후반에는 여행이나 다니면서 내가 좋아하는 바다가재 요리를 자주 먹으려고.

나는 인생 계획이 있는 지각 있는 사람이거든. 그래서 밤늦게까지 브레이크가 고장 난 트럭 운전사의 딜레마를 고민하고 있거든?

칸트라면 타율적 결정이라고 부를 사례이다. 학생은 이것을 위해 저것을 위해 행동하기로 결정한다. 타율적으로 행동한다는 것은 이처럼 우리 밖에서 주어진 목적을 위해 행동한다는 뜻이다. 이때 우리는 추구하는 목적의 주체가 아니라 도구일 뿐이다.

## 6. 자율적 자유의 의미와 가치

### 1) 자율적 자유는 행동의 목적자체를 선택하는 것이다.

진정한 자유는 자율적인 행동에 기초한다는 칸트의 추론은 매우 엄격하고 까다로운 요구이다. 진정으로 자유로운 행동이란, 자율적인 결정에 따른 행동이다. 그것은 스스로가 행동의 목적자체를 선택하여 행동하는 것이다. 자율에 기초한 자유의 경우에 우리는 밖에서 주어진 목적의 도구가 아니다. 행동의 목적은 이성적 존재인 우리가 결정한다. 심지어 천성이나 사회적 압력을 넘어서서 스스로가 결정한다.

이처럼 자율적인 자유로운 행위란, 주어진 상황에서 그때마다 목적에 걸맞은 최선의 방법을 선택하는 것이 아니라, 목적 그 자체를 선택하는 것이다. 그러한 자율적인 행동은 인간만이 할 수 있고 당구공은 할 수 없는 선택이다.

반면에 내가 타율적으로 행동한다는 것은, 내 스스로가 결정한 바가 없는 취향 또는 욕망에 따라서, 즉 외부적인 조건에 따라서 행동하는 것이다.

| 질문) 광우병 집회 vs. 붉은 악마의 집회의 차이? |
|---|

후술하는 바와 같이 자율에 기초한 자유로운 행동은 결국은 이성적인 행동이다. 칸트는 이성적인 행동, 즉 도덕적인 행동은 본능이나 감성적 욕망에 기인하는 행동이 아니다. 의무 혹은 당위(當爲)에 의하여 결정된 행위만이 이성적인 행동 그러므로 도덕적인 행동이다.

천부인권을 가지는 인간은 어느 경우에도 우리 행동의 책임 있는 주체여야 한다. 그러므로 책임이 부과되는 자율적 자유는 높은 도덕가치를 가진다. 따라서 자율적인 자유는 비로소 도덕철학과의 연관관계로 이어진다.

### 2) 자유인으로서의 인간은 자율적 자유에 대해서만 책임부담

칸트가 자율은 타율적으로 행동하거나 자연의 법칙에 따라서 기계적이거나 일률적으로 행동하는 것과의 반대의 개념이라고 설파한 것에는 또 다른 중요한 의미가 있다. 사회적 동물인 인간은 자율적인 행동에 대해서만 도덕적 책임을 부담한다. 타율적인 행동에 대해서는 그것은 결코 내가 선택한 의지적인 행동이 아니므로, 그러므로 자유로운 행동이 아니므로 내가 책임질 수 없다.

스스로가 도덕법칙 자체를 설정한 자율적인 행동만이 도덕적인 가치를 가지는 것이고, 외부적 요소이자 압력에 따른 행동인 타율적 행동은 도덕적 가치를 가질 수 없다. 타율적인 행동은 그것은 결코 내가 선택한 의지적인 행동이 아니므로 법적·도덕적인 책임을 지울 수 없다. 다음 사례를 본다.

**"내가 63 빌딩 아래로 떨어지면서 다른 사람 머리위로 떨어져서 어떤 사람이 죽었다고 하자. 나는 도덕적 책임이 있는가? 결론적으로 나는 그 불행한 죽음에 대해 도덕적 책임은 없다(법적으로는 과실책임을 물을지는 모른다). 당구공이 높은 곳에서 떨어지며 사람이 죽었다고 하여 당구공에게 도덕적 책임을 물을 수 없는 것과 같다. 당구공이나 나는 자율적인 행동 그러므로 자유롭게 행동하는 것이 아니다. 둘 다 중력의 법칙이 지배된다. 여기에는 자율이 작용하지 않았기 때문에 도덕적 책임을 물을 수는 없다."**

인간에게는 자율적으로 자기의 의지를 결정하는 이성적 능력이 있어서 그것에 의하여 인간은 도덕적 행위가 가능하다. 칸트의 유난히 까다로운 '자유의 개념'에서 역시 유난히 까다로운 '도덕의 개념'으로 넘어가는 것이다.

## 7. 자율성의 기초는 무엇인가? - 이성(理性, reason)

그러면 인간의 자율능력은 어디에서 나오는 것인가? 칸트는 **이성**이라고 대답한다. 칸트는 이성을 가진 인간은 자율적인 존재로서 그러므로 자유롭게 행동하고 선택할 능력이 있다고 주장한다. 물론 칸트도 인간이 늘 이성적으로 행동하며 자율적으로 선택한다고는 말하지는 않는다. 더러는 그렇지 않을 때도 많이 있음을 인정한다. 다만 인간은 이성적으로 자유롭게 행동할 능력이 있으며 그것은 모든 인간의 공통점이라고 말한다.

### 1) 인간 존엄성의 근거

칸트는 인간은 어떤 존엄성을 가진 존재로서, 사람은 누구나 존중받을 가치가 있다고 말한다. 칸트 생각에 인간이 존엄하다는 것, 인간의 존엄성과 가치를 존중한다는 것은 인간을 목적으로 취급한다는 의미이다. 예컨대 7명을 살리기 위해서 덩치 큰 한 사람을 철로 아래로 떨어뜨려 돌진하는 전차를 막는 행위는, 뚱뚱한 사람을 단지 수단으로 이용하는 것이지, 목적 그 자체로 존중하는 것은 아니다.

그런데 칸트에 따르면 개개인이 존귀한 것은 스스로를 소유하기 때문에, 따라서 다른 사람이 내 소유물인 나를 침범해서는 안 되기 때문에 인간이 존귀한 것이 아니다. 각자의 몸은 각자의 소유라는 생각 대신에, 칸트는 우리 모두는 **이성적 존재(rational beings)**이기 때문에 존엄한 존재라고 판단했다. 칸트는 지구상의 많은 피조물 가운데 인간만이 유일하게 이성적 존재이기 때문에 소중한 존재라고 말한 것이다. 이성은 인간이 사물의 진위(옳고 그름) · 선악(좋고 나쁨), 미추(예쁘고 추함)를 식별하는 능력이다.

물론 이성이 인간이 가지고 있는 유일한 능력은 아니다. 인간은 또한 고통과 쾌락을 즐길 수 있는 능력도 가지고 있다. 칸트도 이러한 사실을 인정한다. 그러므로 공리주의가 반(半)은 옳다는 사실을 시인한다. 인간은 대개 고통은 피하려 하고 쾌락을 좋아한다. 칸트도 이점을 부인하지는 않는다. 칸트가 거부하는 것은, 벤담의 견해 가운데 고통과 쾌락이 우리 행동의 지배자(sovereign masters)라는 주장을 부인하는 것이다. 칸트가 보기에, 고통과 쾌락이 우리의 통치자라는 벤담의 생각은 틀린 것이다.

인간이 이성적 존재라는 것은 이성적으로 추론을 할 수 있는 능력을 가진 존재라는 의미이다. 그런데 이성적으로 사고하는 능력은 자유롭게 행동하는 능력과 연관되어 있다. 또한 진정한 자유는 자율과 연결된다. 논리의 당연한 귀결로 인간이 이성적인 존재라는 의미는, 또한 인간은 자율적 존재(autonomous beings)라는 것을 의미한다. 이 경우에 자율적인 존재라는

**말은 우리 각자는 우리 행동을 스스로 자유롭게 선택할 수 있다는 능력을 가졌다는 것을 말한다.**

물론 칸트가 이성을 최초로 논구한 철학자는 아니다. 인간에게 이성적 능력이 있다고 말한 철학자는 칸트 이전에도 있었다. 인간을 인간자신의 정신능력, 곧 이성을 중심으로 규정한 인간관은 고대 희랍의 플라톤, 아리스토텔레스, 스토아학파 등과 중국의 공자에까지 거슬러 올라간다.[6] 특히 프랑스의 대표적인 근세철학자인 르네 데카르트(Ren Descartes, 1596~1650)는 철학의 출발점이 되는 제1의 원리로 "나는 생각한다, 고로 나는 존재한다."라는 명제를 선언하여 근대 이성주의 철학의 정초를 닦았다.[7]

근대철학은 이 명제에 절대적인 영향을 받았고, 칸트에게도 커다란 영향을 미쳤다. 하지만 공리주의자를 포함한 경험론자에게 이성은 전적으로 도구의 개념이었다. 그리하여 토머스 홉스는 이성을 "**욕구를 찾는 정찰병**"이라고 불렀고, 데이비드 흄은 이성을 "**열정의 노예**"라고 칭했다. 공리주의자들도 인간을 이성적 존재로 보았지만, 이때의 이성은 도구로서의 이성이었던 것이다.

### 2) 사람과 사물(동물)의 차이

칸트는 이성(理性)과 자유(自由) 두 가지가 합쳐져서 인간은 특별한 존재, 그러므로 다른 동물이나 사물과 구별되는 특별한 존재가 된다고 말한다. 칸트는 인간을 특별한 존재로 만들고 인간을 동물과 사물과 구별되는 존재로 만드는 것은 이성적인 능력 그리고 이성에 터 잡은 자유로운 행동능력 때문이라고 말했다. 이성이야말로 인간을 단순하게 어떤 욕망을 가진 육체적 존재 이상으로 만든다는 것이다.

이성에 기초하여 자율적으로 행동하는 능력 덕분에, 인간은 특별한 존엄

---

6) 물론 인간은 이원적 존재로서 인간의 본성은 이성에 대립하여 감성도 병유한다. 그래서 플라톤은 욕망과 혈기가 있다고 했고, 스토아학파는 정념을 내세웠다. 유교에서도 인간의 본성은 이성에 해당하는 본연지성(本然之性)과 감성에 해당하는 기질지성(氣質之性)이 있다.

7) *Cogito ergo sum.* I think, therefore I am. 데카르트는 확실한 진리를 찾으려고 불확실하다고 생각하는 감각을 배제했다. 이는 감각이 맞는 것이라고 확신할 수 없기 때문이다. 그리하여 도달한 결론이 "나는 생각한다, 고로 존재한다."이다.

성을 지닌다. 이것이 사람과 사물 그리고 동물과의 차이이다. 이성에 대비한다면 동물도 가지는 감성적 욕망이나 정념(情念)은 어둡고 맹목적인 힘이다. 기쁨 · 슬픔 · 분노 · 욕망 · 불안 등의 감성은 어둡고 비합리적인 힘으로서, 내부로부터 폭발한다. 이것을 이성적 의지에 의하여 조절하지 못하면 자립성을 유지할 수도 없다. 여기에서 "인간은 이성적 동물"이라는 결론과 그 중요성이 성립된다.

물론 동물도 보호받고 존중받아야 하며 지구상에 존재하는 나무나 돌과 같은 환경조건도 보호받고 존중받아야 한다. 인도 벵골의 호랑이가 밀렵꾼의 먹이거리로 전락하여 유통되고, 태국에서는 호랑이가 발톱과 이빨이 빠져 서커스 무대의 광대로 전락하는 것은 호랑이를 무참하게 만드는 일로서 밀림의 왕을 온전하게 존중하지 않는 것으로 잘못된 것이다.[8)]

돌, 식물 같은 자연은 물론이고 인간 유적과 동물도 보호받고 존중되어야 할 것이다. 그러나 그 경우의 보호와 존중은 이성적 존재인 인간은 인간이라는 사실 그 자체만으로 존중받아야 한다는 것과는 다르다. 그들에 대한 보호는 입법에 의해 반사적으로 그리고 이성을 가진 인간의 도덕적 평가에 의한 행위제약으로 부차적으로 보호와 존중을 받게 될 뿐이다. 그러므로 환경보호는 환경파괴가 인간의 삶의 조건을 위태롭게 한다는 차원에서 인정받는 조건적인 것으로, 그 자체가 절대적인 목적은 아닌 것이다.

이처럼 이성은 인간을 동물과 구분되게 하는 핵심이다. 반대해석상 인간도 이성을 잃으면 자유롭게 행동하지 못하는 동물이 될 수 있다는 결론이다.

## 8. 임마누엘 칸트의 자유개념의 계층구조와 결론

결론적으로 칸트의 까다롭고 요구조건이 많은, 그러므로 언제 어디서나 통용될 수 있고 도덕가치가 있는 자유개념은 다음과 같이 정리할 수 있다.

**○ 자유롭게 행동하는 것은 자율적으로 행동하는 것이다.**
**○ 자율적으로 행동하는 것은 인간 이성에 기초하여 행동하는 것이다.**
**○ 그것은 스스로가 설정한 법에 따라서 행동하는 것이다.**

---

8) 2010년 EBS 다큐프라임 -호랑이 수난사 참조.

## □ 진정한 자유형성의 계층구조

| 칸트의 계층적 자유개념(Kant's Conception of Freedom) |
|---|
| 1단계: 자유롭게 행동하는 것은(To act freely), |
| 2단계: 자율적으로 행동하는 것(To act autonomously) |
| 3단계: 자율적으로 행동하는 것은 스스로가 설정한 도덕법에 따라 행동하는 것(To act according to a law that I give myself.) |

# 제3항 칸트의 도덕철학

## Ⅰ. 행위의 도덕성 판단의 근거

### 1. 서 언

칸트는 매우 엄격하고 까다로운 자유의 개념을 정립한 것처럼, 도덕에 대한 칸트의 개념도 역시 매우 요구조건도 많고 까다롭다. 칸트는 완전한 자율에 기초한 자유로운 선택을 도덕률로 삼았다.

전술한 것처럼 자유롭게 행동한다는 것은 결코 마음대로 행동하는 것이 아니다. 자유롭게 행동한다는 것은 자율적으로 행동하는 것이다. 그것은 스스로가 행위의 목적 자체를 설정한 연후에, 설정한 목적을 위하여 행동하는 것이다. 그것은 오직 인간만이 할 수 있는 것이고 당구공이나 동물들은 할 수 없는 행동이다. 우리가 취향대로 또는 쾌락을 추구하며 행동하는 것은, 외부에서 주어진 조건을 실현하기 위해서, 단지 수단으로 행동하는 것에 지나지 않는 것이다. 그것은 결코 자유로운 행동이 아니다. 그 경우에는 우리는 우리 행동의 주인으로 행동한 것이 아니다. 단지 도구로서 행동한 것에 지나지 않는다.

자율적으로 행동하는 것, 그러므로 자유롭게 행동하는 것이란, 우리가 스스로에게 명령한 법칙에 따라서, 각자의 책임 하에 자발적으로 행동하는 것이다. 그 경우에 우리는 행위의 목적 그 자체를 위해서 행동하는 것이다. 그러한 행동은 결코 수단적이거나 도구적이지 않다. 그러므로 자율적으로 행동할 때에는 우리는 외부에서 주어진 목적의 도구가 아니다. 우리는 스스로가 설정한 목적 그 자체를 위해 행동하는 것으로 우리 행동의 주재자이다.

이처럼 자유롭게 행동할 수 있는 능력 때문에, 인간의 행동은 도덕적인 평가가 따르고, 인간은 사물이나 동물과 달리 특별하게 존엄성을 인정받는다. 즉, 이성에 근거한 자율적 자유 때문에, 사물이나 다른 피조물과 다르게 인간은 존엄과 가치를 인정받는다. 그리고 인간의 보편적인 인권을 존중해야 하는 이유가 있다. 또한 존엄한 가치를 가지는 사람을 수단으로서가 아니라 목적 자체로 존중해야하는 이유가 있다.

이것이 왜 인간을 다른 사람들의 복리나 행복을 위한 수단으로 사용할 위험성이 있는, 공리주의가 잘못인가를 말해 주는 실질적인 이유이다. 칸트가 개인의 인권을 수단화하여 공리계산을 위한 일개요소로 평가하는 공리주의가 잘못되었다고 설파하는 이유이다. 공리주의는 언제든지 상황에 따라서 인간을 공리계산을 위한 수단으로 사용하는 것에 개방되어 있기 때문이다.

그러므로 J.S.밀이 개인의 권리를 보호하고 존엄성을 존중해 주면, 궁극적으로는 인간세상의 행복을 최대화할 수 있다면서 공리주의를 옹호하는 주장도, 여전히 수단적인 시각인 것으로서 잘못이라고 칸트가 날카롭게 지적하는 이유이다. 아무리 그것이 진실이라고 해도, 그러한 계산방법이 옳다고 해도,

예컨대 크리스천을 콜로세움 사자우리에 던지는 것은 궁극적으로 사회에 공포감을 확산시킬 것이고, 따라서 궁극적으로는 로마의 공리를 감소시킬 것이므로 잘못이라는 J.S.밀의 주장이 맞는다고 해도, 그것은 논리자체가 수단적이다. 그 경우에 공리주의가 개인의 권리와 존엄성을 존중하고 보호하려는 이유는, 행복이라는 외부적인 공리를 추구하는 것으로서, 결국 타율적인 계산법에 의한 잘못된 이유에 기초한 것이다.

원래 공리주의는 행복이라는 순전히 조건적인 불확실한 이유에 도덕성을 기초하고 있다. 그러므로 공리주의에 있어서는 원천적으로 정의나 도덕의 추구방법이 도구적이고 수단적이다. 사람을 목적으로 존중하는 것이 아니고, 단지 공리계산을 위한 수단으로 활용하는 것이다.

위와 같은 이해를 토대로 이제 칸트의 자율로서의 자유의 개념이 어떻게 도덕개념과 연결되는지를 살펴보는 것이 남는다. 그것은 자율적인 자유로운 행위가 왜 도덕적 가치를 평가받을 수 있는 것을 살펴보는 문제이다.

그러나 자유의 개념에서 도덕의 개념으로 직접 옮겨가기 전에 아직 남은

하나의 질문에 답해야 한다. 그렇다면 자율로서의 자유로운 행동에 대해 도덕적인 가치를 부여하는 것은 과연 무엇인가?

## 2. 중요한 것은 동기이다!

칸트에 따르면 어떤 행동의 도덕적 가치, 그러므로 그 행동이 도덕적인 행동인가? 아닌가? 는 그 결과가 아니라 동기에 있다. 중요한 것은 (올바른)동기라는 것이다. 즉, 중요한 것은 그것이 단지 옳기 때문에 옳은 일을 하는 것이지, 이면에 있는 숨은 속셈(ulterior motive)이나 숨은 동기 때문이어서는 안 된다는 것이다. 칸트는 다음과 같이 말한다.

> "선한 의지가 선한 까닭은 그것이 어떤 효과나 결과를 낳아서가 아니다. 그것은 널리 인정받든 그렇지 않든 그 자체로 선하다(A good will is not good because of what it effects or accomplishes, it is good in itself, whether or not prevails)."

그러므로 도덕적인 행동이란 단지 도덕법에 순응하는 것이 아니라 도덕법 그 자체인 것이라야 올바른 도덕적인 행동인 것이다. 그리고 도덕법 자체인 또는 도덕법에 기여하는 올바른 행동이란, 그 행동에 도덕적 가치를 부여하는 **동기** 때문인데, 그 동기는 '끌림동기'가 아니라 '**의무동기**'이어야 한다. 그러므로 칸트는 어떤 행동의 도덕적 가치를 평가하는 것은 그 동기를 따지는 것일 뿐, 결과를 따지지 않는다고 결론짓는다.[9)]

### 1) 의무동기(motive of duty)

자유와 도덕의 상관관계에 대한 근본적이고 중요한 질문은 다음이다. 인간의 자유로운 행동에 도덕적인 가치를 부여하는 것은 무엇인가?

결론적으로 대답은 의무동기이다. 전술한 바와 같이 칸트는 자율적으로 설정한 법칙에 따라서 행동하는 경우에만 진정으로 자유로운 행동이라고 말한다. 그런데 그 경우에, 그 법칙은 우리 스스로 설정한 것이기 때문에

9) 피해의 결과를 작량감경이나 손해배상 산정의 기초로 삼는 법에서의 행위평가와 대조된다.

당연히 따라야 할 의무가 있다. 여기에서 내 스스로 만든 법에 따라야 할 의무가 바로 의무동기이다.

즉, 의무동기란 이성적인 인간이 그렇게 하는 것이 옳기 때문에, 그렇게 하겠다고 스스로 설정한 동기에 따른 의무이다. 누가 그렇게 하라고 시키지도 않았지만 스스로 정하여, 당연히 따라야만 하는 당위적 의무에서 유래되는 동기를 말한다. 이처럼 의무동기는 이성적인 인간이 스스로 설정한 의무에서 유발되는 동기이다. 그것은 그렇게 하는 것이 올바르기 때문에, 내 스스로가 설정하여 바르게 행동해야 하는 의무가 생기고, 그러한 의무에 따라서 행동에 이르게 되는 동기인 것이다.

하지만 여기서 잘 이해해야 할 것이 있다. 그것이 어떤 의무라고 하여 우리가 그 법칙에 타율적 강제에 의해 종속되는 것은 결코 아니다. 왜냐하면 그 법칙은 내가 자율적으로 만든 것으로서, 내가 법에 종속되는 것이 아니라, 여전히 내가 그 법의 주재자이다. 의무라고 하지만 사실은 그것은 내 행위의 목적이다. 그 목적은 바로 이성적 존재인 내가 옳다고 생각하여 설정한 내용이다.

### 2) **끌림동기**(motive of inclination)

의무동기의 올바른 이해를 위해서는 타율이라는 대조를 통하여 자율개념을 이해한 것처럼, 그 반대개념을 통해서 이해하는 것이 용이하다. 그렇다면 스스로가 설정한 법칙에서 유래되는 의무동기의 반대는 무엇인가?

그것은 어떤 경향이나 취향, 욕망, 충동, 욕구, 갈망, 선호처럼 외부에서 주어지는 조건적인 동기이다. 칸트는 이것을 일괄하여 '**끌림동기**'라고 말했다. 그러므로 끌림동기는 이성적이고 자율적인 인간 스스로가 이성에 기초하여 설정함으로써 행위의무가 부과된 의무동기와는 전혀 다른 수단적인 동기이다. 외부적 변수인 끌림동기에 의한 행동은 도덕적인 가치를 부여받을 수 없다.

### 3. 의무동기의 역할

결론적으로 인간행동에 도덕적 가치를 부여하는 것은 동기 때문이다. 그 가운데에서도 의무동기만이 인간의 행위에 도덕적 가치를 부여한다. 이처럼 어떤 행동이 도덕적인 가치평가를 받는 것은, 공리주의의 생각처럼 행동이 공리, 즉 행복이나 욕망 또는 쾌락에 의해 지도(指導)되기 때문이 아니다.

칸트는 어떤 행동이 도덕적인 가치평가를 받는 이유를 오직 스스로 설정한 도덕법에 따랐다고 하는 그 동기 때문이다. 그 동기는 각별하게 특정한 형태의 동기여야 한다. 그것은 어떤 종류의 동기인가? 그것은 의무동기이다. 오직 도덕법을 위한 의무동기에 터 잡아 이루어진 행동만이 도덕적으로 가치 있고 올바른 행동이다. 칸트는 올바른 행동은 그것이 어떤 좋은 결과를 초래했기 때문이 아니다. 그것은 그 행동 자체로 옳기 때문이다, 심지어 그 행동이 어떠한 성과도 가져오지 못했다고 하여도 어떤 진실한 것이 가치를 영원히 잃지 않는 것처럼 스스로를 위해 보석처럼 빛을 발한다고 설명한다.

논리의 당연한 결과로 어떤 행동의 도덕적 가치를 평가하는 것은 동기를 따질 뿐이지, 결과에 따르지 않는다.[10] 그러므로 우리가 올바른 일을 하는 것은 그것이 그저 올바르기 때문에 그것을 행해야 한다는 결론에 도달한다.

## Ⅱ. 의무동기와 끌림동기의 이해를 위한 구체적인 사례[11]

### 1. 신중한 가게주인

#### 1) 사실관계

세상물정을 모르는 어린아이가 가게에 들어와 빵을 사려고 한다. 주인이 바가지를 씌워도 아이는 그 사실을 모른다. 하지만 가게주인은 조금 더 생각해 보고는, 아이를 그렇게 이용한 사실이 사람들에게 알려지면 나쁜 소문이

10) 피해의 결과를 작량감경이나 손해배상 산정의 기초로 삼는 법에서의 행위평가와 대조된다.
11) 한희원, 정의로의 산책(제1판), 삼영사, pp. 158-164 각 참조.

퍼질 것이고 그러며 장사에 타격을 입을 수 있다고 생각한다. 그래서 아이에게 바가지를 씌우지 않기로 마음먹는다. 그리고 정상적인 가격을 받았다.

### 2) 평 가

가게주인은 결과적으로는 옳은 일을 했지만 동기가 옳지 않다. 가게주인이 아이와 정직하게 거래한 이유는 자신과 가게의 평판 때문이었다. 단지 자기의 이익을 위해 결과적으로 정직하게 행동했을 뿐이다. 따라서 가게주인의 행동은 올바르다는 결과와 무관하게, 도덕적 가치가 부족하다.

칸트는 원칙을 고수하는 자세, 그러므로 자신의 행동이 도덕법칙 자체이거나 도덕법칙에 기여하는 행위만이 도덕적 가치를 부여받을 수 있다. 그러한 행동은 스스로가 설정한 의무동기에서 행동하는 것이어야 한다. 칸트는 매수된 정직은 단지 신중한 판단에 따른 것으로서 결과적으로는 올바르기는 하나, 도덕적 가치를 인정받을 만한 행동은 아니라고 평가한다.

## 2. 메릴랜드 대학의 시험 부정과의 전쟁

### 1) 사실관계

메릴랜드 대학은 만연한 시험부정행위와 전쟁을 벌였다. 이에 매년 입학식에서 신입생들에게서 부정행위를 하지 않겠다는 서약을 하도록 했다. 학생들의 참여를 높이기 위해 서명 학생에게는 인근가게에서 10-25% 할인을 받을 수 있는 할인카드를 나누어 주었다.

동네 피자가게에서 할인받을 목적으로 정직서명(honest code)을 한 학생이 몇 명이나 될지는 모른다. 시험 부정행위는 그 자체로 옳지 않기 때문에 정직서명을 한 사람도 있을 것이다. 칸트의 관점에서 메릴랜드 대학의 처사는 도덕적 행위를 유발한 전략이었는가?[12)]

12) 한편 IVY리그 최고 명문의 하나로 미국에서 빅 쓰리로 불리는 프린스턴대학은 입학요강에 신입생에게 학교생활에 대한 전반적인 어너코드(Honor Code)를 받음을 명시한다.

### 2) 평 가

사례에서 제기되는 도덕적인 의문은 할인혜택이나 금전적 보상에 자극받은 정직이 과연 도덕적으로 가치가 있는 것인가? 하는 문제이다. 동네 피자가게에서 할인받을 목적으로 부정행위를 하지 않겠다고 약속한 대학생이 몇 명인지는 아무도 모른다. 그러나 매수된 정직은 도덕적 가치가 부족하다. 어떤 행동을 하는 이유가 그것이 옳기 때문이지 유용하다거나 편리해서가 아닐 때만이 그 행동에 도덕적 가치를 부여할 수 있는 것이다.

## 3. 뉴욕 바른거래사무국(Better Business Bureau) 사원모집 광고

뉴욕 바른거래사무국은 회원을 모집할 때 "정직이 최선의 수단이다. 아울러 최대의 수익을 올리는 길이다."라는 제목으로 뉴욕 타임스에 전면광고를 싣는다. 광고 내용의 동기가 분명하다. 다음은 광고 내용이다.

> 정직! 그것은 다른 어떤 자산보다 중요합니다. 신뢰, 개방, 공정한 가치를 바탕으로 한 기업은 성공할 수밖에 없기 때문이죠. ....... 우리와 함께 해요. 그리고 이익을 가져가세요.

칸트의 도덕 기준에 부합하는가? 칸트라면 무어라고 말하겠는가?

## 4. 전국 철자대회 영웅 사례(The spelling bee hero)

워싱턴 DC에서 열린 전국 철자 맞히기 대회에서 일어난 일이었다. 열세 살 남자 아이가 'ECHOLALIA'의 철자를 맞혀야 했다.[13] 아이는 철자를 틀렸지만 심사위원이 잘못 알아듣고 맞았다고 하는 바람에 다음 단계로 넘어갔다. 하지만 아이는 자기가 틀렸다는 사실을 알았다. 수상 직후 심사위원에게 솔직히 털어놓았다. 결국 탈락했다. 다음날 신문은 머리기사로 "철자대회 영웅"이라고 칭송했고 뉴욕타임스(New York Times)는 사진까지 게재했다.[14] 아이는 기자에게 자신의 동기 일부를 밝혔다.

13) 에콜레일리아는 소위 반향언어로, 한번 들으면 자꾸 되풀이하는 성향을 뜻한다.
14) MISSPELLER IS A SPELLING BEE HERO!

**"더러운 사람처럼 되고 싶지는 않았어요(I didn't want to feel like a slime)."**[15)]

아이가 진실을 말한 유일한 동기가 "**더러운 사람처럼 되고 싶지는 않았어요.**"라고 한다면 그것은 끌림동기에 따른 것이다. 그러므로 아이가 진실을 말한 주된 동기가 죄의식을 피하기 위해서라거나 실수가 발각되었을 때 부정적 여론을 피하기 위해서였다면, 비록 올바른 행동을 했지만 그런 행동에는 도덕적 가치가 부족하다. 하지만 그것이 옳은 행동이었기 때문에 진실을 말했다면 즉, 의무동기에 따른 것이었다면 아이의 행동은 그에 따른 쾌락이나 만족과는 상관없이 도덕적으로 가치 있는 올바른 행동을 한 것이다.

## 5. 경희대 에피스테메(episteme)

### 1) 사실관계

에피스테메는 경희대가 학생들의 인문학 소양을 기르기 위해 2010학년도부터 학과별 필독서와 추천도서 등 12권을 읽고 독후감을 내게 한 프로그램이다. 에피스테메의 이수는 학생으로서의 진실한 노력으로 평가되고, 이를 이수하지 못하면 장학금 신청이나 해외연수프로그램 등에 지원하지 못한다. 학교 측은 "대학생 소양이 필요한 책을 읽자는 교육목적이기 때문에 어느 정도 강제성은 피할 수 없다며 … 우수 이수자는 장학금 신청 때 인센티브를 주기로 했다"고 말했다. 그러나 학생회장은 책을 읽기 싫어서가 아니라 학생들에게 부담을 주면서까지 독서를 강제하는 것은 잘못이라면서 10월부터 단식투쟁을 벌였다.

---

15) The New York Times, June 9, 1983, Thursday

#### 2) 평 가

이에 대해 경희대 학생들은 "어린애 투정도 아니고 밥도 안 먹고 부모님(교수님)한테 떼쓰는 게 아니냐."라는 견해도 있는 반면에, "학교 측도 학생들 요구에 귀 기울여야 한다."는 등 다양한 반응을 보이고 있다.[16] 대학의 주장처럼 소양이 필요한 책을 읽자는 순수한 교육목적이라면, 그것은 이런 저런 핑계로서가 아니라 그 자체로 순수하게 옳은 것이어야 할 것이다. 무엇에 끌리거나 매수된 노력이나 정직은 옳지 않기 때문이다.

### 6. 사례에 대한 종합평가

사례들은 칸트의 자율적인 자유와 의무동기 그리고 도덕의 연관관계를 잘 보여준다. 정직을 위한 정직과 이해타산을 따지는 정직에는 중요한 차이가 있다. 그것은 원칙을 고수하는 정직인지 아니면 타산적인 신중한 처사인지의 차이이다. 도덕적 가치를 가질 수 있는 행위는 자율적인 자유로운 행동이고, 따라서 의무동기에서 연유한 행위뿐이다.

그런데 우리가 올바른 행동을 하는 이유는 그것이 옳기 때문이지, 유용하다거나 편리하다거나 향후 사회생활에 도움이 될 것이기 때문에 하는 행동이 아니다. 향후의 이득을 고려하는 것과 같은 그러한 행동에는 도덕적인 가치를 부여하기가 곤란하다.

## Ⅲ. 칸트의 윤리학 - 도덕 철학

### 1. 서 언

칸트는 인간은 이성적인 존재로서 이성의 힘으로 도덕법칙을 입법할 수 있는 존재로 파악한다. 칸트의 도덕철학은 자연이나 만유의 창조자인 신(神)에서가 아니라 이성에 바탕을 둔 인간 존엄성에 기초한다. 칸트는 인간은 한편으로는 자연 속에 있으면서 자연법칙의 지배를 받지만, 다른 한편

16) 조선일보, 2010. 10. 23.

으로는 도덕법칙의 지배를 받는다고 생각했다.

그렇다고 하여 자연적 존재로서의 인간이 생물적 본능의 지배를 받고 충동적 행동을 할 수 있는 존재라는 사실을 부인하는 것은 물론 아니다. 사실 인간도 일정부분은 감각적인 세상에 살고 있다. 그곳에서는 내 행동은 자연의 법칙에 의해 결정된다. 인과의 법칙과 중력의 법칙 그리고 본능의 법칙에 지배되는 세상이다. 그러나 우리는 또한 공동체 생활에서 자연의 법칙이나 본능의 법칙과 무관하게 행동할 수 있는 지적(知的)인 영역을 가진다. 그것은 스스로가 자율적으로 결정하고 행동할 수 있는 영역이다. 칸트는 이 두 번째 지적인 영역에서 비로소 도덕적인 선택의 문제가 남음을 지적한다. 인간은 동물과 달리 이성을 가진 존재이기 때문에 지적인 영역에서 자율적으로 스스로가 행동할 도덕법을 정립할 수 있다는 것이다.

그렇다면 도덕의 최고원칙, 즉 도덕의 많은 원리 가운데 최고의 도덕가치를 가지는 도덕법칙은 과연 무엇인가? 칸트가 그의 "도덕형이상학의 기초"에서 추구하는 목표는 바로 이 질문에 대답하는 것이었다. 그런데 어떤 행동에 대한 도덕적인 가치는 의무동기에 의해 주어진다. 그러므로 바로 의무동기의 필수조건을 파악하는 것이 곧 도덕의 최고원칙을 파악하는 길이 된다.

## 2. 세 가지 대조

도덕과 자유의 연관성은 나의 의지가 결정되는 두 가지 방법 즉, 자율과 타율의 문제를 통해서 알 수 있다. 칸트에 따르면 나는 오직 내 의지가 자율적으로 결정될 때만이 진정으로 자유롭다. 자율적으로 자유롭게 행동한다는 것은, 외부에서 주어진 요구조건대로 행동하는 것이 아니라, 스스로가 정한 법, 즉 행위목적에 따라서 행동하는 것이다.

그러면 인간이 행위목적을 스스로가 부여할 수 있는 그런 능력은 과연 어디에서 오는가? 칸트의 대답은 바로 이성이다. 이성이 자연법칙이나 어떤 환경이나 끌림에 좌우되지 않고 내 의지를 결정한, 그것이 바로 자신이 설정하는 도덕법이다.

그렇다면 이성은 어떻게 우리가 최고의 도덕법, 즉 도덕법칙을 만들 수 있도록 인도할 수 있는가? 그 이해를 위해서 칸트가 도덕, 자유 그리고 이성에서 사용하는 세 가지 대조 개념을 이해할 필요가 있다. 세 가지 대조를 도표로 정리하면 다음과 같다.

| 칸트의 세 가지 대조 | | |
|---|---|---|
| 대조 1 | 도덕(morality) | 의무(duty)동기 vs. 끌림(inclination)동기 |
| 대조 2 | 자유(freedom) | 자율(autonomy) vs. 타율(heteronomy) |
| 대조 3 | 이성(reason) | 정언명령(categorical) vs. 가언명령(hypothetical imperatives) |

**도덕(morality), 자유(freedom), 이성(reason)**의 연관관계를 살펴봄으로써 좀 더 쉽게 칸트 도덕의 최고원칙에 접근할 수 있다. 먼저 도덕의 영역에서는 의무동기와 끌림동기가 대조된다. 자유의 영역에서는 자율과 타율이 대조된다. 이성의 영역에서는 정언명령과 가언명령이 대조된다.

## 3. 도덕(morality), 자유(freedom), 이성(reason)의 연관관계

칸트의 세 가지 대조에서 먼저 횡적으로 보면, 행위에 도덕적인 가치를 부여하는 것은 의무동기이다. 자유는 자율적인 행동의 경우에만 가능하다. 이성은 정언명령에 따를 것을 요구한다.

한편 종적으로 보면, 칸트의 도덕개념과 자유의 개념 그리고 이성은 내적으로 연결되어 있다. 의무동기와 자율 그리고 정언명령이 연결된다. 반면에 끌림동기와 타율 그리고 가언명령이 연결된다.

이런 횡적이고 종적인 연결고리를 감안하면, 결론적으로 "자유롭게 행동하기란, 자율적으로 행동하는 것이다. 그리고 자유로운 행동 가운데서도 도덕적으로 행동하는 것은 의무동기에 따라 행동하는 것이고, 그것은 정언명령에 따라서 행동하는 것이다. 도덕, 자유, 이성 삼자의 연결 관계를 살펴본다.

① 첫 번째 연결고리로, 먼저 행위의 동기의 관점에서 보면 의무동기에 따른 행동만이 도덕적인 가치를 가진다. 의무동기는 이성을 가진 인간이 스스로 선택하고 결정한 행위준칙이기 때문이다.
② 두 번째 연결고리로, 내 의지가 결정되는 방식인 자율과 타율의 관점에서 보면, 내 의지가 자율적으로 결정될 때만이, 내 의지가 내 스스로 부여한 법칙에 지배될 때만이 나는 진실로 자유롭게 행동하는 것이다. 내 의지가 외부에서 주어진 조건에 따라서 결정되는 타율적인 결정에 대해서는 내가 어떻게 책임질 수 있는 문제가 아니다. 따라서 자율적으로 결정된 행동에 대해서만이 도덕적인 가치가 부여될 수 있는 가능성이 있다.
③ 마지막 연결 관계이다. 그러면 인간이 자신의 의지를 자연법칙이 아니라 자율적이건 또는 타율적으로 결정할 수 있는 능력은 무엇인가? 인간의 이성이다. 우리는 감각적인 존재일 뿐 아니라, 이성에 따라서 행동할 수 있는 존재이다. 그런데 이성이 우리의 의지를 결정하는 경우에만, 우리는 자연이나 끌림의 명령에 종속되지 않고 자유롭게 행동하는 것이다. 그러므로 이성이 결정한 정언명령에 따른 행동만이 도덕적인 가치를 갖게 된다.

칸트는 도덕과 자유에 대한 이런 교차적인 사고방식으로 자유를 도덕가치의 중심에 둠으로서, 행복이나 쾌락을 도덕가치의 중심에 두는 공리주의를 배격한다. 행복이라는 감각적인 이익을 기초로 한 행위는 조건적이며 따라서 도덕적 행동이 될 수 없기 때문이다. 이것이 칸트의 도덕철학, 즉, 윤리론에 있어서의 도덕과 자유와 이성의 불가분한 연관관계이다. 세 가지 유사성의 대조에서 도덕가치를 가지는 도덕적인 행동은 다음과 같이 표현할 수 있다.

첫째, 의무동기만이 그 행동에 도덕적 가치를 부여한다.
둘째, 자율적으로 결정한 자유만이 어떤 행동에 도덕적 가치를 부여한다.
셋째, 정언명령만이 그 행동에 도덕적 가치를 부여한다.

## 4. 정언명령(categorical)과 가언명령(hypothetical imperatives)

### 1) 정언명령과 가언명령(假言命令)의 의의

칸트는 인간의 이성이 의지에 명령하는 방식에는 두 가지 방법이 있다고 설명한다. 하나는 가언명령으로 하달하는 것이고, 다른 하나는 정언명령으로 지시하는 것이다.

#### (1) 정언명령(定言命令) = 단언명령(斷言命令) = 절대명령(絕對命令)

정언명령은 조건 없는 절대명령이다. 정언(定言)은 조건이 없다는 의미이다. 정언명령은 모든 인간은 무조건 그리고 절대적으로 지켜야 하는 도덕률이다. 정언명령은 타당성이나 근거가 어떤 배후의 동기나 목적에 의존하지 않는다. 정언명령은 다른 어떤 목적에도 기대지 않고, 말 그대로 아무런 조건도 달지 말고, 액면 그대로 따를 것을 요구하는 명령이다. 정언명령은 예상되는 결과와 무관하며 명령이 도출된 원칙과만 관계가 있다.

예컨대 "도둑질을 하지 말라"는 것은 배후의 어떤 동기나 유혹 또는 목적과 무관하게, 인간이라면 절대적으로 지켜야 할 그 자체가 자립적인 단언명령이다. 정언명령은 어떤 욕망, 경향이나 유혹 그리고 목적과 결합된 가언명령과는 구분되는, 절대명령 즉, 단언명령이다.

#### (2) 가언명령(假言命令) = 선택명령(選擇命令) = 조건명령(條件命令)

가언명령은 조건이 붙거나 선택적인 명령이다. 가언명령은 조건명령과 선택적 명령을 모두 포함한다. 그 자체로 옳기 때문에 무조건 따라야 하는 절대명령 그러므로 단언명령을 제외한 다른 명령은 가언명령이다. 가언명령은 어떤 목적을 달성하기 위한 수단으로서 내리는 조건부 명령이다. 그 어떤 목적은 대개 선행된 명제이다. 그러므로 가언명령은 결국 인간을 도구로 사용하는 명령이 된다. 예컨대 "X를 원한다면, Y를 하라."라거나 또는 "사업가로 좋은 명성을 얻고 싶으면, 거스름돈을 속이지 말고 고객을 정직하게 대하라."라는 형식의 명령이 가언명령이다.

### 2) 도덕법칙이 절대적 정언명령의 형태로 나타나는 이유

그렇다면 왜, 도덕가치를 가지는 행위명령은 정언명령이어야 하는가? 가언명령에 따른 행동은 왜, 도덕가치를 가지지 못하는가? 라고 하는 의문이 남는다. 그 이유는 다음과 같다.

도덕법칙은 인간 모두에게 해당하는 원칙이므로 강제(의무)의 형식을 띤 절대명령으로 주어질 수밖에 없다. 그것은 모두에게 동등하게 적용되어야 하기 때문에 개개인의 주관적인 준칙을 양해할 수 있는 것이 아니다.

그러므로 도덕법칙으로 주어지는 행위명령은 선택적이거나 조건적이어서는 안 된다. 도덕법칙에 따른 행동명령은 그 자체가 절대적인 정언명령으로 나타나야 한다.

### 3) 가언명령이 도덕가치를 가질 수 없는 이유

가언명령에 따른 행동이 도덕가치를 가질 수 없는 이유를 직접 살펴본다.

예컨대, "노년에 행복하기를 원한다면, 젊어서 근면하게 살아라."와 같은 조건적인 명령은 올바르고 중요한 도덕적 가르침일 수는 있지만, 노년의 행복을 원하지 않는 사람이라면, 그런 사람에게는 이런 가르침은 별다른 의미가 없다. 또한 사람은 정직해야 한다. 사람은 부모를 공경해야 한다는 명령은 각각 도덕가치를 가지는 도덕명령이다.

그런데 사람이 정직하고 효도할 것을 요구하는 명령이 "인간은 정직하거나, 부모를 공경하라."와 같은 선택적인 명령으로 주어진다면, 그 명령 중 하나는 따르지 않아도 무방하게 되는 이상한 결론에 이르게 된다. 그리고 공동체 생활에서 무조건 하지 말아야 하는, 도둑질을 금지하는 것을 가언명령으로 바꾸면, 예컨대 "네가 유명해지고 싶으면, 도둑질을 하지 마라" 와 같이 되는데 그러한 명령은 마치 유명해지고 싶지 않으면 도둑질을 해도 된다는 조건적인 것으로서 옳지 않음은 자명하다.

가언명령은 결국 인간을 선행명제를 위한 도구로 사용하는 명령이 된다. 조건적인 가언명령에 따른 행동은, 외부에서 주어진 이익이나 목적을 의식하는 행동으로 도덕적 가치를 가질 수 없다. 가언명령에 따른 행위는 진정으로는 자유롭지 못한 행동으로, 그것은 도구적인 행동에 지나지 않는다.

#### 4) 소결어

결론적으로 조건적 명령이나 선택적 명령인 가언명령은 보편성과 무조건 따라야 하는 필연성을 가질 수 없다. 정언명령만이 보편성과 필연성을 갖는다. 그러므로 도덕법칙은 정언명령의 형태로 나타날 수밖에 없다.

우리가 정언명령에 의하지 않고 가언명령에 의하는 경우에는, 내 의지는 내가 아닌 외부 힘에 의해서, 내가 놓인 환경의 필요에 의해서, 어쩌다 생긴 내 바람과 욕구에 의해서 타율적으로 결정되는 것이다. 따라서 가언명령에 따른 행위는 도덕가치를 가질 수 없다.

## Ⅳ. 칸트의 도덕법칙 - 무엇이 도덕의 최고원칙인가?

### 1. 서 언

칸트는 윤리학을 연구하면서, 주관적인 감정이나 상황에 따라 차이가 나는 도덕이 아니라, 모두가 인정할 수 있는 보편적이고 객관적인 도덕을 추구했다. 모두 사람이 합리적이고 타당하다고 생각되는 도덕을 지키는 것이 옳다고 생각했기 때문이다. 이러한 도덕을 도덕법칙이라고 부른다.

그러면 이제 마지막으로 커다란 의문이 남는다. 그러면 구체적으로 무엇이 과연 칸트 도덕법칙의 정언명령인가? 무엇이 도덕의 최고 법칙인가? 도덕법칙인 정언명령은 우리에게 무엇을 어떻게 할 것을 요구하는가?

지구상에 도덕법칙은, 즉 정언명령은 몇 가지나 되는가, 여러분 각자가 정하므로 수백, 수천 수십억 개가 되는가? 그러면 각자 개개인이 세우는 주관적인 도덕기준이 어떻게 객관적이고 보편적인 법칙이 될 수 있는가?의 어려운 문제가 따른다.

원래 객관적인 도덕법칙과 개개인의 주관적인 준칙은 구별된다. 우리는 객관적인 도덕법칙과 양립하기 어려운 개개인의 준칙에 따라 행동하는 경우도 있다. 그러나 칸트는 인간은 자신의 감정에 따라서 선을 베푸는 것은 옳지 않다고 보았다. 선을 행하는 것도 도덕법칙에 따라서 행하는 것만이 도덕가치를 가지며 따라서 옳다고 말한다.

오직 이성에 바탕을 두고 자율적으로 행동할 때, 내가 나에게 부여한 도덕법칙에 따라서 행동할 때, 바꾸어 말하면 정언명령에 따라서 행동할 때만이, 본성과 환경의 명령에서 벗어난 진정으로 자유로운 행동이다. 그런 행동만이 도덕적인 가치를 가지는 행동이다.

## 2. 칸트의 도덕법칙 - 정언명령 법칙

그러면 그 경우의 도덕법칙은 무엇일까? 칸트는 어떤 결과를 얻거나 어떤 목적을 달성하기 위한 수단으로서의 명령이 아니라, 명령 그 자체가 목적인 무조건적인 명령을 도덕법칙으로 제시하였다. 다시 말하면 때와 곳에 따라 달라지는 조건적인 가언 명령이 아니다. 그것은 어떠한 상황에서라도 무조건 따라야만 하는 당위적 의무로서의 정언명령이다. 정언명령이 그 자체로 절대적이며, 다른 어떤 동기도 포함하지 않은 채 하명되는 실천법칙이라면, 그러면 도대체 무엇이 정언명령일까?

칸트는 "도덕 형이상학의 기초"에서 정언명령의 세 가지 공식을 제시했다. 그런데 통상 칸트의 도덕법칙으로서의 정언명령은 그 3가지 가운데 다음의 두 가지 공식이 소개된다.

### 제1정언명령: 보편화 공식(The Formula of Universal Law)

① 너의 행동준칙을 항상 보편화하라.
② 너의 의지의 준칙이 항상 동시에 보편적 입법의 원리로 타당할 수 있도록 행동하라.
③ 너의 행동이 항상 보편적인 준칙이 되도록 행동하라.
④ 네 의지의 격률이 언제나 동시에 보편적 입법의 원리가 될 수 있도록 행동하라.

모두 같은 의미를 가진 서로 다른 표현이다. 쉽게 말해서 누구든지 어떤 행동을 할 때는 다른 사람들도 모두 (그러한 상황에서는) 그렇게 행동할 것 같은 방식으로, 보편타당하게 행동하라는 명령이다. 칸트는 보편법 공식의 구체적인 사례로 후술할 약속 지키기를 든다.

**제2정언명령: "인간성 목적대우"의 공식(The Formula of Humanity as End)**

① 사람을 목적으로 대하라.
② 어떤 경우에도 인간을 수단으로 생각하지 말고 목적으로 대접하라.
③ 너 자신과 다른 모든 사람의 인격을 언제나 동시에 목적으로 대우하도록 행동하라.

인간성 목적론의 공식은 인간은 절대적인 가치를 지닌 인격체로서, 어느 경우에도 설령 그것이 그 사람에게 유리한 결과가 된다고 하는 경우에도 결코 수단이 아니라, 그 자체가 목적이며 그에 합당한 존엄한 대우를 하라는 지상명령이다. 인간성 목적론의 공식은 엄격하게는 차이가 있기는 하지만 공자가 말한 "네가 원하지 않는 바를 남에게 베풀지 말라(己所不欲, 勿施於人)"라는 가르침과 일맥상통하다.

칸트는 인간성 목적론의 공식을 인간은 스스로가 목적으로 존재한다는 당연한 사실에서 연유하는 것이라고 말한다. 여기에 또한 칸트가 사람과 사물, 사람과 동물을 구분한 의의가 있다. 사람과 달리 사물과 동물은 때로는 수단적으로 취급될 수 있다. 하지만 사람은 이성적인 존재로 상대적인 가치를 가진 존재가 아니다. 절대적인 가치를 가진 존재이다. 사람이 어떤 절대적인 가치를 갖고, 본질적인 가치를 갖는다는 것은, 이성적인 존재로서 존엄하다는 것을 의미한다. 그러한 존재는 항상 존엄하고 존경을 받을 가치가 있다.

그런데 인간이 이성적인 존재라는 것은 인간은 그 자체가 목적이라는 의미이다. 어떤 사용에 개방되어 있는 존재가 결코 아니라는 의미이다.

그러므로 전술한 거짓약속을 하고 돈을 빌리는 것은, 또한 제2의 정언명령도 통과하지 못한다. 왜냐하면 내가 거짓약속을 한 경우에 나는 상대방을 수단으로 사용한 것이다. 내 목적 즉, 100만원을 얻어내려는 나의 욕구를 위해 상대방을 이용한 것으로, 나는 상대방을 존중하지 못했고, 상대방의 존엄함을 지키지 못했으며, 결국 상대방을 조작한 것이다.

## 칸트의 3대 정언명령

| 【정언명령 = 단언명령 = 절대명령】 | |
|---|---|
| 제1공식 | □ 보편화 법칙<br>(네 의지의 준칙이 항상 보편타당한 입법의 원리가 되도록 행동하라) |
| 제2공식 | □ 인간성 목적대우 법칙<br>(너 자신과 다른 모든 사람의 인격을 언제나 동시에 목적으로 대우하라) |
| 제3공식 | □ 목적왕국의 입법자 법칙<br>(언제나 목적왕국의 입법자인 것처럼 행동하라)[17] |

## 3. 도덕법칙은 과연 몇 개나 되는가?

위의 질문은 의무와 자율이 어떻게 양립하는가? 라는 물음과도 연결된다. 칸트의 자유와 자율 그리고 동기에 대한 이야기를 종합하면, 도덕적인 평가를 받는 행동은 이성을 가진 인간의 자율에 기초한 자유로운 행동이어야 한다. 그런데 자율은 스스로 주체가 되어 자발적으로 결정하는 것이다. 반면에 의무는 주어진 여건에 따라야 하는 내적인 종속이다.

그렇다면 어떻게 주체적인 자율과 종속적인 의무가 조화를 이룰 수 있다는 말인가? 즉, 타율적 개념인 의무와 자유의 기초인 자율성이 어떻게 공존할 수 있다는 말인가? 그러므로 도덕법칙에 따른 행동은 이미 타율적인 행동인 것은 아닌가? 또한 개개인이 자율적으로 그러므로 주관적으로 정하는 도덕법칙이 어떻게 보편적이고 일반적인 도덕법칙이 될 수 있는가? 이러한 의문이 칸트의 엄격하고 까다로운 자유의 개념에서, 역시 엄격하고 매우 까다로운 도덕철학의 깊은 사고로 이어지는 것이다. 그것은 또한 모든 사람이 똑같은 도덕법칙을 선택하라는 보장이 어디 있겠는가? 라는 의문으로 이어진다.

---

17) 칸트의 목적왕국(kingdom of ends)은 인간이 언제나 목적으로 대접받는 공동체 사회를 말한다. 인격을 도구로 사용하는 것이 아니라, 언제나 동시에 목적으로서 그리고 존경의 대상으로서 섬기는 공동체이다. 목적왕국은 칸트의 정언명령에서 도출된 가상의 왕국이다. 가상왕국의 백성들은 전적으로 이성적인 존재(rational beings) 즉 칸트가 말하는 도덕적인 숙고를 할 능력이 있는 사람들이다. 목적왕국의 구성원이 되려면 항상 보편법칙과 목적법칙에 따른 행위준칙을 선택해야만 한다. 그러므로 목적왕국의 백성들은 스스로가 자신의 행동의 도덕성을 심판한다. 따라서 목적왕국에서는 모두는 백성임과 동시에 임금이 된다.

이에 대하여 칸트는 다음과 같이 답변한다. 사람들은 혹시 도덕법칙이 내 의지의 산물이라면 사람마다 서로 다른 도덕법칙을 만드는 것은 아닌가? 라고 의문을 제기할지 모른다. 이런 의문에 대해 칸트는 '**절대로 그렇지 않다**' 고 대답한다. 칸트는 우리 모두는 동일한 도덕법칙을 제정하리라고 단언한다. 그 이유는 다음과 같다.

도덕법칙을 정할 때 인간은 여러분이나 나나, 아프리카 사람이나, 미국 사람이나, 라틴 사람이나 아시아 사람이나 특정한 속성이나 그룹의 사람으로 선택하는 것이 아니다. 물론 우리가 특정한 이익, 욕구, 목적에 따라서 판단한다면 수많은 원칙과 주장이 탄생할 것이다. 그러나 도덕법칙의 제정이나 선택은 인간이 **이성적인 존재**(rational being)로서 참여하는 것이기 때문에 인간은 모두 동일한 도덕법칙을 제정하게 된다.

이성적인 존재는 그것이 단지 올바른 일이기 때문에 올바른 행동을 해야 한다는 것을 누구보다도 잘 안다. 즉, 인간의 존엄성은 다름 아닌 보편적인 법칙을 만드는 능력에 달렸고, 그렇게 자신이 스스로 만든 법에, 종속하는 능력이 있다. 즉, 도덕법칙을 만듦에 있어서 인간은 실천이성을 발휘하는 것이다. 이성적인 인간이 실천이성을 발휘하면 누구나 똑같은 결론, 즉 유일하고 보편적인 두 가지 공식을 가진 정언명령에 도달할 것이라는 것이 칸트의 결론이다.

따라서 논리의 당연한 귀결로서 "이성에 따른 자유의지에 따른 행동과 도덕법칙에 따른 행동은 똑 같은 하나가 된다." 그러므로 사람마다 서로 다른 도덕법칙을 주장하는 일이 생기지 않겠는가? 라는 생각은 기우에 지나지 않는다.

결국 세상에는 얼마나 많은 도덕법칙이 존재하는가? 라는 질문에 대한 대답은 **도덕법칙은 1개**라는 결론에 도달하게 된다. 도덕법칙은 이성적인 존재인 인간이 이성의 추론으로 설정한 것이기 때문에, 나의 양심은 여러분의 양심과 동일하다. 결국 보편적인 하나의 도덕법칙이 존재한다는 결론에 이른다. 이처럼 칸트는 말하기를 우리가 만약 우리의 양심에 따라서 자유롭게 선택한다면, 모든 사람에게서 동일한 도덕법칙이 나오게 된다.

## 4. 칸트의 정언명령 테스트

### 1) 테스트 1 - 약속 지키기의 도덕철학

> 지키지 못할 것이 빤한 약속을 하는 것이 과연 옳은 일일까?
> 예컨대 내가 지금 급히 돈이 필요해서 친구인 당신에게 100만원을 빌려달라고 한다. 나는 돈을 금방 갚을 수 없는 것을 너무나 잘 안다. 그런데도 어떻게든 돈을 빌리려는 마음에 3일후에 틀림없이 갚겠다면서 지킬 수 없는 거짓약속을 한다. 매우 곤궁한 처지에서 나온 행동이지만, 과연 도덕적으로 용납될 수 있는 행동일까? 바꾸어 말하면 거짓약속은 정언명령에 맞은 행동일까?

칸트는 “아니오”라고 대답한다. 구체적으로 분석해 본다.

#### ① 행동준칙의 보편화라는 제1정언명령에의 위배 문제

먼저 거짓말을 보편화 할 수는 없다. 예컨대 거짓말 약속을 보편화해보면 어떻게 되는가? 거짓말 약속을 보편화 한다면, “돈이 급히 필요할 때마다 금방 갚겠다는 거짓말로 약속하고 일단 돈을 빌려야 한다. 갚을 수 없다는 것을 안다 해도 거짓말하고 빌려라.”라는 것이 될 것이다. 이것은 결국 돈을 빌릴 때마다, 거짓 약속을 일반화 하는 것인데, 만약 모든 사람들이 돈이 필요할 때마다 거짓약속을 한다면, 누구도 그런 약속을 믿으려고 하지 않을 것이다. 결국 약속 같은 것은 없게 된다. 거짓약속을 보편화하면 약속을 지킨다는 행위 자체가 무의미해지기 때문이고, 근본을 훼손했기 때문이다. 결코 옳다고 할 수 없고 보편화 될 수 없는 행동이라는 결론에 이른다.

#### ② 사람을 수단으로 대하지 말라는 제2정언명령에의 위배문제

내가 돈을 갚을 능력이 없는데도, 꼭 갚겠다고 약속하고 돈을 빌린다면 그것은 당신을 수단으로 이용하는 꼴이다. 당신을 목적이 아니라, 단지 나의 금전적인 어려움을 해결할 수단으로 이용한 것이다.

### 2) 테스트 2 - 칸트의 정언명령을 통한 구체적인 이해!

다음의 사례들을 통해서 칸트의 정언명령 법칙을 통해 생각해 보라!

사례 1) - 칸트의 도덕법칙의 관점에서 논리적으로 설명하라.

경기도 여주 남한강 이포보 공사현장을 점거해 41일간 농성을 벌인 서울 환경운동연합 사무처장 등 환경운동연합 간부 3명에 대한 구속영장이 법원에서 기각됐다. 이들은 4대강 사업 중단을 요구하며 남한강 이포보 공사 현장에서 20여m 높이의 보 기둥 위에 오른 뒤 고공 점거농성을 시작한 지 40일만에, 그리고 법원의 퇴거결정이 내려진 지 11일만에 농성을 해제했었다. 경찰은 점거농성자들을 현장에서 연행했었다. 그러나 여주지원 엄기표 판사는 2일 "도주와 증거인멸의 우려가 없다"며 구속영장을 기각했다.[18]

사례 2)

칸트의 정언명령에 비추어 광우병 파문에서, 유모차에 어린아이를 태우거나 안고, 광우병 집회에 참석한 어른의 행동은 도덕적인가? 논리적으로 이해해 보자.

사례 3)

데모 집회에서 연행하려고 하는 경우, 인계철선을 만들거나 땅에 드러눕거나 등으로 몸을 던져 연행당하는 것을 거부하는 인간행동에 대해 칸트의 도덕법칙의 관점에서 논리적으로 설명하자.

## 5. 신체의 일상적인 이용문제?

일상사에 있어서 우리는 나의 특정한 목적을 위해서 스스로의 육체를 이용하여 차를 타고 가고, 짐을 실어 오는 등으로 내 몸을 수단으로 사용해야 하는 것이 아닌가? 역시 내 주변의 사람을 나의 목적을 위해서 수단으로

18) 조선일보, 2010. 9. 2. 이포보 점거농성 환경단체 간부 3명 영장 기각

사용할 수도 있는 것이 아닌가?

예컨대 나는 수업시간에 뛰어나고 싶다, 그러기 위해서 보고서를 작성해야 한다. 그 경우에도 나는 밤을 새워 가면서, 졸음을 참으면서 내 육체를 보고서를 작성하는 수단으로 사용하는 것은 아닌가? 또 물건을 구입하러 상점에 가서 물건을 구매하거나, 레스토랑에서 종업원에게 음식을 주문하는 경우에도 가게에서 일하는 사람 등에게 내가 찾는 물건을 갖다 달라고 하는 것은, 내가 그들을 수단으로 이용하는 것이 아닌가?

그러나 칸트의 관점에서도 이 경우에는 도덕적으로 어떤 잘못이 아니다. 즉, 정언명령을 위배하지 않았다. 사례와 같은 경우에 만약 당신이 우리가 다른 사람을 우리의 사업이나 과업의 이익을 위해 거래적으로 사용할 때는 자신이나 상대방을 수단으로 사용한 것이지만, 만약 우리가 그들을 그들의 존재 목적을 인정하면서 존엄성을 존중하는 쪽과 일치되는 방향으로 사용한다면, 그것은 사람을 수단으로 사용한 것이 아니다.

## Ⅴ. 칸트의 인권관: 인간존중과 사랑, 공감 연대감 등의 비교

칸트의 제2정언명령은 언제나 사람을 목적으로 공경하라고 명령한다. 인간존중의 의무는 이성을 지닌 존재인 인간에 대한 보편적이고 기본적인 의무이다. 인간존중은 상대방이 어떤 사람인가와는 관계없다. 인간존중은 사람은 언제나 수단이 아니라 목적으로 대접받아야 한다는 정언명령 즉, 칸트의 도덕법칙에서 도출되는 당연한 원리이다.

그런데 이러한 목적법칙에 따른 인간존중의 원리는 개별적이고 집단적이며 분할적인 다양한 애착, 즉 사랑이나 공감, 연대감, 동료의식 등과 다르다. 사랑이나 공감, 연대감, 동료의식은 여러 명의 타인 중에서도 특정한 타인 또는 한정된 그룹에게 더 끌리는 도덕적인 감정이다.

그러나 인간존중의 원리는 보편적인 것으로서 그러한 개별적이고 구획적인 감정과는 다르다. 그러므로 칸트식 목적론적 인간존중은 사랑과는 다르다. 공감과도 다르다. 연대감이나 동료의식과도 다르다. 다른 사람을 좋아한다거나 사랑한다는 것은 그가 누구인가와 관련이 있다. 우리는 가족을 사랑한다. 우리는 나와 동일시 할 수 있는 사람에게는 공감을 가진다. 친구나 동료와는 연대감을 느낀다.

그러나 칸트식 인간존중은 인간인 이상, 즉 단지 인간이라는 이유로, 인간 그 자체에 대한 존중이며, 인간 모두에게 비차별적으로 존재하는 이성적 능력에 대한 존중이다. 정확하게는 인간존중은 인간이성에 대한 존중이다. 결과적으로 칸트의 인간존중의 원칙은 보편인권원칙과 통하는 것이다. 사람 모두에 대한 사랑, 모두에 대한 공감만이 칸트가 말하는 온당한 인간존중이 된다.

칸트의 보편적인 인간존중에서 귀결되는 칸트의 인권관에 따르면 우리는 상대방이 지구상의 어디에 살든, 우리가 상대를 얼마나 잘 알든, 그들의 성별, 나이, 국적, 피부색, 인종, 종교, 신념에 무관하게 모든 사람을 목적으로 존중하고 인권을 옹호해야 한다. 그들은 단지 인간이기 때문에, 이성적인 능력을 갖고 있기 때문에, 그것만으로 존중받을 가치가 있는 것이다.

# 제2절 칸트 도덕철학의 현실에의 적용

## 제1항 각종의 사례

칸트의 도덕철학을 쉽게 이해하는 또 다른 방법은 구체적인 질문을 통해서 현실의 행동에 도덕철학이 어떻게 적용되는지를 살펴보는 것이다.

### 1. 도둑(Theft)

칸트는 절도는 상대방을 수단으로 이용하는 것이므로 제2의 정언명령의 위배라고 단언한다. 또한 절도는 그 행위를 언제나 보편화 할 수도 없으므로 제1의 정언명령에도 위배된다고 지적한다.

### 2. 자살 - 타살은 물론 자살도 정언명령에 위배되는가?

명백하게 타살은 그 행동을 보편화 시킬 수 없다. 타살은 또한 타인을 수단으로 사용한 것이므로 두 가지 정언명령 모두를 위배한다.

그렇다면 자살의 경우는 어떠한가? 결론적으로 자살도 정언명령에 어긋난다. 누군가를 죽이는 행위 즉, 타살은 그의 뜻을 거슬러 목숨을 빼앗는 행위인 반면에, 자살은 그것을 행하는 사람의 선택으로 목숨을 끊는 것이다. 그러나 인간을 목적으로 대해야 한다는 제2의 정언명령의 관점에서 보면, 타살이나 자살이나 인간을 대하는 근본적인 방식은 같다.

자살은 내가 정신적이든 경제적이든 육체적이든 고통스러운 상황에서 빠져나가기 위해서 스스로의 목숨을 끊는 것으로서, 그것은 나를 고통 완화수단으로 사용하는 것이다.

결국 칸트 생각에 자살이 잘못된 이유는 타살이 잘못된 이유와 똑 같다. 자살이나 타살은 모두 사람을 물건 취급하면서 그 자체를 목적으로 존중하지 않는다는 점에서 도덕적으로 옳지 않은 행동이 된다. 자살에 대한 칸트의 인식은 인간존중의 두드러진 특징을 잘 보여준다.

### 3. 나태(Laziness)

칸트는 게으름은 "스스로의 재능 개발의 실패"라고 설명하면서 그에 대해 정언명령을 대입한다. 칸트는 어떤 사람이 재능이 있어서, 만약에 그가 자신의 재능을 개발하면 많은 좋은 일을 할 수 있음에도 쾌락을 즐기는데 허비하는 사람을 예로 든다.

그 사람은 자신이 아니라도 세상은 잘 돌아갈 것이라고 말할지 모르지만, 칸트는 다른 사람도 똑 같이 쾌락만을 찾고 자기개발에 소홀하여, 결국 세상에 즐길 일이 없어진다면, 그것은 스스로 행동의 기반을 훼손하는 것이므로, 거짓말의 경우와 같이 결코 보편화 할 수 없는 행동이라고 평가한다. 즉, 게으름은 보편화 법칙인 제1의 정언명령에 위배하는 행동이라는 것이다.

나태는 또한 능력 있는 자신을 자신의 안위와 쾌락을 위해 자신의 육체를 현재 상태에서 방치하는 등으로 수단으로 취급하는 것이다. 즉, 자기개발은 스스로에 대한 의무임에도 스스로를 수단화하여 개발대신에 쾌락으로 이끈다는 점에서도, 자신을 쾌락의 수단으로 사용하는 것이므로 제2의 정언명령에도 위반하는 행위가 된다.

### 4. 동물학대(Cruelty to animals)

원래 칸트의 도덕철학에 의하면 이성이 없는 사물이나 동물에 대한 존중은 본질적으로는 도덕적인 가치를 내포하고 있지는 않다. 그러나 칸트는 동물학대 금지를 스스로에 대한 의무위배라는 연결점에서 강력하게 요청한다.

먼저 동물학대는 보편화 할 수 없는 것으로서 보편화 원칙인 제1의 정언명령에 어긋난다. 또한 칸트에 따르면 사람은 동정심을 강화해야할 의무가 있다. 왜냐하면 동정심은 다른 사람들과의 관계에서 도덕성을 증대시키는 효과가 있기 때문이다. 그런데 동물에 대한 잔혹함은 인간의 동정심을 급격히 감퇴시킨다. 그것은 타인을 수단적으로 사용할 위험성을 초래한다. 그러므로 사람들은 동물학대를 해서는 안 된다는 결론에 이른다.

## 5. 자유로운 성관계(casual sex)[19]

성도덕에 관한 칸트의 견해는 전통적이고 보수적이다. 그 이유는 칸트가 종교인이라거나 도덕철학을 연구한 학자이기 때문이 아니다. 칸트가 자유로운 성관계를 거부하는 것을 그의 도덕철학의 논리에 기초하기 때문이다.

결론적으로 칸트는 부부사이의 성관계를 제외한 모든 성적행위에 반대한다. 우리가 내 몸을 수단으로 사용하는 결과를 초래하는 자살의 경우에서 알 수 있듯이, 칸트에 따르면 우리는 자신을 소유할 수도, 그러므로 마음대로 처분할 수도 없다.

서로 동의한 경우라도 혼외정사(婚外情事)에 반대하는 것은 그것이 두 사람 모두를 대상화 즉, 수단화하기 때문이다. 자유로운 성관계라고 하지만 그것은 어떤 경향이나 끌림에 의해 오로지 성욕을 충족시킬 뿐, 상대의 인간성을 존중하는 행위가 아니라는 것이다. 칸트의 표현을 빌린다.

> **"남자가 여자에게 끌리는 이유는 상대가 인간이기 때문이 아니라 여자이기 때문이다. 여자가 인간이라는 사실은 남자의 관심 밖이다. 단지 여자라는 성별만이 남자가 느끼는 욕구의 대상이다."**

그러므로 자유로운 성관계는 두 사람에게 만족을 준다고 해도 "두 사람은 상대의 인간성을 욕보인다." 그들은 인간성을 욕정과 끌림을 충족하는 도구로 이용한다.

오직 결혼한 부부의 성관계만이 성관계를 인간존중으로 격상시킨다. 즉,

---

19) 어쩌다 만난 사람과의 성행위.

결혼은 성관계를 육체적 만족을 넘어서서 인간의 존엄성과 연결시켜 준다. 그러므로 부부끼리의 건전한 성관계만이 '인간의 품위를 떨어뜨리는 것'을 막을 수 있다. 두 사람이 상대에게 자신의 전부를 줄 때만이 그리고 성적 능력을 이용하지 않을 때만이 성관계가 대상화하지 않을 수 있다. 서로가 상대의 인간성과 육체와 영혼을 공유할 때만이 성적 결합은 '인간의 결합'으로 이어질 수 있다는 것이다.

그러나 여기에서 명백히 알아야 할 것은 칸트의 경우에도 인간적인 결합이 부부가 아닌 사람들 사이에는 절대로 일어날 수 없다거나, 부부가 아닌 사람들끼리의 성관계는 단지 성적 만족밖에는 없다고 말한다면 그것은 잘못이다.

칸트의 성에 관한 논점은 '규제받지 않는 합의의 윤리'의 위험성을 논리적으로 지적하는 것으로서 인간의 존엄성과 자율을 존중하는 윤리 즉, 보편적인 인권존중의 사상을 보여주는 것이다.

그러나 여전히 문제는 남는다. 아무리 부부사이의 성관계라고 하지만, 오늘날 적지 않은 사람들이 부부 섹스 성공의 한 방법으로 제시하듯이, 성관계하며 파트너를 다른 사람으로 생각하는 부부관계는 과연 도덕적인가?

## 6. 매춘(prostitution)

매춘이 도덕적인가? 비도덕적인가? 이 문제는 근본적으로 우리의 성적 능력을 이용하는 행위가 도덕적으로 문제가 없는지를 묻는 질문이다. 이 경우의 대답도 물론 도덕법칙 즉, 정언명령법칙에 따라서 타인이나 우리 자신을 단순히 물건으로 취급해서는 안 된다는 결론이다.

먼저 매춘행위는 그 행동을 보편화할 수도 없을 것이므로 정언명령 제1법칙에 어긋남이 명백하다. 또한 금전적 이익을 바라고 내 몸을 다른 사람의 성욕충족에 이용되게 하여, 자신을 수요의 대상으로 만드는 행위는 스테이크로 허기를 채우듯이 나를 대상으로 삼아 욕구를 채우는 행위이다. 그러나 인간은 이익을 바라고 자신을 마치 물건처럼 내 놓아서, 상대가 성욕을 채우도록 허용할 자격이 없다. 이런 행위는 사람의 몸을 단지 이용할 물적 대상으로 취급하는 행위이다. 제2의 정언명령에도 위배되는 행동이 된다.

매춘과 자유로운 성관계에 반대하는 칸트의 견해는 그가 생각하는 자율인 이성적 존재의 자유의지와 합의에 따른 개인행동의 대조를 드러낸다. 오늘날 성도덕 논쟁에서 자율권을 중시하는 자유주의론자들은 개인은 자기 몸을 마음대로 이용할 수 있어야 한다고 주장한다. 그러나 칸트가 말하는 자율권에 따르면 그렇지 않다.

## 7. 장기판매

칸트가 생각하는 자율은 우리가 자신의 신체를 다루는 방식에 일정한 제한을 가한다. 칸트는 우리는 자신을 마음대로 처분할 수 없다고 주장한다. 후술할 자유지상주의의 자기소유 개념과는 정반대로 칸트는, 우리는 자신을 소유하지 않는다고 주장한다. 인간은 자신의 재산이 아니며 자기 몸을 마음대로 이용할 수 없다고 말한다.[20]

칸트 시대에 콩팥시장은 성행하지 않았지만, 부자들은 가난한 사람들에게서 치아를 사서 자기 잇몸에 심었다. 칸트는 성매매와 똑같은 이치로 장기매매를 인간의 존엄성을 침해하는 행위로 보았다. 누구든 "자기 팔다리를 심지어는 치아 하나라도 팔 자격이 없다. 이는 자신을 대상으로 단순한 수단으로 이익을 위한 도구로 여기는 행동이다."

동양철학에서는 신체발부수지부모, 불감훼상, 효지시야(*身體髮膚受之父母, 不敢毁傷, 孝之始也*)라고 하여 사람의 신체와 터럭과 살갗은 부모에게서 받은 것이니, 이것을 손상시키지 않는 것이 효의 시작이라고 본다.[21]

## 8. 자선행위

칸트는 소위 이타주의자에게도 엄격한 도덕법칙의 잣대를 들이댄다. 어떤 이타주의자들은 선행 자체에 대한 만족 때문이 아니라, 불우한 사람에

20) "인간은 자신을 마음대로 처분할 수 없다. 인간은 물건이 아니기 때문이다. 인간은 자신의 재산이 아니다(Man cannot dispose over himself because he is not a thing; he is not his own property)."

21) 입신행도 양명어후세 이현부모 효지종야(立身行道 揚名於後世 以顯父母 孝之終也). 즉, 몸을 세워 도를 행하고 후세에 이름을 날려 부모를 드러나게 하는 것이 효도의 마지막이니라("효경", 開宗明義(개종명의)장).

게 동정심을 느끼고 그들을 도우면서 쾌락을 느낀다. 하지만 칸트에게 그러한 이타심은 결국 자기만족을 위한 것이다.

이것은 타인을 도우면서 보람이나 쾌락을 느끼는 사람은 선한사람이라는 일반적인 통념과는 정반대의 결론이라고 할 수 있다. 하지만 칸트는 타인을 돕는 이유가 단지 그 행위에서 느끼는 쾌락 때문이라면, 그런 행동에는 도덕적인 가치가 부족하다고 본다. 즉, 동정심에서 나온 선행은 "아무리 옳고, 아무리 다정해도 도덕적 가치가 떨어진다고 말한다. 칸트는 타인을 도울 때 쾌락을 느끼는 선행동기와 의무동기를 엄격하게 구분한다. 그리고 오직 의무동기만이 자선행동에 도덕적 가치를 부여한다고 말한다.

그러므로 타인을 도울 때 쾌락을 느끼는 이타주의자의 동정은 칭찬과 격려를 받을 자격이 있지만 존경받을 수는 없다는 것이다. 그러나 물론 타인을 도울 의무를 인식하고 그에 따라 행동했다면, 나중에 보람 때문에 쾌락을 느낀다고 해서 도덕적인 가치가 떨어지지는 않는다.

## 9. 테 러

테러는 국제법적으로 민간인에 대한 공격을 금지하는 '전쟁'(war)과는 달리 의도적으로 민간인에 대하여 무참하게 공격을 자행하고, 무고한 제3자에 대한 폭력을 통하여 주권국가의 정부지도자들에게 위협을 가하는 것으로, 국가에 대한 증오를 선량한 개인이나 단체에 대한 공격으로 나타내는 기상천외한 폭력의 행사이다. 그런데 테러에 대한 개념정의는 오늘날까지 본질적으로 논쟁거리이다. 왜냐하면 일반 폭력과는 상궤를 벗어난 현상에 대해서도, 그것을 사용하는 집단은 정당하다는 확고한 신념을 가지고 있기 때문이다.

테러에 대한 개념정의가 얼마나 논쟁적인가 하는 것을 잘 보여 주는 것이, 미국에 의해 대표적인 국제테러조직의 대명사로 지목되고 있는 알카에다(Al Qaeda) 조직은 자신들은 자유의 투사이고, 미국을 테러의 원흉으로 보고 있다는 사실이다. 오늘날 보편적으로 인정되는 테러의 5대 인자는 다음과 같다.

① 목표물(target): 정부지도자들이다.
② 의도(intent): "엄청난 공포"의 확산이다.
③ 수단(means): 극적인 효과를 달성하기 위한 다양한 폭력방법이다.
④ 동기(motivation): 이념적, 종교적, 민족적 이유를 내포한 정치적 이유이다.
⑤ 피해자(victims): 민간인이나 비전투원이다.

일반적인 범죄의 경우에는 피해자 그 자체가 목표물이자 목적이 되지만, 테러의 경우에는 무고한 일반시민들은 테러조직에 위해(危害)가 되기 때문이 아니라 단지 상징물, 수단 또는 소위 '**더러운 존재**'(corrupt being)로 테러의 목적달성을 위해 정조준된 것에 지나지 않는다.

그러므로 어느 쪽의 의견이 옳고 그름과에 무관하게 테러는 본질적으로 고귀한 인간을 수단으로 삼는다. 이처럼 테러에 있어서는 무고한 피해자인 일반인들은 단지 위협적 메시지를 전달하기 위한 통로로 사용된 것으로서, 이것은 칸트의 제2의 정언명령에 명백히 위배된다.

## 제2항 거짓말의 도덕철학

### Ⅰ. 개 관

칸트의 엄격한 도덕법칙은 예외가 없다. 칸트는 거짓말을 한다는 것은, 이성적인 존재인 인간이 스스로의 존엄성을 위배하는 것이라고 단언한다. 사례를 보자.

□ **사례 1.**

어머님이 지극히 사랑하는 동생이, 자동차 사고로 죽었다고 가정하자. 건강이 안 좋아 요양원에 있는 나이 들고 병약한 어머님은 아들의 소식을 듣고 싶어 한다.

당신은 어머니에게 사실대로 말해야 할지 아니면 어머니가 충격과 고통에 빠지지 않도록 사실을 숨겨야 할지를 갈등한다. 어떻게 해야 하는 것이 옳은가?

"너희는 남에게 바라는 대로 남에게 해주어라"라는 황금률의 원칙에서는 "비슷한 상황이라면 당신은 어떻게 해 주는 것을 바라는가?"라고 불확정적인 대답을 줄 것이다.

어떤 사람은 그처럼 힘든 상황에서는 고통스러운 현실을 차라리 모른 채 지나치고 싶을 테고, 다른 어떤 사람은 아무리 고통스러운 현실이라고 해도 알고 싶어 할 것이다. 이에 대한 대답으로는 세 가지가 있을 수 있다.

① 동생은 잘 있는데 바빠서 못 왔어, 대신 안부전해 달랬다고 명백한 거짓말을 하는 것이다.

② 엊그제 나랑 같이 사우나에 갔었다고, 오도된 진실로 동생이 죽은 사실은 숨기는 방법이다.

③ 마지막으로 동생은 죽었다고 사실대로 말하는 것이다.

□ **사례 2.**

친구가 옷장에 숨어있고 살인자가 문 앞에 나타난 난처한 상황을 가정한다. 물론 살인자를 도와서 사악한 계획을 실행할 마음은 추호도 없다. 여러분도 사실은 살인자를 친구가 있는 곳으로 안내할 말은 한마디도 하고 싶지 않다. 이 경우에 여러분들 앞에는 두 가지의 선택이 있다.

① "그 사람은 여기 없어요."라는 빤한 거짓말을 하거나,

② "한 시간 전에 저 아래 가게로 가는 걸 봤어요."

맞는 말이지만 오해할 말을 하는 것이다.

그러나 칸트에게 이러한 질문에 대한 대답은 명백하다.

중요한 것은 이러한 상황에서도 당신이나 당신의 어머니는 과연 어떤 기분이 들겠느냐? 가 아니다. 칸트는 오직 사람을 이성적인 존재로 존중하고 대접하는 것에 집중하라고 말한다. 정언명령의 관점에서 보면 어머니의 기분을 걱정해서 거짓말을 하는 행위는, 어머니를 이성적인 존재로 존중하기보다는 어머니를 어머니의 만족을 위한 수단으로 이용하는 행위이다.

그렇다면 과연 진실법칙의 연장선에서 친구를 여러분의 집에 숨기고 있는데 문 앞에 살인자가 와서 친구의 소재를 묻는 경우에도, 친구의 소재를 사실 그대로 말해 주어야만 하는가? 아니면 살인자로 하여금 오도하게 유도하는 것은 도덕적으로 허용되는 올바른 일인가? 이것이 소위 오도된 진실(misleading truths)의 도덕성의 문제이다.

## Ⅱ. 거짓말의 도덕철학

### 1. 거짓말의 부도덕성

칸트는 어떤 경우에도 거짓말을 단호히 거부한다. 거짓말은 애당초부터 지킬 마음이 없는 약속 또는 사실이 아닌 것을 사실인 것처럼 꾸며 대어 하는 말이다. 추후의 사정변경으로 인한 태도변화를 말하는 것이 아니다.

칸트는 1785년 저술인 《도덕 형이상학의 기초》에서 거짓말을 부도덕한

행위의 으뜸으로 꼽았다. 나치대원에게 다락방에 숨어있는 안네 프랑크 가족이 없다는 거짓말도 용납되지 않는다고 말할 정도이다. 칸트는 예컨대 친구가 당신 집에 숨어있고, 살인자가 문 앞에 와서 그 친구를 찾는다고 가정한다. 이때 친구의 목숨을 지켜주기 위해 살인자에게 거짓말을 하는 행위는 옳은 행위가 아니겠는가? 이에 대해 칸트는 아니라고 답한다. 진실을 말해야 할 의무는, 결과에 상관없이 항상 유효하다는 것이다.

사실 거짓말은 칸트 도덕철학의 이해에서 가장 어려운 부분이다. 그래서 거짓말에 대한 칸트의 견해는 유별나고 극단적인 입장이라는 평가를 받기도 한다. 여하튼 칸트는 거짓말은 도덕적으로는 절대적으로 잘못이라고 말한다. 사실 살인자에게 진실을 말한다는 것은 미친 일일 것이다. 하지만 칸트는 심지어 살인자일지라도 그에게 거짓말 하는 것은 잘못이라고 말한다. 칸트는 왜 행위의 결과를 생각하는가?라고 반문한다.

## 2. 선의의 거짓말은 어떤가?

칸트는 또한 선의의 거짓말도 거짓말의 일종으로 도덕법칙에 위배된다고 말한다. 선의의 거짓말은 누군가의 감정을 상하게 하지 않으려는 의도에서 행하는 거짓말을 말한다.

우리는 일상의 생활에서는 선의의 거짓말을 할 때가 적지 않다. 그것은 결과를 고려하여 현재의 부자연함이나 어색함 그리고 고통을 면하려는 의도의 언행이다. 동생이 사망했는데, 어머님의 마음을 고려하여 살아있다고 선의의 거짓말을 하거나, 친구가 선물한 넥타이가 마음에 들지 않는데도, “멋진데”, “뭘 이런걸!”, “고마워” 같은 말은 선의의 거짓말로 사실은 안 좋아하는 넥타이를 좋아하는 것으로 그릇된 인상을 심어줄 수 있다. 그래서 칸트는 선의의 거짓말에 대해서도 단호하다.

물론 사회생활에서 다른 사람의 기분을 배려한다는 의도는 평가받을 만하지만, 그것을 추구할 때는 정언명령 그러므로 도덕법칙에 어긋나지 않아야 한다고 칸트는 지적한다. 이성을 가진 인간은 행동의 바탕이 되는 원칙을 얼마든지 보편화 시킬 수 있는 진실한 말과 행동을 해야 한다는 것이다.

목적이나 결과를 따져보고 예외를 인정하는 것이 옳겠다고 싶을 때마다 예외를 인정한다면 도덕법의 정언적 성격 즉, 절대성이 무너지고 말 것이라는 우려인 것이다.

## Ⅲ. 오도된 진실(misleading truths)

그렇다면 앞서 본 병들고 노약한 어머니의 사례나, 안네 프랑크 가족의 사례 그리고 선물 받은 마음에 들지 않는 넥타이의 사례에서 도덕성을 훼손하지 않으면서 슬기롭게 상황을 대처할 수 있는 방법은 무엇일까?

칸트는 그에 대한 대답으로 오도된 진실을 말해준다. 칸트는 오도하는 진실은 도덕법칙에 어긋나는 것이 아니라고 설명한다. 어떤 오도한 그러나 틀리지 않은 말이라면, 그것은 상대방을 오도하게 하기는 했지만 말한 내용은 어디까지나 사실이이기 때문이라는 것이다.

물론 명백한 거짓말과 오도하는 진실 사이에는, 과연 어떤 도덕적인 차이가 있는가라는 비판이 제기될 수 있지만, 칸트의 관점에서는 명백한 차이가 있다.

그 차이는 칸트가 반복해서 강조했듯이 행위의 결과를 고려하지 말라는 요구에서 나타난다. 칸트는 오직 도덕법에 따른 행동만을 요구했지, 행위의 결과는 우리가 책임질 수 있는 일이 아니라고 말한다.

이처럼 칸트는 오도하는 진실은 용인하지만, 선의의 거짓말도 새빨간 거짓말과 마찬가지로 도덕법칙에는 맞지 않다고 단언한다.

그러므로 앞서 본 사례들에서, 어머니에게 동생은 나와 그저께 사우나에 갔었다고 말거나, 넥타이 색깔이나 상표가 마음에 들지 않는 경우에 현명한 대응은 "와! 나는 이런 넥타이는 결코 본적이 없어!" 고맙다. (잠시 멈춘 후에 속으로) 넌 다시는 이런 종류의 넥타이는 선물하지 마! 라고 대답하는 것이다.

그러한 경우의 오도한 대답이나 반응은, 어디까지나 진실을 말한 것으로서 도덕법칙에 위배되는 것은 아니라는 것이다.

## Ⅳ. 거짓말의 도덕철학에 대한 평가

그렇다면 칸트의 거짓말에 대한 유별난 듯 한 도덕철학은 과연 옳은 입장일까? 사실 우리는 나치 돌격대원에게 안네 프랑크 가족이 다락방에 숨어 있다고 말해 줄 도덕적인 의무는 분명히 없다. 그러므로 칸트의 주장은 언뜻 받아들이기 어려워 보인다. 그러나 세기의 석학 마이클 샌델도 거짓말의 도덕철학에 대한 칸트의 견해를 옹호한다.

칸트는 살인자에게 거짓말하는 행위가 잘못인 이유는, 살인자에게 해(害)가 되기 때문이 아니라, **진실원칙**을 위반했기 때문이라고 대답한다. 칸트의 원칙은 이렇다. "회피할 수 없는 발언에도 진실을 담아야 한다. 진실원칙은 인간으로서 모든 사람을 상대로 지켜야 할 엄연한 의무이다. 그에게나 다른 누구에게나 아무리 큰 불이익이 닥친다 해도 마찬가지이다."

칸트는 당신에게 오직 진실만을 말하라고 요구한다. 그 이유는 살인자가 진실을 들을 자격이 있다거나 거짓이 살인자에게 해(害)가 되어서가 아니다. 거짓은 종류를 막론하고 진실이라는 원천을 오염시키기 때문이다. 그러므로 진실하기 즉, 정직하기는 신성하고 조건 없이 적용되는 이성의 법칙이며, 그 어떤 편의상의 예외도 인정할 수 없다는 것이다. 결과를 이유로 도덕법칙에 치명적인 예외를 인정하는 정언명령 제1법칙에 의하면 거짓말을 보편화해야 되는 잘못된 꼴이기 때문이다. 또한 거짓말은 상대방을 목적이 아니라 수단으로 대하는 것으로서 제2의 정언명령에도 어긋난다.

반면에 프랑스 철학자 밴자민 콩스탕(Benjamin Constant)은 소위 화이트 라이도 부도덕하다는 칸트의 논리에 이의를 제기한다. 콩스탕은 다음과 같이 칸트의 비타협적인 입장에 대해 반박한다. "**진실을 말해야 할 의무는 진실을 알 자격이 있는 사람만을 대상으로 하며, 살인자 같은 사람은 당연히 여기에 해당하지 않는다.**"

원래 칸트에게 도덕은 결과가 아닌 원칙의 문제이다. 칸트는 인간은 행동의 결과를 조절할 수 없다고 본다.[22] 결과는 우연과 밀접히 관련되기 때문이

22) Morality is not about consequences: it's about principle. You can't control the consequences of your action. 도덕은 결과가 아니라 원칙의 문제이다. 여러분은 여러분 행동의 결과를 조종할 수

다. 하지만 전술한 살인자의 사례처럼 결과가 바로 눈앞에 보이는 경우도 없지는 않다. 그런 경우에까지 거짓말의 도덕성을 문제 삼는 것은 의문이 들 수도 있다. 그러나 칸트의 노력은 과연 어떤 행동이 도덕적인 가치가 있는 대원칙을 정립하려고 하는 치열한 노력이었음을 상기할 필요가 있다고 보인다.

그러므로 살인자에게 거짓말을 하는 행동이나 선의의 거짓말을 하는 행동은 도덕적인 가치는 부족하지만, 분명히 공동체 생활에서 존중받거나 칭찬받을 만한 행동이 될 수 있음을 잊어서는 안 된다.

## Ⅴ. 칸트 본인의 사례 - 거짓말인가, 오해를 살만하지만 진실인가?

실제로 칸트 자신이 딜레마에 빠졌을 때 거짓말과 오해할 만한 말의 차이로 곤경을 벗어난 전례가 있다. 1786년  쾨니히스베르크대학의 총장에 선출된 칸트는 1792년에 논문출판과 검열을 두고 학부관리처와 의견충돌이 있었다.

문제의 논문은 《인간본성에 있어서의 근본악에 관하여》란 제목으로서 당시의 계몽주의 사상과 종교에 관한 칸트의 솔직한 견해를 담은 것이었다. 칸트는 이미 국왕 프리드리히 빌헬름 2세와 껄끄러운 관계였다.

더 직접적으로 왕과 검열관은 종교에 관한 칸트의 "만물의 종말(1794)"이라는 글을 읽고 칸트가 그리스도교를 우습게 본다고 판단해 종교적인 주제를 더 이상 언급하지 않겠다는 서약을 요구했다. 칸트는 단어를 고르고 골라 다음과 같이 서약했다.

> **"소인은 폐하의 충직한 백성으로서, 앞으로 종교에 관해 공개강의를 일절 삼가고 논문도 절대 쓰지 않겠습니다."**

칸트는 이 말을 지어낼 즈음 국왕 프리드리히 빌헬름 2세가 그다지 오래 살지 못하리라는 것을 알고 있었다. 몇 년 뒤 왕이 죽자 칸트는 이 약속에서 풀려났다고 생각했다. "폐하의 충직한 백성"일 때만 해당되는 약속이었

---

는 없다!

으니까. 후일 칸트는 "영원히"가 아니라 "폐하가 살아 있는 동안만" 자유를 빼앗기도록 매우 조심스럽게 말을 골랐다고 실토했다.

그러나 위 서약에서 칸트 스스로가 위배한 정언명령의 내용은 없는가? 라는 의문이 여전히 남는다. 그 의문이 무엇인지 각자가 생각해 보자.

## Ⅵ. 칸트라면 빌 클린턴을 옹호했을까?

칸트 본인의 사례가 꼼수였을까? 이면의 심오한 칸트의 도덕철학을 생각하지 못한다면 그렇게 생각할지도 모른다. 하지만 오늘날에도 정작 중요한 도덕성 즉, 도덕의 가치는 빤한 거짓말과 교묘한 회피의 차이에 달렸을 때가 많다.

대표적으로 미국 대통령 빌 클린턴의 사례를 본다. 클린턴은 신중하게 말을 고르고 골라 혐의를 부인한 매우 현명한 대통령이었다. 칸트에 대한 깊은 이해가 있었다는 반증일 것이다.

### 1. 통제물질 사례

빌 클린턴은 첫 번째 대통령 선거에서 비 치료용 약물인 마약을 복용한 경험이 있는가? 라고 하는 질문에, 물질 복용 여부에 대해서는 즉답을 하지 않았다. 반면에 그는 자신은 연방이나 주(州)의 마약금지법(antidrug laws 또는 Controlled Substances Act(CSA)을 위반한 적이 한 번도 없다고 대답했다. 그리고는 대통령이 된 후에 영국 옥스퍼드 대학시절에 마리화나(marijuana)를 사용한 적이 있다고 시인했다. 빌 클린턴의 대답은 결코 틀린 것이 아니었다. 미국의 경우 마리화나는 형사처벌의 대상인 통제물질은 아니다.

### 2. 백악관 성적 접촉 케이스

빌 클린턴 대통령은 백악관에서 인턴이던 스물두 살의 모니카 르윈스키와 성관계를 맺었다는 보도에 대답한 일이 있다. 빌 클린턴 대통령은 대 국민 사과에서 다음과 같이 대답했다.

> "한 가지 말씀드리고 싶습니다. 제 말에 귀 기울여 주시기 바랍니다. …… 저는 르윈스키라는 여성과 성관계를 맺은 적이 없습니다(I want to say one thing to the American people. I want you to listen to me …… I did not have sexual relations(성관계(性關係), 성교, 교접) with that woman, Ms. Lewinsky."[23]

하지만 뒤에 클린턴 대통령이 백악관 비서인 모니카 르윈스키와 성 접촉을 했다는 사실이 드러났고, 추문은 탄핵으로 이어졌다. 탄핵 청문회에서 대통령이 성관계(sexual relations)를 부인한 것이 거짓말인가를 놓고 공화당 의원 보브 잉글리시는 클린턴의 변호사인 그레고리 크레그와 논쟁을 벌였다.

Lewinsky

대통령의 변호인은 클린턴이 이미 인정했듯이, 르윈스키와의 관계는 잘못되고 부적절하고 비난받아 마땅하며, 그와 관련한 대통령의 발언은 사람들을 "오도하고 기만했다"는 사실은 인정했다. 하지만 그가 인정하기를 거부한 단 한 가지는 클린턴 대통령이 거짓말을 했다는 점이다.

【House Judiciary Committee Impeachment Hearings 1998.12. 8】

- ○ 보브 잉글리시: 자, 크레그 씨. 대통령이 "그 여성과 성관계를 절대 맺지 않았다"고 말한 것은 미국 국민에게 거짓말을 한 거죠? 거짓말 맞죠?
- ○ 크레그: 그 분은 분명히 오도하고 기만하는.......
- ○ 잉글리시: 거짓말 맞죠?
- ○ 크레그: 미국 국민에게.......... 그 분은 국민을 오도하고, 당시에는 진실을 말하지 않았습니다.

23) President Bill Clinton, 1998. 1. 26. http://vodpod.com/watch/1519640-clinton-i-did-not-have-sexual-relations-with-that-woman-

○ 잉글리시: 좋아요, 대답을 하지 않겠다는 뜻인데......."그 여성과 성관계는 절대 맺지 않았다" 고 말한 건 미국 국민에게 거짓말을 한 거죠?
○ 크레그: 그 분은 거짓말을 했다고 생각하지 않습니다. 성(sex)이란 개념을 사전적으로 정의하고 있기 때문입니다.

........

○ 잉글리시: (......) 구강성관계였지, 진짜 성관계는 아니라는 말이지요?

□ 클린턴의 해명은 국민들이 오도할 수는 있는 내용이지만, 거짓말은 절대로 아니었던 것이다.

## 3. 평 가

이 논쟁은 '거짓말'과 '오도하는 진실' 사이에는 커다란 도덕적 차이가 있다는 칸트식 사고방식을 뒷받침한다. 그 차이는 무엇인가? 다시 한 번 되풀이 하지만 거짓말과 오도하는 진실 둘 사이의 차이란 이렇다.

칸트의 도덕이론에서 중요한 것은 의도나 동기이다. 문 앞에 있는 살인자에게 거짓말을 하든 교묘히 진실을 회피하는 말을 하든, 의도는 살인자에게 친구가 집에 숨어 있지 않다는 믿음을 주는 것이다. 용의주도하게 사실을 회피하는 말은, 뻔한 거짓말로는 불가능한 방법으로, 진실을 말해야 하는 의무에 일단은 경의를 표한다. 그것은 거짓말은 어떤 경우에도 피하고, 상대를 오도하지만 엄밀히 따져보면 진실인 말을 애써 꾸며내는 것으로서 도덕법, 즉 정언명령에 존중을 표하는 것이다. 즉 결코 거짓말을 한 것은 아니다.

반면에 오도하는 진실과 달리 살인자에게 명백한 거짓말을 하는 행위는, 곤경에 빠진 친구를 보호하려는 한 가지 동기에서 출발한다.

반면에 오도하는 진실에는 두 가지 동기가 있다. 살인자에게 얼마 전에 친구가 가게로 가는 걸 봤다고 하는 말에는, 친구를 보호하는 동시에 진실 말하기라는 의무를 지지하는 두 가지 동기가 담겨있다. 그런데 보편화시킬 수 있는 진실 말하기라는 동기에 따른 행위는 오도하는 진실을 말하는 경우뿐이다.

따라서 칸트의 도덕철학 이론에 따르면 문 앞의 살인자에게든, 프로이센 왕의 검열관에게든, 검사에게든 진실이지만 오해를 일으키는 발언을 하는 것은, 빤한 거짓말과 달리 도덕적으로 용납될 수 있다는 결론에 도달한다.

이처럼 빤한 거짓말과 오도하는 진실을 구별하는 것은 칸트의 도덕철학을 이해하는데 커다란 도움이 된다. 더불어서 진정으로 정의를 찾으며 양심을 지킨다는 것이 얼마나 어려운 일인지를 잘 보여준다.

## 제3항 임마누엘 칸트의 정의관

칸트는 아리스토텔레스, 제레미 벤담, 존 스튜어트 밀과 달리 정의를 주된 주제로 다루는 정치론에 관한 저술은 없다. 그러나 도덕과 자유에 관한 설명에서 정의를 함축하는 주장이 나타난다. 자유에 대한 칸트의 설명은 오늘날의 정의를 주제로 한 다양한 논쟁에 자주 등장한다.

칸트는 자율을 전제로 한 자유의 원칙에 따른 도덕법칙 즉, 정언명령이 개인의 이익이나 욕구에 좌우될 수 없듯이, 정의의 원칙도 공동체의 이익이나 욕구에 좌우될 수 없다고 판단한다.

결론적으로 칸트는 공리주의를 거부하고, 사회계약을 기초로 하여 이성적 존재인 개개인의 보편적인 인권과 자유를 존중하는 자유주의적 관점의 정의론을 옹호한다. 아리스토텔레스에서 기원하는 공동체적 정의론에도 반대한다. 공리주의적 정의관은 이미 살펴보았다. 자유주의적 정의론과 공동체주의적 정의론은 다음에 살펴볼 예정이다.

칸트는 그의 도덕철학에서 행복극대화의 시각(공리주의적 관점)과 미덕장려의 시각(공동체적 관점)을 모두 거부한다. 두 개의 정의관은 모두 그 어느 것도 인간의 자유를 존중하지 않는다고 본다.

결론적으로 칸트의 도덕철학에 입각하면 정의와 도덕을 자유와 결부시키는 자유주의적 시각을 열렬하게 옹호하게 된다.

칸트의 명언 모음

① 깊이 생각하면 할수록 새로운 감탄과 함께 마음을 가득 차게 하는 기쁨이 두 가지 있다. 하나는 하늘에서 반짝이는 별이요, 다른 하나는 내 마음속의 도덕률이다. 이 두 가지를 삶의 지침으로 삼고 나아갈 때, 막힘이 없을 것이다. 항상 하늘과 도덕률에 비추어 자신을 점검하자. 그리하여 매번 잘못된 점을 찾아 반성하는 사람이 되자.

② 나는 철학을 가르치지 않는다. 나는 철학하는 것을 가르칠 뿐이다.
③ 나는 해야 한다. 그러므로 나는 할 수 있다.
④ '나처럼 행동하라'고 누구에게나 말할 수 있도록 노력하라.
⑤ 남의 자유를 방해하지 않는 범위 내에서 내 자유를 확장하는 것이 자유의 법칙이다.
⑥ 선행이란 다른 사람들에게 베푸는 것이 아니라, 자신의 의무를 다하는 것이다.
⑦ 인간은 교육을 통하지 않고는, 인간이 될 수 없는 유일한 존재다.
⑧ 자기와 남의 인격을 수단으로 삼지 말고, 항상 목적으로 대우해야 한다.
⑨ 자유는 스스로 자신을 자유의 몸으로 이끌어 나아갈 만한 사람에게 깃든다. 그러므로 이런 사람이라면, 자유는 일생토록 반려자가 되어 준다.
⑩ 청년들이여, 욕망을 만족시키려는 것을 차라리 거절하라. 모든 욕망 앞에서 한 걸음 물러나 인생의 관능적인 면을 제거할 힘을 가져라. 무엇보다도 오락의 자리에서 즐겨 노는 것을 절제하라. 향락을 절제하면 그대는 그만큼 풍부해질 것이다.
⑪ 한 가지 뜻을 세우고, 그 길로 가라. 잘못도 있으리라. 실패도 있으리라. 그러나 다시 일어나서 앞으로 나아가라. 반드시 빛이 그대를 맞이할 것이다.
⑫ 행복의 원칙은 첫째 어떤 일을 할 것, 둘째 어떤 사람을 사랑할 것, 셋째 어떤 일에 희망을 가질 것!

# 제3절 칸트 도덕법칙의 종합적 이해

## 제1항 칸트 도덕법칙의 이해

공리주의는 올바른 행동이란 최대 다수를 위해 행복을 최대화하는 것이라고 말한다. 자유주의론자들은 올바른 행동이란 사람들로 하여금 그들이 원하는 대로 하도록 내버려 두는 것이라고 말한다. 존 로크는 자연법에 의해서 모든 사람은 그에게 부여된 불가양의  권리가 있다고 말한다. 그런데 임마누엘 칸트는 이 세 가지 견해는 모두 잘못이라고 말한다.

칸트는 공리주의자에 대해서는 행복이 아니라 자유가 도덕의 목적이라고 지적한다. 자유의지론자들에 대해서는 자유는 결코 자기가 원하는 무엇이든지 마음대로 할 수 있는 권리가 아니라고 말한다. 그리고 존 로크에 대해서는 도덕, 의무 그리고 인간의 권리는 그 근거를 자연법이나 신(神)에서가 아니라 인간의 이성에 그 근거가 있다고 지적한다.

그렇다면 공리주의자, 자유의지론자, 존 로크, 임마누엘 칸트의 견해 가운데 누가 옳은가? 답을 알려면 칸트의 의무, 법, 인간성, 자유에 대한 개념을 이해할 필요가 있다 .

## 제2항 칸트의 의무, 법, 인간성, 자유

### Ⅰ. 의무(Duty)

#### 1. 행위의 도덕성에 대한 칸트의 엄격한 견해

인간이 스스로 설정한 의무를 다해야 하는 것은 당연하다. 칸트는 더 나아가 그 의무의 이행은 어떤 다른 이유에서도 아니고, 오직 그것이 올바른 일이기 때문에 하는 것이어야 한다고 말한다. 그러므로 도덕이란 이성을 가진 인간이 올바른 태도를 가지는 문제로서, 단지 그것이 옳기 때문에 올바른 일을 하는 것이라고 말한다. 칸트는 신중한 상점주인과 친절한 여인의 예를 든다. 그 사례를 통하여 칸트는 존경받고 칭찬받을 일과 도덕적으로 옳은 일과를 엄격하게 구분했다.

#### 2. 도덕성 판단 - 구체적 사례

① 칸트에 의하면 도덕적으로 올바른 일은 그것이 단지 옳기 때문에 옳은 일을 하는 것이다. 칸트는 손님에게 바가지를 씌우지 않은 상점주인을 상정한다. 상점주인은 자신의 부도덕함이 소문나서 가게를 망칠까봐 걱정이 되어 아이에게 거스름돈을 제대로 주었다. 그러나 칸트의 생각으로는 이러한 가게주인의 행동은 도덕적 가치가 결여되어 있다. 그의 행동은 단지 사려 깊음과 이기심의 자제에서 나온 행동이기 때문이다.

② 칸트는 두 번째 사람을 상정한다. 이 여자는 선천적으로 다정하고 친절하며 사랑스러운 사람이다. 그녀는 항상 올바른 일만 한다. 왜냐하면 올바르고 좋은 일을 하는 것이 그녀에게 만족감을 가져다주기 때문이다. 칸트가 생각하기에 그녀의 행동도 신중한 가게주인의 처신처럼 진정으로는 도덕적인 것은 아니다. 그녀가 사람들을 돕는 것은 분명히 좋은 일이지만, 칸트가 생각하기에는 그녀를 도덕적으로 존

중할 만한 이유는 없다. 여성은 비록 '칭찬받고 격려'받을 수는 있지만 '존중'받을 일은 아니라는 것이다. 그녀의 친절한 행동은 도덕적인 것이 아니라 천성적 그리고 습관적인 것이다. 하지만 도덕적인 행동은 그것이 올바른 일이기 때문에 그렇게 행동하는 것이어야 한다.

### 3. 칸트의 의무개념에 대한 비판적 이해

① 어떤 사람이 익사중인 사람 가운데 상금이 더 많이 걸린 쪽을 선택하여 보상금을 많이 받기 위하여 구조하는 경우를 상정해 보자. 그는 올바른 일을 한 것이 아닌가?

② 칸트는 천성적으로 친절한 사람은, 그 행동이 습관에서 나온 것이기 때문에 진정으로 도덕적인 가치가 있는 행동은 아니라고 말한다. 칸트에 따르면 습관은 유익할 수 있지만 도덕적이지는 않다고 평가한다. 맞는 말인가? 여러분들의 유치원이나 초등학교 때의 교육이 진정으로 도덕적이지 않고 조건적이라고 단언하겠는가?

## Ⅱ. 자발적인 약속(의무 설정)과 (도덕)법(law)

① 칸트는 도덕적으로 올바른 행동은 그것이 단지 올바른 일이기 때문에 행하는 것이라고 말한다. 그렇다면 올바른 일이란 무엇인가? 올바른 일을 할 때의 우리의 의무는 무엇인가? 칸트는 진정한 의무는 스스로가 스스로에게 설정한 약속에서 나온다고 말한다.

② 그때의 약속은 자율적으로 설정한 것으로 우리로 하여금 그 경우에 어떻게 해야 한다고 말해주는 행위법이다. 칸트가 말하는 이러한 법은 모든 사람을 조건 없이 구속한다. 그 논리의 당연한 귀결로 그러한 행위법은 역시 모든 사람이 준수할 수 있는 내용이어야 한다. 이것이 진정으로 칸트가 말하는 도덕성 테스트이다.

③ 칸트는 지킬 수 없는 약속의 사례를 설명한다. 여러분이 돈이 절박하게 필요하다. 친구에게 5만원을 빌리려고 한다. 그러면서 스스로 절대 그렇게 할 수 없다는 것을 잘 알면서 모레 틀림없이 갚아 주겠다고 유혹적인 거짓말을 한다. 이 경우에 칸트는 그 동기에 있어서 도

덕 테스트 관문을 통과하지 못한다고 지적한다. 만약 모든 사람이 급전을 빌리려고 할 때마다 거짓말을 한다면, 상대방들도 이미 모든 사람들은 그러한 경우에 거짓말을 한다는 사실을 잘 알기 때문에(보편화의 원칙), 결국 당신의 말도 거짓이라는 사실을 잘 알고, 따라서 여러분은 돈을 빌릴 수 없게 된다.

④ 칸트는 또한 인간 행동의 동기는 다른 사람이 또한 동시에 여러분이 하는 바와 똑같은 동기에서 할 수 있을 경우에만, 즉, 동기의 보편화가 가능한 경우에만 도덕적으로 올바른 행동이라는 것이다. 이것이 바로 칸트가 생각하는 의무동기이다.

⑤ 칸트는 도덕은 모든 사람이 그것에 순응해야 하는 일종의 법이라고 생각한다. 그러므로 역으로 도덕은 모든 사람이 따를 수 있는 내용이어야 한다. 이것이 도덕법에 대한 칸트의 테스트이다.

## Ⅲ. 인간성(Humanity) = 이성

칸트는 우리의 의무동기가 무엇인지를 다른 방법으로 설명한다. 하나가 앞서본 (도덕)법에 기초한 동기의 설명이고, 다른 하나는 인간 이성(reason)과 연관한 설명이다. 칸트에 의하면 도덕은 어떤 경우에도 그것이 설령 그 사람에게 이득을 가져다주는 경우라고 하여도, 단지 수단으로 대하지 말 것을 명령한다. 그러므로 여러분은 다른 사람의 기술이나 서비스를 여러분을 위해 사용하는 경우에도 항상 그 사람을 그 사람 본연의 목적으로 대접해야 한다.

사람은 이성적인 존재이기 때문에, 각자의 이성을 수단으로 이용해서는 결코 안 된다. 그러므로 자살은 허용되지 않는다고 칸트는 말한다. 자살은 여러분의 이성을 그러므로 여러분의 존재를 이성적 존재와 양립할 수 없게 이용하여 존립기반을 스스로 부정하는 것(죽음)이기 때문이다.

① 칸트는 이성적 존재인 인간은 존엄성을 가지며 모든 사람의 가치는 무한하다고 말한다. 맞는 말인가? 악독한 살인자도 존엄성을 가지는가? 칸트는 그렇다고 답한다. 왜냐하면 그들은 여전히 이성의 개발

을 통해서 올바른 행동을 선택할 가능성이 있기 때문이다.

② 그렇다면 모든 사람이 존엄과 무한한 가치를 가지는 존재라고 하면 현실의 정책에서 우리는 어떻게 선택을 할 수 있는가? 예컨대 서울의 도로 하나를 보수하는 것과 강원도 양양군의 가난한 어린아이들에게 면역접종을 하는 사이에서 정책결정을 해야 한다고 가정해 보자. 서울의 도로를 보수하면 기껏해야 어린이들 5명 미만을 교통사고에서 막아 줄 수 있다. 반면에 양양의 어린이를 면역접종하면 통계적으로 50명 이상의 어린이의 생명을 구할 수 있다. 만약 모든 사람이 무한한 가치를 가지고 존엄한 존재라면 우리는 어떤 선택을 해야 하나? 이 경우에 공리주의자는 무어라고 대답하겠는가?

③ 자살에 대한 칸트의 설명이 이해되는가? 여러분이 주기적으로 너무나 아프고 끝없는 통증으로 삶의 가치가 없는 상태라면 어떤가? 바꾸어 말하면 존엄사는 없는 것인가?

④ 어떤 경우에도 이성적인 존재인 자신을 처분할 수 없다면 이성을 처분해서도 안 되고, 그 이성이 체화되어 있는 육신을 버려서도 안 된다면 어떤 경우에도 여러분의 생명을 더 커다란 목적을 위해서 희생하는 아름다운 헌신은 불가능한가? 예전에 신오쿠보역에서 자신의 몸을 던져 선로의 일본인을 구하고 사망한 사고는 일본인들의 마음에 한국을 재인식하게 한 김수현 씨의 경우는 어떤가? 단적으로 안중근 의사의 살신성인은 도덕적인 것이 아닌가?

## Ⅳ. 자유(Freedom)

① 칸트는 도덕의 목적은 행복이 아니라 자유라고 말한다. 그러나 자유는 결코 하고 싶은 것을 마음대로 할 수 있는 것이 아니다. 자기 의사결정으로서의 자유에 대한 칸트의 개념은 매우 엄중하고 까다롭다. 그러므로 충족해야 할 요구조건이 많다.

② 우리는 스스로의 이성에 의해 행동할 때만이 자유롭다. 따라서 어떤 세뇌나 선동이나 충동 그리고 영웅심이나 소속감 때문에 따라가는 행동은 결코 자유로운 행동이 아니다.

③ 마찬가지로 자극적인 광고 선전에 유혹되어 비싼 신발을 구매했다면, 진정으로 자유롭게 행동한 것이 아니다. 또한 갈증 때문에 아이스크림을 먹거나, 캐러멜이나 초콜릿이 아니라 바닐라가 입맛에 맞기 때문에 바닐라 아이스크림을 선택하여 먹는다면 그것 역시 자유로운 행동이 아니다.

④ 이성적인 존재인 인간은 갈증의 노예 이상의 존엄한 존재이다. 입맛이나 취향이나 천성은 우리 스스로가 설정한 것이 아니다. 이미 체득되어 있거나 외부적인 환경이나 요구에 의해서 그렇게 따라하는 것에 지나지 않는다.

⑤ 천성이나 취향이나 호기심은 결코 여러분의 이성으로 자발적으로 자율적인 도덕법을 설정하고, 따라서 그 법에 따른다는 의무동기에 기초하여 실행한 행동이 아니기 때문에, 칸트의 관점에서는 결코 자유로운 행동이 아니다.

⑥ 칸트에 따르면 도덕의 목적은 자유이다. 하지만 칸트에게 있어서 자유는 여러분이 원하는 무엇인가를 마음대로 할 수 있는 것이 아니다.

⑦ 자유는 오직 이성과 함께 한다. 세뇌, 선동, 갈망, 욕구 같은 것들은 결코 행동을 자유롭게 하는 것이 아니다.

# 제5장 자유주의적 정의론

# 제1절 자유주의적 평등주의 정의론
## - 절차적 정의론 -

## 제1항 자유주의적 평등주의 정의론 개관

### Ⅰ. 서 언

정의가 논의되는 공간에서 공리주의가 갖는 강점은 두 가지이다. 첫째, 공리주의는 어려운 의사결정을 하는데 있어서 간단하고도 명료한 구체적인 방법을 제공해 준다. 둘째, 공리주의는 정의의 일부로서의 행복이나 선(善)의 중요성을 강력하게 인식시켜 준다.

그러나 공리주의는 또한 적지 않은 문제점을 가지고 있다. 대표적으로 공리주의는 인간의 존엄과 가치, 개인의 자유와 인권을 잘 존중하지 않는 것으로 보인다. 비용·편익분석의 여러 사례에서 보았듯이 의사결정의 합리화를 위한다고 하는 경우에도, 종종 반직관적인 때로는 혐오감을 불러일으킬만한 함의를 가지고 있다. 이러한 공리주의에 대한 비판은 여러 측면에서 제기되었고 일찍이 칸트를 비롯하여 적지 않은 철학자들이 문제점을 제기했다.

공리주의 비판의 선봉에 있는 대표적인 현대 철학자로 존 롤즈(John Rawls, 1921~2002)가 있다. 롤즈는 하버드 대학에서 정의론을 가르쳤던 정치 철학자로서 하버드의 성인(Saint Harvard)으로 불렸다. 롤즈는 현대 정의론의 대표주자로 숭앙받는다. 사실 오늘날 논의되고 있는 정의에 관한 현대이론들은 존 롤즈에게서 연유한다고 말해진다. 정의를 연구하는 현존하는 모든 학자들은 롤즈를 닮았거나 혹은 롤즈를 비판하면서 성장해 왔다는 것이다.

John Bordley Rawls

존 롤즈의 대표적인 저술로는 전술한 "정의론"(1971)을 비롯하여 1993년도에 출간한 "정치적 자유주의(Political Liberalism)", 1999년도에 출간한 "만민법(The Law of Peoples)" 그리고 2001년도에 출간한 "공정으로서의 정의(Justice as Fairness)" 등이 있다.

프린스턴 대학에서 박사학위를 받고 27세 나이에 최연소 하버드 대학교 교수가 된 존 롤즈가 1971년에 출간한 《정의론》은 현대인들에게 난해한 질문 하나를 던졌다. **정의란 무엇인가?** 자본과 경쟁의 정글 속에서 결코 자유로울 수 없는 삶을 사는 왜소한 현대인들에게 존 롤즈는 가장 어렵고 가장 기본적인 질문을 던졌던 것이다.

존 롤즈 정의론의 시대적 배경은 19세기 이후, 자유방임주의에 입각한 자유 경쟁적 시장 자본주의가 위기에 봉착하자, 수정 자본주의의 요구가 높아지고 국가의 경제개입이 요청되었던 시점이다. 사적 경제의 무제한적인 팽창으로 야기될 수 있는 사회적 불공정의 문제로 인하여, 국가권력이 시장경제에 적극적으로 개입해 줄 것이 요청되었다. 이를 위해서 자유주의가 수정되었고, 사회복지국가 체제가 주창되었다.

존 롤즈의 정의론은 이러한 역사·사회화 과정에서 복지국가 체제에 대한 강력한 이론적 논거를 제시함으로써, 기존 자유주의 체제의 근본적인 변혁 없이도 사회적 모순 해결에 실마리를 제공했다는 점에서 의의가 크다.

롤즈는 자유주의와 평등주의를 적절하게 조화시킬 수는 없는가? 더 나아가 자유주의 안에 평등주의의 좋은 점을 도입할 수는 없는가? 라고 하는 난해한 문제를 구체적으로 다룬 철학자였다. 결론적으로 롤즈의 정의론은 사회구성원 개개인의 자유를 인정하면서도, 사회의 혜택을 제대로 받지 못하는 사람들을 위한 평등적 정의론을 구축했다.

롤즈는 그의 대작 《정의론》(A theory of Justice)에서, 정의에 대한 단일기준으로 공리주의와 유사한 장점을 가지면서도, 공리주의의 결정적 약점을 피할 수 있는 대안적인 정의론을 제안하고자 했다. 롤즈는 원칙적으로 개인의 자유를 존중하면서, 공리주의와 달리 개인의 인권을 무시하면서까지 타인을 위해 개인의 복지나 권리를 희생시키지 않는 조화로운, 그럼에도 단일기준의 정의론을 모색하고자 노력했던 점에서 중요한 의의와 특징이 있다.

존 롤즈는 특히 배분적 정의와 관련하여 근본적인 의사결정을 함에 있어서 개개의 인권을 가장 존중하면서도 공평하고 정의로운 구체적인 방법을 제공해 주는 이론을 도출하고자 했다. 그 결과는 '**정의는 공정한 절차에서 나온다.**'라는 것이다. 이런 연유로 존 롤즈의 정의론은 한마디로 (절차적)공정으로서의 정의(Justice as Fairness)라고 말해 진다.

## Ⅱ. 존 롤즈의 공정으로서의 정의개념

### 1. 서 언

고대 플라톤과 아리스토텔레스로부터 시작되는 정의(正義)의 문제는 기본적으로 개개인 사이에 서로 상충되는 권리와 의무의 문제를 어떻게 공평하게 분배할 것인가? 이다.

아리스토텔레스가 정의는 사람들이 이해의 갈등 속에 살면서, 자기의 권리가 타인의 권리를 침해하지 않도록 억제하고 준수해야 할 덕(德)이라고 설파한 이래로, 공리주의자들은 '최대 다수의 최대 행복'이라는 공리원칙에 입각하여 '행복의 양'을 국가 차원에서 확장시켜 나가야 한다는 주장으로 전개했다. 그러나 공리주의자들의 주장 속에는 공리원칙이라는 다수의 횡포에 의해 소수의 권리가 침해될 수도 있는 난점을 지니고 있다.

이러한 난점을 극복하는 연장선상 위에 존 롤즈가 우뚝 서 있다. 하지만 존 롤즈는 공리주의 정의론을 완전히 타파하려고 한 것이 결코 아니었다. 롤즈는 그의 대작 《정의론》 서문에서 자신이 말하는 "공정으로서의 정의의 핵심적인 목적과 관념들은, 공리주의에 대한 합당하면서도 체계적인 대안을 제시하는 정의관을 고안하고자 했다."라고 분명하게 말하여, 자신의 정의관이 공리주의에 일정 부분 바탕을 둔 정의관임을 명백하게 밝히고 있다.

## 2. 존 롤즈의 (절차적)공정으로서의 정의의 특징

이렇게 우뚝 선 롤즈의 정의론은 종래의 정의론에 비해 몇 가지 다른 특징을 지니고 있다.

① 종래의 정의론들이 정의로운 분배의 기준으로서 재능, 업적, 노력, 필요, 공과, 인권 등을 제시한 것에 반하여 롤즈는 정의를 철저하게 절차적인 것으로 해석했다.

② 롤즈 정의론의 핵심적 특징은 이념적으로 물과 기름 같은 존재로 서로 조화가 불가능하다고 생각하는, 자유와 평등이 조화를 이루는 사회를 지향하는 것이었다. 원래 젖과 꿀이 풍족하게 넘치는 유토피아가 아니라면, 현실사회의 모든 사람들을 만족시켜 줄 재화가 부족하며 인간들은 서로 상충되는 이해관계에 놓이게 된다. 그렇다고 재화가 풍족하다고 문제가 모두 해결되는가? 현실은 그렇지도 않다. 일정한 규칙으로 제어되지 않는 이상, 다른 사람보다 더 많이 재화를 가지기 위한 이기적인 노력과 경쟁은 끊이지 않기 때문이다. 그렇다면 과연 불완전한 현실사회에서 최대한 많은 사람을 만족시킬 가장 좋은 방법은 무엇일까? 결국 자유와 평등의 조화의 문제이지만 해답은 쉽지 않아 보인다. 이와 같은 정의의 문제를 두고, 존 롤즈는 자유와 평등의 조화에 대한 구체적인 혜안을 담아내고 있다고 평가된다.

③ 롤즈가 주창하는 공정으로서의 정의는, 철학적으로는 두 가지 이론에 기초한다. 먼저 롤즈의 정의론은 존 로크의 사회계약설에 기초한다. 존 로크가 주창한 천부인권과 양도할 수 없는 권리로서의 생명, 자유, 재산권은 롤즈 정의론에 있어서도 핵심적인 가치이다. 다음으로 존 롤즈의 정의론은 임마누엘 칸트의 도덕철학에 뿌리를 두고 있다. 그러므로 이성에 바탕을 둔 자율적인 자유 개념은 롤즈 정의론의 핵심가치의 하나이다.

④ 롤즈의 정의론은 도덕법칙의 기초로서의 칸트의 자율적 자유라는 개념에, 절차상의 해석을 제공하기 위해, 사회계약의 개념을 차용하여 사용한 것이다.

## Ⅲ. 공정으로서의 정의의 도출방법과 도출과정

### 1. 현실합의의 불합리와 원초상태의 필요성

#### 1) 현실합의의 한계와 불합리

사람들이 공동체적 삶을 지배할 원칙을 정하고 사회계약을 작성하기 위해 한자리에 모였다고 가정해 보자. 우리는 과연 어떤 원칙을 정할 것인가? 사람마다 기준과 좋아하는 원칙이 다를 수 있다. 각자의 이해관계, 도덕적・종교적 신념, 사회적 지위, 장래의 욕망을 반영하려고 할 것이다.

어떤 사람은 신체 건강하지만 어떤 사람은 장애를 가지고 있다. 누구는 부자이고 어떤 사람은 가난하다. 어떤 사람은 권력이 있고 인맥이 화려하지만 어떤 사람은 그렇지 못하다. 인종, 민족, 종교에서 소수집단에 속하는 사람도 있다.

결국 인간은 현재 상태 그대로는 영원히 타협점을 찾지 못할지도 모른다. 다행히 타협을 했다고 하는 경우에도, 일부는 키나 힘이나 그동안의 경험이나 지식과 같은 더 우월한 교섭력으로, 유리한 타협점에 도달하지도 모른다. 그러나 그런 방식의 합의에 대해서는 틀림없이 불만의 목소리가 나올 것이다. 그러므로 자신들의 현실에서의 실제 처지를 반영하는 방식으로 만들어진 사회계약은, 아무리 자발적인 합의라고 해도 공정한 합의라고 말할 수는 없을 것이다.

#### 2) 원초상태(原初狀態, original position)의 필요성

결국 공동체적 삶에서의 공정한 규칙을 만들기 위해서는, 조건과 환경이 개인별로 서로 다른 현실상태에서는 불가능하다. 이에 인간이 최초로 사회계약을 체결하는 상태, 즉 원초상태에 우리들이 자리를 함께 하였다고 가정한다. 인류가 공동체적 삶의 규칙을 만들기 위해 최초로 모인 상태가 원초상태이다.

그러므로 원초상태는 특정상황이 자신의 이해관계에 미치는 영향에 대해 누구도 알지 못함으로써, 사회적 결정이 공정하게 이루어질 수 있도록 조건 지어진 이념적이고 가설적인 상황이다.

## 2. 무지의 장막 또는 무지의 베일(Veil of ignorance)

하지만 공동체적 삶의 룰을 정하기 위한 최초의 상태, 즉 원초상태만으로도 공정한 절차를 도출하기는 어렵다. 왜냐하면 원초상태에서도 사람들은 일정부분 자신에 대해서 이미 알고 있기 때문이다.

롤즈의 판단으로는 선택의 결과가 정의로운 것이 되려면, 그것은 단순한 원초상태를 넘어서서, 공정한 상황에서 선택된 것이라야만 한다. 즉, 어느 누가 그 선택을 좌우할 수 있는 상태는 공정한 상황이 아니다. 천부적인 재능이나 사회적 지위와 같은 우연적인 요소를, 유리하게 사용하는 것도 불공정한 상황이다. 아무리 원초상태라고 하지만 스스로가 가지는 선천적인 조건으로 선택에서 유리한 입장에 있을 수도 있기 때문이다. 그러한 불공정한 상황에서는 결코 공정한 선택이 이루어질 수 없다.

그렇다면 어떻게 사람들의 선택이 이루어지는 선택의 환경을 공정하게 만들 수 있는가? 이것이 롤즈 정의론의 중요한 출발점이었다. 이를 위해 롤즈는 원초상태만으로는 부족하고, 원초상태에서 대표자들이 무지의 장막 또는 무지의 베일 뒤에서 선택을 하는 것이 필요하다고 제안한다.

무지의 장막이란 공동체에서의 삶의 원칙을 결정하는 사람들이 협상을 불공정하게 만들 수 있는 상황에 대해서는, 천부적인 제반능력을 포함하여 스스로에 대한 그 어느 것도 전혀 알지 못한다는 것을 전제하기 위해서 가정한, 지적 암흑 상태를 의미한다.

무지의 장막에 있는 사람들은 심지어 자신이 남자인지 여자인지를 포함하여 그들이 추후 사회에서 어떠한 지위나 처지에 처하게 될지도 전혀 알지 못한다. 자신들의 특별한 목표나 인생계획이 어떤 것이 될지도 알지 못한다. 그들은 자신들이 어떤 사회에 속하게 될지, 어떤 세대가 될 것인지도 알지 못한다. 이것이 모든 것에 대해서 캄캄한 무지의 장막이다.

## 3. 원초상태의 무지의 장막 뒤에서의 사고실험

이제 실제 가능성은 고려하지 않은 채, 생각만으로 진행하는 사고실험을 해 보자. 공동체적 삶의 원칙을 정하려고 사람들이 사회가 시작하는 최초의 시기, 즉 원초상태에 모였다. 그리고 원초상태에 다시 무지의 장막을 도입했다. 무지의 장막으로 그곳에 모인 어느 누구도 앞으로 자기가 어떤 시대의 어떤 사회에서 어떤 위치에 속할지 모른다고 가정한다. 그러니까 사고실험은 원초상태에서 그것도 자신에 대한 모든 것을 포함하여, 아무런 정보도 없는 '무지의 장막' 뒤에서, 즉, 자신이 어떤 사람인지 일시적으로나마 전혀 모르는 상태에서 공동체의 원칙을 만든다고 상상하는 것이다.

스스로의 계층과 성별, 지적 수준, 인종과 민족, 정치적 견해나 종교적 신념도 모른다. 남보다 무엇이 유리한지 무엇이 불리한지도 모른다. 내가 건강한지 허약한지 고등교육을 받았는지 고등학교를 중퇴했는지, 든든한 집안에서 태어났는지, 문제 있는 집안에서 태어났는지도 전혀 모른다. 내가 건강한지 병약한지 장애가 있는지도 전혀 모른다. 이처럼 사람들은 자신에 대해 아무것도 모르고 그야말로 원초적으로 평등한 위치에서 앞으로 자신이 속하게 될 공동체 사회의 규칙을 선택한다고 가정해 보자. 이러한 원초상태의 무지의 장막 뒤에서는 협상에서 어느 누구도 우월한 지위에 놓이지 않는 것으로서, 우리가 합의한 원칙은 공정하다는 평가를 받을 수밖에 없을 것이다.

그러면 과연 인간은 무지의 장막이 걷히고 실제의 삶이 시작될 때 따라야 할 공동체적 삶의 규칙으로 어떤 결론을 도출할까?

## 4. 도출한 결론 - 가언합의

롤즈가 생각한 사회계약은 이처럼 원초적으로 평등한 위치에서 이루어지는 가언합의, 즉, 가상적인 합의이다. 그 경우에 사람들은 가언합의에서 어떤 원칙을 도출해 낼 것인가? 우선 공리주의를 택하지는 않을 것이라고 롤즈는 단언한다. 사람들은 무지의 장막 뒤에서 '모르긴 몰라도 나는 억압받는 소수에 속할 수도 있을 거야'라고 생각할 수 있다. 그리고 자신이 바로 일반 군중을 위해 사자 우리에 던져지는 크리스천이 될지도 모른다고 생각하면서, 어느 누구도 사자 우리에 내 던져지는 사람이 되려는 사람은 없을 것이라는 것이다.

또한 완전한 자유지상주의를 선택해서, 국가방임의 시장경제 체제에서 벌어들인 돈을 죄다 절대적으로 소유할 권리를 갖도록 인정할 사람도 역시 없을 것이다. 사람들은 추론할 것이다. "나는 이건희일 수도 있지만, 어쩌면 집 없는 극빈의 빈털터리가 될지도 몰라? 그러니 무일푼에다 어떤 도움도 못 받을 상황에 놓일지도 모를 사회제도는 피하는 게 좋겠다."

## Ⅳ. 소 결어

결국 존 롤즈 정의론의 요체는 공정으로서의 정의를 확보할 수 있는 절차를 도출하는 것이다. 내용이 공정하기 위해서는, 먼저 대전제로 내용을 결정할 절차나 형식이 충분히 공정하게 만들어져야 한다는 것이다. 롤즈는 그를 위해 원초상태와 무지의 장막이라는 두 가지 개념을 도입했다.

존 롤즈는 이 처럼 사람들이 그들의 공동체 삶을 규율할 정의를 고민하는 방법은 원초적으로 평등한 무지의 장막 뒤에서 스스로에게 어떤 원칙을 선택할지를 묻는 것이라는 상황적 결론에 도달했다.

사실 이러한 사고실험은 현실사회의 제반 문제에 대해 정의를 판단한다고 하는 경우에도 응용될 수 있을 것이다.

## 제2항 존 롤즈 정의론의 두 가지 원칙

### Ⅰ. 서 언

그렇다면 과연 인간은 원초상태의 무지의 장막 뒤에서, 무지의 장막이 걷히고 실제의 현실적인 삶이 시작될 때 적용될 대장전(Magna Carta)으로 어떤 원칙을 만들까? 즉, 원초상태의 무지의 장막 뒤에서, 한자리에 모인 자유롭고 평등한 인류는 그들이 앞으로 살아갈 공동체 사회의 정의를 구현할 제도적 장치로서 어떤 원칙을 도출할 것인가?

존 롤즈는 틀림없이 두 가지 원칙이 도출될 것으로 결론지었다. 롤즈는 사람들이 틀림없이 그런 원칙을 만장일치로 도출할 것이라고 말한다. 롤즈는 원초상태의 무지의 베일에서 사람들은 정의의 제1원칙으로의 평등의 원칙, 정의의 제2원칙으로서의 차등의 원칙을 도출할 것이라고 결론내린다.

평등의 원칙은 최소 기본권의 보장에 대한 의사결정이고, 차등의 원칙은 사회적 · 경제적 불평등을 해소하기 위한 방법에 대한 의사결정이다. 전자는 자유(liberty)에 대한 문제이고 후자는 평등(equality)에 대한 문제이다.[1)]

이상한 표현이지만 결론적으로, 존 롤즈는 자유의 문제에 대해서는 절대평등의 원칙을 그리고 평등의 문제에 대해서는 차등의 원칙을 주창하는 것이다. 즉, 어폐가 있는 듯이 들리지만 자유에 대해서는 평등을, 평등에 대해서는 차등을 속성으로 하는 내용이다.

---

1) 그래서 제1원칙(The first Principle)을 자유의 원칙(The Liberty Principle)이라고 부르고, 제2원칙(The Second Principle)을 평등의 원칙(The Equality Principle)라고도 부른다.

## Ⅱ. 공정한 삶을 위한 자유와 평등에 대한 두 가지 원칙

### 1. 제1원칙(자유의 원칙): 절대 기본권 평등의 원칙[2)]

사람들이 자유의 문제에 대해 절대평등의 원칙을 도출할 것이라는 사실에 대한 롤즈의 논리는 다음과 같이 전개된다. 원초상태의 무지의 장막 뒤에서 자신이 사회에서 어떤 위치에 놓일지 알 수 없는 상황에서, 사람들은 생각하기를 나중의 현실사회에서 자신도 고귀한 존재로 존중받고 싶어 할 것이다.

그러므로 사람들은 만에 하나, 자신이 사회적으로 약자이고 또는 민족적, 종교적으로 소수집단에 속하게 된다고 하는 경우에도 억압받고 싶지는 않을 것이다. 무지의 장막이 걷히고 실제의 삶이 시작되었을 때, 사람들은 자기가 종교박해나 인종차별의 희생자가 되는 상황을 원치는 않을 것이라는 것이다.

이러한 위험을 피하기 위해, 사람들은 나의 권리를 전체의 행복을 위해 희생할지도 모를 공리주의를 거부할 것은 명백하다. 오히려 모든 사람들은 최소한 일정한 기본권은 절대적으로 평등하게 누려야 한다는 원칙에 동의할 것이다. 또한 일정한 자유에 대한 평등의 원칙이, 만인의 행복을 극대화하려는 노력보다 우선시 되어야 한다고 합의할 것이다. 이것이 (기본권)평등의 원칙이다.

| 존 롤즈가 상정한 가장 기본적인 시민의 자유. |
|---|
| ① 생명권, ② 표현의 자유, ③ 집회의 자유, ④ 양심의 자유, ⑤ 재산권, ⑥ 신체의 자유, ⑦ 투표권, 공무담임권 같은 정치적 자유, ⑧ 참정권 등 |

예컨대 생명권, 투표권, 공무담임권 같은 참정권을 포함한 정치적 자유, 표현의 자유, 집회의 자유, 양심의 자유, 사유 재산권, 신체의 자유 등은 가장 기본적인 시민의 자유로 간주되어 누구에게도 평등하게 인정되어야

---

2) 원어는 다음과 같다. First: each person is to have an equal right to the most extensive scheme of equal basic liberties compatible with a similar scheme of liberties for others.

할 기본적인 권리라는 것이다.

이들 자유는 인간에게 너무나 소중하고 기초적이기 때문에, 원초상태의 무지의 베일에서 정의의 원리에 합의하는 당사자들은 어떤 경우에도 양보하지 않고, 모든 사람들에게 평등하게 확보되고 지켜져야 한다고 합의할 것이다. 하버드의 성인 존 롤즈에게 기본적인 인간의 자유는 신성불가침의 문제였다. 존 롤즈는 이렇게 말한다.

> "모든 사람에게는 전체를 위한다는 명목으로도 유린될 수 없는 정의에 입각한 불가침성을 갖는다. 다수가 누릴 보다 큰 이익을 위해, 소수에게 희생을 강요해도 좋다는 정의는 결코 용납될 수 없다."

## 2. 제2원칙(평등의 원칙): 차등의 원칙

하지만 재화의 희소성과 이해의 충돌이라는 상황에서 기본적인 자유가 아닌 다른 문제들, 예컨대 소득, 부, 권력, 사회적 신분과 영예 등에서는 불가피하게 어느 정도의 불평등을 용인할 것인가의 문제가 제기된다.

사람들은 경제적, 사회적 문제에 대해서는 원초상태의 무지의 장막 뒤에서도, 오히려 일정한 정도의 불평등을 용인할 것이라는 것이다. 왜냐하면 기본적인 자유권의 문제가 아닌 소득, 부, 권력 등을 나누는 문제에 있어서는, 처음에는 사람들도 한정된 이들 제반 가치들이, 가급적이면 절대적으로 평등하게 배분될 것이 보장되는 원리를 선택하려고 할 것이다. 그렇지만 사람들도 조금 생각해 보면 절대적인 평등분배가 달성될 수는 없고, 또한 절대적인 평등이 반드시 자신에게 유리하지도 않다는 것을 알게 되기 때문이다.

이러한 가상합의의 결과로 나타나는 원리가 평등을 추구할 문제에 대한 차등의 원칙이라는 롤즈 정의론에서의 제2의 원칙이다. 이 차등의 원칙에는 기회균등의 원칙과 격차의 원리가 있다.

소위 분배적 정의를 상징하는 제2원칙의 내용을 요약하면 다음과 같다. 사회적, 경제적 불공평은 ① 사회의 최소 수혜계층에게 유리할 경우와 ② 자리에 대한 취직과 취임의 기회가 모든 사람들에게 개방되어 기회균등의 원칙을 달성할 수 있을 경우에는 허용된다.

### 1) 차등의 원칙(The Difference Principle) = 격차원리

자유권에 대한 평등의 원칙을 합의한 다음에, 사람들은 사회적·경제적 불평등을 해소하기 위해 원초상태의 무지의 장막 뒤에서 어떤 원칙을 선택할까?

우리가 지독히 가난한 처지에 놓이지 않도록 사람들은 처음에는 소득과 부를 똑 같이 분배하는 쪽을 선호할 것이다. 이것은 절대평등의 원칙이다. 그러나  사람들은 조금 더 생각해 보고는, 모두 경제적으로 일률적으로 평등하기보다는, 불균형은 인정한다고 하는 경우에도, 경우에 따라서는 밑바닥 사람들에게도 더 나은 결과를 가져다 줄 선택을 할 수 있겠다는 생각이 들게 된다.

예컨대 의사에게는 버스 운전수보다, 더 높은 보수를 주는 식으로 약간의 불평등을 인정하면서, 하지만 의사에게서 세금을 더 받아 빈곤층의 의료혜택을 늘리는 등의 환경개선을 할 수 있다는 생각을 할 수도 있을 것이다. 이것이 소위 차등의 원칙이다. 차등의 원칙은 사회에서 가장 약자에 속하는 사람들에게 이익이 돌아가는 경우에는 사회적·경제적 불평등을 용인하는 원칙을 말한다. 즉, 최소 수혜자 계층(the least advantaged)에게 이익이 돌아가는 경우에는 불평등을 인정할 수 있다는 조건적인 불평등의 원칙이 차등의 원칙이다.

원래 존 롤즈의 절차적 정의론의 가장 엄격한 모습에 의하면, 원초상태에 무지의 장막 뒤에 있는 사람들은, 왜 전보다 자신의 형편을 더 나쁘게 만들지도 모를 원리를 선택하겠는가? 라고 반문할지도 모른다. 사람은 자신들의 이익을 지키는데 관심이 있기 때문에, 다른 사람들의 이익을 위해서 자신의 수입이 감소될 수도 있다면, 그런 위험은 감수하지 않을 것이라는 것이다.

하지만 사람들은 조금 더 생각해 보고는 차등을 허용하더라도, 허용된 차등으로 나에게 이득이 돌아온다면 불평등을 허용할 것이라는 것이 차등의 원칙의 논리적 근거이다. 그러한 예외적인 불평등의 원칙이 차등의 원칙 또는 격차원리라고 하면서 존 롤즈는 다음과 같이 설명한다.

『사회경제적 불평등, 예를 들어 부와 권력의 불평등은 결과적으로 모든 사람들에게 이익이 될 때에만, 그리고 특히 사회적으로 가장 불리한 처지에 있는 사람들에게 이익이 될 때에만 정당하다.』

이 원리가 소위 격차원리라고 불리는 것으로 롤즈 정의론의 핵심이다. 결론적으로 격차원리는 사회에서 가장 불리한 처지에 있는 사람들을 보호하거나, 그들의 지위를 향상시키는 경우에 국한해서만이, 분배상의 불평등을 용인한다는 정의의 원리이다.

### 2) 기회균등의 원칙(Fair Equality of Opportunity)

기회균등의 원칙은 공직과 지위(offices and positions)는, 인종, 성별, 사회적 신분 등과 무관하게 모든 사람들에게 개방되어야 한다는 원칙이다. 기회균등의 원칙은 사회·경제적 불평등은 공정한 기회가 보장될 때에는 정당화될 수 있다는 원칙이다.[3] 주의할 점은 롤즈가 주창하는 기회균등의 원칙은 형식적인 기회균등의 원칙이 아니다. 실질적이고 공정한 균등의 원칙을 의미한다.

### 3) 최소의 극대화 - 맥시민(maximin) 전략

맥시민 전략은 불가피하게 불평등을 초래할 격차의 원리를 인정하는 경우에 원초상태의 당사자들이 자신들이 기본적으로 받게 되는 최소의 분배라도 극대화하려는 선택을 말한다.[4] 즉, 원초상태의 당사자들은 잠재적인 손실은 최소화 하고 잠재적인 이익은 극대화[5]하려는 전략을 선택할 것이라는 의미이다.

무지의 장막 뒤에서 자신의 향후 처지를 전혀 알 수 없는 상태에서 합의에 임하는 사람들은, 불평등하더라도 내 자신의 복지도 증가된다면, 그러한 불평등 정도는 기꺼이 용인할 것이라는 논리가 차등의 원칙의 논거였

3) 다만 여기에서 최소 수혜자 계층이란 미숙련 노동자의 평균 소득 수준에 위치한 사람이나 중산층 소득의 절반에도 못 미치는 사람들을 의미한다.

4) 즉 maximizing the minimum gain이다.

5) 즉 minimizing the possible loss while maximizing the possible gain이다.

다. 그 당연한 논리의 귀결로 사람들은 불이익은 최소화 하고 이익은 최대화 할 것이라는 것이 맥시민 전략이 발동하는 이유가 된다.

전술한 바와 같이 공리주의는 최대 다수의 최대 행복의 원칙에 따라서 임금으로 표현되는 행복의 총량이 증가하는 한, 어느 한 사람이 그 과정에서 손해를 보더라도 정의가 구현된 것이라고 간주한다.

예컨대 3사람 모두 연간 3000만원을 받던 인형공장의 근로자를 재배치하여, 생산효율을 감안하여 한 사람(A)은 연간 3500만원, 다른 사람(B)은 3300만원을 받게 되는 반면에, 어떤 사람(C)은 최초의 임금보다 더 적어진 2800만원을 받게 되었다고 가정하자. C의 경우는 처음보다 살림의 형편이 분명하게 더 나빠졌다. 그럼에도 불구하고 공리주의 도식 하에서는, 전체적인 임금의 규모가 증대하여(규모의 경제) 결국 사회의 행복의 총량이 증가한 것이므로, 최대 행복이 도모되었고, 따라서 사회 정의가 구현되고 되었다고 판단한다. 그러나 A나 B는 모두 임금이 상승했는데, 왜 C는 결과적으로 A나 B를 위하여 최초보다 200만원이나 적게 받는 상항을 받아들여야 하는가?라는 비판이 제기된다.

### 격차원리를 도출하는 맥시민 전략의 이해

여러분이 원시상태의 무지의 장막에서 최초의 협상에 참여한다고 가정한다. 내 능력을 전혀 모르는 나는, 향후에 사회에서 어떤 지위에 있게 될지 모르며 무지의 베일이 걷히고실제의 삶이 시작될 때 내가 속하게 될 사회가 어떤 사회가 될지도 알지 못한다.

내 자신이 가장 불리한 처지에 처할 수도 있다는 위험성이 전혀 없음을 확신할 수 없는 상황에서는, 방어적으로 행동하는 것이 합리적인 선택일 것이다. 왜냐하면 내가 바로 그 불리한 사람이 될 수 있기 때문이다.

따라서 나는 불리한 사람들에게 이익이 될 때에만 불평등을 용인할 것이다. 그러므로 나는 최악의 결과를 피하고 "**최소를 극대화**"하려고 노력할 것이다. 내가 가장 불리한 바로 그 사람이 될 수도 있으므로, 나는 선택하는 규칙이 가장 불리한 처지의 사람들에게 이익을 결과하는 지에 대해서 관심을 기울일 것이다.

결론적으로 그를 위한 최선의 해답은 원초상태에서 가장 현명한 선택인 맥시민 전략인 것이다.

사실 원초상태의 당사자들이 공리의 극대화가 아니라 격차원리를 선택할 것인가? 하는 점은 롤즈의 이론에서 가장 논쟁적인 측면이다. 그러나 롤즈는 원초상태의 당사자들은 내가 향후에 어떠한 불이익을 받을지도 모른다는 사실을 숙지하는 이상, 최소의 이익이라도 극대화하는 전략, 즉 맥시민(maximin) 전략을 선택할 것이라고 단언하다.

### 4) 제1원칙과 제2원칙의 갈등

존 롤즈의 절차적 정의론은 자유와 평등을 모두 조화롭게 존중하자는 취지이다. 그러면 양자가 충돌하는 경우에는 어떠한가?

존 롤즈는 기본적으로 제1의 원칙에 의해 지켜져야 하는 자유들은 인간에게 너무나 소중하고 기초적이기 때문에, 원초상태의 무지의 베일에서 정의의 원리에 합의하는 당사자들은 어떤 경우에도 양보하지 않고, 모든 사람들에게 평등하게 지켜져야 한다고 합의할 것이라고 역설한다. 그러므로 제1원칙인 자유의 문제에 대한 평등의 원칙은, 제2의 원칙에 의해서도 훼손되어서는 안 되는 정의의 기본적인 원리로 합의될 것이라고 주장한다. 다시 말하면 제1의 일정한 자유권적 기본권에 대한 평등의 원칙은 절대적인 것이며, 제2의 원칙을 위해서라도 결코 위배될 수 없다는 것이다. 그러한 자유는 인간에게 너무나 기본적이고 소중한 것이어서 경제적인 이유나 사회적인 이득을 위해서가 아니라, 오로지 자유 그 자체를 위해서만 제한될 수 있을 것이라는 것이다. 여기에서 존 롤즈가 기본적으로는 자유주의론자로 구분되는 이유가 있다.

일반적으로 '자유주의적 평등주의'는 사회구성원들의 정치적 자유를 보장하고, 사회 · 경제적 평등을 확보한다는 자유와 평등 두 가지 원칙을 요체로 하지만, 자유와 평등 사이에는 불가피하게 충돌이 야기된다. 이때는 '자유의 원칙'이 우선한다고 롤즈도 주장하는 것이다. 그래서 기본적으로 롤즈는 자유주의자라는 평가를 받는다.

## Ⅲ. 존 롤즈 정의론의 구체적인 이해

### 1. 공정한 게임의 법칙 - 절차적 정의론

존 롤즈의 정의론은 한마디로 공정한 게임의 법칙으로서의 절차적 정의론이다. 존 롤즈의 정의는 원초상태의 무지의 장막 저편에서 평등의 원칙과 차등의 원칙 그리고 기회균등의 원칙으로 도출된 정의론이다. 원칙적으로 사람들은 공리주의를 선호하지는 않을 것이라는 정의론이다. 왜냐하면 다수의 행복을 위한 소수에 내가 포함될지도 알 수 없기 때문에 사람들은 그러한 선택을 하지 않을 것이라는 것이다.

이러한 결론에 도달한 롤즈의 추론을 눈을 감고 생각해 보는 것은 존 롤즈 정의론을 올바르게 인식하는 첩경이다. 이 경우에 도출된 롤즈 정의론의 제1의 원리, 즉 평등의 원칙은 '기본적 자유'에 관한 것으로 절대적인 것이며 모든 시민 사회의 기본적인 전제이다.

제1원칙에 따르면 모든 사람은 사회전체의 복지라는 명목으로도 유린될 수 없는 정의에 입각한 불가침의 기본적인 자유를 가진다. 그러므로 타인들이 가지게 될, 더 커다란 선을 위하여 소수의 자유를 빼앗는 것은, 어느 경우에도 정당화될 수 없다. 다수가 누릴 더 큰 이득을 위해 소수에게 희생을 강요하는 것은 정의에 부합하지 않는다는 이유이다.

한편 공정한 절차에서 도출되는 제2의 원리인 불평등의 원리에서는, 천부적으로나 사회적으로 가장 혜택 받지 못한 계층을 포함하여 모든 사람들에게 인간다운 생활을 위한 최소한의 조건이 보장되어야 한다는 점을 밝힌다.

### 2. 기회균등의 원칙으로 불평등의 용인

인간사회라는 것이 분배될 재화의 크기가 결코 늘어날 수 없는 제로섬 게임의 정체된 사회라면, 원초상태의 무지의 베일에서 합의하는 당사자들은 모든 경제적 이득도 균등하게 한번만 배분하면 일은 종결될 것이다. 그러므로 더 이상의 분배의 원칙은 필요하지 않을 것이다.

그러나 롤즈에게 차등의 원칙이 필요했던 이유는, 인간사회는 꾸준한 자기노력과 과학기술의 발달 등으로 분배될 재화와 용역의 크기가 늘어날 수 있는 역동적인 구조이기 때문이다. 즉, 인간사회는 결코 제로섬의 정지된 사회는 아니라는 사실에서 차등의 원칙이 필요하다. 사회적 협동의 노력을 통해서도 분배될 재화의 크기는 얼마든지 증가될 수 있는 것이다.

여기에서 재화의 분배의 문제가 끊임없이 제기되고, 재화와 용역을 계속적으로 분배하기 위해서 공정한 단일기준의 차등의 원칙이 필요한 연유가 있다. 물론 롤즈의 정의론에서도 모든 분배문제가 항상 일률적으로 동등한 결과를 요구하는 것은 아니다. 기회균등의 원칙에 입각한 것이라면 일정한 불평등은 용인된다고 보기 때문이다. 여기에서 그 정당한 불평등을 허용할 수 있는 방법이 역시 절차적 정의로서의 기회균등의 원칙이다.

예를 들어 카드 게임에서 돈을 잃었을 때 속임수를 쓰거나 게임의 진행이 불공정하게 이루어졌을 때는 결코 공정하다고 할 수 없다. 그러나 어쨌든 게임의 법칙이 공정하다면 게임에 패배했다는 불평등한 결과 또한 공정하다고 말할 수밖에 없을 것이다. 롤즈가 바르고 공정한 어떤 절차가 있어서 "순수 절차적 정의가 성립하는 경우에는, 절차만 제대로 지켜진다면 내용에 상관없이 결과도 마찬가지로 바르고 공정하다."며 절차적 정의를 역설한 이유이다.

### 3. 격차원리의 의의와 필요성

예를 들어 5명의 노동자가 일하는 인형공장에서, 5명의 노동자가 모두 평등하게 연간 3천만 원을 번다고 가정한다. 그런데 노동자 가운데 한명(A)은 특별히 힘든 일을 맡고 있으며, 생산이 정체되는 것은 바로 그 일을 하는데 시간이 많이 걸리기 때문이라고 가정한다. 이때 그 노동자에게만 500만원을 더 지급하여 더 빨리 일하도록 유인할 수 있을 것이다. 또는 연봉 3,500만원의 숙련된 노동자를 불러올 수도 있을 것이다. 여기에서 분명하게 임금차별이 발생했다.

롤즈 정의론의 제1원칙인 평등의 원칙에 의하면, 전제조건인 원초상태에서 베일의 장막에서 재화를 분배한다면 결코 발생할 수 없는 불평등이 생긴 것이다. 그러나 A에게 연간 500만원을 더 지불하여 전반적인 병목현상을 해소시킴으로써, 회사의 순이익을 1억6천2백만 원까지 끌어올린다면, 순이익에서 5명의 총 임금(1억5천5백만 원)을 제외하고도, 7백만 원의 잉여금이 발생한다. 이 잉여금을 다른 4명의 근로자들에게 나눠줄 수 있으며, 그들의 임금은 150만원이 더 증가하여, 연간 3,150만원으로 오르게 된다. A의 연봉은 3,500만원 나머지 4명의 수입은 3,150만원으로 이제 더 이상 소득이 평등하지는 않지만 모두가 더 잘 살게 되었고 따라서 이러한 상황은 불공정한 상황이 아니다.

그러나 이러한 불평등은 오히려 사회 구성원 모두가 바라는, 소위 '**갈망하는 불평등**'으로 "소수의 불평등자도 정당하다고 여길 것"이다. 결과적으로는 불평등하기는 하지만 이러한 사회는 정의로운 사회라고 할 수 있을 것이라고 롤즈는 주장한다. 여기에 존 롤즈가, 정의란 '정당화될 수 없는 자의적인 불평등이 없는 상태'라고 말하는 이유가 있다.

## 4. 천부적 재능이나 유전적 · 사회적 환경 쟁점

가족의 도움을 많이 받고 교육도 많이 받은 사람은, 그렇지 못한 사람보다 분명히 유리하다. 사실 모든 사람에게 경기에 참가기회를 주는 것은 외형적으로는 공평하고 좋은 일이다. 그러나 애초에 사회적인 이유에서건 천부적인 이유에서건 출발선이 다르다면, 그 경기는 결코 공정하다고는 할 수 없다. 기회균등만으로는 공정하지 않다는 결론이다.

예를 들어 육상에 특별한 재능이 없는 평범한 여러분이, 100미터 세계기록 보유자인 우사인 볼트와 인생의 명예와 부를 놓고 동일한 출발점에서 100미터 달리기 경주를 하게 하는 것이 과연 공정한 것인가? 출발선이 동일하다고 하여 육상에 대한 천부적 재능이 다른데, 공정한 게임이라고 말할 수 있겠는가?

그러므로 천부적 재능을 허용한다면, 아무리 절차가 공정하여 기회균등의 장치가 마련된다고 하는 경우에도, 결과는 매번 같을 수밖에 없을 것으로서 진정으로 공정하다고 할 수 없다고 롤즈는 역설한다.

롤즈가 보기에는 출생에 따라서 이미 정해지는 계층이 있는 봉건제도 또는 카스트 제도의 사회나, 출발선에서의 기회균등을 공식적으로 인정하는 자유지상주의 사회나 공정한 기회균등을 인정하는 능력위주의 사회는 아무리 포장해도 공정하다고 할 수 없다고 말한다. 왜냐하면 도덕적 관점에서 볼 때는 결국에는 출생, 사회적이거나 경제적인 이점, 타고난 재능이나 능력 같은 임의의 요소에 따라서 분배되는 몫이 원초적으로 불가피하게 불평등하게 결정될 수밖에 없기 때문이다. 그러므로 오로지 차등의 원칙만이 소득과 부의 분배를 우연에 좌우되지 않도록 할 수 있다고 롤즈는 주장한다.

결국 어떤 사회가 정의로운 사회인가? 롤즈의 입장을 명료하게 요약하면 "**창조적인 능력을 가진 사람은 자신의 능력을 최대한 발휘할 수 있지만 그 성과물은 나누며, 가난한 사람이나 능력 없는 사람은 사회로부터 가장 많은 혜택을 받는 사회**"가 정의로운 사회라는 것이다.

결국 롤즈의 정의론에서는 온전한 절차적 정의를 위해서는 천부적 재능이나 유전적·사회적 환경도 모두 무시해야 한다는 결론에 도달한다.

## 5. 자유지상주의의 불합리

롤즈가 볼 때에 자유지상주의 체제에서 가장 분명하게 나타나는 부당함은 분배되는 몫이 대단히 임의적인 요소에 부적절하게 영향을 받는 상황을 허용한다는 점이다. 롤즈는 단적으로 말해서 "소수의 불평등자(최소 수혜자)가 그 사회를 그래도 정당하다고 여긴다면 그것은 정의로운 사회"라고 말한다. 논리의 당연한 결과로 현실적으로 불평등한 입장에 처한 사람들이, 공정하다고 말하지 않는다면 그 사회는 공정한 사회가 아닌 것이 된다.

## 6. 자유와 평등의 조화

일반적인 상식으로는 자유와 평등은 대립되며 영원히 만날 수 없는 양극에 놓인 개념으로 받아들여진다. 그런데 존 롤즈는 자유와 평등의 두 가지 원리 중 어느 하나도 배제하지 않을 수 있는 이론적 토대를 구축했다는 평가를 받는다. 자유와 평등에 대한 존 롤

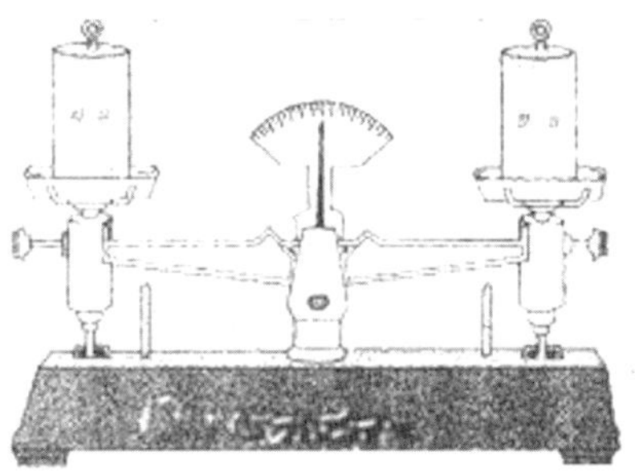

자유와 평등의 관계

즈의 해결법은 결과로서의 평등이 아니라 그 결과에 이르는 절차와 형식에 초점을 맞춤으로써 가능했다. 롤즈 사상의 진정한 가치는 대립되는 것처럼 보이는 자유주의와 평등주의를 모두 충족시키는 대안을 내세웠다는 점이다.

원래 자유주의의 입장에서는 사람들은 자기 능력과 노력에 따라 대가를 누려야 한다는 것이 요체이다. 그런데 자유주의론에는 근본적인 맹점이 있다. 저 능력자나 불우한 환경을 타고난 사람들은, 출발부터 차별을 받고 보호되지 않는다는 사실이다. 그래서 비판자들은 자유주의가 좋은 유전형질과 뛰어난 배경을 타고난 사람들에게만 자유를 보장하는 불평등한 사상이라고 비난한다.

반면에 어떤 경우에도 모든 인간을 평등하게 취급해야 한다면 그 자체가 불평등일 수 있는 경우가 허다하게 발생한다. 열심히 노력한 사람이나 그렇지 않은 사람이나 똑같이 평등한 대가를 얻는다면, 그것 역시 그 자체로 공평하지 않은 것으로, 결코 정의라는 이름으로 포장될 수 없다.

이처럼 자유와 평등의 조화의 문제는 아주 오래된 인간사회의 숙제였다. 두 개념이 시장 자본주의나 사회주의 혹은 공산주의로 변화를 하면서 분화를 거듭했지만 결국 정의에 다가가는 데는 실패했었다.

이러한 딜레마에서 롤즈가 제시한 자유와 평등의 조화론은 혜안으로 탁월하게 돋보였던 것이다. 즉, 일정한 자유의 문제에 대해서는 절대적인 평등을, 반면에 사회적, 경제적 분배의 문제에서는 차등의 원칙을 도입하여 자유와 평등의 갈등을 해소했던 것이다.

자유와 평등의 갈등에서 진정한 정의를 찾기 위한 롤즈의 해법은, 공정한 절차를 창안한 것으로, 방법론적으로 공정으로서 정의관을 제시했던 것이다.

## 7. 공정론과 최소 수혜자

존 롤즈의 공정으로서의 절차적 정의론은 어느 누구라도 적법한 절차에 따라서 복권에 당첨되어 부자가 됐다면 그것은 정의라는 것이다. 반면에 부자들에게만 유리한 교육제도 때문에 부잣집 아이들이 더 좋은 대학에 진학한다면 그것은 정의가 아니라는 것이다. 원초적으로 절차가 공정하지 않았기 때문이다. 그래서 롤즈는 최소 수혜자라는 개념을 도입했다. 사회적으로 소외되어 미약한 혜택을 얻을 수밖에 없는 사람들에게는 결과적으로 공정성이 도모될 수 있는 시스템을 만들어야 한다는 것이다.

롤즈의 정의론은 복권 당첨자도 인정한다는 점에서는, 기본적으로는 자유주의에 입각한다. 하지만 최소 수혜자에게 균등한 기회를 제공해야 한다는 지점에서는 평등주의가 가미되어 있다. 바로 이 점 때문에 이른바 자유민주주의를 표방하는 나라의 모든 복지정책은 롤즈를 답습한다. 최소 수혜자인 독거노인들에게 생활비를 지급한다든가, 대학에서 농어촌 학생 특별전형을 실시한다든가 하는 것들은 모두 롤즈의 정의론에 입각한 내용들이다. 자유와 평등의 조화에 대한 아래의 칼럼을 본다.

### 서민 정책과 '정의론'

**철학자 존 롤즈 "최약자 층의 이득을 키우는 것이 정의"**

나라마다 서민들을 위한 정책을 추진하고 있다 … 미국의 의료보험 개혁은 취약한 제도를 개혁하는 가장 대표적인 사례다. 미국은 국민의료보험이 없다. 모두 상업보험회사에서 제공하는 의료보험이다. 그래서 약 4600만 명가량이 보험에 가입하지 못하고 있다(…) 의료개혁을 위해서는 향후 10년간 1조 달러라는 엄청난 돈이 들 것으로 추정되며 결국 세금인상으로 이어질 것이라는 우려가 있다. 서민정책이 사회적으로 논란을 빚게 되는 것은 롤스의 이론을 빌리자면 '차별적 정책'이기 때문이다.

**서민정책 비용 누가 댈 것인가 … '정의' 관점에서 생각해야**

한국에서도 최근 다양한 서민정책이 제시되고 있다 …… 생계비 대출제도를 신설하고 차상위 계층의 영유아에 대한 보육 및 교육비를 전액 지원하기로 했다. 학자금 대출의 이자율도 낮추고 졸업 후 취업 시까지 상환을 유예하도록 제도를 손질했다. 저소득계층에 대해 의료 보험료를 낮추고 난치성 질환자에 대한 본인 부담율도 획기적으로 낮추었다. 더 나아가 집 없는 서민들의 주거안정을 위해 전세금 대출을 확대하고 장기적으로 적은 가격으로 주택을 구입할 수 있는 방안을 준비하고 있다. 그런데 이러한 서민정책 역시 차별적 정책이다.(.............)

**서민정책의 본질은 존엄성 지키기**

다시 롤즈 교수의 《정의론》으로 돌아가 보자. 그의 이론에 따르면 차별적 정책으로 분류할 수 있는 서민정책이 국민들로부터 정의롭다고 인정받기 위해서는, 사회 내에서 가장 취약한 계층의 이득을 최대한 제고할 수 있어야 한다. 그러나 취약계층의 복지를 무제한적으로 확대하는 것은 사회 내에 도덕적 해이를 불러오고 경제 내에 고비용 구조를 만들 우려가 있다.

서민정책에서 일반적으로 인정되는 기본적 목표는 생존보장이다. 사회내의 구성원이 스스로 자신의 생존을 영위할 능력이 없다면 공동체가 함께 구성원의 생존권을 보장해야 한다는 것이다. 그 다음 목표는 인간적 존엄성의 보호가 될 것이다. 스스로 인간적 존엄성을 지킬 능력이 부족한 사람들은 사회가 그 존엄성을 지켜주자는 것이다. (..............)

| 윤덕룡(대외경제정책연구원 선임연구위원) - 공감코리아, 2009.8.21

## 제3항 존 롤즈의 정의론에 대한 비판

### Ⅰ. 개 관

존 롤즈는 일반적으로 공리주의나 실용주의가 따르는 결과론적 윤리, 즉, 목적론적 윤리나 가언명령의 입장에 반대한다. 롤즈는 칸트가 주창하는 의무론적 윤리, 즉 정언명령의 입장을 취하여, 칸트의 사고방식을 절차적으로 해석한 '**칸트적 구성주의**'라고 불린다.

그러면 롤즈의 정의론은 과연 성공적인가? 일면에서 보면, 1971년도에 출간되어 약 40년 동안에 이루어진 롤즈의 정의론에 대한 비판은 롤즈 정의론의 중요성을 실증해 준다. 그것은 또한 다른 측면에서는 존 롤즈 정의론의 핵심인 '공정으로서의 정의'에 심각한 결함이 있음도 암시해 준다.

사실 존 롤즈가 이야기하는 정의로운 사회란 본질적으로는 개인의 자유와 권리 그러므로 자율적 자아라는 인간존재에 대해 우월성을 인정하고 있는 사회이면서, 동시에 그 결과 생기는 특권을 상쇄하기 위해, 보다 유능한 사람들이 지니고 있는 자원을 보다 불행한 사람들의 처지를 개선하는 데 활용되는 배분적 정의가 실현된 사회를 의미한다.

이를 위해 존 롤즈의 공정으로서의 정의는 일정한 자유권적 기본권에서는 인간은 모두 평등하다는 것을 제1의 원칙으로 정의한다. 그러면서 제2의 원칙으로 못난 사람은 유능한 사람이 지원을 해주어야 한다는 것이다. 또한 공리주의에 의해 초래되는 불평등을 극복하기 위해 차등의 원리를 별도로 도입한다. 그럼으로써, 부족하고 못난 사람을 위해서 풍족하고 유능한 사람들은 이들 최소 수혜계층의 사람들을 도와주어야 한다는 주장이다. 그래야 '평등'이 '유지'되고 사회가 좀 더 사람다운 사회가 된다는 논리이다.

과연 롤즈의 절차론적 정의론이 아무런 문제점 없이 공리주의 복지 시스템 사상을 극복을 했을까? 태생의 한계점은 없을까?

이와 같은 문제에 대해서는 여러 학자들에 의해서 다양한 비판이 신랄하게 개진되었다. 그만큼 롤즈의 공정론은 논쟁적이다.

## Ⅱ. 존 롤즈 공정으로서의 정의에 대한 비판론

### 1. 계약의 허구성?

전술한 바와 같이 존 롤즈의 정의론은 가언합의에 기초한다. 그런데 실제로는 합의에 이르지도 않았는데 어떻게 정의의 원칙을 이끌어 낸다는 말인가? 마이클 샌델의 비판이다. 사람들은 사회계약에 합의한 바가 전혀 없다. 사실 합의할 수도 없다. 예컨대, 대한민국 국민 가운데 헌법준수에 동의한 사람은 일부 공직자 등과 귀화한 사람들을 제외하고는 거의 없다. 나머지 사람은 동의하라는 요구도 심지어는 동의하느냐는 질문도 받지 않았다. 현실적으로도 합의에 참가할 기회를 갖지도 못하면서 공동체적 삶을 살게 된다.

합의의 문제에 있어서 존 로크는 우리가 국가를 만드는 사회계약에 암묵적으로 합의했다고 말한다. 칸트는 가언합의에 호소한다. 그러나 가언합의나 암묵적 합의는 사회질서의 유지나 공공의 복리 같은 현실 생활의 규율의 기준, 즉 실정법의 잣대로는 기능할 수 있다. 하지만 가언합의나 암묵적 동의로 어떻게 인간실존의 근본인 도덕의 문제, 즉, 정의의 문제를 담당할 수 있겠는가?라는 원초적인 의문을 샌델은 제기한다. 또한 합의만으로도 왜 이행의무가 생기는 것인가? 라는 근본적인 의문도 제기된다.

> 합의만으로 의무가 생기는가?
>
> 아니면 이익이나 도움을 주고받은 연후에야 의무가 생길까? 법률 전문가들의 오래된 논쟁거리였다. 논쟁은 결국 계약의 도덕성에 대한 쟁점의 문제이다.
>
> 예컨대 교수가 학생에게 지구 기후변화에 대한 조그마한 헌신의 징표로, 집에서 걸어오면 10만원을 지불한다고 약속했다. 그러나 학생이 아침 7시에 출발하기 전에 "마음이 바뀌었다. 그래도 나는 학생에게 10만원을 주어야 하는가?" 학생이 만약 "거래는 거래입니다." 어떤 이익이나 도움을 받지 않았어도 애초에 합의했으니 그에 따른 이행 의무가 있는가? 합의에는 왜 의무가 생기는가? 칸트는 무어라고 답하겠는가?

## 2. 존 롤즈의 두 가지 원리는 과연 정의로운가?

존 롤즈의 절차적 정의론의 핵심인 제1의 평등의 원리와 제2의 차등의 원리는 과연 정의로운가? 라는 비판이 제기된다. 롤즈 정의론의 두 가지 원칙은 합의, 즉 계약에서 도출되는 것인데, 그러나 계약은 결코 정당성을 보장하는 장치가 아니라는 비판이 제기된다.

어떤 상황에서건 계약에서 공정한 결과물이 도출된다고 보는 것은 순진한 것이라는 비판이다. 이는 원초상태의 무지의 베일에서 당사자들에 의해 그러한 원리가 과연 도출될 것인가? 의 의문을 떠나서, 그러한 원리들이 선택되었다는 사실이, 그 원리들이 도덕적으로도 옳다는 것을 의미하는 것은 아니라는 근본적인 비판이다. 즉, 형식인 계약은 결코 계약의 산물인 내용까지도 정당한 것을 담보하지는 않는다는 비판이다.

특히 내용적으로 정확하게 어느 정도까지의 차등이 평등한가? 차등 임금효과는 사회적·경제적 상황에 따라 다른 것인데, 차등의 원칙은 어느 정도까지의 차등 임금을 평등하다고 볼 것인가? 라는 쉽지 않은 의문을 제기한다.

## 3. 원초적 상황에 놓인 사람들이 정말 차등의 원칙을 선택할 것인가?

이 비판은 모험심 많은 사람들이 도박을 하지 말라는 보장이 어디 있겠는가? 라는 반문이다. 즉, 일부 모험심이 매우 강한 사람들은, 자신이 평범하게는 도저히 달성할 수 없는 높은 지위와 부를 누릴지도 모를, 불평등한 사회를 선택할 수도 있다는 입장이다. 인간은 더러는 자기가 왕이나 종신총통이 될지 모르는 희망을 품지만, 그 대가로 땅 한 조각 없는 노예가 될 수도 있는 위험을 감수하더라도, 봉건사회를 선택할 사람도 있을 수 있다는 의문이다. 그런데 롤즈의 차등의 원칙은, 모든 사람은 그러한 모험 그러니까 무리한 도박은 하지 않을 것이라는 소박한 생각에서 출발한다.

원초상태에 대한 또 다른 비판은 무지의 베일이란 개인의 장래 신상에 관한 특정한 지식을 제거하기 위해 의도된 것이지만, 원초상태의 당사자들은 여전히 자신들의 주관적인 내용에 대한 것이 아닌, 객관적인 질서로서의 정치학이나 경제이론과 같은 영역에 대한 일반적인 지식은 가지고 있어야, 그들의 공동체를 규율할 합의 내용을 이끌어 낼 수 있을 것이라고 비판한다.

### 4. 롤즈의 정의론은 형식적 · 체계적 정의에 지나지 않는 것이 아닌가?

존 롤즈의 정의론은 단지 정의의 극히 일부인 '공정으로서의 정의'인 것으로서 순수한 절차적 정의이다. 그러나 절차적 정의에서는 절차 자체를 떠나서는 무엇이 정의로운가를 결정할 기준이 없다는 비판이 제기된다. 롤즈의 경우에 정의는 결과에 적용되는 것이 아니다. 오직 형식적인 체계, 즉 절차에 적용될 뿐이다. 그러므로 롤즈의 정의론은 역설적으로 다만 형식과 절차만 공정했다는 비판을 받는다. 즉, 절차로서의 정의론은 내용의 정당성은 고려하지도 고려할 수도 없는 정의론이라는 비판이다. 그것은 과연 **형식적인 공정**이 정의의 모든 것일까?라는 관점의 비판이기도 하다.

특히 샌델은 이러한 비판을 제기한다. 의사에게 높은 보수를 주어 가난한 시골지역 의료 서비스를 개선하고자 했다고 가정하자. 차등임금은 롤즈의 원칙에 부합한다. 그러나 의사에게 보수를 더 주었더니, 가난한 인디언들이 많이 거주하는 애팔래치아 지역의 의료 서비스는 전혀 개선되지 않고 베버리힐스의 성형수술만 늘어났다면 어떤가? 차등의 원리가 보편적으로 기능하기에는, 사회체계가 너무 복잡하고 사회적 · 경제적 상황이 일률적이지 않다는 것이다.

그런데도 롤즈는 원초상태의 당사자들에 의해 선택된 것은 그것이 무엇이든지, 절차에 따른 결과가 어떠하든지, 단지 결정절차의 공정이라는 사실 하나만으로 정의로운 것이라고 주장하지만, 그렇지 않은 경우도 적지 않다는 것이다.

### 5. 인간의 본래 능력을 배제하는 것이 도덕적으로도 올바른 것인가?

존 롤즈는 단호하게 사람들의 타고난 재능을 공동자산으로 여기고, 그 재능을 활용해서 어떤 이익이 생기든 그것을 공유하도록 해야 한다고 주장한다. 태어나면서부터 혜택을 받은 사람은 그들이 누구든, 그런 혜택을 받지 못한 사람들의 상황을 개선한다는 전제에서만, 자신의 행운을 이용해 이익을 얻을 수 있다는 것이다. 이처럼 롤즈는 유리한 성장환경이나 사회적 지위는 말할 것도 없고, 천부적 재능을 가지고 태어나는 출생의 우연성도, 재화의 분배에 영향을 끼치도록 해서는 안 된다고 말한다. 분배는 오직 공정한 절차, 즉 원초상태의 무지의 베일에서 합의된 사회제도에 바탕을 두어야 한다는 것이다.

그러나 인간의 생래적인 장점이나 능력을 포함한 덕(德)을 배제하는 것은, 자신의 의지와 무관하게 능력자로 태어난 사람에게는, 본질적으로는 또 다른 불평등을 초래하는 것은 아닌가? 그러므로 타고난 능력이 있는 사람을 차등의 원칙이라는 이름으로 또 다른 노역에 종사하도록 강제하는 것은 아닌가? 또한 세금이라는 사회적 제도로 능력 있는 사람들의 재산을 강탈해 가는 것은 아닌가? 라는 의문과 비판이 연이어 제기된다.

즉, 본질적으로 차이가 있을 수밖에 없는 인간의 능력을 부인하는 것 자체가, 자연적인 출생 이후의 인위적인 잣대로서, 능력을 타고 난 사람에게 불평등을 강요하는 역차별이라는 비판이 제기된다. 타고난 능력으로 매사에 앞설 수밖에 없는 사람들을 균질하게 대우하는 것은 '**차별은 안 되지만 차이는 불가피하다**'는 인간의 속성자체를 부인하는 별도의 불평등이라는 비판인 것이다. 천부적인 재능자나, 후천적 노력자들로 하여금 그들의 결과물을 최소 수혜계층을 위해 사용하라고 하는 것은, 능력자들에 대한 또 다른 역차별은 아닌가? 라는 의문이다. 과연 그런 역차별은 정의로운가? 도덕적으로도 옳은 것인가?

커트 보네거트의 해리슨 이야기는 평등주의 정의론을 향한 부정의 한 단면을 생생하게 알려준다. 하지만 커트 보네거트가 소설 속에 그렸던 절대적 평등의 세상은 분명히 오지 않을 것이라고 많은 사회학자들은 말한다. 역사적인 경험에 비추어 개인이나 기업이나, 평등보다는 불평등과 치열한 경쟁 속에서 개인이나 기업의 능력이 발휘되고 경쟁력으로 존재가치가 좌우되는 시대가 오히려 확산될 것이다.

물론 존 롤즈도 개개인의 선천적 재능도 일정부분 존중하려고 노력했다. 그를 위해 내놓은 대안이 차등의 원칙이다. 차등의 원칙은 재능 있는 사람에게 불이익을 주지 않으면서, 선천적인 재능과 소질로 인한 불공정한 분배를 바로잡으려는 노력이다. 그러나 롤즈 정의론의 그 저변에는 여전히 평등을 향한 지향이 있다. 소득과 부를 똑같이 분배해야한다는 차등의 원칙의 기본적인 사고는 평등에 대한 단호한 열망이며, 평등에 대한 고무적이고 열정적인 시각임을 부인할 수는 없다. 롤즈의 다음의 말은 이를 잘 나타낸다.

"차등원칙은 사람들의 타고난 재능을 공동자산으로 여기고, 그 재능을 활용해 어떤 이익이 생기든 그것을 공유하자는 뜻을 내포한다. 태어나면서부터 혜택을 받은 사람은 그들이 누구든, 그런 혜택을 받지 못한 사람들의 상황을 개선한다는 전제에서만 자신의 행운을 이용해 이익을 얻을 수 있다. 태어나면서부터 혜택을 받은 사람들은 단지 재능이 많다는 이유만으로 이득을 얻어서는 안 되며, 그들을 훈련하고 교육하는 데 들어간 비용을 갚고 자신의 재능을 이용해 그러한 행운을 얻지 못한 사람들을 도와야 한다. 사회에서 다른 사람보다 유리한 출발선에 설 자격이 있는 사람은 없다. 그렇다고 그러한 차이를 없애야 한다는 뜻은 아니다. 사회의 기본 구조를 조정해 우연한 차이가 행운을 타고나지 못한 사람들의 이익을 위해 쓰이도록 하자는 것이다."[6]

원래 인간은 평등하게 태어나지 않는다. 그렇다고 특정한 사람에게 무한한 능력이 주어지는 것도 아니다. 저마다 다른 재능을 가지고 있다. 결코 무엇이든 모두 다 할 수 있는 사람은 없다. 다만 각자의 재능을 어떻게 활용하느냐에 따라서 성공할 수도 있고 실패할 수도 있다. 성공한 많은 사람들이 그랬듯이 도전과 열정으로 성공 DNA를 만들어나가는 사람들이 세상에 행복의 총량을 많이 가져올 수 있음을 상기해야 할 것이다.

---

6) Rawls, A Theory of Justice(2d ed., 1999), sec. 17.

**평등주의의 악몽 – 커트 보네거트의 단편 '해리슨 버거론(Harrison Bergeron)'**

"그해는 2081년이다. 모든 사람이 마침내 평등해졌다. 어느 누구도 다른 사람보다 더 똑똑하지 않았다. 어느 누구도 다른 사람보다 더 강하거나 빠르지 않았다." 미국은 이를 위해 헌법을 바꾼다. 수정 헌법 제 211조, 212조, 231조에 의해 모든 사람은 평등해질 권리를 갖게 된다. 이 원칙이 깨질까봐 미국은 평등유지 관리국을 만든다. 평등유지 관리국 요원들은 잠시도 쉬지 않고 이 원칙이 잘 지켜지는지를 감시한다. 평균 이상의 지식을 가진 시민들은 귀에 정신장애 수신기를 꼽고 다녀야 한다. 국가는 약 20초마다 날카로운 잡음을 쏘아 보내 이들이 두뇌를 이용해 불공정한 우위를 점하지 못하게 한다.

한편 열네 살의 해리슨 버거론은 대단히 똑똑하고 잘 생기고 재능이 많은 아이여서 누구보다 무거운 장비를 쓰고 다녀야 했다. 해리슨은 평균적인 장비가 아니라 커다란 이어폰과 굴곡이 심한 안경을 강제로 착용해야만 했다. 잘생긴 얼굴을 가리기 위해서는 "코에 빨간 고무공을 끼고, 눈썹은 밀고 하얀 이에는 검은 덮개를 씌우고 이빨 군데군데에는 까만 껍질을 씌웠다." 그리고 육체적 힘을 줄이기 위해 몸에 무거운 고철을 둘러야 했다. 해리슨은 평생 150킬로그램에 가까운 무게를 짊어지고 다녔다. 안경들은 그의 눈을 반 쯤 멀게 했을 뿐만 아니라 머리가 윙윙 울리는 두통을 일으키도록 특수하게 고안된 것이었다. 또 철판 조각들이 그의 몸을 둘둘 감싸고 있었다. 해리슨은 마치 걸어 다니는 폐차장같이 보였다. 사람들과의 인생 경주에서 그는 항상 300파운드의 무게를 짊어지고 다른 이들과 '평등'해진 채로 살아야 했다. 그러나 그는 평등유지 관리국 사람들이 기구를 고안해내는 속도보다 훨씬 빨리 성장했다. 마침내 어느 날 해리슨은 모든 장비를 벗어던지고 평등주의의 횡포에 맞서 영웅적으로 저항했다…….

해리슨 버거론에 대한 수배전단이 전국에 내려졌다. "그는 정부전복 획책혐의로 복역 중이었습니다. 그는 천재이고 천부적인 체력을 지녔으며 적합한 평등 유지기구를 착용하고 있지 않습니다. 극히 위험한 인물로 간주됩니다." 수시로 경찰이 찍은 해리슨 버거론의 사진이 화면에 점멸하기 시작했다.

## 6. 타고난 능력이 안 된다고 하면, 사후의 노력은 어떤가?

롤즈는 타고난 재능은 노력의 결과가 아니라는 이유로 정의를 능력위주로 해석하는 논리를 거부한다. 그렇다면 재능을 나중에 열심히 갈고 닦은 경우는 어떠한가? 빌 게이츠는 오랫동안 열심히 노력해서 마이크로소프트를 키워냈다. 마이클 조던은 수많은 시간을 투자해서 농구실력을 연마했다. 최경주와 양용은은 불우한 가정환경을 극복하고 피나는 노력을 다하여 PGA에 진출하여 개인적 성취를 이루어냈고 국가의 명예를 드높였다. 김연아, 박세리, 김미현 등등 적지 않은 여자 골퍼들이 사후의 남다른 노력으로 남들이 이룰 수 없는 성취를 이루었다.

물론 이들도 일정하게 타고난 재능은 있었겠지만, 사후의 노력이 없었다면 불가능한 일이었다. 타고난 재능이 허용되지 않는다는 롤즈의 논리대로라면, 사후의 노력에 의해 개발된 능력도, 사회적 부의 분배의 요소나 기준이 되어서는 안 된다고 해야 할 것이다. 역시 롤즈는 사후적인 노력도 혜택받은 가정환경의 산물이라고 단언한다. 노력하고 도전해서 소위 자격을 갖춘 사람이 되려는 의지조차도 행복한 가정과 사회적 환경의 영향이라는 것이다. 그러나 이러한 롤즈의 견해는 건전한 노동윤리를 부정하는 것으로서, 노력해서 얻은 대가마저도 도덕적 자격을 주장할 수 없다고 말하는 정의론은 결코 정당한 정의론은 되지 못한다는 비판이 제기된다.[7)]

## 7. 절차적 정의론은 인간 본성을 고정화시켰다.

연장선에서 롤즈는 칸트의 인간관을 따랐으면서도 인간 자아의 본질적인 속성을 무시한다는 비판이 제기된다. 대표적으로 마이클 샌델은 롤즈의 이론이 선택능력을 가진 자율적인 자아를 무시하는 개념에 의존하고 있다고 비판한다. 샌델에 의하면 이성적 존재인 인간, 그러므로 선택능력을 가진 자율적인 자아는, 일시적으로 최소 수혜층에 머무는 경우에도 스스로의 경험과 노력은 물론이고 타자와의 **협력과 경쟁 속에서의 부단한 노력**을 통해서 충분하게 변화될 수 있는 충분한 가능성을 가진 잠재적 최대 수혜층인 존재라는 것이다. 그럼에도 롤즈는 원초상태에서 인간의 본성을 다른 여지가 없이 고정화시켜 논리를 전개한다는 것이다. 과연 언제까지 최소 수혜층인가?라는 의문이다.

7) 특히 하버드에서 정의론을 가르치는 마이클 샌델 교수는 노력에 관한 롤즈의 주장에 맞닥뜨렸을 때 상당수가 크게 반발했다고 경험론적으로 지적한다. 학생들은 하버드 대학 입학을 비롯한 자신이 성취한 일은 열심히 노력한 결과이지, 자신의 통제를 벗어난 도덕적으로 임의의 요소들 덕분이 아니라고 항변한다고 했다.

## 8. 원초상태는 결코 중립적이지 않다.

존 롤즈가 전제하는 원초상태는 무지의 베일과 더불어서 사람들의 선택을 편향되게 만들 만한 특수성을 제거하기 위한 상상속의 개념이다. 그렇다면 원초상태는 중립성을 성공적으로 제공하고 있는가? 마르크스주의적 비판가들은 인간의 본성과 사회에 대한 롤즈의 기본적인 정의가, 오히려 뿌리 깊은 편견에 바탕을 두고 있다고 비판한다.

먼저 마르크스주의적 관점에서는 인간본성은 사회계급과 전적으로 분리되어 규정될 수 없는 성격으로, 자유롭고 평등하고 이성적인 존재로서의 인간개념은 그 자체로 가치중립적이지 않다는 것이다.

다음으로 인류의 역사를 만인의 만인에 대한 계급투쟁으로 보는 마르크스주의의 전제에서 보면 '질서 잘 잡힌' 사회는 정의로운 사회의 필연적인 목표도 아니다. 계급투쟁이 치열한 무질서한 사회도 정의로울 수 있다는 것이다.

## 9. 롤즈의 이론은 경험적 근거가 약하다.

롤즈는 어떤 경험적 근거에서가 아니라, 자신의 직관을 이용하여 인간행동에 대한 대차대조표를 작성했다는 비판이 제기된다. 그러므로 어떤 절차가 원초상태의 무지의 베일에서 선택된다는 것과, 그렇게 선택된 절차가 정의롭다는 것은 결코 같은 말이 아니라는 것이다.

그러므로 적지 않은 비판가들은 롤즈의 이론이 비정치적이고 비역사적일 뿐만 아니라, 원리들의 함의를 테스트하고 우리가 숙고해서 얻은 확신을 진정으로 대조해보는 데 필요한 경험적 자료를 결여하고 있다고 비판한다. 그리하여 월프(Wolf)는 "롤즈의 이론에 신빙성을 더하기 위해서는 경험적 특성이 필요한데…… 그것이 빠졌다."라고 아쉬워한다.[8)]

## 10. 존 롤즈 격차원리에 대한 비판

존 롤즈의 절차적 정의론에 대한 비판의 핵심은 격차원리에 집중된다.

8) Wolf, Understanding Rawls, p. 195.

특히 격차원리의 논거로서 의사결정 전략인 맥시민 전략은 많은 비판을 받는다.

### 1) 누가 과연 가장 불리한 처지에 있는 사람인가?

사회에서 누가 가장 불리한 처지에 있는 사람인지 어떻게 알 수 있는가? 롤즈는 수입이 최소 수혜층을 구분하는 충분한 잣대가 될 수 있다고 제안한다. 하지만 월프(Robert Paul Wolff)는 이것이 증명된 것은 아니라고 비판한다.

아무리 많은 수입인 경우에도 눈물의 수입이 있을 수 있는 것으로서, 수입으로 결코 차별의 문제를 모두 설명할 수는 없다는 비판이다. 낭비벽으로 지속적으로 최소 수혜계층에 머물러 있는 사람은 진정하게 도움이 필요한 사람이 아니다. 월프는 또한 근본적으로 자유시장경제의 자본주의를 부정하지 않는 이상은, 절차적 정의론은 자유시장 경제체제에서는 근본적인 대안이 될 수 없다고 비판한다.[9]

### 2) 맥시민 전력은 지속가능한 합리적인 원칙이 될 수 있는가?

롤즈는 원초상태에 있는 사람들이 "최저라도 최대한으로"이라는 방어전략을 택하는 것이 지속적으로 합리적인 선택이라고 말한다. 그러나 바버는 맥시민 전략은 특별한 '심리', 즉 위험을 피하고자 하는 마음에 근거한 임시방편적인 **전술**인 것이지, 결코 합리성을 가져서 지속가능한 **법칙**이 될 수 있는 것은 아니라고 비판한다.

더 나아가 일부 학자들은 원초상태와 무지의 베일이라는 조건하에서 의미 있는 선택은 '맥시민'이 아니라 따라서 격차의 원리가 아니라고 비판한다. 현실적으로 사람들은 '**공리층**', 즉 안전판을 만들어 줄 규칙을 오히려 선호할 수 있고, 공리층이 확보된다면 사람들은 인생에서 약간의 위험은 감수할 것이라고 비판한다.

---

9) 로버트 월프는 롤즈가 정의론을 출간한 직후 "A Critique and Reconstruction of A Theory of Justice"라는 저서를 출간하여 마르크스의 관점에서 롤즈의 절차적 정의론을 신랄하게 비판했다.

### 3) 격차원리는 칸트 도덕법칙에 위배된다.

특히 격차원리에 대해서는 칸트의 도덕철학의 관점에서 결정적인 비판이 가능하다. 왜냐하면 롤즈의 최소 수혜층을 위한 격차원리는, 칸트의 도덕법칙 가운데 제2의 정언명령을 위배한 것이기 때문이다. 격차원리는 결국 특정인(상위 계층)을 다른 사람(최소 수혜층)의 목적을 위한 '수단'으로 이용하는 논리이기 때문이다.

## 11. 롤즈의 절차적 정의론이 공리주의보다 낫다고 할 수 없다.

존 롤즈의 소망처럼 사회적으로 못 사는 사람을 돕는다는 것은 바람직하다. 그러나 사회적 약자를 위해서 잘 사는 사람들의 재산이나 심지어 천부적인 재능이나 사후적인 노력까지 이용하고 착취하는 것을 허용하는 롤즈의 격차의 원리가 과연 정의로운가? 그것은 잘 사는 사람들의 공리를 위해 못 사는 사람들을 활용하는 공리주의의 최대 다수의 최대 행복의 도식보다 더 낫다고도 결코 말할 수 없는 것은 아니지 않는가? 라는 비판이 제기된다.

**하버드 대학 정의론의 계보**

존 롤즈, 로버트 노직 그리고 마이클 샌델은 모두 하버드 대학교 정치철학과 선・후배 교수 사이이다.

① 존 롤즈(1921~2002)의 하버드 대학교 동료인 로버트 노직(1938~2002) 교수는 1974년 자유주의적 정의관을 옹호하는 저술을 출간했다. 무정부, 국가 그리고 유토피아(Anarchy, State, and Utopia)라는 제목이다. 그 책은 롤즈의 정의론(A Theory of Justice)에 대응한 비판서적이다.
② 또 다른 하버드 대학교의 교수인 마이클 샌델은 공동체주의적 관점에서 롤즈의 정의론을 비판했다. 샌델은 로버트 노직과 공동강의도 했다.
③ 노직은 존 롤즈보다 약 17살 연하로, 존 롤즈와 함께 정의론을 개설했다. 하지만 우연인지 양 교수는 모두 2002년 같은 해에 유명을 달리했다. 노직 교수는 정해진 강의안도 없이 약 10여권의 책을 교실에 들고와, 이 책 저 책에서 번득이는 통찰력으로 학생들에게 지적 충격을 안겨

주던 천재형 교수라고 한다.
④ 반면에 롤즈는 오래 다듬어진 강의 자료를 시간마다 배포하고 또박 또박 강의를 진행하여 고지식하다는 평가를 받았다.
⑤ 학기 초에는 약 200명의 학생들로 같이 시작했지만 학기말 롤즈의 강의실에는 200명의 학생들이 그대로 남았지만, 노직 교수의 강의실에는 약 20여명만이 남는다고 한다. 롤즈는 특유의 성실함 때문에 하버드 학생들에게는 하버드의 성인(Saint Harvard)이라는 애칭을 얻었다.
⑥ 롤즈는 2002년 81세의 나이로 세상을 떠났다. 그는 정치철학과 윤리학에서, 존 로크, 토머스 홉즈 등에 버금가는 입지를 구축했고 그의 대작 "정의론"은 현대의 고전으로 정의의 지평을 창출했다는 평가를 받는다.

## Ⅲ. 마무리

로널드 레이건이 대통령에 출마한 1980년에, 경제학자 밀턴 프리드먼은 아내 로즈와 함께 《선택의 자유》라는 책을 출간했다. 그 책은 베스트셀러가 되었다. 자유시장경제를 힘차고 당당하게 외친 '선택의 자유'는 레이건 대통령 시절의 경제 교과서이자 찬가가 되었다. 프리드먼은 평등주의자들의 반박에 맞서 자유방임 원칙을 옹호하면서 놀라운 결론을 도출했다. 그는 부유한 가정에서 자라 우수학교를 다니는 학생은, 그보다 못한 환경에서 자란 학생보다 불공평한 혜택을 누린다는 점은 인정했다. 그리고 아무런 노력 없이 재능과 소질을 물려받은 사람들이 다른 사람보다 불공평한 혜택을 누린다는 사실도 시인했다. 그러나 존 롤즈와 달리 프리드먼은, 우리가 그런 불공평을 수정하려고 노력해서는 안 되며, 그 보다는 그 불평등과 더불어 사는 법을 터득하고, 그 결과 생겨나는 이익을 즐겨야 한다고 주장했다. 레이건 대통령의 경제 가정교사였던 프리드먼은 다음과 같이 말했다.

**원래 삶은 공평하지 않다. 자연이 낳은 것을 국가가 수정할 수 있다고 믿고 싶은 유혹도 생긴다. 그러나 우리가 한탄하는 적잖은 불공평에서 얼마나 많은 이익을 얻고 있는지 깨닫는 것 또한 중요하다. 무하마드 알리가 하룻밤에 수백만 달러를 벌어들이는 능력을 가졌다는 사실은 분명코 공평**

**하지 못하다. 그러나 평등이라는 추상적인 이상을 추구하느라, 알리가 하룻밤 경기에서 벌 수 있는 돈이 … 최하층 사람들이 부두에서 하루 동안의 비숙련 노동으로 벌 수 있는 돈보다 많아서는 안 된다고 한다면 … 알리를 보며 즐기는 사람들에게는 더욱 불공평한 일이 아니겠는가?**[10)]

이러한 프리드먼의 조언에 대해서도, 롤즈는 실제로 존재하는 방식은 마땅히 존재해야 하는 방식을 결정하지는 못한다며 거부반응을 보이며 배척했다. 그러나 존 롤즈의 정의론에 대해서는 앞서 본바와 같은 다양한 비판이 제기된다. 물론 존 롤즈 이론의 충격과 강도가 엄청났다는 반증이기도 하다.

역사적으로 1991년 냉전의 붕괴와 함께 연쇄적으로 초래된 사회주의 국가의 몰락은, 평등주의의 한계를 잘 보여준다. 즉, 평등을 강조한 사회주의 국가의 몰락은 근본적으로 직업윤리, 기업가 정신, 위험에 도전하는 정신, 신뢰, 창조성 등의 인적자본의 손실에서 출발하는 것이었기 때문이다.

그러므로 평등주의가 강조하는 분배보다는, 우선 창조적이고 진취적이면 탁월한 식견을 가진 사람들로 하여금 무한한 역량을 발휘하게 하여 먼저 사회 전체적인 부를 늘리는 것, 즉 파이를 늘리는 것이, 결국 최하층의 복지에 유리하다는 비판이 제기된다. 즉, 기업가 정신에 의해 노력과 아이디어로 생산성이 높아지면 가격도 내려가고 일자리도  많아져, 그 이득은 기업가뿐 아니라 많은 사람에게 돌아간다는 사실을 평등주의자들은 왜 외면 하냐는 논리이다.

한편 평등주의에 따른 복지국가는 개인의 책임감은 사라지고 나태함만 길러 주었다는 현실도 비판에 일조한다. 예컨대 서유럽의 사회주의 정권에 의한 복지국가는, 실업자만 양산해 장기 경기침체로 이어지고 결국 사회 전체 부의 하락을 초래했음은 실증적으로 보여준다. 한편 치열한 글로벌 세계화 시대에는 자유경쟁을 할 수밖에 없는 것이 현실인데, 존 롤즈의 절차적 정의론은 정체적이고 과거 지향적이라는 비판도 제기된다.

---

10) Milton &  Rose Friedman, Free to Choose(New York: Houghton Mifflin Harcourt, 1980) pp. 136-137.

하지만 롤즈의 정의론은 미국 정치철학이 아직 내놓지 못한 점, 즉 더 평등한 사회를 옹호하는 설득력 있는 주장이라는 사실에 대해서는 이론이 없다. 평등한 권리에 대한 요구는 사회정책을 판단할 수 있는 기준을 제공해 준다. 그것은 분명히 불평등이 산재할 수밖에 없는 그리고 본질적으로 최소 수혜계층이 존재하고, 정치적인 이유라고 하더라도 최소 수혜계층에 동정적 연민이 지향될 수밖에 없는 현실의 지형에서, 많은 사람들에게 강력한 직관적 매력을 호소하고 있다.

그러므로 허다한 비판에도 불구하고 롤즈의 정의론은 경제 민주주의에 대한 사회정책의 정당성을 판단할 수 있고 그 기준도 제공한다. 그러므로 롤즈의 정의론은 인류의 영원한 지적인 유산으로 남을 가능성이 크다는 것이 중론이다.

인류의 역사에 커다란 공과가 있는 공리주의의 이론과 마찬가지로 존 롤즈의 절차적 정의론은 근본적인 도전을 제기하고 있으며, 배분적 정의의 난제에 대해서 다음 세대들도 숙고해야 할 엄숙한 과제를 던져주고 있다.

한편 철학적으로는 롤즈의 정의론은 필연적으로 또 다른 자유주의자의 반격을 가져왔다. 대표적인 주자가 하버드 대학교 동료교수였던 로버트 노직이다. 후술하는 바와 같이 로버트 노직은 그의 저서 "무정부, 국가 그리고 유토피아"에서 국가가 분배적 정의를 위해 관여한다는 것은, 개인재산의 자유에 대한 권리의 침해라고 강력하게 비판한다. 예컨대 가난한 사람의 생활수준 향상을 위해서, 5시간의 노동을 통해 얻은 소득을 세금으로 내도록 하는 것과 5시간 강제노동을 시키는 것이 무엇이 다른가? 라고 비판한다. 아래 글은 이러한 상념을 잘 보여준다.

### 성마오로의 꿈과 소망

주말에 손에 쥐어진 책 한 권이 있었습니다. '수도원 뜨락에서 자란 성마오로의 꿈과 소망'이었습니다. 먹을 것도, 입을 것도 변변치 않았던 1960년대. 성마오로 기숙사에서 어린 시절을 보냈던 5명의 소년들이 당시의 기억이 묻히기 전에 집필한 글들이었습니다. 소중한 글 모음 속에서 시선이 멈춘 대목이 있었습니다. KT에서 새로운 둥지를 튼 석호익 부회장의 고백이었습니다.

『나는 또래보다 키가 작은 편이었다. 그래도 건강하고 몸이 날래서 산과 들을 망아지처럼 뛰어다녔다. 장난이 심한 편이라 단추나 옷고름도 수시로 뜯어져 나가곤 했다. 고된 농사일에 허리 한 번 펼 시간 없는, 나이 많은 부모님은 개구쟁이 막내의 일거수일투족까지 일일이 거두어줄 여력은 없었다. 마리아님은 그런 내게 관심을 많이 가져 주셨고, 옷을 꿰매주기도 하셨다. 나는 엘리트 코스를 밟을 기회가 없었다. 가난한 농촌집안 출신에 소위 말하는 백그라운드도 없었다. 시골 중·고등학교에 지방대학 졸업생이므로, 흔히들 꼽는 학연, 지연, 혈연 등 어느 것 하나 특별히 내세울 만한 것이 없다. 심지어 체격조건조차 유리한 편은 아니다. 세상살이는 타고난 체격조건이나 이런 저런 인연들이 무시할 수 없는 힘을 가진 것은 분명한 사실이다. 남들보다 더 노력했음에도 더 힘들고, 때로는 억울하다 싶은 일도 겪어야 한다. 그것이 엄연한 현실이다. 현실의 높은 벽 앞에서 숱한 좌절을 맛보기도 했다.

지금 나는 정보통신회사에 승선해 새로운 항해를 하고 있다. 그동안 내가 한 선택에 대해 어느 쪽이든 수월하거나 평탄한 길은 없었다. 길은 만들어져 있는 것이 아니라 만들어지는 과정이었다. 그것은 시련과 고난을 극복해가는 기록이었기 때문이다. 그러나 딛고 일어서지 못할 좌절은 없었다. 지나고 보면 그 담금질은 그만큼 나를 성숙하고 깊어지게 만들 수 있는 기회였다. 지혜란 성공보다 실패를 극복하면서 얻을 수 있는 선물이기 때문이다』(……그러나 석호익 부회장은 불평등을 탓하지 않고 자신의 노력으로 자수성가했다)

권대우의 경제레터, 2010. 2. 8.

## 제4항 존 롤즈 정의론의 종합 토론 자료

### Ⅰ. 토론자료 서언

(1) **정의란 무엇인가?**
롤즈에게 있어서 정의란 다름이 아니라 정의의 원칙에 따라 도출된 결론이다. 롤즈에 따르면 정의의 원칙은 어느 누구도 자신의 나이, 성별, 인종, 지적수준, 근력, 사회적 신분이나 위치, 가족관계, 부, 종교 그리고 심지어는 인생목적도 모르는 원초상태의 무지의 베일에서 합의된 원칙이다.

(2) 원초상태의 무지의 베일에서 사회계약에 참가하는 사람들은 심지어 자신이 누구인지도 모른다. 성별, 연령, 인종, 사회계급도 모른다, 스스로가 얼마나 똑똑한지, 아니면 바보인지, 육체적으로 강한 사람인지 약한 사람인지, 신체 건강한지 장애인인지, 인생목적이 무엇인지, 종교는 무엇인지도 전혀 모른다. 무지의 베일이 걷히고 실제의 삶이 시작될 때 그들이 속할 시대조차도 모른다.

(3) 롤즈는 말하기를 우리가 위와 같은 각자의 개인적인 사실에 대해서조차도 전혀 모른다면, 사람들은 절대로 다른 사람들과 비교하여 불리한 처지에 놓일지도 모를 사회규칙을 허용하지는 않을 것이라고 결론짓는다.

(4) 롤즈의 다음과 같이 판단한다. 이러한 원초적인 무지의 상황에서 공동체 사회를 규율할 사회규범의 제정에 참가하는 사람들은, 다른 사람을 이용하여 특정인이 유리한 위치에 서게 될 규칙을 만들 수가 원초적으로 없다.

(5) 그러므로 롤즈는 이러한 원초상태의 무지의 베일 뒤에서 만들어진 원칙은 근본적으로 공정하고 정당할 것이라고 단언한다.

(6) 따라서 롤즈는 사람들이 공정하고 정당한 원초상태의 무지의 베일에서 합의한 원칙에 의해 도출된 결과도 역시 공정하고, 따라서 정의로운

것이라고 주장한다.

(7) 하지만 이러한 롤즈의 추론에 대해서는 적지 않은 의문과 비판이 제기된다. 이러한 사고방식이 정의의 원칙을 도출하는 올바른 접근방법인가? 아무 것도 모르는 사람들이 과연 어떻게 공동체를 규율할 그렇게 엄청난 원칙을 만들 수가 있겠는가? 아무리 가정이라고 하여도 무지의 베일은 진정으로 가능한 것인가? 무지의 베일에 있다고 가정하고 규칙을 만드는 경우에도, 결국 공동체의 규칙을 만드는 사람은 일정한 지식을 전제로 해야만 정의롭고 아름다운 규칙을 만들 수 있는 것이 아닐까?

## Ⅱ. 공동체적 삶에서의 존 롤즈의 정의의 원칙

존 롤즈는 원초상태의 무지의 베일에서 두 개의 원칙이 도출될 것이라고 결론짓는다. 과연 아무런 무리 없이 그러한 두 개의 결론에 도달하는지를 비판적으로 검토해보자.

### 1. 제1의 원칙 - 평등의 원칙

존 롤즈가 말하는 정의로서의 공정은, 원초상태의 무지의 베일 뒤에서 이루어지는 가상적인 합의에 따라서 도출되는 결론이다. 원초상태의 무지의 장막 속에서는, 사람들은 그들이 남자로 또는 여자로 태어날지 어느 것도 모른다. 따라서 사람들은 남자에게만 더 많은 자유를 주는 조건에는 합의하지 않을 것이다. 롤즈는 어느 누군가에게 더 많은 권리를 부여하는 내용은 그 자체로 공정하지 않다고 말한다. 하지만 사회의 불공정을 원초상태의 무지의 베일 뒤에서의 권리의 배분의 문제로 생각하는 이런 생각이 올바른 것으로 판단되는가?

(1) 제1의 원칙은 모든 사람들은 언론의 자유, 양심의 자유, 부당하고 자의적인 구금을 배제하는 신체의 자유, 공직취임의 권리, 투표권, 재산권의 자유 등을 포함한 일련의 기본적인 권리를 모두 동등하게 갖는다는 원칙이다. 동의하는가?

(2) 여러분은 남성. 여성, 젊거나 늙었거나, 가난하거나 잘 살거나 소수 집단에 속하거나, 다수 집단 사람이거나에 무관하게 모두 동일한 권리를 가져야 한다는 주장에 동의하는가?
(3) 어떤 자유가 모든 사람에게 왜 동등하게 주어져야 할 것인가?
(4) 왜 어떤 사람이 다른 사람보다 더 많은 권리를 갖는 것이 불공정한가? 불공정을 합리적으로 설명할 다른 방법은 없는가?

## 2. 제2의 원칙 -격차의 원리와 기회균등의 원칙

(1) 제2의 원칙은 기회의 공정성 원칙과 격차의 원리로 대별된다. 기회의 공정성 원칙은 사회는 모든 사람에게 기회의 균등을 보장해야 한다는 것이다.
(2) 종종 매우 재능이 뛰어난 가난한 집 아이들이 부모님들이 좋은 학교에 보낼 수도 없고, 사교육비도 충당하기도 어려워 공평한 기회를 갖지 못하는 경우가 있다. 잘 사는 집의 똑같이 재능 있는 아이들과 비교하여, 가난한 집 아이들은 그들의 재능을 발전시킬 기회를 많이 가질 수는 없을 것이다. 왜 이것이 불공정한가?
(3) 왜 재능 있고 열심히 일하는 가난한 집의 아이들이 부잣집의 아이들처럼 반드시 동일한 성공의 기회를 가져야 하는가? 모든 학생들에게 동등한 교육기회를 보장하기 위해서는 엄청난 예산이 필요하고, 부득이 하게 부자들에게 엄청난 세금을 부과하는 것이 필요하다고 가정한다. 여러분은 가난한 집 아이들을 위해 부자들에게 부과하는 그러한 세금이 정의의 이름으로 공정하다고 생각하는가?
(4) 제2원칙의 두 번째 부분인 격차의 원리는 기회의 균등의 원리보다 훨씬 더 큰 실질적 의미의 평등을 내용으로 한다. 격차의 원리는 사람들 사이에, 원칙적으로는 어떤 경우에도 수입과 부에서 차이가 있어서는 안 된다고 말한다. 어떤 특별하고 각별한 창의적인 노력에 의한 것이라고 하여도, 결과물이 그 개인에게 귀속되어서는 안 된다고 하는 것을 전제로 하는 원칙이다. 그런데 과연 왜 사람들 사이에 소득과 부에 있어서 차이가 있어서는 안 되는가?
(5) 그러나 격차의 원리는 다만 수입과 부의 격차는 사회의 최소 수혜계

층에게 유리하게 작용되는 경우에 한해서는, 제한적으로 허용될 것이라고 말한다. 이것이 정의로운 기준인가? 어떻게 최소 수혜계층을 정할 수 있는가?

(6) 격차의 원리는 사회적, 경제적 불평등은 그것이 오직 사회의 최소 수혜층에게 유리하게 작용되는 경우에 한해서만 용인된다고 한다. 어떤 사람이 아무리 빼어나고 탁월한 역량을 발휘하였다고 하는 경우에도 특별한 보상을 주지 않는다. 이것은 과연 정당한가? 오히려 또 다른 역차별인 것은 아닌가?

(7) 대부분의 경우에 우수한 성과를 올릴 수 있는 빼어난 능력이란 결국 유전적으로 부모님들에게 물려받은 것이고, 유년시절에 여러분의 부모님의 관심과 사랑으로 길러진 것이다. 그런데 그러한 요소에 대해서는, 여러분은 결코 어떻게 통제를 할 수 있는 입장이 아니었다. 그러므로 엄밀히 말하여 현재 여러분이 훌륭하고 좋은 성과를 낼 수 있는 능력에 따라서 다른 사람보다 앞선 성과를 내는 것에 대해서, 여러분은 실질적으로는 그것이 여러분 마음대로 포기할 수 있는 여러분의 것이라고 주장할 수도 없다고 할 수 있다. 어떤가?

(8) 여러분은 여러분의 훈육을 받은 결과에 대해서 아무 것도 여러분의 것이라고 주장할 수 없다는 존 롤즈의 주장이 수긍되는가? 훈육은 일방적으로 주입되고 강제될 수 있는 성질의 것인가? 가사 우수한 자질을 가진 여러분의 오늘날의 능력과 습관이 훈육의 결과로 인한 것이라고 하자. 하지만 그것이 여러분이 그 결실물에서 아무런 평가나 칭송을 받을 수 없다는 것을 의미하는 것이 공정한가?

(9) 제2의 원칙은 모든 사람은 공직에 대한 동일한 기회를 가져야 한다고 말한다. 하지만 헌법 제67조는 대통령에 출마하려면 대한민국 국적을 가진 국민으로서 선거일 현재 40세 이상에 달하여야 한다고 정하고 있다. 이러한 법규정이 롤즈의 제1의 원칙과 부합하는가? 그렇다면 여러분은 대한민국 헌법은 공정한 것이 아니라고 생각하는가?

(10) 제2의 원칙은 모든 사람은 입법과 정치적 사건에 누구나 동일한 영향을 줄 기회를 가져야 한다고 말한다. 하지만 오늘날 언론, 기업,

그리고 단체는 개개인보다 훨씬 더 큰 정치력 영향력을 가진다. 이것은 불공정한가?

## Ⅲ. 계약의 공정성 테스트

존 롤즈는 정의는 공정한 합의에서 도출될 수 있다고 생각한다. 그런데 롤즈는 현실사회에서의 계약은 아무리 자발적이라고 하여도 공정하지 않다고 말한다. 합의가 공정하기 위해서는 불공평을 야기할 제반 요소가 배제된 그야말로 대등한 조건에서 도출되어야 하기 때문이라는 것이다.

그러므로 롤즈가 보기에 현실세계에서의 형식적인 자발성만으로는 계약의 공정성을 확보할 수 없다. 계약 당사자 일방이 타방의 무지, 무경험, 궁박, 경솔을 이용할 수 있는 우월한 입장에 있다면, 아무리 자발적으로 이루어진 합의라고 하여도 결코 공정하다고 할 수는 없기 때문이다.

그런데 롤즈는 정의란 공정한 계약의 산물이라고 믿는다. 다만 그 경우의 계약은 당사자 일방이 우월한 지위에서 타방을 이용하여 이루어진 계약이 아닌 원초상태의 무지의 베일에서 체결한 계약을 말한다. 롤즈는 정의의 원칙은 합의에 참가하는 누구도 자신의 지위나 능력 또는 약점도 모르는 원초상태의 무지의 장막 뒤에서 이루어진 어떤 특별한 가상적 합의에서 도출된 내용이라고 가정한다. 그런데 과연 이것이 실체적인 내용을 필요로 하는 정의를 추론하는 올바른 방법인가?

(1) 사람들이 자발적으로 합의하기로 약속했다고 하여, 당연히 도출된 합의의 결과물이 그 내용까지도 정의로운 것이라고 단정할 수 있는가?

(2) 자발성 테스트이다. 누수 되는 변기통의 수리에 30만원이 든다고 배관공이 말한다. 여러분은 그런 수리는 사실은 5만원이면 되는 줄을 모르고 배관공과 30만원에 자발적으로 합의했다. 이 경우에 여러분과 배관공이 합의한 변기통 수리 계약은 진정으로 자발적인가? 자발적이라고 하여 합의한 결과는 그 내용도 공정한가?

(3) 롤즈에 따르면 정의의 원칙은 우리 모두가 각자의 개인적 특성이나 능력을 전혀 모르고, 그러므로 한 사람이 다른 사람을 이용할 수 없도록

합의한, 사회를 규율하는 원칙이다. 이것이 근본적으로 (실체적 내용인) 정의를 이해하는 올바른 방법인가? 우리는 우리의 공동체 사회를 지배할 정의의 원칙을 정립함에 있어서 구성원들의 개인적인 자질, 능력 등을 전혀 모른다고 전제하고 결론을 도출하는 것이 과연 올바른 방법인가?

(4) 여러분은 사회를 지배할 규칙을 만들 때, 예컨대 종교적인 신념이나 인생의 목표처럼 보편적으로 소중하다고 인정할 수 있는 어떤 가치들에게는 우선권을 주고 싶다는 생각을 하지는 않겠는가? 여러분은 과연 여러분의 종교나 인생목표를 포함하여 인격체로서의 존재자체를 규율할 공동체의 통치원칙을 제정하면서, 여러분이 누구인지, 여러분이 어떤 종교를 가지고 인생목표가 무엇인지도 모르면서 합의에 임할 것이며 또한 합의를 할 수 있다고 생각하는가?

(5) 일반적으로 말하여, 공정한 사람이란 서로 마주하는 사람들의 차이점을 전혀 모르고, 그들을 모두 똑같이 취급하는 사람인가? 같은 것은 같게 다른 것은 다르게 대우하는 것이 공정한 것이 아닌가? 교수라도 수업에 적극 참여하는 학생과 잡담하며 집중하지 못하고 결석도 잦은 학생을 항상 동등하게 대우해야 하는가? 반대와 찬성의 이유는?

(6) 우리를 지배할 정의의 원칙을 결정함에 있어서 구성원들이 각자의 능력, 역량 그리고 포부를 모두 배제한 상태에서 만들어진 원칙에 따르는 것이 과연 공정한가? 그것은 위험하고 무모한 것은 아닌가? 구성원의 구체적인 현실상태를 알아야 그것에 맞는 구체적이고 실용적이며 현실적인 공동체적 삶의 규칙을 만들 수 있는 것이 아닐까?

(7) 사람들을 어떻게 대하는 것이 공평한 것일까? 예컨대 지하철 안에서 물건을 판매하거나 구걸하는 사람을 보고 행동을 결정한다고 가정해보자. 여러분은 종교, 인종, 성별, 신체 건장함 등에 무관하게 그들을 오로지 평등한 관점에서만 바라보고 판단하게 되는가? 아니면 어떤 사람에 대해서는 조금 더 아니면 또 다른 관심을 가지고 호의를 베풀게 되지는 않는가? 그런 구분이 그들을 차별하는 것인가? 이런 사실에 비추어 보면 공정이라는 것이 과연 사람들의 차이점에 대해서 아무것도 몰라야 하는 것을 당연히 요구하는 개념인가?

# 제2절 절대 자유주의적 정의론

## 제1항 로버트 노직의 정의론

### I. 개 관

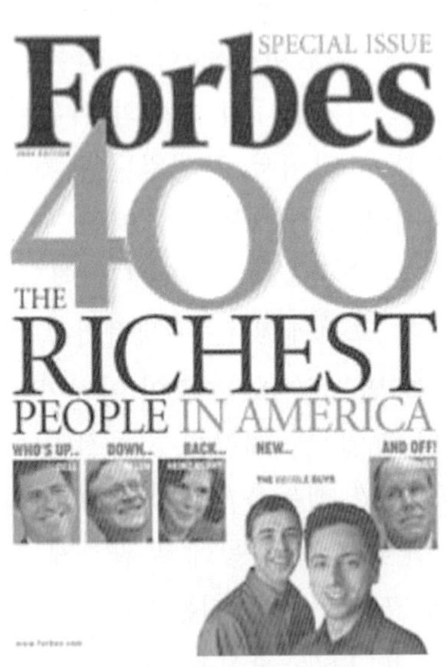

The Richest People In America

포브스(Forbes)는 매년 가을마다 전 세계 부자 명단을 발표한다.[11] 2010년 기준으로 마이크로소프트 창업자인 빌 게이츠(Bill Gates)가 540억 달러(약 62조)의 자산으로 17년 연속으로 1위를 차지했다. 빌 게이츠는 미국 워싱턴 주 시애틀에서 태어났다. 어렸을 때부터 컴퓨터 프로그램을 만드는 것을 좋아했던 그는 하버드 대학교를 중퇴하고 폴 앨런과 함께 마이크로소프트를 공동 설립했다. 1990년대 들어 개인용 컴퓨터의 보급이 급속히 증가하면서 마이크로소프트는 컴퓨터 소프

11) 포브스(Forbes)는 미국의 출판 및 미디어 기업으로 2주마다 《포브스》를 발간한다. 2010년 미국 부자 상위 명단은 다음과 같다. 1. William Bill Gates III, 2. Warren Buffett, 3. Lawrence Ellison.

트웨어 시장의 주도권을 얻었다. 이후 개인용 컴퓨터 운영체제인 윈도 95로 대성공을 거두며 세계 최고의 부호로 등극하였다. 빌 게이츠는 1985년 마이크로소프트사를 창업하여 현재까지, 하루 14시간 일하는 것을 전제로 초당 약 150달러를 벌어들였다.

빌 게이츠의 자산으로 NBA MVP인 마이클 조단의 월급을 1,394년 동안 지급할 수 있고, 69억의 지구 모든 사람에게 약 1만원을 줄 수도 있다. 보스니아 내전에 대한 UN 평화유지 활동을 약 157년 동안 수행할 수도 있다. 에어프랑스 1등석으로 시애틀에서 파리까지 약 4,300만회 왕복할 수도 있다. 빌 게이츠의 재산을 벌려면, 대기업에 취직해 153만 3300시간을 일하고, 로또복권에 연속으로 23,300번 1등에 당첨되어야 한다고 한다. 빌 게이츠 전 재산을 다 쓰려면, 농심 신 라면을 우리나라 국민에게 1인당 52만개를 주고, 타워팰리스 펜트하우스 17,660여 채를 사고, 스타벅스 커피 105억 4,540만 잔을 마실 수 있다고 한다. 또 우리나라에서 서울의 5.4배에 해당하는 땅 650만 7,140평을 살 수 있다고 한다.[12)]

Bill Gates

능력위주의 자유경쟁 사회인 미국은 부의 불평등이 심하여 미국 상위 1퍼센트 부자가 미국 전체 부의 약 3분의 1을 소유한다고 한다. 우리의 경우 삼성 이건희 회장의 재산은 약 9조원으로 슈퍼거부(巨富)가 탄생했다고 보도되었다.

부의 편중현상에 대해 어떤 사람들은 부자들에게 세금을 중과해서 가난한 사람들을 도와야 한다고 주장한다. 반대의견을 가진 사람들은 재산취득에서 강요나 사기가 없었고, 시장경제에서 자유로운 선택으로 부를 얻었다면, 아무리 많은 부를 소유하게 되었다고 하더라도 부당하지 않고 존중받아야 한다고 주장한다. 여기에서 시장경제 체제와 관련한 부의 편중의 정

12) 빌 게이츠의 재산 540억 달러를 우리나라 돈으로 환산하면 약 62조원이다.

당함에 대하여 정의의 문제가 발생한다. 2004년 정의논쟁을 가져왔던 다음의 사례를 보자.

## 빌게이츠 어록 10가지

1. 인생이란 원래 공평하지 못하다.
2. 세상은 네 자신이 어떻게 생각하든 상관하지 않는다. 세상이 너희들한테 기대하는 것은 네가 스스로 만족하다고 느끼기 전에 무엇인가를 성취해서 보여줄 것을 기다리고 있다.
3. 대학교육을 받지 않는 상태에서 연봉이 4만 달러가 될 것이라고는 상상도하지 말라.
4. 학교 선생님이 까다롭다고 생각되거든 사회 나와서 직장 상사의 진짜 까다로운 맛을 한번 느껴봐라.
5. 햄버거 가게에서 일하는 것을 수치스럽게 생각하지 마라. 너희 할아버지는 그 일을 기회라고 생각하였다.
6. 네 인생을 네가 망치고 있으면서 부모 탓을 하지 마라. 불평만 일삼을 것이 아니라 잘못한 것에서 교훈을 얻어라.
7. 학교는 승자나 패자를 뚜렷이 가리지 않을지 모른다. 어떤 학교에서는 낙제제도를 아예 없애고 쉽게 가르치고 있다는 것을 잘 안다. 그러나 사회 현실은 이와 다르다는 것을 명심하라.
8. 인생은 학기처럼 구분되어 있지도 않고 여름 방학이란 것은 아예 있지도 않다. 네가 스스로 알아서 하지 않으면 직장에서는 가르쳐주지 않는다.
9. TV는 현실이 아니다. 현실에서는 커피를 마셨으면 일을 시작하는 것이 옳다.
10. 공부밖에 할 줄 모르는 "바보"한테 잘 보여라. 사회로 나온 다음에는 아마 그 "바보" 밑에서 일하게 될지 모른다.
11. 가난하게 태어난 것은 당신의 책임이 아니지만, 가난하게 죽는 것은 당신의 책임이다(If you born poor, it's not your mistake, but if you die poor, it's your mistake).

## Ⅱ. 폭풍 뒤에 찾아온 약탈자(After Storm Come the Vultures)

### 1. 사실관계

미국은 매년 초특급 태풍으로 몸살을 앓는다. 특히 2004년 8월 9일부터 15일까지 최고 시속 150mph(240km)로 플로리다를 휩쓸고 대서양으로 빠져나간 허리케인 찰리는 총 35명의 목숨을 앗아갔다. 2004년 기준으로 플로리다 한 주에만 무려 약 130억 달러의 손해를 야기했고, 미국 전체에는 약 163억 달러에 이르는 천문학적인 재산피해를 야기했다.

뒤이어 미국 사회에 가격폭리 논쟁이 이어졌다. 플로리다 올란드에 있는 어느 주유소는 평소 2달러에 팔던 얼음주머니를 10달러에 팔았다. 건설업자들은 지붕을 덮친 나무 두 그루를 치우는데 2만3천 달러를 요구했다. 평소 250달러에 지나지 않던 가정용 소형 발전기는 2,000달러의 가격이 요구되었다. 일흔 일곱의 어느 할머니는 나이든 남편과 장애가 있는 딸을 데리고 허리케인을 피해 집을 떠나 평소에는 40달러 하는 모텔에, 하루 방값으로 160달러를 지불하고 묶어야 했다. 플로리다 주민들은 터무니없는 바가지요금에 분통을 터뜨렸다.

Hurricane Charley

USA 투데이는 "폭풍 뒤에 찾아온 약탈자[13]라는 헤드라인으로 기사를 실었고 이어서 정의논쟁이 닥쳤다.[14] 플로리다에는 가격폭리처벌법이 있었다. 허리케인이 지나간 뒤 주(州) 법무부 장관 사무실에는 2,300건이 넘는 피해사례가 접수되었고, 소송에서 승리한 경우도 있었다. 웨스트팜비치에 있는 숙박업소 데이인(Day Inn)은 벌금 7만 달러를 내고 추가로 받은 숙박료를 투숙객들에게 돌려

13) "After Storm Come the Vultures."

14) 8/20/2004, http://www.usatoday.com/money/2004-08-19-gouging_x.htm.

줘야 했다.

이러한 사유들로 2004년 허리케인 뒤에 찾아온 약탈자는 미국 사회에 격렬한 정의 논쟁을 야기했다. 폭풍 뒤에 찾아온 약탈자라는 기사의 2004년 8월 20일자의 USA 투데이의 원문이다.

*After storm come the vultures*

*By Michael McCarthy, USA TODAY*

*Hurricane Charley is gone, ...... But now survivors face a new financial threat: price gouging and scams.*

*Florida Attorney General Charlie Crist is investigating at least 2,340 price-gouging complaints.........*

*"These people were victims once already, and now find themselves victimized again," Crist says. "It's horrific." Crist plans to file a third civil lawsuit against a hotel for charging exorbitant room rates. A Payless Inn in Ocala charged a 77-year-old woman and her handicapped daughter $160 for a room vs. the usual $40, he says......*

*The Days Inn allegedly charged several customers $109-$119 per night, compared with its regular rate of less than $50. ............*

*Florida's anti-price-gouging statute kicked in Aug. 10, before the hurricane hit, when Gov. Jeb Bush declared a state of emergency. The law calls for penalties of $1,000, or $25,000 for multiple incidents in a 24-hour period, as well as $10,000 for deceptive business practices. Penalties go up if victims are over 60 or handicapped.*

*•**Price gouging.** This is the No. 1 complaint since Charley howled into Florida last Friday........*

*•**Scammers with hammers.** Some crooks pose as general contractors or tree-removal experts. They demand cash deposits before they begin, but then just disappear. Larry Phillips of South Carolina was arrested Thursday, charged with offering to patch the leaking roof of four Punta Gorda homeowners for $200 to $1,200 without a license..........*

*Still, some homeowners may have to wait more than a year to have their properties rebuilt or renovated, estimates Jerry Howard, CEO of the National Association of Home Builders (NAHB). The industry was short of cement, wallboard and insulation before the hurricane.*

## 2. 쟁 점

한 주민은 지붕 위로 쓰러진 나무 한 그루를 치우려면 1만 5천 달러가 들 것이라며 "남의 고통과 불행을 이용해 이익을 챙기는" 행위는 옳지 않다고 말했다. 플로리다 주 법무장관 찰리 크리스트(Charlie Crist)는 그와 같은 생각을 대표했다. 하지만 법무부 장관이 가격폭리처벌법을 광범위한 사례에 집행하려고 하자, 일부 경제학자들은 그런 법에 그리고 주민들의 분노에 오해의 소지가 있다고 반박했다.

### 1) 비극을 악용한 약탈자라는 입장 – 자유시장의 수정 필요성 제기

플로리다 법무부장관인 찰리 크리스트(Charlie Crist)는 가격폭리를 취하는 일부 상인들을 악마 또는 약탈자라고 규정했다. 그는 허리케인이 지나간 비상사태를 맞아 주민들이 생존을 위해 대피하고 가족을 위해 기본 생필품을 구하러 다니는 동안에, 자유시장을 빌미로 일부 업자들이 비양심적인 가격으로 이득을 보는 상황을 정부가 팔짱을 끼고 바라 볼 수만은 없다면서, 주 신문에 가격폭리처벌법을 옹호하는 글을 게재하면서 다음과 같이 자신의 생각을 분명하게 말했다.

> **"지금은 자발적 구매자가 자유로운 선택으로 시장에 들어가 자발적 판매자를 만나고, 가격은 수요와 공급에 따라서 결정되는 정상적인 자유시장 상황이 아니다. 비상상황에서 강요받은 구매자에게 자유는 없다."**[15]

### 2) 자유주의자들의 견해

자유시장을 신봉하는 경제학자들은 현실의 비극적인 참상에서도 냉정했다. 원래 중세철학자와 신학자들은 거래되는 물건들은 물건 본래의 가치인 '공정가격'(just price)에 따라서 물물교환을 해야 한다고 생각했다. 그러나 경제학자들은 시장사회로 진입하면서 가격은 수요와 공급으로 결정되었을 뿐 '공정가격' 따위는 존재하지 않는다고 주장한다.

---

15) "In an emergency, buyers under duress have no freedom."

Hurricane Charley로 인한 피해상황

대표적으로 자유시장 경제학자인 토머스 소웰(Thomas Sowell)은 가격폭리를 "**감상적으로는 강력하지만, 경제학적으로는 의미가 없는 표현**"이라고 단언했다.[16] 소웰은 더 나아가 가격폭리가 오히려 플로리다 주민에게 어떻게 이익이 되는지를 다음과 같이 설명했다.

얼음, 생수, 지붕 수리, 가정용 발전기, 모텔방의 가격이 높아지면 수요자는 소비를 억제하고 공급자는 허리케인 피해를 입은 먼 곳까지도 재화와 용역을 공급하려는 욕구가 높아진다. 신문 기사 말미에 잘 적시되어 있지만 집수리를 위해서는 원래대로였다면, 즉 통상과 같은 경제활동이었다면 1년 이상을 더 기다려야 하지 않는가?라고 반문한다. 결과적으로 소비자와 생산자가 효율적인 경제행위를 하여 생산과 재화의 이동을 활성화하고 장기적으로 별도의 가격하락을 유발한다는 것이다.

그러므로 소웰은 현실적인 비싼 값이 전혀 부당하지 않다면서, 그것은 구매자와 판매자가 서로 교환할 물건에 부여하기로 한 가격일 뿐이라고 주장했다. 친 시장 논평가인 제프 제이커비도 "보스턴 글로브" 지에의 기고문에서 가격폭리처벌법을 반대했다. 그는 가격 폭등은 강력한 허리케인으로 삶이 수렁에 빠진 사람들에게는 특히 화가 나는 일이라는 점을 인정했다. 그러나 화가 난다고 해서 자유시장을 방해해서는 안 된다며 다음과 같이 말하면서, 자유시장의 가치와 기능을 열렬하게 옹호했다.

**"시장이 견딜만한 값을 요구하는 행위는 폭리가 아니다. 탐욕도 뻔뻔스러움도 아니다. 그것은 자유사회에서 재화와 용역이 분배되는 방식이다. 터**

16) "emotionally powerful but economically meaningless expression."

**무니없어 보이는 가격이지만 필요한 물건을 더 많이 생산하도록 공급업자를 자극한다는 점에서 사실은 실보다 득이 훨씬 많다.[17] 장사꾼을 악마로 만든다고 해서 복구 속도가 더 빨라지지 않는다. 장사를 하도록 내버려두는 편이 오히려 낫다."**

## 3. 논쟁의 의의 - 과연 어느 견해가 정의로운가?

허리케인 찰리가 지나간 뒤에 미국에서 벌어진 가격폭리 논쟁은 도덕과 법에 관한 어려운 질문을 던졌다. 쟁점은 크게 다음의 세 가지였다.

① 판매자는 자연재해와 같은 비상상황을 이용한다고 해도, 시장이 견디기만 한다면 어떤 가격을 불러도 상관없는가?
② 이때 법이 조금이라도 힘을 쓸 수 있다면 어떤 역할을 해야 하는가?
③ 구매자와 판매자의 자유로운 거래를 방해할 지라도 당국은 규제를 해야 하는가?

이러한 질문은 공동체 생활에서 단지 개인이 서로를 어떻게 대해야 하는가를 묻는 것으로 끝나지 않는다. 법은 어떤 역할을 해야 하며, 사회는 어떻게 행동해야 하는지를 묻는 것이다. 한마디로 정의란 무엇인가? 를 묻는 질문이다. 가격폭리 논쟁은 다음의 세 가지에 초점을 맞추고 있다.

① 행복의 극대화(maximizing welfare),
② 자유존중(respecting freedom),
③ 사회적 미덕추구(promoting virtue)

이 세 가지 기준은 서로 다른 각도에서 정의를 바라다본다. 결과적으로 세 가지 정의론을 도출한다.

① 규제 없는 자유시장을 옹호하는 입장은 행복과 자유의 관점이다. 이들은 먼저, 시장은 공급업자들의 사기를 북돋아 사람들이 원하는 물건을 부지런히 공급하게 함으로써, 사회전체의 행복을 높일 것이라고 주장한다. 또한 재화와 용역에 고정된 가치를 부여하기보다는 그

17) "do far more good than harm."

것을 교환하는 사람들 스스로 가치를 부여하게 만드는 자유로운 시장은 바로 개인의 자유를 존중하고 인권을 존중하는 것이라고 말한다.

② 가격폭리처벌법에 찬성하는 사람들도 행복의 반대 관점, 즉 마이너스 공리를 내 세운다. 어려운 시기에 터무니없는 가격을 부르는 행위는 서민들에게 심각한 고통을 안기고 사회 전체에 짜증과 스트레스를 불러 옴으로써, 결코 사회 전체의 행복이 높아지지 않는다고 주장한다. 또한 자유의 문제에 대해서도 특정상황에서는 자유시장이 그다지 자유롭지 못함을 지적한다. 허리케인으로 가족과 함께 몸을 피하는 상황에서 기름이나 대피소에 터무니없는 값을 지불하는 것은 자발적 교환이 아니다. 차라리 강탈에 가깝다는 것이다.

③ 세 번째로는 미덕의 관점에서의 조망이다. 사실 가격폭리에 대한 분노는 도덕적 주장의 표현이다. 어려운 시기에 이웃을 이용해 돈을 벌려는 사람들이 활개 치는 사회는 좋은 공동체가 못 된다는 것이다. 따라서 지나친 탐욕은 좋은 사회라면 가능한 억제해야 하는 미덕이라는 것이다. 사회는 탐욕스러운 행동에 대해 포상보다는 벌을 내림으로써 공동선을 위해서 다 같이 희생을 감수하는 시민의 미덕을 지지해야 한다는 관점이다.

자유시장은 과연 정의론에서 어떤 역할을 할 수 있는가? 자유시장을 옹호하는 자유지상주의적 정의론의 중심에 로버트 노직(Robert Nozick)이 있다. 본 장에서 살펴볼 문제이다.

## Ⅲ. 부의 불평등과 정의론 쟁점의 발생

### 1. 부의 불평등과 정의

자유시장에서의 부의 심각한 편중에 대해서, 정의를 행복의 극대화라고 생각하는 공리주의의 관점에서는 부의 재분배에 찬성할 수 있을 것이다. 예컨대 순자산이 9조원인 이건희 회장에게서 100억 원을 가져다가 어려운 사람 1,000명에게 1천만 원씩 나누어 준다고 가정한다. 사회 전체적으로 행복은 증가할 것이다. 이건희 회장에게는 그 돈이 절박하지 않겠지만, 졸지에 공돈을 나누어 받은 가난한 사람들은 굴러들어온 1천만 원에 대해 대단히 행복을 느낄 것이다. 그러므로 이건희 회장의 공리는 하락하지만 돈을 받은 사람들의 공리는 증가할 것이기 때문이다.

이처럼 공리주의 논리는 상당히 급진적인 부의 재분배를 옹호하는 수준으로 발전할 수 있다. 부자들의 돈을 가난한 사람들에게 나누어 주는데, 그로 인해 부자들이 받는 타격, 즉 불행이나 고통이 돈을 받는 사람들이 얻는 행복보다 더 커지는 순간에, 부의 재분배를 멈추는 식이다.

## 2. 부의 재분배 시도에 대한 비판

사회주의 방식의 부의 재분배에 대해서는 두 가지 반박이 가능하다. 먼저 공리주의의 관점에서의 반박이다. 공리주의자들도 높은 세율, 특히 부자들에게 집중하여 부과되는 개별적인 중과세는, 계속하여 한 나라의 경제를 견인해 가야하는 기업가들의 근로와 투자에 대한 의욕을 꺾어서 생산성 감소로 이어질 것이다. 따라서 눈에 보이지 않는 전반적인 경제이익을 감소시켜 실질적으로는 사회나 국가전체의 공리를 엄청나게 줄어들게 한다는 우려 섞인 비판이다.

또 다른 비판은 부자에게 세금을 부과하여 가난한 사람을 돕는 행위는, 인간으로서의 부자의 기본권을 침해하기 때문에 본질적으로 부당하다는 견해이다. 존 로크의 천부인권론이나 칸트의 자율적 자유주의적 관점에서의 우려이자 비판이다. 내가 동의하지 않은 상태에서, 국가가 돈을 가져가는 행위는 명분이 무엇이든지 간에 강탈행위인 것으로, 개인에 대한 국가의 횡포라는 것이다. 이는 중세 봉건사회에서 어렵게 쟁취한 인간의 사유재산권을 그리고 자율적 자유를 근본에서부터 흔드는 것으로서, 개인의 재산에 대한 권리를 침해하는 것이라는 주장이다.

## 제2항 로버트 노직의 절대 자유주의적 정의론

### Ⅰ. 로버트 노직의 사상(思想) 일반

Robert Nozick

로버트 노직(Robert Nozick, 1938~2002)은 1938년 미국 뉴욕시 브루클린에서 러시아 출신 이민자의 아들로 태어났다. 콜롬비아 대학교에서 철학을 전공한 뒤, 25세 때인 1963년 프린스턴 대학교 대학원에서 철학박사 학위를 받았다. 30세 때 하버드 대학교 철학과의 교수가 되었다.

#### 1. 공리주의 비판론자

노직에게 공리주의는 정의를 바라보는 올바른 정의론이 아니었다. 노직은 '공리주의 괴물(utility monster)'이라는 개념을 창안했다.[18] 공리주의 괴물은 노직이 1974년 공리주의를 비판하기 위해 창안한 사고실험으로, 다수의 필요성이 한 개인을 희생시킬 수 있음을 비유하는 표현이다. 특히 소득의 재분배에 있어서 공리주의적 관점을 정면으로 비판한다. 공리주의 괴물은 바꾸어 말하면 어떤 화려한 수식을 달더라도 개인의 권리를 극도로 제약하지 않고는 평등을 지향할 수 없음을

18) Robert Nozick, Anarchy, State, and Utopia (1974)

보여주는 결론의 산물이다.

## 2. 자유지상주의자(libertarian)

개인의 자유, 즉 인권을 근거로 부의 재분배에 반대하는 사람들을 소위 '자유지상주의자' 간략하게 자유주의(Liberalism)라고 부른다. 자유지상주의의 중심에 로버트 노직이 있다. 자유지상주의자들은 규제 없는 시장을 옹호하면서 정부의 규제에 반대한다. 명분은 인간의 자유인 인권이다. 그러므로 자유주의자들은 평등의 요소를 가미하는 롤즈의 절차론에 따른 평등주의적 정의론도 정면으로 비판한다.

원래 자유주의는 서구의 계몽주의 시대에 기원을 두고 개인의 권리를 강조한다. 인권, 법의 지배, 권력분립을 통한 권력통제, 자유로운 경제활동이 보장되는 시장경제를 특징으로 한다.

자유주의는 중세봉건시대 권력이론에서 핵심이었던 왕권신수설, 세습적 지위, 국교로서의 종교를 모두 부정하여 주권자로서의 일반국민을 창출시킨 역사적 공헌이 있다.

역사발전의 주역인 자유주의는 오직 개개인의 기본적인 인권을 주창하며, 인간의 생명과 자유, 재산에 대한 권리는 천부인권으로 불가침한 것임을 강조한다. 또한 자유롭고 평등한 개인들을 기초로, 개인의 기본적 인권을 지키려고 하는 한도에서만 사회와 각종 제도들이 필요하다고 역설한다.[19] 그러므로 자유지상주의자들은 개인의 인권을 근거로 부의 재분배에 강력하게 반대한다. 따라서 허리케인 찰리 뒤에 찾아온 것은 약탈자가 아

---

19) 사실 자유주의라는 용어는 자유민주주의라는 맥락 속에서 더 널리 사용되어 왔다. 정부의 권한은 제한하고 시민의 권리는 법적으로 명백하게 규정하는 민주주의를 가리키는 것이기 때문이다. 자유주의는 몇 가지로 분류해 볼 수 있다. 먼저 고전적 자유주의자들은 완전히 평등하고 자유롭게 경쟁할 수 있는 경제체제를 목표로 한다. 정부의 간섭을 부정하고 기업가의 자유로운 경제활동과 개인의 재산권을 강조하며 경제를 자유로운 시장질서에 맡겨야 한다고 주장한다. 이에 반하여 사회 자유주의자들은 차별철폐법안, 공공서비스, 대중교육, 적극적인 과세 등으로 정부가 시장에 상당한 개입을 해야 한다고 말하고 정부가 실업자에게는 실업수당을, 무주거자들에게는 주택을, 아픈 사람들에게는 의료적 혜택을 주는 방식 등으로 충분한 복지를 제공하여야 한다고 주장한다. 한편 복지국가가 갖는 큰 정부로서의 비효율성을 비판하며 힘을 얻은 신자유주의자들은 사회 자유주의와는 달리 정부의 규제를 최소화하고 시장에 좀 더 큰 역할을 맡길 것을 주장한다. 한편 경제적 자유주의는 개인이 갖는 재산권과 계약의 자유를 강조한다. 국제적으로는 무역의 장벽을 철폐하고 정부 보조금 지원과 독점사업이 인정되지 않는 자유방임적 자본주의를 지지한다.

니라고 말한다.

## 3. 반(反)결과주의자

자유주의자들은 시장에 대한 정부의 규제에 반대하며, 자유경쟁 거래의 결과로 인한 결과의 불평등을 당연한 것으로 인정한다. 그 선봉에 있는 로버트 노직은, 공리주의나 롤즈의 정의론에서 주장하는 바와 같은 결과를 가지고 정의를 논하는 것은 어불성설이라고 단언한다. 노직은 재화가 결과적으로 어떻게 분배되었는가를 보고 정의로운가? 또는 정의롭지 않는가?를 판단하는 것은 잘못이라고 주장한다. 재화가 어떻게 분배되었는가를 보고 정의를 말할 것이 아니라, 재화가 어떻게 생산되고 분배가 어떻게 이루어져 왔는가를 보아야 한다고 지적한다. 노직에 따르면 경제 불평등에는 아무런 문제가 없다. 포브스 400대 부자가 수백억 달러를 소유한 반면에 다른 사람들은 무일푼이라는 사실만으로는, 그러한 현실이 정의롭다거나 또는 정의롭지 못하다고 선불리 결론내릴 수는 없다고 단언한다. 자유지상론자들은 중요한 점은 **분배의 방식**이라고 말한다.[20]

**로버트 노직이 본 존 롤즈의 평등적 자유주의 정의론의 문제점**

① 자산가에게서 부유세라는 명목으로 세금을 거두어들이는 경우에, 5시간의 노동을 통해 얻은 소득을 세금으로 내는 것과, 5시간 강제 노동시키는 것은 본질적으로 무엇이 다른가?
② 사회주의 국가의 몰락이 보여주듯이 평등을 강조하면, 근본적으로 윤리적으로 더 큰 위험인 직업윤리, 기업가 정신, 위험에 도전하는 정신, 신뢰, 창조성 등의 인적자본의 손실이 발생한다.
③ 기업가 정신에 의해 노력과 아이디어로 생산성이 높아지면, 가격도 내려가고 일자리도 많아져, 결국 그런 이득은 기업가 뿐 아니라 많은 사람에게 돌아간다.
④ 서유럽의 사회주의 정권에 의한 복지국가는, 실업자만 양산해 장기 경기침체로 이어지고 결국 사회 전체적인 부의 하락을 초래했다.

---

20) What matters is how the distribution came about.

## 4. 최소국가론자

### 1) 최소국가의 의의

자유지상주의자들의 권리이론에 의하면, 현대국가의 행위 가운데 상당수가 위법이며 개인의 자유를 침해하는 행위이다. 노직은 1974년에 발간한 《무정부, 국가 그리고 유토피아》(Anarchy, State and Utopia, 1974)에서, 국가의 정당성, 국가의 기능, 이상국가의 이념 등을 철학적으로 논의했다. 노직은 국가의 역할을 인정하면서도, 국가권력이 개인의 자유를 제약해서는 안 된다는 자유주의 국가론 그리고 최소국가론을 주장했다.

즉, 공공선이나 평등지상주의 같은 복지국가론에 맞서서, 시민의 소유권과 자유시장 그리고 자유기업 등을 전제로 하는, 최소형태의 국가를 자유주의적 유토피아로 보았다. 이 경우에 최소국가의 역할은 국토를 방위하고, 개인의 재산을 보호하며, 평화를 유지하는 임무 정도만을 수행하는 국가이다. 국가가 그 이상의 기능을 수행한다면 부도덕하다고 본다. 국가는 폭력과 도둑, 사기로부터 시민을 보호하고, 계약의 이행을 강제하는 것 이상의 역할을 넘어서지 말아야 한다.

노직의 이러한 국가관은 복지국가나 사회주의 국가의 강제적 재분배를 시행하고 있는 '확장국가'에 대한 강한 비판을 반영하고 있다. 이렇게 노직의 최소국가이론은 롤즈의 복지국가 개념의 문제점을 지적하고 평등을 강조한 사회주의적 정의론을 부정하며, 철저히 존 로크가 말한 야경국가로 돌아가자는 것으로 이해된다. 그러나 최소국가의 본질은 인간의 자유와 권리를 자연상태 그대로 최대로 보장하는 것에 있음을 잘 이해해야 한다.

### 2) 최소국가론의 현실에의 투영

1980년대에 자유지상주의 사상은 친(親)시장, 작은 정부를 지향하던 로널드 레이건과 마거릿 대처의 정책에서 뚜렷하게 나타났다. 오스트리아 출신의 경제학자이자 철학자인 프리드리히 하이에크는 "경제평등을 성취하려는 시도는 하나같이 강압적이고, 자유사회를 파괴하게 마련이라고 비판했다."

미국 경제학자 밀턴 프리드먼은 1962년 출간한 "자본주의와 자유"에서 오늘날 국가가 할 일이라고 널리 인식된 행위 가운데 상당수가, 개인의 자유를 침해하는 위법행위라고 주장하면서, 상당수의 법은 개인들의 자발적인 계약의 자유를 간섭하는 행위라고 말했다. 프리드먼이 주장하는 자유를 부당하게 간섭하는 사례를 본다.

### 1. 사회보장제도와 퇴직프로그램

프리드먼은 반문한다. "어떤 사람이 자기 재산을 이용해 현재를 즐기고 말년을 어렵게 살기로 결정했다면, 무슨 권리로 그의 결정을 국가가 막을 수 있는가?" 그 사람에게 퇴직한 뒤를 생각해 저축하라고 조언할 수는 있겠지만 그의 결정을 무슨 권리로 막겠는가?

### 2. 최저임금제도

고용주가 얼마나 적은 임금을 지급하든지, 노동자가 받아들인다면 정부가 나서서 반대할 수 없다.

### 3. 고용차별금지법

고용차별금지법은 정부가 개인의 자유를 침해하는 행위이다. 고용주가 인종이나 종교 등의 이유로 차별한다 해도 국가는 그것을 막을 권리가 없다.

### 4. 직업과 관련한 면허제도

의사나 변호사 제도를 비롯해 직업을 위해 면허를 취득해야 할 의무 또한 선택의 자유를 부당하게 간섭한다. 미숙련 이발사가 전문 이발사보다 못한 서비스를 제공하려하고 고객은  값에 머리를 자를 의향이 있다면 국가가 그 거래를 금지할 이유는 없다. 또한 내가 싼값에 맹장 수술을 받고 싶다면 비싼 의료비를 주고 면허 의사에게 받는 대신에 내 책임하에 시장이 제공하는 정보에 따라 무면허 의사에게 받을 수 있는 자유는 보장되어야 한다.

로버트 노직을 비롯한 자유지상주의자들은 개인의 권리보호라는 동일한 논리의 연장선에서 현대국가가 흔히 실시하는 정책과 법 가운데 다음의 세 가지를 반대한다.

**① 온정주의**

사람들을 다치지 않게 보호한다는 법에 반대한다. 안전벨트나 헬멧 착용을 의무화 하는 내용의 도로교통법 같은 것이다. 그러한 법은 어떤 위험을 감수할 지를 결정할 개인의 권리를 침해한다. 제3자에게 해를 입히지 않는 한, 오토바이를 타는 사람이 치료비를 부담하는 한, 국가는 개인의 신체나 목숨과 관련해 이래라 저래라 할 권한이 없다.

**② 도덕법**

법이라는 강제력을 동원해 미덕을 권장하거나 다수의 도덕적 신념을 표현하는 행위에 반대한다. 예컨대 매춘은 많은 사람들에게 도덕적으로 못마땅한 행위겠지만, 그렇다고 성인들의 합의로 이루어지는 매춘을 법으로 금지하는 것은 옳지 않다. 논리는 더 확장되어 사회구성원 다수가 동성애에 반대할 지라도 게이나 레즈비언을 금지하거나 그들의 파트너 선택권을 박탈하는 법은 부당하다.

**③ 소득과 부의 재분배**

과세를 이용한 부의 재분배를 비롯해 누구를 도와야 한다는 일체의 법규정에 반대한다. 기부와 자선 그리고 은전은 바람직하다고 할지라도, 그런 일은 개인 각자에게 맡길 일이지 국가가 강제할 일은 아니라는 것이다. 재분배를 위한 과세는 강압행위이며 심지어 국가절도이다. 그것은 자비로운 도둑이 부자의 돈을 훔쳐 가난한 사람에게 나눠줄 권리가 없는 것과 마찬가지라는 논리이다.

## 5. 부(富)의 (임의적)재분배 반대론자

롤즈나 공리주의자들은 모두 재화가 정당하게 분배되는 것을 보증하기 위해, 즉, 가장 불리한 처지의 사람들을 보호하거나 전체적인 최대행복을 보증하기 위해서, 최소국가 이상의 국가를 정당화 했다.

그러나 노직은 사회 안에서의 재화의 분배양식은, 모든 것을 분배하는 중앙기관의 활동의 결과가 아니라고 주장한다. 오히려 그것은 무수한 개인적 교환, 기증, 의사결정의 결과라는 것이다. 오히려 그런 중앙의 분배 또는 할당기관이 없는 상태에서는 어떤 결과가 초래된다고 해도 배분적 정의의 문제는 없다고 본다. 그 대신 거기에는 재화에 대한 개인의 여러 가지 보유유형들이 있을 뿐이라고 본다. 그러므로 로버트 노직은 정의의 핵심은 '보유의 정의', 즉 '보유의 정당성'이라는 문제로 귀결된다고 말한다.

## Ⅱ. 로버트 노직의 정의론

### 1. 로버트 노직 정의론 개관

사실 정의는 노직의 주된 관심사가 아니었다. 노직의 의도는 롤즈의 평등주의적 정의론에 의해 나타날 것으로 우려되는 강력한 국가, 소위 민주복지국가라는 개념에 대한 비판에 주안이 있었다. 노직은 자유민주주의 국가에서는 오직 최소국가만이 정당하다고 보았다. 하지만 이러한 최소국가 논리에 따른 접근에서, 노직은 정의에 대한 흥미 있고 매우 독특한 개념과 접근방식을 제시한다. 정의에 대한 이러한 접근방식을 일명 "완전 자유주의적 정의론"이라고 말할 수 있다.

앞서 살펴본 것처럼 노직의 정의론의 출발점인 롤즈의 정의론은 평등주의적 정의로 특징된다. 어느 누가 부유한 가정에서 특별한 재능을 가지고 태어났다는 사실은 도덕적 가치를 가질 수 없는 우연한 사실이며, 이 우연한 사실에 의한 영향을 차등의 원칙을 통해 무효화시키겠다는 것이 롤즈의 의도이다. 하지만 노직은 롤즈와 달리 유형화되고 체계화된 정의론을 거부한다. 그는 자유시장에서 사람들의 선택을 존중하는 정의론을 옹호한다.

노직은 개인은 단순한 수단이 아니라 목적이라는 칸트적 관점을 채택한다. 개인은 그 자체로서 목적이며 누구도 침범할 수 없는 특정한 자연적 권리를 갖는다는 것이다. 즉, 인간은 천부적이며 불가양의 그리고 보편적인 어떤 권리들을 가지고 있으며, 개인이나 단체 그리고 국가를 포함한 누구라도 이 권리들을 절대로 침해해서는 안 되는 것으로서, 이는 논쟁을 초월한 전제라고 말한다. 대표적으로 인간은 생명, 자유, 재산에 대한 권리를 가지며, 이 중에서 특히 자유에 대한 권리야 말로 생명과 재산을 지키기 위한 가장 중요한 권리라고 노직은 말한다. 그 누구도 타자를 위해 "희생되어서는" 안 된다. 따라서 타자에 대한 권리침해를 금지하는 것은 인간 권리의 불가침성에 의해서 발생한 당연한 행위제약으로 본다.

이처럼 노직은 철저한 자유주의적 입장을 취한다. 이렇게 노직과 롤즈가 함께 개인의 도덕적 불가침성에서 출발하였으면서도, 서로 상이한 정의관을 갖게 된 것은, 롤즈는 인격의 평등성을 강조하는 입장이고, 노직은 인격의 불가침성을 강조하는 입장인 것이다. 노직은 같은 하버드 대학교의 동료이자 대 선배인 롤즈 교수가 1971년 출간한 《정의론》을 강하게 비판하면서 정의에 대한 이론을 전개했다. 노직에 따르면 롤즈가 정의론에서 주장하는 분배적 정의는, 부유한 사람들에 대해 부당한 세금을 부과함으로써 개인이나 기업의 권리를 침해한다는 것이다. 이후 두 사람 사이에 전개된 자유와 평등에 관한 논쟁은 미국뿐 아니라 세계적으로도 사회철학 및 정치철학의 쟁점이 되었다.

## 2. 정의란 정당한 보유와 공정한 교환을 뜻한다.

### 1) 권원이론(權原理論) - 보유의 정당성

노직에게 있어서 정의의 문제는 재화나 용역, 즉 부(富)의 사후적인 재분배의 문제가 아니다. 창설적 즉, 근원적으로 어떤 사람에게 재산이 어떻게 보유되었는가? 그가 재산을 어떻게 획득했는가? 하는 최초 보유의 정당성이 정의 판단의 기초이다. 정의는 분배의 최종결과의 패턴에서가 아니라 재산을 획득할 수 있는 권원이 있었는지 그렇지 않은지에 의해서 역사적으로 결정된다는 것이다. 이것이 노직의 **권원이론**이다. 권원이론을 **소유자격권이론**이라고도 한다. 그러므로 노직에 의하면 정당한 권원체계 아래에서의 재화와 용역의 이동 즉, 분배는 그 비율이 어떻게 되더라도 정의로운 것이다.

그러므로 노직은 국가는 재산이 국민들에게 배치된 결과를 가지고 그 결과를 재배치하려고 해서는 결코 안 된다고 말한다. 부를 정당하게 획득한 것이 명백하다면 아무리 빌 게이츠가 미국 전 재산의 30%를 차지한다고 해도, 이건희 회장이 국가재산의 30%를 차지한다고 해도, 그것을 부당하다거나 따라서 정의가 이루어지지 않았다고 평가할 수는 없다는 것이다. 그러면 재산의 보유가 정당한 것은 언제인가? 이에 대해 노직은 정당한 절차에 의해 정당한 상황에서 재산을 보유한 것은 정당하다고 말한다. 그러한 보유상의 정의는 최초획득 정의와 사후이전 정의로 구분된다. 그러면서 노직은 획득과 이전은 근본적으로 시장에서의 자유로운 교환으로 이루어져야 한다고 말한다.

**① 최초획득(acquisition) 정의**

최초획득 또는 원초적인 획득은 내가 어떤 소유물의 획득 과정에서 다른 사람들에게 해를 주지 않았다는 전제하에, 주인이 없는 어떤 것에 나의 노동을 혼입함으로써 나는 자유롭게 그것을 획득하게 되는 것을 말한다. 그렇게 획득한 것은 최초획득 정의를 구현한 것이다. 따라서 반대해석으로 어떤 것이 매우 한정되어 있어서, 내가 그것을 획득하는 것이 다른 사람들의 상태를 악화시키는 결과를 초래한다면 그것을 내가 획득하는 것은 정당하지 않다. 그러한 원초획득은 정의를 결여한 것이다.

**② 사후이전(transfer) 정의**

원초적인 획득에 대한 노직의 이론은 추후에 이어지는 권리이전에도 그대로 적용된다. 요약하면 정당한 원초획득 물건을, 사회가 일반적으로 인정하는 권리이전 방식에 따라서 취득했다면 그에 따른 재산의 보유는 역시 정의로운 것이라는 것이다. 그러므로 반대 해석상 정당한 원초 획득 이후에 이루어지는 양도와 매매에 있어서도, 어떤 재화나 용역이 매우 제한되어 있어서, 그것이 한 사람의 손에 집중되므로 다른 사람이 가질 수 없다면, 그것은 다른 사람들에게 해를 끼치는 것으로 정의롭지 못하다. 그러나 다른 사람에게 손해를 입히지 않고 재화나 용역을 양도하거나 매매함으로써 재산을 취득하였다면, 그것은 당연히 정의로운 보유가 된다. 보유물에 대한 각 소유자의 권리는 정당성에 대한 역사적 그림자를 포함한다는 말은 이러한 의미이다

### 2) 분배적 정의를 확보하기 위한 안전판 - 다른 사람에게 손해 입히기 금지

노직에게 있어서 정의의 출발점은 재산을 취득할 때의 정당성의 문제다. 부당하거나 권원 없이 얻은 것으로 경제활동을 시작하지 않는 한, 자유시장에서의 분배는 그 결과가 평등하든 불평등하든 정당하다.

여기에서 잘 알 수 있듯이 자유지상주의자인 노직의 경우에도, 아무리 자유시장에서의 획득이라고 하는 경우에도, 만인의 만인에 대한 투쟁을 벌이는 식으로 하는 재화와 용역의 거래까지 정의로운 것이라고 하지는 않는다. 노직은 재산취득의 안전판으로 재산의 보유는 다른 사람에게 손해를 입히는 것이어서는 안 된다는 제약을 둔다. 노직은 다른 사람의 상황이 악화되지 않도록 보상해 주는 한 그것을 획득해도 좋다고 주장한다. 그러므로 노직의 정의론에서는 누군가의 상황에 '해가 된다.'거나 상황을 '악화시킨다.'는 것이 과연 무엇을 의미하느냐 하는 점이 매우 중요하다.

노직은 롤즈의 격차원리 대신에 자유시장에서의 자유로운 교환에서 타인에 대한 손해금지라는 **안전판**을 장치할 것을 제안한다. 그러므로 노직의 이론에 의하더라도 허리케인 찰리 뒤에 찾아 온 것은 약탈자가 아닐 가능성이 높다. 그러나 노직도 정의확보를 위한 그러한 안전판은 개별적인 거래마다 다른 것으로서, 결코 획일적으로 규격화 할 수 있는 안전판은 아니라고 말한다. 노직은 롤즈의 격차원리와 같은 정형화된 원리를 강력하게 비판한다.

이 같은 최초획득의 논리는 사후양도의 경우에도 그대로 적용된다. 예컨대 훔친 물건을 팔아 큰돈을 벌었다며, 그 돈을 가질 자격이 없다. 최초획득과 사후양도의 두 질문에 모두 그렇다고 답할 수 있다면, 현재의 소유물을 가질 자격이 있으며, 국가는 재산의 배치의 결과가 어떻게 나타나더라도 재산을 함부로 빼앗을 수 없다.

### 3. 결국 정의란 자유로운 교환이다.

노직은 개인의 기본권 보호라는 최소한의 권한만을 보유하는 최소국가를 이론적 기반으로 한다. 노직은 배분적인 정의에서 어떠한 국가역할도 부정한다.

노직에게 있어서 '정의란 공정한 교환'을 의미한다. 출발점과 교환자체가 공정하다면 자유로운 선택과 교환에서 결과 되는 모든 재화의 분배는 정의롭다는 결론에 이른다. 정의는 결코 최대 다수의 최대 행복을 증가시키는 것도 아니고, 불리한 자를 보호하는 것도 아니다.

어떤 사람들이 다른 사람들보다 더 부유하다는 사실은 가난한 사람들에게는 '불행한 것'일 수 있다. 그러나 교환에서의 자유선택에 대한 규칙을 위배한 것이 없다면 그것은 '불공정'하지는 않은 것이다. 그러므로 노직에 따르면 정의는 '배분적'인 것이 아니다. 오히려 보유물의 정당한 획득과 이전에 달려 있다.

**노직의 자유로운 교환 도식 – 정의의 구현**

① 최초 획득 정의의 원리에 따라 재화를 획득한 사람은 그 재화에 대해 정당한 권리를 가진다.
② 재화에 대한 정당한 권리를 가진 사람으로부터 사후이전 정의의 원리에 따라서 재화를 양도받은 사람은 그 재화에 대해 정당한 권리를 가진다.
③ 최초획득과 사후양도 이외의 방법으로 취득한 재화에 대해서는 정당한 권리를 갖지 못한다.

## Ⅲ. 노직의 절대 자유주의적 정의론에 대한 비판

### 1. 개 관

로버트 노직의 정의론의 핵심은 이른바 정당한 권원이론, 즉 소유자격권이론 속에 집약되어 있다. 권원이론의 가장 커다란 특징은 재산취득과 소유의 정당화의 근거를 임의로 선택된 정책적 의도에서가 아니라, 과거에 있어서의 개인의 실질적인 기여 그러므로 역사성을 통해서 발견하려 했다는 점이다. 이 역사성을 위한 사상적 권위를 노직은 존 로크의 소유권 이론에서 차용했다. 소위 존 로크의 '노동가치설'의 현대적 재해석을 통해, 노직은 분배적 정의에 대한 자유지상주의적 결론을 도출한 것이었다. 그러나 일각에서는 노직의 이러한 시도는 성공적이지 못하였다면서 다음과 같이 비판한다.

## 2. 현실세계의 교환은 노직이 생각하는 것만큼 정당하지 못하다.

노직은 세금을 강요된 노동의 한 형태라고 규정하면서, 추상적인 '손해금지'라는 요청 이외에 사회에서 가장 곤궁한 사람들에 대한 공리층을 마련하는 것도 거부한다. 그리고 부자와 가난한 자의 불균형에 대한 아무런 제한도 요구하지 않으며, 전체적인 복지 감소에 대한 방지책을 제시하지도 않는다. 사실 노직이 롤즈의 절차적 정의론을 부정하는 논거 가운데 하나가, 롤즈는 결과적으로는 격차원리를 도입하여 희망하는 '**최종상태**'에 롤즈 스스로가 말려들었다고 비난한다. 그러한 모순을 지적하면서 노직은 최초획득과 이전의 방식만을 문제 삼을 뿐, 결과에 대해서 평가하는 것은 부적절하다는 확고한 입장을 견지했다. 주지하다시피 롤즈는 원초상태에서의 무지의 장막이라는 환경에서의 의사결정이라는 절차를 마련했다. 그리고 그러한 절차에서 이루어진 합의는 어떠한 것이라도 정의로운 것으로 마치 절차적 정의를 최대한 구현하는 것처럼 이론전개를 하면서도, 격차원리를 도입하여 결국은 평등적 배분에 중점을 둔다.

노직은 만일 분배 D1이 공정하고 자유로운 선택의 과정을 거쳐서 D1에서 분배 D2로 이동해 간다면, D2 역시 결과에 불문하고 공정하다고 말한다. 그러나 과연 그럴까? 상속의 경우를 보더라도 원초획득은 이후의 이전적 정의의 구현을 마냥 자연스럽게 그리고 정당한 것으로 만들지는 않는다. 또한 원초취득과 교환을 매개하는 현실의 시장은 후술할 다양한 사례에서 보는 바와 같이 결코 최종적인 보유를 그대로 정당화시켜 줄 만큼 공정한 메커니즘이 아니라는 비판도 제기된다.

## 3. 소유권이 왜 절대적이고 배타적이어야 하는가?

코헨(Cohen)이 주장하는 바와 같이 "자유주의자들은 자본주의에 내재해 있는 자유를 보고 있기는 하지만, 거기에 필연적으로 수반하는 부자유에는 주목하지 못한다."는 비판이 제기된다.

이러한 관점에서 노직에 대한 비판론자들은, 소유권이 왜 절대적이고 영원하고 배타적이며 상속가능하고 변경 불가능한 성격을 가져야만 하는가? 라는 재산권에 대한 본질적인 의문을 제기한다. 코헨은 내가 소유하는 물건에 대한 나의 소유권 주장은, 사실은 그 소유물을 다른 사람이 사용할 자유를 제한하는 것이라고 말한다. 그렇기 때문에 그는 노직의 생각과는 달리, 소유에 대한 나의 적극적인 권리라는 것은, 사실은 그것을 사용할 타자(他者)의 자유권을 또한 침해하는 것을 대가로 해서만이 살 수 있다. 그런데 노직은 손해를 보는 타자를 너무나 간과한다고 코헨은 노직의 권원이론을 비판한다.

## 4. 봉쇄된 교환의 영역도 많다

노직은 모든 거래가 원초적 취득과 이전적 취득으로 이루어진다고 전제하여, 자유로운 시장교환이 정의의 기초라고 하지만, 시장 메커니즘의 불공정 위험성을 떠나서, 인간에게는 시장에서 교환할 수 없는 다양한 삶의 영역이 있음을 간과한다는 비판이 제기된다. 즉, 시장교환은 많은 경우에 정의의 기초로서 받아들여질 수 있지만, 시장교환은 인간 삶의 모든 영역에 적용될 수 있는 것도 아니다. 다양한 인간 삶의 영역에는 소위 봉쇄된 교환도 있다는 것이다. 예컨대 돈으로 살 수 없으며, 원칙적으로 돈으로 사서는 안 되는 인간의 생명이나 정조 그리고 명예와 위신 같은 가치들이 존재한다고 비판론자들은 말한다. 그런 인간의 가치들은 결코 원초적 취득과 이전적 취득으로 정의의 문제를 논할 수 있는 성질의 것도 아니라는 비판이다.

## 5. 공동체 역할의 간과

노직의 권원이론은 오늘날 사회구조에서는 인간의 거의 모든 거래가, 공동체에 의해 보호되고 장려되고 있다는 사실을 무시한다는 비판이 제기된다. 특히 랭간(Langan)은 생산과 교환에 있어서 사적인 의사결정이라고 하는 경우에도, 생산과정에서의 커다란 공적인 정보유입을 무시하고 있다고 비판한다. 즉, 재산획득의 과정에서의 공동체의 역할을 간과한다는 비판이다. 개인이 오로지 자기의 역량으로만 재산을 획득할 수 있는 사회구조가 아니라는 것이다.

따라서 공동체가 예컨대 세금의 형태로 공동체의 힘으로 개인이 취득한 사적 소유에 대해 부분적인 권리를 가질 정당한 이유가 있으므로, 세금은 강요된 노동이 아니고 공평을 실현하기 위한 수단이라고 주장한다. 세금은 오히려 개인의 수입에 대한 공동체의 공헌을 인정하는 것이며, 공동체의 적절한 몫이라고 주장하는 것이다. 그럼에도 노직은 시장질서에 대한 공동체의 공헌을 전혀 무시하고 너무나 각별하게 개인에게만 집중한다고 맹렬하게 비판한다.

## 제3항 자유지상주의의 위험한 결론

### Ⅰ. 서 언

자기 몸은 각자가 소유한다는 자유지상주의자들은, 아래의 다양한 사례에서도 개인의 절대적인 자유를 인정하고 그러므로 어떤 내용의 판단도 허용한다. 내가 내 몸을 소유했다면, 내 몸의 일부를 내 마음대로 자유롭게 팔 수 있고 처분할 수 있다고 말함이 올바른 것이기 때문이다. 노직의 말대로 X에 대한 소유권이라는 개념의 핵심은 X를 어떻게 처리할지 결정할 권리이다. 법적으로 소유권은 사용, 수익, 처분의 권능을 본질로 하는 것이기 때문이다. 자유지상주의자들의 견해처럼 자신을 소유한다는 생각은 선택의 자유와 관련한 많은 논쟁에 등장한다. 그러므로 내가 내 몸, 내 삶, 나라는 인간을 소유한다면 그것을 내 마음대로 다룰 자유를 가지고 있어야 마땅하다고 자유지상주의자들은 말한다.

#### 1. 콩팥의 유상 판매

많은 국가가 영리목적의 장기매매를 금지한다. 예컨대 미국에서 콩팥을 기증하는 사람은 있지만, 그것을 공개시장에서 내다파는 사람은 없다. 하지만 자유지상주의자들은 콩팥판매도 자유로운 의사에 따라서 공개시장에서 매매할 수 있어야 한다는 결론에 도달한다.

#### 2. 피임이나 낙태금지

자유지상주의자들은 정부가 나서서 피임이나 낙태를 금지해서는 안 된다고 주장한다. 그 이유는 여성이 자기가 주인인 자기의 몸에 대한 결정권을 가져야 하기 때문이라는 논리이다. 동일한 논리로 간통, 매춘, 동성애를 법으로 처벌해서는 안 된다는 결론에 도달한다.

### 3. 안락사

자유지상주의자들은 안락사에 대해서도 내 삶은 내 것이니, 원하면 삶을 끝낼 자유가 있으며, 도와줄 마음이 있는 의사를 끌어들일 수도 있어야 한다고 주장한다. 자유지상주의자들이 보기에 안락사를 금지하는 법은 부당하다.

그들은 동의를 받아서 어떤 의사가 내 죽음을 돕는다면 국가가 간섭할 권리가 없다고 말한다. 대표적으로 '죽음의 의사'(Dr. Death)로 알려진 잭 케보키언 박사(Dr. Jack Kevorkian)의 경우가 있다. 잭 케보키언은 1952년 미시간 의과대학을 수료한 병리학자로, 130명 이상의 환자들에게 안락사 시술을 했다. 케보키언 박사는 1990년대에 안락사 허용운동을 전개했고, "죽음은 죄가 아니다."[21]라는 자신의 이념을 실천에 옮기면서 약 130명의 환자를 도와 생을 마감시켜 주었었다. 그는 1998년 직접 환자에게 독극물을 주사하여 사망하게 하는 적극적 안락사를 시술하여 법원에서 2급 살인죄로 10~25년의 징역형을 선고받았고, 미시간 교도소에서 8년간 복역하고 2007년 가석방으로 출소했다.

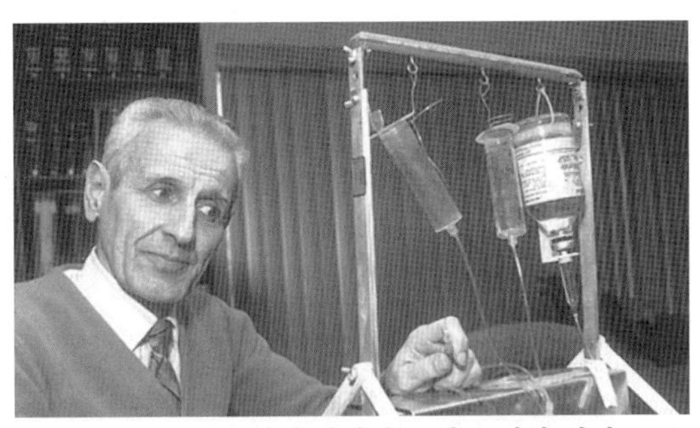

살인 의사 잭 케보키언 박사와 그가 고안한 살인 도구

케보키언 박사는 2008년 미시간 주 의회의원 선거에 출마했으나 투표자의 2.6%에 지나지 않는 8,987표를 얻는데 그쳤다. 역설적으로 그의 자유분방한 죽음에 대한 견해가 아직 시민들의 호응을 받지는 못한 것으로 보인다.

### 4. 합의하에 이루어진 식인행위 – 죽음의 공포체험

2001년 독일 로텐부르크라는 마을에서 희귀한 식인사건이 발생했다. 그 마을에 거주하던 평범한 컴퓨터 기술자였던 마흔두 살의 아민 마이베스

21) dying is not a crime.

(Armin Meiwes)는 어느 날 갑자기 식인주의자가 되고 싶은 욕망을 느꼈다. 자기에게 먹혀줄 자발적인 대상자를 물색하던 그는, 고민 끝에 인터넷에 공포체험 광고를 올렸다. 그 내용은 다음과 같았다. "식인 카페테리아, 현실과 환상 사이, 신체 건강한 18세부터 30세 사람을 찾습니다, 도살되어 먹히리라."[22] 광고 내용은 모든 것이 자발적이고, 금전적 보상은 전혀 없고 다만 응모자는 선발되면 죽는 체험만 제공한다는 것이었다.

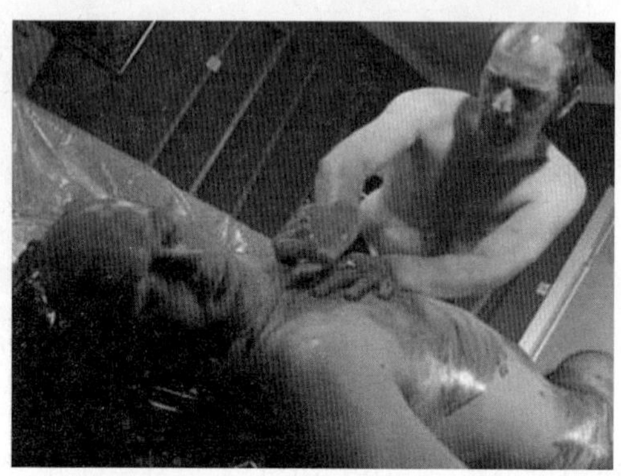
마이베스가 죽음의 공포체험 장면을 직접 녹화한 실제장면

약 200명이 광고에 응했고 최종적으로 버나드 브란데스가 낙첨되었다. 아민 마이베스는 먼저 브란데스의 성기를 잘랐다. 자른 성기를 먹으려고 했지만 씹히지 않자, 성기를 소금, 후추, 마늘과 와인을 넣어 튀겨서 먹었다.[23] 너무 탄 부분은 기르던 개에게 주었다. 브란데스는 먼저 성기가 잘리는 공포체험을 한 것이다.

결국 마이베스는 자발적인 손님인 브란데스를 도살하여, 시체를 토막 낸 뒤 비닐봉지에 담아 냉장고에 넣어두었다. 그는 체포될 당시에 약 20킬로그램을 먹어치웠는데 올리브기름과 마늘을 넣어 요리해 먹기도 했었다.

아민 마이베스는 마을 이름을 본 따 로텐부르크 식인종 그리고 도살왕[24]이라는 호칭을 얻었다. 전 세계는 경악했고 독일 법원은 혼란에 빠졌다. 독일에는 식인행위를 처벌하는 법이 없었다. 피고인의 변호사는 살인죄를 적용할 수는 없고 '요청에 의한 살인죄'만을 적용할 수 있다고 주장했다.

법원은 결국 아민 마이베스에게 우발적 살인(manslaughter)죄를 적용해 8년 6월의 실형을 선고했다. 그러나 2년이 지나 항소심 법원은 형량이 너무 가볍다는 이유로 종신형을 선고했다.

---

22) "looking for a well-built 18 to 30-year-old to be slaughtered and then consumed".

23) Brandes apparently tried to eat some of his own penis raw, but could not because it was too tough and, as he put it, chewy.

24) Rotenburg Cannibal & The Master Butcher

## II. 각자는 각자를 소유하는가? - 인간은 소유대상인가?

### - 노예가 아닌 사람으로 살기 위해 - 미국「아미스타드 사건」-

### 1. 사실관계

아미스타드호(La Amistad = Friendship) 사건은 1839년 쿠바 아바나에서 이동하던 노예 수송선 아미스타드호에서 일어난 노예 반란사건이다. 1839년 이른 봄 서아프리카 해안 시에라리온의 노예 수용소로 납치된 53명의 아프리카인들은 노예선에 실려 대서양 건너 쿠바에 도착했다. 그곳에서 그들은 스페인 노예 상인 2명에게 팔려 6월27일 스페인 범선 '아미스타드호'에 실린 채 아바나 항구를 출발했다. 배고픔과 채찍질을 견디다 못한 노예들은 7월2일 선상 반란을 일으켜 아미스타드 호를 장악했다. 그들은 백인 노예 상인 2명(루이즈, 몬테즈)만 살려두고 선원들을 모두 살해했다. 그들의 목적은 고향 아프리카로 돌아가는 것이었다. 항해 기술이 없었던 그들은 살려둔 백인 2명에게 키를 맡겼고, 아프리카로 가는 중이라고 믿었다.

그러나 목숨을 건진 백인들은 낮에는 아프리카를 향해 동쪽으로 가는 척하다가 밤이 되면 방향을 바꿔 북아메리카 해안을 이탈하지 않으려 안간힘을 쓰던 중 두 달 뒤 북쪽 코네티컷 해안에서 미 해군 함대에 발견되었다. 8월27일 미국 땅에 도착한 그들은 결국 살인혐의로 구속되었다.

La Amistad

### 2. 법적 절차의 진행과 쟁점 - 인간 본연의 성질은 바로 자유!

아미스타드 사건 논쟁의 핵심은 자유(自由)였고 각자는 각자의 몸을 소유하는가의 문제였다. 구체적으로는 노예제도는 과연 타당한 것이고, 노예는 다른 물건과 같이 누구든 소유할 수 있는 물건으로 인간 화물인가?의 쟁점이었다.

당시 아프리카에서 미국으로 노예를 수송하는 것은 불법이었다. 이와 관련하여 첫째, 이 아프리카인들을 구조된 조난자로 고려해야 하는지, 아니면 해군 장교의 소유로 봐야 하는지, 둘째, 이 아프리카인들이 쿠바 상인들의 것인지 스페인의 이사벨 2세 여왕의 것인지, 근본적으로는 사람이 사람을 소유할 수 있는지가 쟁점이 되었다. 이러한 쟁점과 관련하여 일반화물과 인간화물을 둘러싼 국가사이의 재산분쟁, 해난구조 보상금청구사건, 재판 관할권 문제, 1795년 스페인과 미국이 체결한 조약에 따른 행정부의 처리문제 등 복잡한 법률문제가 연이어 발생했다.

## 3. 1심과 2심 재판 경과

1840년 1월 연방지방법원은 아프리카인도 자유인이므로 아프리카로 송환되어야 한다고 판결했다. 그러나 판결은 국내외적으로 심각한 갈등을 야기했다. 행정부는 즉시 항소했다. 하지만 연방항소심 법원도 항소를 기각하고 1심판결을 유지했다. 그러나 인간화물에 대한 소유권을 주장하는 스페인 정부의 압력에 굴복한 미국 행정부는 다시 연방 대법원에 상고했다.

## 4. 연방대법원의 판결

### 1) 쌍방의 주장과 변론

결국 1841년 2월 20일 연방 대법원에서 최종심이 개최되었다. 재판은 행정부 대표로 길핀 법무장관, 아프리카인들의 변호사로서 로저 볼드윈과 미국 제6대 대통령을 역임한 존 퀸시 애덤스 전 대통령의 변론으로 진행되었다. 이들의 변론은 미국 사법 역사상 명(名) 변론들이 되었다.

#### (1) 행정부를 대표한 길핀 법무부 장관의 유죄주장

먼저 미국 정부 측 길핀 법무장관이 제기한 쟁점은 첫째, 국제조약의 중요성, 둘째, 행정부와 법원의 권한 및 역할관계, 셋째, 인간이 재산으로 간주 될 수 있는지 여부였다. 길핀 법무장관은 미국 정부가 1795년 스페인과 체결한 국제조약에 따라서 '모든 권한을 행사하여 자국이 관할하고 있는 상대방의 선박과 소유물 그리고 국민을 보호하도록 노력할 의무'를 지켜야 할 필요성을 강조했다. 그리고 아프리카인들의 지위에 관하여는 스페인법과 마찬가지로 미국법도 노예를 재산으로 인정하고 있으며, 당시 정부가 취하고 있는 태도나 법해석에 따를 때에도 이 사건의 아프리카인들은 미국-스페인 사이의 조약에 따라서 스페인에 반환해야 할 재산임이 명백하다고 주장했다. 길핀은 노예거래의 도덕성 문제를 제외한 채, 선례와 당시 현실, 그리고 국제협력의 성격에 초점을 맞추어 논리적이고 설득력 있는 주장을 펼쳤다.

### (2) 아프리카 흑인들을 위한 변론

먼저 아프리카인들을 변호하는 로저 볼드윈은 법무부 장관의 주장을 논리적으로 반박했다. 우선 아미스타드호의 아프리카인들이 설사 노예였다 하더라도(이들은 그것을 부인하지만), 자유민주주의를 기치로 하는 뉴욕주의 관할 경계안에 들어 올 때 그들은 이미 자유로운 상태가 되었다고 주장했다. 뉴욕 주에는 그들을 노예로 만드는 법이 없을 뿐만 아니라, 오히려 명시적인 법률로서 모든 사람의 자유를 보장하고 있으며, 따라서 자유인을 노예화하는 권한을 정부는 갖고 있지 않다고 주장했다.

또한 자유인을 노예화 하는 것은 대다수 뉴욕 시민의 의사에 반할 뿐만 아니라, 무엇보다 미국의 건국이념과 목적에 어긋나며 노예거래를 금지하는 정책에도 모순된다고 변론했다. 그들의 법적지위와 관련하여, 법해석상 '반환되어야 할 상품'이라는 용어에는 노예가 포함되지 않으며, 그들은 오히려 인신매매의 희생자이지 '해적이나 강도'로 간주될 수 없다고 반박했다.

마지막 변론을 맡은 미국 전 대통령 존 퀸시 애덤스 변호사도 노예제도의 부당성과, 노예를 상품으로 규정한 조약상의 비윤리적 문제, 아프리카인에 대한 사람들의 태도를 문제 삼으며 불가침의 천부인권을 주장했다. 애덤스는 이 사건의 법률쟁점을 넘어서, 그것이 갖는 근원적인 사회적·역사적 의미를 짚으며 감동적인 변론을 펼쳤다. 그는 '정의의 법정'에 호소한다면서, 정의란 '모든 사람에게 각자의 권리를 보장하려는 영속적인 의지'라고 말했다. 그리고 현실의 법정에 정의를 간청했다. 또한 백인에게는 부당한 호의를, 흑인에게는 부당한 압력을 행사한 행정부의 개입을 비난하며, 호의나 동정이 아닌 공정과 정의에 근거해 각자에게 정당한 권리를 찾아주어야 한다고 변론했다. 애덤스 역시 미국을 세울 때 바탕이었던 하느님의 법을 강조하며, 미국독립선언서의 역사와 정신을 다시금 환기시키며 변론을 마쳤다.

### 2) 연방 대법원 판결

연방 대법원의 판결은 단순했다. 연방 대법원은 아프리카인이 자유인인가의 문제에만 초점을 맞추고 행정부와 집행부, 사법부의 관계나 조약 자체의 정당성 문제 등 다른 논점은 언급하지 않았다.

결국 연방대법원은 이 사건 아프리카인들은 노예가 아니라 납치된 자유인이며 따라서 미국은 이들의 인권을 보호해야한다고 판시했다. 흑인들의 자유를 선언한 것이었다. 그것은 사람은 사람을 소유할 수 없다는 사상을 바탕으로 한 판결이었다.

## 5. 재판후의 경과와 논리적 교훈

아미스타드호 판결 이후 이들 생존자들은 1842년 아프리카로 귀향했다. 한편 미국은 1865년의 수정헌법 제13조에 의해 200년에 걸친 노예제도를 공식적으로 철폐했다. 또한 미국 연방 대법원 판결 이후 40년이 지난 1884년에 이르러 스페인 정부 역시 공식적으로 미국에 대한 청구권을 포기했다.

아미스타드 재판은 노예제도의 잔인성과 부당성을 고발하고 노예제도를 미국 정치의 쟁점 중심에 옮겨놓은 극적인 사건이었다. 한편 이 사건으로 촉발된 노예제 문제는 남부와 북부 간에 심각한 국론분열을 야기했고 20년 뒤 결국 남북전쟁이 발발했다.

미국은 큰 대가를 치르면서도 '정의와 도덕적 권리'를 끝까지 지켜냈고, 사법부는 도덕적 신념을 끝까지 지켜냈다. 또한 소수를 위해 변호에 나서는 전직 대통령의 존재와 살아 있는 권력을 넘을 수 있었던 법원은 170년

이 지난 오늘에까지 다양한 시사점을 던져주는 재판으로 남아 있다.[25)]

특히 개개인의 인간의 존엄과 가치를 그 무엇보다 소중하게 생각하는 자유주의적 정의론의 입장에서는 각자는 각자를 소유하므로 자신의 몸을 어떻게 처분하든지 자유롭다고 주장한다고 함은 앞서 살펴본 바와 같다. 그러므로 자유주의적 정의론에 입각하면 장기매매, 안락사 그리고 살해 공포에의 초대가 논리적으로는 모두 문제가 없다고 보게 된다. 또한 인간은 인간을 소유할 수 있다는 관점에서 본다면 아미스타드 사건에서 백인에 의한 흑인의 소유도 아무런 문제가 없다는 결론에 도달할 수 있게 된다. 개인의 극적인 자유를 주장하는 입장을 절대적으로 견지하면 역설적으로 노예제도도 정당화 시킬 수 있는 논리적 위험성이 따르는 것이다. 여기에 자유주의적 정의론에 대한 수정의 문제가 제기된다.

## Ⅲ. 마무리

성인들의 합의로 이루어진 식인행위는 자기소유라는 자유지상주의의 원칙과 여기에서 도출되는 정의에 관한 타당성을 실험하는 극단적인 시험대였다. 자유지상주의가 옳다면 빌 게이츠와 마이클 조던에게 세금을 부과해 가난한 사람을 도울 수 없듯이, 소유물을 마음대로 활용한 아민 마이베스 역시 처벌할 수 없을 것이라고 보는 것이 합리적일 것이다. 자유주의적 정의론의 한계이다.

원래 공리주의는 인간이 해야 할 올바른 일이란 가급적 최대 다수의 최대의 행복을 창출해내는 행동이라고 말한다. 하지만 자유의지론자들은 이에 동의하지 않는다. 자유의지론자들은 존 로크의 생명, 자유, 재산에 대한 천부인권 그리고 불가양의 권리개념에 터 잡아, 우리는 어떤 경우에도 역사적으로 그렇게 소중하게 쟁취한 개인의 권리를 국가가 결코 침해해서

25) 뉴욕 맨해튼의 펜실베이니아 역에서 롱아일랜드 레일로드(LIRR)를 이용해 존스 비치에 가면 노예선 '아미스타드호'를 기념하는 작은 동판을 볼 수 있다. 아미스타드 사건은 Finkenbine, Roy E (2001). "Chapter 13". In Jane Hathaway. Rebellion, Repression, Reinvention: Mutiny in Comparative Perspective. Greenwood Publishing Group. p. 238.

는 안 된다고 주장한다.

사실 전체의 행복에 대한 공리주의적 관심이나 사회적 약자들의 곤궁한 상태에 대한 롤즈의 관심은 사회 정의의 구현을 위한 정의론의 필수적인 구성요소이기는 하다. 그러나 공리주의나 롤즈의 정의론은 인간 삶의 필수적인 요소로서 인간의 행위에 의해 창출된 부에 대한 권리의 원천에 대해 맹목적이었다. 그런데 노직은 바로 부의 원천으로 권원(權原)의 정당성을 찾는 것을 시도한 철학자였다. 노직의 견해처럼 자유시장경제 체제에서, 만일 처음의 취득이 정당한 권원에 기초한 것으로서 공정하다면 그리고 만일 그 이후에 일어나는 모든 교환이 공정하다면, 최소한 최종적인 분배가 그 자체로서는 공정한 것이라는 노직의 생각은 충분한 일리가 있는 견해일 것이다.

그러므로 덧붙여서 참작할 만한 요소들 예컨대 공리층을 살펴보고 마련하는 것은 사실 별개의 문제일 수 있다. 이점에서 후술한 공동체적 정의론의 가치가 전개될 단초가 제기된다. 사실 권리주장을 정의의 핵심으로 보는 많은 사람들은, 권리주장 안에 자유선택에 기초한 소극적인 권리뿐만이 아니라, 필요성, 공적, 공헌도 그리고  공동체가 요구하는 다른 요소들에 기초한 권원들도 포함시켜야한다고 주장한다. 공동체주의적 또는 "성서적 정의란 가난한 자를 위한 정의를 말한다." 등과 같은 종교적 정의론이 필요한 이유이기도 하다.

자유주의적 정의론에 대해서는 앞서 살펴본 적지 않은 비판이 있음에도, 노직은 자유와 평등이 양립될 수 없다는 것을 정정당당하게 주장했다. 원칙적으로 자유가 일차적인 가치라면 평등은 희생되어야 한다. 만일 평등이 유지되어야 한다면 자유에 대한 침해는 불가피하다. 자유와 평화의 원천적인 평화공존은 있을 수 없는데, 롤즈는 마치 이것이 가능한 것처럼 절차적 공정론이라는 신기루를 뿌렸고, 노직은 그를 제거했던 정정당당한 절대 자유주의적 정의론을 주창했던 것이다.

논리자체로 수많은 비판이 이어질 것이 자명해 보이는 로버트 노직의 실질적 자유주의적 공정론에 대해서, 하지만 인류 역사는 결코 잊지 않을 것이라는 것이 정치철학자들의 중론이다.

## 제4항 종합 논의자료

### I. 서 언

로버트 노직을 필두로 한 자유지상주의자들의 정의론에 대한 논점은 다음과 같다. 자유지상론자에 따르면 오늘날 개인의 권리에 대한 최대의 위협은 국가로부터 온다. 자유지상론자들은 스스로가 자신에 대한 주체자로서 자신의 모든 것을 소유한다는 것을 전제한다. 그러므로 여러분은 당신의 위험부담 하에 안전벨트를 매고 싶지 않으면 매지 않아야 한다. 정부가 당신에게 어떤 일을 하라고, 즉 어떤 사업을 지정해 주어서는 안 되고 또 특정해서 어떤 노동을 하라고 강요해서도 안 된다. 그것은 민주 시민이 주인인 오늘날 용납되지 않는 국가가부장제도이다. 그러므로 자유지상론자들은 극단적으로 만약 국민들이 마약을 하고 싶거나 변태적인 성관계를 가지고 싶으면, 그러한 과정에서 다른 누구의 권리도 해치지 않는다면, 그렇게 하는 것은 개인의 자유라고 주장한다. 개인의 정당한 자유를 정의론에서도 최고의 가치로 주창하는 것이다.

그러므로 국가는 도덕입법(moralistic legislation)을 해서는 안 된다. 국가가 국민들에게 어떤 인생을 살아갈 것인지를 훈육해서도 안 된다. 개인의 자유에 대한 불간섭의 문제에서 가장 중요한 것이 국가는 소득의 재분배를 목적으로 하는 어떤 특정한 목적의 표적과세를 해서도 안 된다는 것이다. 자유지상론자들은 표적과세 또는 재분배과세(Redistributive taxation)는 아무리 좋게 말해도, 국가가 공권력의 힘으로 개인에 대해 도둑질을 하는 것이라고 말한다.

즉, 개인의 정당한 소득을 세금이라는 이름으로 가져다가 다른 사람에게 나누어 주는 것은 아무리 서민을 위한 의로운 도둑의 대명사인 홍길동이라고 하더라도 강도범은 강도범인 것처럼 국가에 의한 강도이고, 사람들로 하여금 노예처럼 별도 과외의 강제노동을 부과하는 것이라는 주장이다. 절대자유주의자들의 개인의 존엄과 가치 그리고 권리에 대한 주장은 워낙 단호하다. 그러면 그들의 정의에 대한 생각은 정의로운가?

다음의 질문에 답해보자.

(1) 국가가 국민들에게 안전벨트를 착용할 것을 법으로 요구하고 위험을 야기할 수 있는 일을 멀리하도록 하는 것은 옳은 일이 아닌가? 만약 그런 법이 없어서 많은 사람들이 죽게 된다면 과연 누가 책임을 져야 하는가?

(2) 다른 누구의 권리도 해하는 것이 아니라면 사람들이 자해하고 자살하는 것도 방지해서는 안 되는가? 그러므로 공권력은 한강철교에서 자살소동을 벌이는 시민이 있는 경우에도 알아서 하라고 내버려 두고 다른 공무에 전념하는 것이 옳은가?

(3) 적지 않은 사람들이 개인적으로 하는 마약에서 쾌락과 행복을 얻을 수도 있을 것이므로 국가는 마약을 합법화하는 것이 올바른가?

(4) 어떤 사람들은 성매매를 원하고 성매매에서 쾌락을 느낄 수도 있으므로 국가는 매매춘을 합법화하는 것이 올바른가?

(5) 최저임금제가 반드시 있어야 하는가? 만약 고용주는 시간당 5천원을 지불하고자 한다. 그 이상의 임금으로는 채산이 맞지 않기 때문이다. 그런데 너무나 처지가 궁한 어떤 근로자가 시간당 5천원으로 일하고 싶어 한다. 이런 경우에 국가가 최저임금으로 시간당 7천 원 이상을 지불하라고 요구하는 것은 정당한 것인가? 아니면 부당한 것인가?

(6) 국가가 산업안전에 대한 절대적인 기준을 마련하고 사업장에 준수를 요구해야 하는가? 만약 어떤 사업자가 생산비 절감을 위해 안전장비에 대한 대책을 소홀히 하고, 그렇지만 처지가 너무 궁박한 근로자가 안전장치가 없는 업장에서도, 임금만 많이 준다면 자기의 책임으로 일하겠다고 하는 경우에, 국가는 사용자와 근로자의 그러한 계약체결을 저지하고, 국가가 제시하는 안전조건을 전제로 하여 근로계약을 체결할 것을 강제하는 것이 올바른 것인가?

(7) 국가가 부자들에게 세금을 부과하여 공적인 일에 사용하는 것이 공정한가? 국가가 이건희 회장을 비롯한 30대 부자에게 세금을 부과하

여 걷힌 세금으로 공공학교, 도서관, 병원, 도로공사, 공원조성, 소방서 확충 등 공적인 일에 사용하는 것이 필요하고도 올바른 일인가?

(8) 부자에게 세금을 부과하여 가난한 사람들에게 분배하는 것이 공정한 일인가? 국가가 이건희 회장을 비롯한 30대 부자에게 세금을 부과하여 걷힌 세금으로, 이번에는 무직 빈곤층, 양육 가족이 있는 독신자, 근로 능력이 없는 장애인 등에게 보충 근로수당으로 지급하는 것이 복지국가라는 이름으로 필요하고도 올바른 일인가?

(9) 아니면 앞서 본 일들은 올바르지 않은 일인가? 만약 국가가 그렇게 특정 부자들에게서 거두어들인 돈을 무이자로 가난한 가정의 학생들에게 대학 학자금으로 무상 대여하는 것은 어떨까? 아니면 이런 모든 일은 올바른 일이 아닌가?

## Ⅱ. 소득의 재분배를 반대하는 3가지 논리

공리주의자들은 올바른 일이란 최대 다수의 최대 행복을 도출하는 행위라고 말한다. 반면에 자유지상주의자들은 공리주의 괴물을 말하면서 공리주의에 반대한다. 자유지상주의자들은 우리는 결코 다른 사람들의 권리를 침해함으로써 사회전체의 공리가 증가한다고 하는 경우에도, 결코 개인의 권리를 침해해서는 안 된다고 주장한다.

자유지상주의자들에 따르면 오늘날 개인의 권리에 대한 가장 커다란 위험요소는 국가이다. 이들은 수많은 입법들이 개인의 권리를 침해한다고 본다. 개인의 위험활동을 금지하는 입법, 개인의 일탈을 감지하는 도덕적 요소가 있는 법률, 특정계층을 겨냥한 조세에 관한 법률들은 모두 공권력에 의한 개인의 기본권을 침해하는 입법이라고 주장한다. 자유주의 철학자인 로버트 노직은 특히 부의 재분배에 대해 강한 반대를 표명한다. 노직은 다음과 같은 세 가지 논리로 국가에 의한 부의 강제적 재분배를 강력히 반대한다.

## 1. 소득의 재분배는 결국 모든 사람들의 자유권의 침해이다.

노직의 관찰에 의하면 국가에 의한 소득의 재분배에는 일정한 패턴이 있다. 통상적으로 국가는 부자들에게서 세금을 거두어 가난한 사람들을 위해 그 돈을 사용한다. 그럼으로써 소득의 평등을 지향하려고 한다. 하지만 노직은 이러한 경우에도 국가가 부자나 가난한 사람 모두의 일정한 자유를 불가피하게 제한하지 않는 한 평등의 유지는 불가능하다고 결론 내린다. 즉, 소득의 재분배는 분배를 받는 자나 분배를 당하는 자의 자유를 불가피하게 침해하게 된다는 것이다.

예를 들어서 미국 사람 모두가 똑 같은 재산을 가지고 있다고 가정한다. 그런데 이제 미국 사람 모두가 혜성같이 등장한 농구의 황제인 마이클 조던의 화려한 덩크슛을 보기 위하여, 그들 재산 가운데 단지 25센트를 할애하여 농구티켓을 구입하였다. 수많은 사람들의 티켓 구입으로 이제 마이클 조던은 비교할 수 없을 만큼 많은 재산을 보유하게 되었고, 더 이상 평등의 공식은 존재하지 않고 평등은 깨졌다. 평등의 공식을 복원하기 위해, 국가는 조던에게 많은 세금을 부과하여 미국 사람들에게 다시 돈을 돌려주어야 한다.

그러나 이러한 순환 반복적인 일을 하지 않고 평등을 유지하기 위하여 미국정부는 모든 사람들에게 그들의 돈을 가지고도 그들이 원하는 일을 마음대로 하지 못하도록 하는 것이 근본적인 대책임을 알게 된다. 즉, 마이클 조던에게 25센트를 거는 일을 하지 못하도록 하는 것이다. 그러므로 소득 재분배란 결국 사람들이 자신의 소유물을 마음대로 사용하는 것을 금지하는 것과 동일하다는 결론에 이르게 된다.

① 국가가 가난한 사람들을 덜 가난하도록 막아야 하고, 병약한 사람을 더 병약해지지 않도록 부조를 해야 하는가? 사람들이 그들이 소유하는 것을 마음대로 사용할 수 있는 자유를 제약하지 않고, 국가의 힘으로 소위 올바르다고 판단되는 상태(예컨대 평등이나 상황 악화의 방지)를 유지하는 것이 가능한가?

② 설령 개인의 자유를 제한하지 않고 바람직한 상태를 유지하는 것이 가능하지 않다고 하는 경우에도, 노직의 생각처럼 사람들로 하여금 그들의 소유물을 어떻게 사용하든 그들의 처분에 맡기는 것이 과연

온당한 것이라는 결론에 자연스럽게 도달하는가?

### 2. 소득의 재분배를 위한 과세는 결국 강제노역이다.

노직은 소득 재분배를 통하여 평등을 지향하려는 패턴에 대해 다음과 같은 두 번째 이유로 또한 반대한다. 소득 재분배를 통한 평등을 도모하기 위해서는 불가피하게 부자들로부터 세금이라는 명목으로 돈을 거두어, 가난한 사람들에게 분배해 주어야 한다. 하지만 노직은 예컨대 부자들로부터 2시간 몫에 해당하는 세금을 거두어들이는 것은, 바로 2시간을 빼앗은 것과 동일한 것이라고 말한다. 그것은 부자들로 하여금 2시간을 오직 가난한 사람들을 위해서 일하게 하는 것과 동일하다. 그러므로 재분배 과세는 국가가 부자들에게 강제 노역을 하도록 하는 것이라는 결론이다. 그런데 강제노역은 국제형사재판소(ICC)도 반인륜범죄의 하나로 금지하는 노예제도에 다름 아니다. 결국 재분배 과세는 현대판 노예제라는 결론에 도달한다. 노직의 논리가 정당한가?

### 3. 소득의 재분배는 정의의 역사적 관점에서 보아도 공정하지 않다.

소득의 재분배에 대한 노직의 세 번째 주장은 소득 재분배는 정의의 역사적 관점과도 양립할 수 없다고 말한다. 만약 누군가가 최초에 정당하게 재산을 취득했다면, 사후의 부의 이전도 역시 공정한 것으로서 현재의 부의 소유도 역사적으로 정당하다는 결론이다. 그러므로 정당한 부의 소유에 대해서는 국가를 비롯한 그 누구도 임의로 빼앗아 가서는 안 된다고 주장한다.

하지만 정의의 역사적 관점이 소득의 재분배와 결코 양립할 수 없는 것인가? 왜냐하면 오늘날 개인이나 조직이나 국가나 소유하고 있는 돈, 영토, 천연자원 같은 많은 것들이, 최초에는 전쟁과 식민과정에서의 무력과 약탈과 수탈로 획득한 것이 적지 않다. 그러면 그렇게 획득된 재산들은 어떻게 처리해야 올바른 일일까?

오히려 정의의 역사적인 관점에서 보면, 오늘날 형성되어 있는 재산 배치의 대부분은 근본적으로 문제가 있는 것은 아닌가? 그러므로 오히려 보상과 재분배가 있어야 되는 것은 아닌가?

# 제6장 공동체적 정의론

# 제1절 공동체주의적 정의론

## 제1항 공동체주의(comunitarianism)적 정의론의 이해

> 천주교 서울대교구장 정진석 추기경의 "2011년 신년 메시지에서"
>
> "세상에는 흑색이나 백색만 있지 않고 형형색색(形形色色)이 존재합니다. 너무나 당연한 진리이지만 세상을 흑백으로만 판단할 때 공동체는 화를 부르고 불행해집니다. 사람은 자신만 옳고 정의롭고, 다른 이는 그렇지 않다고 생각할 수 있기 때문입니다. 세상의 것은 모두 상대적입니다.
>
> 백인백색(百人百色)'이라는 말처럼 사람마다 생각과 의견이 다를 수 있지만, 모두가 행복하려면 다른 생각과 의견을 가진 사람을 이해하고 수용해 함께 사는 길을 모색해야한다. 우리 모든 이가 행복하기 위해서는, 다른 생각과 의견을 가진 사람을 이해하고 수용하여 함께 사는 길을 모색해야 합니다."
>
> (조선일보, 2010. 12. 24.)

공동체적 삶의 방식에 대한 정곡을 찌른 언급이라고 하지 않을 수 없다. 공동체주의는 근대 개인주의의 보편화에 따른 공동체에서의 윤리적 토대의 상실과 도덕의 와해에 대한 불만의 이론적 표출이었다. 1970년대 이후 사회과학의 시각은 사회현상을 기계론적이고 유물론적으로 보는 관점에서, 믿음과 의미 등을 주목하는 관점으로 옮겨갔다. 이러한 인식의 전환은 개인과 공동체와의 관계에 대한 새로운 성찰의 기회를 주었고, 결과적으로 공동체주의가 탄생하고 성숙하는데 기여했다.

공동체주의는 철저한 자유에 바탕을 둔 개인주의에 반대하는 정치철학으로 20세기 후반에 등장했다. 마이클 샌델, 매킨 타이어, 마이클 월저, 찰스 테일러 등이 대표적이다.

공동체주의는 그동안 서구 정치철학계에서 압도적인 위치를 차지하고 있었던 존 롤즈(John Rawls)의 《정의론》에 대한 비판으로 논리전개를 시작했다. 이후 자유주의와의 극명한 이념적 차이를 보이며 1980년대부터 자유지상주의와 공동체주의 사이의 논쟁이 본격화되었다.

논쟁의 중점은 개인주의가 팽배한 현실 속에서, 상실되어가는 공동체의 가치에 관한 관심의 제고였다. 공동체주의자들은 자유주의적 개인주의로 말미암아 오늘날 공동체의 가치가 파괴되어 공공생활을 악화시켰다고 비판한다.

그러므로 공동체주의자들은 올바른 정치(政治)를 통해 공민적(公民的) 덕목을 회복함으로써, 정의로운 사회가 가능하다고 보고, 오늘날 자유민주주의 체제의 위기는 공동체 의식의 함양을 통해서 극복할 수 있다고 주장한다. 이들은 그리스 폴리스 시대의 공화주의(共和主義) 전통의 부활을 통해서 공동체 사회의 위기를 타개할 수 있다는 신념을 갖고 있다.

그러므로 공동체주의자들은 자유민주주의 체제의 위기의 원인을, 지나친 민주주의의 결과로 판단하는 신보수주의자들과도 또한 입장을 달리한다. 반면에 공동체주의자들은 공민적 덕목의 소멸에서 자유민주주의 위기의 원인을 찾고 정의로운 사회에 대한 위험성을 살핀다.

## 제2항 공동체주의적 정의론의 내용

### Ⅰ. 공동체주의의 의의

공동체주의는 자유주의가 인간의 모습으로 상정하는 '원자적 개인', '고립된 자아', '이기적 개인'들이 주체가 되어 자유시장에서의 자유로운 합의나 계약으로 사회질서가 형성된다는 근대적 인간관을 비판한다. 대신 '소속된 자아', '역사적인 자아'와 같은 공동체적 뿌리가 있는 인간상을 바탕으로 '공동선과 유대', '덕성과 헌신'으로 맺어진 공동체적 삶의 필요성을 강조하는 사상이다.

그러므로 공동체주의는 개인의 자유보다는 평등, 권리보다는 책임, 가치중립적 방임보다는 가치판단적 담론을 중시한다. 고립된 개인이 아니라 집단 속에서 개인의 위치와 관계성을 중시하며, 공동선과 덕성, 헌신, 미덕 등의 공동체적 가치와 삶의 질서를 강조한다. 공동체주의는 지나치게 개인의 자율성과 독립성만을 강조하는 자유주의 사회에서 소속감을 잃고 표류하는 고독한 개인들을, 바람직한 공동체 안으로 귀속시킴으로써, 원자적 개인들을 스스로의 무정부 상태에서 건져내는 데 목적이 있고 한 몫을 한다.

### Ⅱ. 공동체주의적 정의론

원래 자유주의가 전제하는 선택하는 자아에 대한 생각은, 존 로크로 거슬러 올라간다. 한 세기가 지나 임마누엘 칸트는 이성을 가진 자율적 자아라는 개념을 상정했다. 자연과 신을 떠나서 그 자체로 존엄한 인간을 창조한 것이다.

20세기에는 존 롤즈가 칸트가 상정한 사회계약을 체결할 충분한 능력이 있는 자율적 자아를 바탕으로, 평등을 강조하는 절차주의적 정의론을 주창했다. 그러므로 칸트나 롤즈의 정의론은 도덕적인 행위자를, 어떤 특정한 목적이나 애착에 구속되지 않는 이성적인 개인 그러므로 누구의 간섭도 받지 않는 자율적인 개인을 대(大) 전제로 한 것이었다. 바꾸어 말하면 칸트나 롤즈에게는 원칙적으로 개인의 권리가 공동선이나 미덕에 앞서 있다.

그러므로 칸트와 롤즈는 후술하는 아리스토텔레스의 목적론적 정의론을 거부한다. 이유는 목적론적인 공동체 윤리는 집단윤리인 것으로서, 이성적 존재로 자유로운 개개인이 스스로 알아서 선택할 여지를 남겨두지 않기 때문이다. 개인의 권리가 공동의 미덕인 선(善)에 앞서야 한다는 롤즈의 주장은 "**도덕적인 사람은 자신이 선택한 목적의 주체이다.**" 라는 명제에 잘 나타난다.

물론 칸트와 롤즈도 공동체 사회에서의 특정한 도덕적 이상을 지지한다. 그러나 칸트나 롤즈에게 있어서의 도덕적 이상, 즉 공동체적 선은, 개인의 권리가 우선 확립된 이후의 문제이다. 하지만 칸트나 롤즈의 생각처럼 개인적 정의의 총합이 사회적 정의로 연결될 수도 있지만, 현실은 그렇지 못함을 여러 가지 사례가 보여준다. 공동체주의적 정의론은 이와 같은 원자적인 자유주의적 정의론에 대한 반성에서 시작한 것이다.

원래 정의란 무엇인가? 라는 질문은 이 책의 처음에서 살펴보았지만 행복, 자유, 미덕의 나눔에 대한 질문이다. 정의에 대한 물음은 개인이 서로를 어떻게 대해야 하는가? 를 시작으로 법은 어떤 역할을 해야 하며, 더 나아가 사회는 어떻게 조직되어야 하는지를 묻는 공동체적 삶의 모습에 대한 질문이다.

그 질문에 대한 대답으로 공동체주의적 정의론은 공리주의 정의론이나 자유주의의 정의론에 대비하여, 정의를 공동체의 삶에서 미덕을 고양하는 시민의식을 가진 가치 있는 삶에 연결시킨다.

그러므로 정의란 다름 아니라 공동체에서 미덕을 키우고 공동선을 고민하는 것이라는 견해이다. 단적으로 "**정의를 꿈꾸는가? 그러면 먼저 이웃을 배려하고 공동체를 위해 봉사하며 희생하라!**"라고 대답하는 정의관이다. 그것은 고대 아리스토텔레스와 오늘날 마이클 샌델로 대표되는 견해이다.

**세 가지 정의론**

1. 공리주의적 정의론
   정의린 공리의 극대화, 즉, 최대 다수의 최대행복을 추구하는 것이라고 밀한다.
2. 자유주의적 정의론
   정의란 선택의 자유를 존중하는 것이라고 말한다. 그 선택은 자유시장에서 사람들이 실제로 행하는 개별적인 선택일 수도 있고(로버트 노직), 원초적으로 평등한 위치에서 무지의 장막 뒤편에서 행할 가언적 선택(합의)일 수도 있다(존 롤즈).
3. 공동체주의적 정의론
   정의란 공동체에서 미덕을 키우고 공동선을 고민하는 것이라고 본다.

## Ⅲ. 공리주의와 자유주의에 대한 비판 - 공동체주의적 정의론의 출발점

공동체적 정의론은 사회공동체에서 사람들에게 미덕을 포상하고 덕을 장려함으로써, 서로 더불어 사는 좋은 사회를 만드는데 이바지 하는 것이 정의라는 관점이다. 그러므로 자유시장에서의 경쟁적인 교환으로 재화와 용역을 분배할 것이 아니라, 공동체의 미덕을 포상하고 장려하여 공동체 구성원들이 상호간에 겸양의 덕을 발휘하여, 도덕적으로 받아야 할 만한 몫만을 받도록 하는 것이 올바른 분배방식이라는 관점이다. 그러므로 사실 공동체주의적 정의관은 논리적으로 한 가지 이론으로 관통되는 것이 아니다.

이에 반해 공리주의적 정의론이나 자유주의적 정의론은 한 가지 시스템적인 공식으로 정의를 도출하려는 이론들이었다. 공동체주의적 정의론이 공리주의적 정의론이나 자유주의적 정의론의 단일 방정식으로는 무엇이 정의인지를 결정할 수 없다고 보는 이유는 다음과 같다. 먼저 공동체주의적 정의론이 보기에 공리주의적 정의론은 결정적으로 다음과 같은 두 가지 단점이 있다.

첫 번째는, 공리주의는 정의와 권리를 원칙이 아닌 계산의 문제로 만든다.
두 번째는, 공리주의는 인간행위의 가치를 하나의 도량형으로 환산해 획일화하면서, 인간 행위의 질적인 차이를 무시한다.

한편 자유로운 선택에 기초하는 자유주의적 정의론은 공리주의가 제기하는 첫 번째 문제는 해결하지만, 두 번째 문제, 즉 인간행위의 가치를 모두 똑 같다고 보는 문제를 해결하지는 못한다. 전술한 것처럼 자유주의 정의론은 인간 개개인의 가치를 인정하면서 가장 기본적인 권리개념을 도입했다. 그러면서 자유주의 정의론은 신과 동격 또는 그 이상으로 보는 인간의 기호를 그대로 인정한다. 결코 공적 삶에서 개인적인 취향과 욕구가 잘못일 수도 있다는 의문을 가지고, 잘못된 것은 시정하라고 요구하지도 않는다. 자유로운 인간이라는 존재는 그 무엇과도 바꿀 수 없는 너무나 소중한 가치라고 보기 때문이다.

그러므로 정의가 어떤 권리나 재산에 대한 자유로운 선택이라는 자유주의 정의론에 따르면, 우리가 추구하는 목적의 도덕적 가치, 삶의 의미와 중요성, 우리 모두가 공유하는 삶의 특성과 질들은, 역설적으로는 개인의 자유를 구속할 위험성이 있는 것으로서, 누가 이래라 저래라 해서는 안 되는 자율적인 개인의 판단일 문제일 뿐 모두 정의의 영역을 벗어나는 문제가 된다.

그러나 사실 정의로운 사회는 단순히 공리를 극대화하거나 개개인의 선택의 자유를 확보하는 것만으로는 만들 수 없다. 정의로운 사회는 좋은 삶의 의미를 함께 고민하고 칭찬하고 격려하며, 으레 생기기 마련인 이견에 귀 기울이면서 수용하려는 문화를 가꾸는 분위기가 전제된 사회일 것이다. 이를 위해 공동체주의적 정의론은 정치(政治)의 중요성을 강조한다.

역사적으로 정치가 시민의 미덕을 키우며 공동체의 선을 향상시키려고, 즉, 미덕을 권장하려고 애썼던 국가로 고대 그리스 아테네의 폴리스가 말해진다. 아리스토텔레스는 정치는 폴리스의 구성원들에게 좋은 인격을 기르도록 하고, 공동의 미덕을 고양하며, 정치인들이 모범을 보여서 좋은 시민이 되도록 하는 것이라고 설파했다. 아리스토텔레스는 이미 약 2,400년 전에 공동체에서의 좋은 삶에 대해 논구했던 것이다.

원래 칸트는 정치의 목적은 폴리스에서 시민의 미덕을 고양하는 것이라는 아리스토텔레스의 이론에 반대한다. 반대로 칸트는 정치는 모름지기 개인의 자유를 존중하는 것을 목적으로 삼아야 한다고 주장한다. 왜냐하면 인간은 이성을 가진 존엄한 존재이기 때문이다. 그러나 칸트에게는 개인의 사회나 국가에 대한 도덕적 의무에 대해서는 더 이상의 설명이 없다.

이러한 칸트의 자율적 자아를 바탕으로 한 자유주의적 개인주의의 한계에서 공동체주의가 출발했던 것이다. 공동체주의자들은 자발적이고 일반적인 의무이외에, 공동체 생활에서 사람들은 공동체의 구성원으로서의 사명, 연대감, 충성과 충실의 의무를 가진다고 본다. 이러한 의무들은 사람들의 동의나 계약과 무관하게 발생한다. 공동체적 삶에서 우리는 우리의 국가, 소속된 사회 그리고 가족으로부터 과거와 정체성을 이어받기 때문이다. 아래에서 아리스토텔레스와 마이클 샌델의 공동체주의적 정의론에 대해서 살펴본다.

# 제2절 아리스토텔레스의 공동체적 정의론

## Ⅰ. 개 관

Aristotle, 384 BC - 322 BC

전통적으로 정의에 대한 관점에는 행복 극대화의 관점, 자유 존중의 관점, 그리고 사회적 미덕 추구의 관점이라는 세 가지 대립구조가 있다. 공동체주의적 정의론은 그 가운데서 미덕추구의 관점이다.

근대 철학자들에게 정의란 선이나 행복에 대한 개개인의 선택의 문제였다. 예컨대 공리주의적 정의론과 자유주의적 정의론에 있어서는 주로 소득, 부, 기회 등 권리와 의무가 분배의 쟁점이었다. 그리고 분배받을 자격에 대해서도 인간은 원칙적으로 제약이 없이 동일한 기회를 갖는다고 보았다. 그러나 아리스토텔레스에게 분배적 정의는 더 근원적으로 권리와 의무뿐만이 아니라, 공직과 영광과 명예, 충직과 충성 등 공동체를 지탱하는 공동체적 가치의 배분과 관련된 문제였다.

이처럼 근·현대론의 정의론이 자유에서 출발한 반면에, 고대의 정의론은 공동체 생활의 미덕에서 출발했다. 따라서 제반 공동체적 가치의 배분에는, 원칙적으로 공동체 구성원에게 동등한 기회가 주어지는 것은 맞지만, 정의가 결코 가치중립적일 수 없고, 공동체에서의 삶의 방식과 함양한 미덕에 따라서 차등과 불평등의 현상이 불가피하게 야기될 수 있다는 사실을 직시해야 한다.

즉, 정의는 능력에 따라서 그리고 우수성에 따라서 차별적으로 적용될 수 있는 가치 판단의 문제가 되는 것이다. "같은 것은 같게 다른 것은 다르게"라는 논리가 성립하는 이유이다.

이처럼 아리스토텔레스에게 있어서 정의의 문제는 공동체 사회에서 사람. 조직. 단체들에게 마땅히 그가 받아야 할 몫을 주는 문제이지만, 그것은 본질적으로 대상자들을 평면적으로 동일한 객체로 보는 것이 아니다. 불가피하게 사회관행과 기구 그리고 조직들의 목적을 감안하여, 그 역할을 다하는 경우에 올바르게 제몫을 나누어 주는 문제였다.

## Ⅱ. 아리스토텔레스의 정의론

일찍이 고대 그리스 철학자 아리스토텔레스[1)]는 "정의란, 사람들에게 그들이 마땅히 받아야 할 그들의 몫을 주는 것이다."라고 말하여, 공정한 배분의 문제로서의 정의논쟁을 유발했다. 그런데 정의란 사람들에게 그들이 마땅히 받아야 할 것을 준다고 하는 경우에 두 가지 의문이 제기된다. 먼저 무엇이 마땅히 분배되어야 할 대상인가? 하는 대상의 문제이다. 다음으로 분배의 기준이 되는 능력이나 자격의 근거는 무엇인가? 라는 할당될 사람의 자격에 대한 문제이다.

공리주의적 정의론과 자유주의적 정의론에 있어서는 주로 소득, 부, 기회 등 권리와 의무가 분배의 쟁점이다. 그러나 아리스토텔레스에게 분배의 대상은 개인의 권리와 의무뿐만이 아니라, 공직과 영광과 명예, 충직과 충성 등 공동체를 지탱하는 제반 공동체적 가치였다.

다음으로 공동체 사회에서 누가 공동체적 가치를 분배받을 자격이 있는

---

1) 고대 그리스의 철학자로, 플라톤의 제자이며 알렉산더 대왕의 스승이었다. 물리학, 형이상학, 시, 생물학, 동물학, 논리학, 수사학, 정치, 윤리학 등 다양한 주제로 책을 저술했다. 그리스 철학이 현재 서양 철학의 근본을 이루는 데에 이바지했다. 플라톤이 초감각적인 이데아의 세계를 존중한 것에 대해, 아리스토텔레스는 현실 감각체로서의 자연물을 존중하고 이를 지배하는 원인들에 대한 이해를 구하는 현실주의 입장을 취했다.

가를 결정하려면, 그 사람이 공동체 사회에서 행한 어떠한 미덕에 대해서 영광과 포상을 주어야 하는가를 먼저 결정해야 한다. 그 사람에게 합당한 몫을 주는 것은, 결국 그 사람이 한 일에 대해서, 즉 사회적 미덕에 대하여, 영광과 포상을 안겨주는 것이어야 하기 때문이다.

이처럼 아리스토텔레스의 공동체주의적 정의론은 **정의란 그 사람이 공동체 사회에서 행한 미덕에 대한 포상**이라고 보는 것이다. 따라서 거꾸로 정의란 공동체 사회에서의 가장 바람직한 삶의 방식이 된다. 그러므로 아리스토텔레스에게 있어서 정의는 결코 가치중립적이지 않다. 공동체 사회에 있어서 정의에 관한 논쟁은 영광, 미덕, 좋은 삶의 본질에 관한 논쟁일 수밖에 없기 때문이다. 아래에서 순차로 이러한 아리스토텔레스의 정의론을 이해하기 위해 필요한 개념과 내용을 살펴본다.

## Ⅲ. 텔로스(Telos) 이해하기

### 1. 텔로스의 의의

텔로스는 그리스어로 목적, 목표, 본질이라는 의미이다. 아리스토텔레스가 윤리에 대한 그의 목적론적 접근방법을 묘사하기 위해 사용한 미묘한 철학용어이다.[2] 고대에는 오늘날보다 목적론적 사고가 더 번성했다. 아리스토텔레스는 불이 위로 솟는 이유는 본래의 자리인 하늘에 닿기 위해서이고, 돌이 아래로 떨어지는 이유는 원래 속해 있던 땅에 가까워지기 위해서라고 생각했다.

아리스토텔레스가 주창한 텔로스 논의는 공동체 생활에 있어서 어떤 미덕과 행동에 대하여 영광과 포상을 안겨 주어야 하는 문제이다. 아리스토텔레스는 분배에 대한 정의 이론들이 하나같이 불가피하게 차별적이라고 생각했고, 다만 어떤 것이 상대적으로 덜 차별적인가? 라는 문제에 대한 해답을 구하고자 노력했다. 그러면서 제기한 쟁점이자 해결기준이 사물의

2) 텔로스에 대조되는 개념으로 그리스어 테크니(techne)가 있다. 테크니는 어떤 목적을 창출해내는 솜씨(craftsmanship), 기술이라는 의미이다.

목적을 의미하는 텔로스 개념이었다.[3] 아리스토텔레스는 사물의 텔로스를 정확히 파악함으로써 그에 합당한 몫을 나누어 주면, 배분적 정의를 달성한 것으로 볼 수 있을 것으로 믿었다.

## 2. 텔로스의 가치와 기능

아리스토텔레스에 있어서, 정의에 대한 논의는 사물의 목적, 즉 텔로스에 관한 논의이다. 원래 자연을 이해한다는 것은 곧 자연의 목적과 본래 의미를 파악하는 것이었다. 그러므로 텔로스에 대한 이해는 그 상황이 또는 그 경우가 과연 정의로운가? 를 판단함에 있어서 놓칠 수 없는 소중한 기준이다.[4]

사실 윤리에 대한 목적론적 추론은 정의를 고민하는 방식치고는 낯설지만 구체적이고 일리가 있다. 정의를 추론하는 것은, 문제가 되는 사회적 미덕의 텔로스 즉, 본질을 바탕으로 한 것이기 때문이다.

분배적 정의를 실현하려고 하는 경우에, 아리스토텔레스는 그것을 사물의 텔로스에서 찾았다. 소위 정의는 목적론적이라는 것으로서,[5] 텔로스를 이해해야만 정의로운 분배를 이룰 수 있다고 말했다. 누구에게 무엇인가를 분배하려고 하면, 사물의 텔로스를 생각하지 않고는 그 사람에게 합당한 몫이라는 공정한 분배를 달성할 수 없다는 것이다.

그렇다면 어떠한 대상에 대해 텔로스를 파악하는 것이 필요하고 그것은 또한 가능한 일일까? 공동체 생활에서 정의의 문제를 해결하기 위해서는 사물이나 조직의 목적도 이해해야 한다. 그러므로 아리스토텔레스는 모든 물체뿐만이 아니라 사회조직들에 대해서도 그 존재 목적, 즉 텔로스를 판단할 수 있다고 말한다. 아리스토텔레스는 또한 사물이나 조직의 텔로스는 명확하게 정해져 있는 것이 아니고 이성적으로 파악할 수 있다고 말한다.

예를 들어 대학교가 학생을 선발하는 경우에 어떤 기준으로 신입생을 선

---

3) 텔로스(telos)는 '끝', '목적' 또는 '목표'를 의미하는 그리스어이다.

4) 존재목적과 관련한 비교에서 비교대상이 될 수 없는 것들을 놓고 견주는 일은 모순이다. 예컨대 "그 여자가 훌륭한 골프선수라는 것보다 내 미모가 더 나아."라고 하거나 "타이거 우즈는 세익스피어가 희곡작가라는 점보다 더 훌륭한 골프선수야."라는 비유는 적절하지 않다.

5) Justice is teleological.

발하는 것이 정의로운 일일까라는 문제를 생각해 보자. 현실적으로 대학에 입학할 권리가 있는 학생은 누구인가? 또는 누구이어야 하는가? 대학은 대학에 입학할 사람을 어떻게 선발하는 것이 정의로운 일인가? 이것은 대학 입학에 대한 올바른 분배의 기준을 찾는 질문으로, 결국 자연스럽게 대학의 목적 즉, 대학의 텔로스는 무엇인가를 묻는 질문에 귀결된다.

상식적으로도 대학교의 학생선발 기준이 정당한가를 이해하기 위해서는 대학교의 목적을 알지 못하고는 결정하기 곤란하다. 그러나 대학의 목적은 또한 반드시 명백한 것이 아니다. 물론 대학교의 목적을 학교 설립자나 이사회 같은 곳에서 학교정관에 명백하게 천명한 그 자체라고 주장할 수도 있다.

그러나 조직이나 단체의 목적을 설립자의 취지나 정관에 규정된 그대로라고 한다면, 예컨대 하버드 대학교의 일차 목적은 설립자의 뜻처럼 훌륭한 목사를 배출해 내는 것에 있을 것이다. 또한 동국대학교의 목적은 훌륭한 불심을 함양한 학생을 배출하는 것이 일차적인 목적이 될 것이다. 그러므로 하버드 대학교와 동국대학교는 그러한 대학의 목적을 달성할 수 있는 소양이 있는 학생이라면, 대학입학 성적과 무관하게 선발하는 것이 올바른 일로 정의로운 학생선발이 될 것이다.

이처럼 대학의 목적이 그러므로 어떤 사물이나 기구 그리고 조직의 목적이 명백하게 한정적으로 정해져 있다고 보는 것은, 어떤 조직이나 단체의 사회적 역할을 도외시한 형식적인 결론이 될 수도 있다. 그러나 또한 어떤 조직이나 단체의 목적을 필요성이나 유능함 때문에 무한정 확대할 수 없는 것도 공동체의 질서를 위한 필연적인 제약이다. 이처럼 텔로스에 대한 이해는 공정한 분배를 위한 첫걸음이 된다.

대학입학의 계속된 정의 논쟁에서, 일부 사람들은 대학은 학문을 장려하기 위해 존재하며, 학업 성취가능성이 대학 입학의 유일한 기준이 되어야 한다고 말할 수 있을 것이다. 다른 사람들은 대학은 시민의 목적에 봉사하기 위해 존재하므로, 꼭 공부를 잘하지는 못하더라도 다양성이 존중되는 사회의 지도자가 될 능력 등을 입학기준에 넣는 것도 필요하다고 말할 수 있다.

대학의 텔로스 논의에 대하여 대학은 학문적 우수성만을 찬양하기 위해 존재한다고 믿는다면 대학은 어디까지나 학생의 학문적 성취만으로 선발되어야 공정하다. 그러므로 예컨대 농어촌 특별전형이나, 외교관자녀 특별전형 등 소수집단우대정책 같은 정책적 배려를 거부할 것이다. 반면에 대학은 특정한 공적 이상을 추구하기 위해서도 존재한다고 믿는 사람이라면, 기부금 입학도 허용할 수 있을 것이고, 성적이 조금 떨어지더라도 소수집단우대정책을 취할 수 있다고 믿을 것이다.

## 3. 텔로스 논쟁의 구체적 사례

### 1) 최고의 플루트는 누가 가져야 하는가?

아리스토텔레스는 "최고의 플루트는 누가 가져야 하는가?"라는 질문을 던지면서 텔로스에 대한 이해를 알기 쉽게 설명했다.

예컨대 가격을 매길 수 없을 만큼 너무나 좋은 플루트가 하나 있는데, 그것을 놓고 고관대작처럼 높은 신분을 가진 사람, 돈을 많이 가진 사람, 사회적으로 영향력 있는 사람, 최고의 플루트 연주자 등이 경합할 때 과연 누구에게 최고의 플루트를 주는 것이 올바른 일일까?

이 경우에 아리스토텔레스는 최고의 플루트 연주자가 그 플루트를 가져야 한다고 단언한다. 왜냐하면 플루트의 텔로스는 가장 좋은 음악 소리를 내는 것인데, 최고의 플루트 연주자가 그 플루트를 가질 경우에만 최고의 음악이 나올 수 있고, 그것이 바로 플루트의 존재이유에 부합하기 때문이라는 것이다.

물론 좋은 신분과 아름다움은 플루트 연주 능력보다 더 우월한 장점일 수도 있다. 그러한 장점으로 플루트 연주자의 아름다운 연주보다 플루트를 더 돋보이게 할 수도 있다. 그러나 플루트 연주자가 더 좋은 플루트를 가져야 할 사람이라는 사실은 플루트의 존재이유에 비추어 볼 때 의심의 여지가 없다. 그것이 플루트의 존재목적과 원천적으로 맞기 때문이다.

### 2) 대학의 최고 테니스 코트 사용은 누가 해야 하는가?

어느 대학이 가장 좋은 테니스 코트 사용을 놓고 결정해야 하는 경우에, 사용료를 비싸게 매겨놓고 돈을 많이 내는 사람에게 우선권을 줄 수도 있다. 대학총장이나 노벨상 수상자처럼 거물급 교수에게 우선권을 줄 수도 있다.

예컨대 어느 대학 테니스 코트에서 유명한 과학자처럼 두 사람이 그물을 겨우 넘길 정도의 형편없는 게임을 하고 있다고 가정하자. 이때 대학 테니스부의 선수 2명이 코트를 사용하기 위해서 온다. 그렇다면 과학자 두 사람은 질이 조금 떨어지는 옆의 코트로 옮기고, 3류 선수들이 사용하기에는 아까운 그 좋은 테니스 코트를 테니스 부원들이 사용하도록 양보해야 하는가?

### 3) NGO는 만능인가?

예컨대 2010년 참여연대가 천안함 사건에 대한 그들의 주관적인 견해를, UN 안전보장상임이사회에 거론한 것을 어떻게 생각하는가? 논리적으로 아리스토텔레스의 텔로스의 관점에서 생각해 보자.

## Ⅳ. 공동체에서 정의를 함양하기

### 1. 정치의 텔로스 이해하기 - 정치의 목적은 무엇인가?

그렇다면 사회 공동체의 목적을 이성적으로 정하는 방법은 무엇일까? 아리스토텔레스는 정치에서 해답을 찾았다. 원래 아리스토텔레스는 정치의 목적은 단지 경제를 발전시키고 안보를 수호하는 것에 있는 것이 아니라, 훌륭한 도덕적 소양을 갖춘 시민을 만들며 사회미덕을 고양하는 것에 있다고 설명했다. 그 경우에 공동체 생활에 있어서 공직과 영광의 배분과 관련된 가장 핵심적인 질문은 누가 통치권을 가져야 하는가?의 문제로 정치권력은 어떻게 배분되어야 하는가? 의 문제가 가장 커다란 배분적 정의의 문제이다. 이것은 정치의 텔로스를 생각하지 않고는 판단하기 어려운 문제이다. 아리스토텔레스는 정치의 목적, 즉 정치의 텔로스를 다음과 같이 웅변으로 가르쳐주었다.

> "이름뿐이 아닌 진정한 의미의 폴리스라면, 사회의 선(善)을 장려하는 목적에 몰두해야 한다. 그렇지 않으면 정치공동체는 단순한 동맹으로 전락한다. 폴리스는 결코 단순하게 구성원들의 거주공간이 아니다. 상호간의 불공정을 방지하고 물물교환을 중개하고 용이하게 하는 물리적 장소만도 아니다. 폴리스의 목적은 선한 삶을 고양하는 것이다. 사회조직들은 그러한 목적을 위한 수단으로 존재한다.

아리스토텔레스에게 정치란 단지 공동체 생활에서의 권리의 틀을 정하는 것이 아니다. 진정한 정치란 좋은 시민을 양성하고 시민들의 좋은 자질을 배양하는 것이다. 그러므로 정치의 목적은 시민들의 미덕을 키우는 것이고, 공동체 사회의 숭고한 행위인 좋은 삶을 사는 법을 터득하게 하는 것이다.

결국 정치의 목적은 사람들이 공동선을 고민하고 판단력을 기르며, 시민자치에 참여하고, 공동체 전체의 운명을 걱정하게 하는 것이다. 따라서 정의가 구현된 공정한 사회는 정치가 제 역할을 다하여, 공동체 구성원 모두가 시민의 미덕을 고양하고 실천하는 사회인 것이다. 그러므로 정치지도자는 정치의 텔로스를 구현할 수 있는 사람들이어야 하고, 정치인들은 솔선수범하여 시민의 미덕을 고양하고 실천하는 사회에 앞장서야 할 것이다.

## 2. 정의는 실천이다.

과연 정의가 구현된 공정한 사회를 만들기 위해 필요한 시민의 미덕은 어떻게 달성될 수 있고 시민의 미덕이 달성된 것은 어떻게 알 수 있을까? 아리스토텔레스는 정의는 실천이라고 설파했다.

예를 들어 미덕 갖추기란 플루트를 배우는 것과 마찬가지라고 말한다. 사실 직접 연주해보지 않고는 바이올린 연주자가 될 수 없다. 도덕적 미덕 즉, 정의의 실현도 마찬가지이다. "공정하게 행동해야 공정한 사람이 되고, 절제된 행동을 해야 절제하는 사람이 되며, 용감한 행동을 해야 용감한 사람이 된다."

그러므로 훌륭한 코미디언과 최고의 요리사 되기 위해서는 실천을 해야 한다는 것이다. 우스갯소리가 나온 책을 읽고 웃기는 이야기를 모으고 코미디 이론에 통달했다고 하여 청중들과 호흡할 수 있는 코미디언이 될 수는 없다. 걸음걸이, 적절한 연기시간, 동작, 목소리 등을 수없이 연습하고 유명한 코미디언들의 연기를 보고 따라하는 연습을 꾸준하게 해야 한다. 좋은 요리책을 수백 권 모았다고 하여 그리고 요리이론을 모두 암기하였다고 하여, 결코 좋은 요리사가 될 수는 없다.

이처럼 정의로운 행동 그러므로 도덕적 미덕도 결국은 행동으로 배워야 하는 것이다. 아리스토텔레스는 도덕적 미덕이 행동으로 배우는 것처럼, 폴리스의 시민들은 처음부터 올바른 습관을 키워야 하고 몸소 실천해야 한다고 말한다. 공동체 사회에 도덕심을 함양하기 위해서는 추상적인 도덕규칙을 선포하는 것보다는, 시민들의 도덕적 습관을 기르고 행동하게 하고 올바른 인격을 형성하도록 하는 것이라고 말한다. 결국 고마운 편지를 쓰는 습관처럼 고맙다는 편지를 자주 쓰다보면 감사하는 마음이 어른거리는 것을 느낄 수 있고, 미덕이 깃든 행동을 하다보면, 자연스럽게 그런 행동이 몸에 배어 미덕을 갖춘 공동체 사회의 구성원이 될 것으로 사회, 조직에서 정의는 실천함으로서 자연스럽게 이루어진다는 논리이다.

아리스토텔레스는 이것을 '**실천적 지혜**(practical wisdom)'라고 불렀다. 실천적 지혜는 특정한 상황에서 어떻게 행동하느냐에 관한 것으로서, 아리스토텔레스는 실천적 지혜를 선(善)에 따라 행동하는 이성적이고 진실한 능력의 상태라고 말한다. 실천적 지혜는 전염병처럼 정치적인 면이 내재된 도덕적 가치이다. 실천적 지혜가 있는 사람은 자신뿐만이 아니라 같은 시민들에게 그리고 인류 전체에게 무엇이 이로운지 심사숙고하게 따르게 할 줄 안다.

결국 실천적 지혜를 갖춘 시민들이 모여 사는 사회가 공정한 사회이고 정의로운 사회라는 것이 아리스토텔레스의 정의론의 요체인 것이다. 실천적 지혜는 본장의 마지막에서 각자가 채워보기로 한다.

# 제3절 마이클 샌델의 정의론

## 제1항 마이클 샌델의 정의론

### Ⅰ. 마이클 샌델은 누구인가?

미국의 정치철학자로 하버드 대학교 교수인 마이클 샌델은 2010년 대한민국의 서점가를 뒤흔든 베스트셀러인 《정의란 무엇인가》의 저자이다. 그는 1953년 미네소타주의 최대 도시인 미니애폴리스 유태인 집안에서 태어났다. 샌델은 오늘날 대표적인 공동체주의자로 공화주의자이며 자유주의에 대한 비판가로 유명하다.

29세인 1982년 자유주의적 평등주의의 대가인 존 롤즈의 정의론을 비판한 "자유주의와 정의의 한계(Liberalism and the Limits of Justice)"를 발표하면서 세계적인 명성을 얻었다. 1975년에 브랜다이스 대학을 졸업한 후에 영국 옥스퍼드대학에서 박사학위를 취득하고, 존 롤

하버드 대학교의 실제 강의 모습

즈와 같은 27세 나이로 최연소 하버드대학교 교수가 되었다. 하버드대학에서 정의론 강좌를 20여 년간 맡고 있으며 만여 명이 넘는 학생들이 강의를 수강해, 그 강좌는 하버드 역사상 가장 많은 학생들이 수강한 강좌로 손꼽힌다.

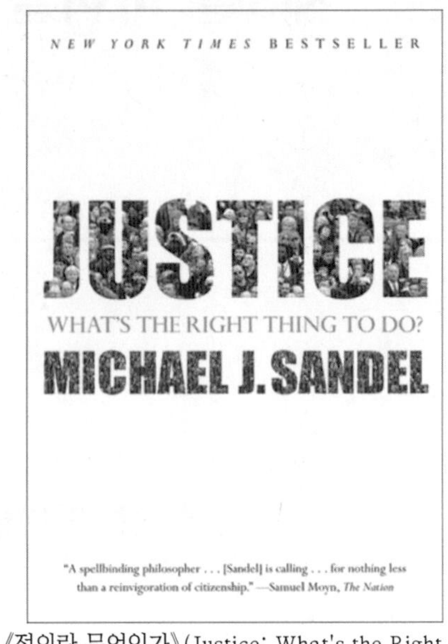

《정의란 무엇인가》(Justice: What's the Right Thing to Do?

한국과도 인연도 적지 않다. 2005년에는 대한민국을 방문하여 한국철학회의 주최로 열린 다산기념 철학 강좌에서, '시장의 도덕적 한계', '자유주의와 무연고적 자아' 등의 주제로 강연을 한 바 있다. 2010년에도 한국을 다시 방문하여 약4000명의 청중을 대상으로 강의를 펼쳤다. 2010년 5월에 출간된 《정의란 무엇인가》는 국내 서점가에 인문학 서적 돌풍을 일으켰다. 그가 집필한 저서들로는 다음과 같은 서적이 있다.

《자유주의와 정의의 한계》(Liberalism and the Limits of Justice, 1982)

《민주주의의 불안》(Democracy's Discontent, 1996)

《공공 철학》(Public Philosophy, 2005)

《완벽함에 대한 반론》(The Case Against Perfection, 2007)

## Ⅱ. 마이클 샌델 정의론의 배경 - 공리주의와 자유주의에 대한 비판

마이클 샌델은 공리주의와 자유주의 양자를 모두 비판한다. 그는 미국 사회가 안고 있는 각종 사회적 병폐는 만연된 개인주의와 자유주의가 근본 원인이라고 분석한다. 존 롤즈의 《정의론》을 정면으로 비판한 샌델은 자유주의자들의 개인에 대한 추상적인 이해는 본래의 인간성이나 인간상과는 거리가 먼 왜곡된 인식이라고 단언한다.

원래 "정의론"의 저자인 존 롤즈를 필두로 한 자유주의자들은 선(goodness)보다 옳음(rightness)이 우선한다고 주장했다. 하지만 20세기 말 자유주의와 공동체주의의 논쟁이 한창일 때 샌델 교수는 공동체주의 진영에 서서 자유주의가 가진 문제점을 조목조목 지적했다. 그리고 자유주의적 정의론의 문제점을 고쳐나갈 방법으로 '공화주의(共和主義)'라고 이름 붙인 공동체주의적 정의론의 방식을 옹호했다. 이처럼 마이클 샌델 교수는 공동체주의에 입각해 자유주의와 시장논리를 공격하고 정의와 공정에 대해 이야기한다.

마이클 샌델 교수는 자유주의 특히 존 롤즈로 대표되는 평등주의적 자유주의가 오직 올바름이라는 **공정(公正)**을 앞세워 개인의 특수성을 배제한다는 위험성을 지적한다. 또한 최소국가론을 주장하면서 '국가가 삶의 가치 문제에 중립적이어야 한다.'는 자유주의의 태도에 대해서도 반박한다.

그는 자유주의의 입장과 달리, 국가를 포함한 공동체는 결코 방관자가 되어서는 안 되고, 올바른 자율성과 자치능력을 함양하기 위해 갖춰야 할 품성을 시민들이 육성될 수 있도록 국가가 적극적인 행동을 해야 한다고 주장한다.

샌델은 자유민주주의적 특성에 내재된 극단적 개인주의에 반대하는 것이다. 개인주의에 따라 시장의 힘이 극대화됐고 소비주의가 만연하면서 모든 것이 개인의 선택에 놓여 있는 것처럼 됐기 때문이라는 이유이다.

그는 개인주의 시장논리, 즉 소비주의가 불러오는 문제를 '장기 매매'를 예로 들어 설명한다. 가난한 농부가 굶주린 가족을 위해 장기를 팔기로 결심할 경우에 이를 공동체의 환경을 도외시한 채 단지 개인의 자발적 선택으로 볼 수는 없다는 것이다. 샌델 교수는 "**가난한 농부의 동의는 진정한 의미에서 자발적인 것이 아니라, 그가 처한 상황의 필요성에 의해 강제된 것**"이라고 말한다. 즉, "사람들이 경제적으로 곤궁한 조건에서는 어떤 것을 사고팔 때, 이미 자유시장 시스템을 통하여 부정의가 발생할 위험성은 시작되었다고 지적한다. 또한 샌델은 "돈으로 살 수 없는 것과 살 수 있는 것이 철학적으로 구분된다고 말한다. 시장논리가 확장되어가고 있는 오늘날에도, 돈으로 살 수 없는 것이 존재하며 이러한 가치들에까지 시장논리가 침범해서는 안 된다"고 역설한다. 이런 제반 문제에 국가가 방관하지 말고 특히 정치가 중심이 되어 문제를 공론화하고, 해결방책으로 도덕적·종교적 가치를 모두 동원하여 개입해야 한다는 것이 샌델 교수의 주장이다.

결론적으로 샌델 교수는 오늘날의 개인주의적 자유주의적 편향성을 거부하면서, 아리스토텔레스에서 유래한 공화주의 전통을 기반으로 해서, 국가와 사회환경에 발맞출 '**공공철학으로서의 정의론**'을 찾으려고 한 것이다.

## Ⅲ. 마이클 샌델의 정의론

자유주의와 공동체주의의 논쟁의 핵심은, 정의에 대해 규정할 때 올바름 즉, **공정**을 중심으로 하는가, 아니면 **좋은 삶**에 대한 우선권을 부여하는가의 문제이다. 샌델의 정의론은 좋은 삶에 우선적인 가치를 두어야 한다는 정의론이다. 따라서 마이클 샌델은 시민의 아름다운 선(善)이나 미덕 그리고 공공정신보다, 개인적인 올바름만을 우선시하는 자유주의자들의 주장에 반대한다.

마이클 샌델은 자유주의자들이 가정하는 사회 이전에 존재하는 원자화된 인간상은 가상적인 전제에 불과하며, 진정한 인간의 실질은 공동체인 사회와 결코 떨어질 수 없는 역사적이고 실존적 존재로서, 공동체 사회 내에 존재하는 다양한 가치관의 영향을 받아서 비로소 하나의 개인으로 형성되는 것이라고 주장한다. 이러한 인간상은 또 다른 공동체주의자인 매킨타이어가 말하는 서사적(敍事的)인 존재로서의 개인을 의미한다.

이처럼 추상적·독립적인 자아로서의 개인, 즉 무연고적인 자아가 아닌, 사회공동체의 맥락과 맞닿아 있는 연고적 자아가 개인의 진정한 본연의 모습이라는 것이 공동체적 정의론자들이 전제하는 인간상이다. 공동체 주의자들은 이러한 연고적이고 역사적인 인간관에 기초하여, 사회적 연대와 시민적 덕목을 강조하는 공동체주의를 역설하고 그 중심에 마이클 샌델이 있다.

연고적 인간관을 기초로 하여 샌델은 정의로운 사회는 단순히 공리를 극대화하거나 개개인의 선택의 자유를 확보하는 것만으로는 만들어질 수 없다고 말한다. 사회의 정의는 좋은 삶의 의미를 함께 고민하고 칭찬하고 격려하며, 으레 생기기 마련인 구성원들 사이의 이견에 귀 기울이면서 수용하려는 문화를 가꾸어야 이룰 수 있다는 것이다. 샌델은 이를 위해서 아리스토텔레스와 마찬가지로 정치(政治)의 중요성을 매우 강조한다. 마이클 샌델의 정의에 대한 고민은 다음의 말에 잘 드러난다.

**"(공리주의나 자유주의 정의론처럼) 정의에 대한 하나의 원칙이나 절차로 정의의 문제를 야기하는 핵심인 소득이나 권력이나 기회를 공정. 공평하게 분배할 수 있으면 얼마나 좋겠는가?"**

샌델의 판단으로는 오늘날 사회는 너무나 복잡 다기화 되어 소득. 권력. 기회를 단일절차나 자동원칙으로 분배하기는 불가능하다. 소득·권력·기회의 분배를 통하여 달성할 것은 공동체 사회에서 구성원들의 좋은 삶이고, 소득·권력·기회의 분배를 고민하는 과정에서 논란은 불가피하며, 개별적 사안마다 가치판단은 필연적이라고 본다.

사실 공리주의적 정의론이나 자유주의적 정의론과 달리, 공동체의 삶에서 정의의 문제를 야기하는 구제금융이나 상이군인의 훈장, 대리출산이나 동성혼, 소수집단우대정책이나 군 복무, 최고 경영자의 임금이나 심지어 골프 카트 이용권의 쟁점들은 결코 공리나 자유로운 선택이라는 단일의 원칙이나 절차로 해결할 수 없음을 잘 보여주는 사례이다. 그러한 사례들에 있어서는 정의는 영광과 미덕 그리고 자부심에 관한 논쟁적인 개념들과 밀접히 연결되어 있다.

그러므로 샌델은 정의는 올바른 분배의 문제만이 아니라 공동체의 좋은 삶을 위한 올바른 가치측정의 문제라고 역설한다. 그러면서 샌델은 서로 다름을 인정하고 공동체의 좋은 삶을 조화롭게 영위하기 위해서는 형식적인 기회균등만으로는 안 된다고 말한다.

마이클 샌델교수는 기회균등, 즉 공정으로 정의는 달성되는가?라고 반문한다. 그러면서 예컨대 "달리기 경주를 하면서 일반사람이 세계기록 보유자인 우사인 볼트와 동일선상에서 달리기를 한다고, 즉 형식적인 기회균등을 적용했다고 그것이 과연 공정한가?"라고 묻는다.

사실 모든 사람에게 경주에 참여할 기회를 동등하게 주는 것만으로 공정함이 달성될까? 샌델은 전혀 그렇지 않다고 단언한다. 즉, 출발선상에서 기회가 균등하게 주어진다고 해서, 공정한 사회가 되지는 않는다는 것이다. 내가 하루 20시간씩 연습을 한다고 해도 세계 달리기 신기록 보유자인 우사인 볼트만큼 빨리 달릴 수는 없을 것이다. 백번을 달려도 그 결과는 뻔하다.

그러면 과연 어떻게 해야 공동체 사회에서 정의를 달성할 수 있을까? 여기에서 승리의 환희는 결과에 대한 보상인가? 아니면 노력에 대한 격려와 칭찬인 것은 아닌가라는 쟁점이 자연스럽게 부각된다.

예컨대 단거리 세계최고 기록 보유자인 우사인 볼트와의 경쟁에서, 경기에 참가한 평범한 시민들의 **노력(勞力)**에 대해 보상하는 것이, 옳지는 않지만 좋은 방식이라고 얘기한다면 이야기는 달라진다. 우승자는 우사인 볼트여야 하는가? 아니면 최선을 다한 평범한 우리들이 돼야 할까? 노력을 보상과 칭송의 가치의 하나로 본다면, 그 경우에 결승 테이프를 끊는 것은 여전히 우사인 볼트이겠지만, 진정하게 우승을 차지하는 것은 반드시 우사인 볼트가 아닐 수 있게 된다. 이러한 의문은 확대해 보면, 공정한 기회라는 것이 모두를 물리적으로 같은 시작점에 두는 것인지, 아니면 각자가 가진 재능과 배경, 문화적·신체적 차이를 고려하는 것까지를 포함하는가?를 묻는 질문이기도 하다. 그러므로 마이클 샌델의 공정사회에 대한 해법은 존 롤즈의 단일기준인 절차적 해법에 따른 공정사회의 해법을 넘어선다.

① 샌델은 먼저 교육과 직업훈련에서 어려운 처지에 있고 그를 받아들이려는 사람들에게 의미 있는 기회를 제공해야 한다고 말한다. 불리한 위치에 있는 사람들도 경쟁에 참여해 좋은 직업을 가질 수 있게끔 만들어 줘야 한다는 것이다. 그러나 그것만으로는 부족하다고 본다. 왜냐하면 어떤 훌륭한 제도도 때로는 또 다른 심각한 경제적 불평등을 낳기 때문이다. 아무리 교육과 직업훈련 기회가 주어진다고 해도 평범한 사람이 달리기로 우사인 볼트를 이길 수는 없기 때문이다.

② 그래서 두 번째 해법인 **사회 안전망**이 필요하다고 주장한다. 비록 경주에서 이기지 못하더라도 사람들이 최소한의 인간다운 삶을 영위할 수 있도록 해야 한다.

이처럼 승자독식 현상을 완화하기 위해 **어느 정도의 인위적인 분배**는 불가피하다는 것이 샌델 교수의 공동체주의적 정의론이다. 하지만 샌델의 사후적 분배라는 반 강제적 교정 장치에 대해서는 비판이 제기된다. 즉, 차별적 보상이 따르지 않으면 누가 열심히 할 것인가?라는 비판이 그것이다. 이에 대해 샌델 교수는 인센티브 제공이 중요하다는 점은 인정한다. 다만 인센티브나 보너스, 더 높은 연봉이 결코 그가 도덕적으로 우수하기 때문에 주어지는 것은 아니라는 점은 분명히 해야 한다고 말한다. 균형을 유지하면서 인센티브를 이용해 공리를 증진하는 방향으로 모든 시스템을 만들어나가야 한다는 것이다.

샌델 교수가 사후적 재분배를 통하여 진정으로 공정한 사회를 만들어야 정의로운 사회가 된다고 보는 근본적인 이유는, 공동체 구성원들이 대부분 공정하지 않다고 느끼는 사회에서는 민주주의가 성공할 수 없었다는 역사적인 경험 때문이다. 마이클 샌델은 다음과 같이 말하여 그의 정의론을 옹호한다.

**"사람들이 사회에 대해 공정하지 않다고 느끼게 되면 더 이상 그 사회의 응집력, 결속력을 유지해 나가기 힘들어진다. 세상 그 어떤 사회도 완벽하게 정의로울 수는 없지만 그래도 우리 사회는 비교적 정의로운 편이야, 라고 구성원들이 인식하는 게 중요하다."**

결론적으로 "**공정하고 옳은 것보다는, 좋은 것이 정의**"라는 것이다. 아래에서 정의를 위한 정치의 역할을 살펴본다.

# 제2항 정의를 위한 정치의 역할 - 공동선의 정치

## Ⅰ. 서 언

마이클 샌델 교수는 단적으로 "**정의를 꿈꾼다면 이웃을 배려하고 공동체를 위해서 희생하라**"고 말한다. 정의로운 사회는 사회구성원들이 좋은 삶을 함께 고민하는 사회로서, 정치가 토론의 장이라는 본연의 모습을 보이는 것이 가장 중요하다고 지적한다.

마이클 샌델은 공동체의 좋은 삶을 위한 정치에 대해 "더 나은 정치는 도덕적으로 다른 의견이 있더라도, 그것을 다른 사람들과 나누고 두려워하지 않는 데서 이루어진다. 자신의 도덕적 원칙을 표출하기 위해, 정치에 참여하는 시민들이 많아져야 하고 토론을 통해 공론화시킴으로써, 건전한 민주사회를 만들어 갈 수 있다."라고 주장하면서, 현대사회의 정치가 일반시민들에게 좌절을 안겨주는 이유는 정치가 정의, 권리, 공동선(善)과 같은 큰 질문에 대답하지 못하기 때문이라고 지적한다.

그는 한국을 비롯해 커다란 경제성장을 이룬 세계의 많은 국가들이, 정치보다 경제를 우선시하여 왔으며, 정치는 도덕성을 잃고 일련의 관료주의적 성격을 띄어가고 있다고 말한다. 그러면서 시민과 괴리된 공허한 정치가 변화하기 위해서는 공동선과 같은 질문들이 정치판에서 다시 이뤄져야 한다며, 이를 위해 정치지도자, 정당, 언론, 시민이 공공토론의 장으로 나와야 함을 강조했다.

## Ⅱ. 공동선을 추구하는 새로운 사회(정치)의 모습

### 1. 시민의식과 희생봉사 정신을 함양하는 정치

정의로운 사회에서는 강한 공동체 의식이 필요하다면, 국가와 사회는 시민들이 사회전체를 걱정하고 공동선에 헌신하는 태도를 키울 방법을 찾아야 할 것이다. 대다수의 국가에서 전통적으로 공립학교가 시민교육을 담당했다. 군대도 시민교육의 일익을 담당했다. 그러므로 교육과 군대와 같은 **단체생활**이 공동체 의식을 함양하는데 부족함이 없도록 정치담론화 하는 것은 매우 소중하고 가치 있는 일이다.

1930년대에 수많은 미국인들이 졸지에 직장과 집을 잃고, 자신의 가족을 먹여 살리기 위해 사투를 벌여야 했던 고난과 빈곤의 시대를 역사는 대공황(The Great Depression)이라고 말한다. 이러한 상황에서 프랭클린 루스벨트 대통령은 시민의식과 희생봉사 정신을 함양하는 정치로, 국가적 난제를 극복했고 오늘날 미국을 세계 최강국으로 만드는 기틀을 다졌다.

그는 "우리가 두려워해야 할 것은 두려움 그 자체뿐"이라고 말하면서, 대공황에 대하여 미국을 침략한 외적과 마찬가지로 전쟁을 벌일 것을 약속했다. 소위 뉴딜 정책의 실행을 약속한 것이었다.

뉴딜 정책에 의한 최초의 계획 중의 하나가 자연보호청년단(CCC)이었다.[6] 18세부터 25세까지의 젊은이들로 구성된 자연보호청년단은 전국적으로 국립공원 내에 캠프를 치고 공동으로 살면서, 소규모 도로나 다리건설, 토양침식방지, 산불 끄기, 수백만 에이커의 땅에 나무심기 같은 공공사업을 담당했다.

또한 루스벨트 대통령은 공공사업촉진국(WPA)[7]을 구성하여 전국에 걸친 새로운 건설계획에 노동자와 기술자를 고용했다. 예술가들에게도 일거리를 주었다. 음악가와 배우들은 이전까지 전문적인 공연이 없었던 작은 지역과 마을에서 시민들을 위해 공연을 했다. 작가들은 미국의 각 지역의 특색을 발굴하여 아름다운 글로 마을 안내책자를 만들었다. 화가들은 공공건물의 벽에 화려하고 색감 넘치는 벽화를 그렸다. 이들의 그림은 지금도 농촌지역의 우체국이나 소방서 건물에 남아있다. 가난과 배고픔에 찌든 일반시민들에게 희망을 주었고, 함께 하면 어떤 어려움도 극복할 수 있다는 시민의식을 고양했던 것이다.

---

6) The Civilian Conservation Corps.

7) Thw Works Progress Adminstration.

"당신은 미국에 투자하고, 미국은 당신에 투자한다."

AmeriCorps NCCC Team age 18-24

2008년 대선 운동 때의 버락 오바마 후보의 연설이었다. 버락 오바마는 2001년 9·11 사태가 국가적 비극에도 불구하고 미국인들 사이에서 애국심과 자부심 그리고 조국에 봉사하려는 마음을 일깨웠다는 사실을 발견했다.

그는 조지 W. 부시 대통령이 미국인들에게 공동의 희생정신을 일깨우지 않았다고 다음과 같이 비판했다."우리는 군 복무에 소집되지 않고 쇼핑하도록 권유받았습니다.."

오바마는 선거기간 내내 국가적 봉사를 장려하면서, 대학생이 사회 봉사활동 100시간을 하면 수업료를 지원하겠다고 약속했다."You invest in America, and America invests in you."는 가장 인기가 많은 공약이었고 오바마는 2009년 4월 미국봉사단(AmeriCorps)의 사회봉사프로그램을 확대하고, 자기 지역에서 자원봉사를 하는 대학생들에게 학자금을 지원하는 법안에 서명했다.

마찬가지 이유로 군대를 마친 사람에게 일정한 특전을 주는 것을 일방적으로 다른 집단에 대한 차별이라고 말해서는 안 된다는 논의가 제기되고 마이클 샌델 교수는 이를 옹호한다. 그것은 젊은 시절의 군대경험이 인간으로서의 소중한 자유를 국가와 민족을 위해 제약당한 것 때문에 보상차원에서 어떤 이득을 주어야 한다는 것이 아니다. 젊은 시절의 군대 경험은 절도 있는 집단생활을 통해서, 예의범절과 공동체의 질서, 장유유서의 진정한 의미 그러므로 민주시민의식을 함양할 수 있는 좋은 교육의 장이었기 때문에 칭찬받고 보상받을 수 있다는 결론이다. 그러므로 그것이 비단 교육이나 군대 이외의 어떤 방식이었던 간에, 현대사회에서 정치권이 자발적으로 앞서서, 일반 시민들의 국가적 봉사를 의무화하는 등으로, 시민의식과 희생봉사를 키우는 것은 정의로운 사회를 위한 첩경이다. 다음 두 가지 기사를 읽고 판단을 정리해보자.

□ [시론/이종수]軍 가산점제 부활을 둘러싼 쟁점

1999년 12월까지 공무원시험에서 제대군인은 만점의 3~5%를 가산받을 수 있었다. 여성계와 장애인 단체는 이 제도의 불합리성을 지적하며 헌법소원을 제기했고 헌법재판소는 위헌 결정을 내렸다. 2000년부터 군필자에 대한 가산점제도는 공공 및 민간부문에서 사라졌다. 국방부는 최근 가산점제도의 부활에 관한 여론조사 결과를 발표해 논쟁에 불을 붙였다. 쟁점은 이렇다. 먼저 1999년 12월 23일 헌재가 위헌 결정을 내린 것이 과연 제대군인 가산점제도의 정당성을 부인했던 것인가에 대한 논란이다. 국방부는 제도 자체의 정당성이 거부됐다기보다는 정책의 부작용에 대한 위헌 결정으로 본다. 여성계는 제도 자체의 불평등성을 들어 위헌적 요소를 그대로 안고 있다고 주장한다. 국방부가 국회에 제출해 계류 중인 개정안은 1999년의 제도와 달라졌다. 만점에 상관없이 3~5%를 가산해주던 것을 2.5%로 낮추고 가산점을 받아 합격하는 인원이 전체 합격자의 20%를 넘지 않도록 제한하고 있다. 개정안은 혜택의 수준을 낮춰 여성이나 장애인의 평등권에 대한 침해를 줄이려는 것으로 보인다.........

(동아일보, 이종수 연세대 교수 행정학, 2011. 5. 21.)

□ [진보신당 정책논평] 세계 병역거부자의 날, 군가산점이 아니라 대체복무제와 제대군인 실업수당 도입하라

......... 국방부는 계속해서 군가산점제 카드를 꺼내고 있지만 군가산점은 군필자 대부분에게 주어지는 혜택도 아니며, 국가가 아무런 예산도 투여하지 않고 본인의 의사와 관계없이 군대에 가기 어려운 사람으로부터 기회와 평등권을 제한하여 얻게 되는 혜택이기 때문에 실효성과 정당성 모두 확보하기 어렵다는 점이 명확하다........

군 문제는 군을 다녀오든 아니든 간에 대다수 청년의 삶과 관련되어 있는 것은 맞다. 그러나 그 문제는 군가산점제로 전혀 해결할 수 없다......... 군가산점제는 '상징적으로' 군대에서 복무한 기간에 대해 보상하는 것 같지만 대다수 군필자에게는 상관이 없다는 점에서 군 문제의 본질을 회피하는 비겁한 정책이며, 마치 군대의 문제가 여성과 남성이 경쟁해서 발생하는 것으로 오해하게 만드는 나쁜 정책이다.........

진보신당은 이명박 정부가 군복무기간 연장, 군가산점 도입에 반대하며 꾸준하게 국가를 위해 대부분의 20대 초반의 젊은 남성이 희생하도록 하는 구조를 바꾸기 위해서는 복무기간 단축, 대체복무제 도입과 함께, 한반도 평화체제의 진전과 병행하여 징병제의 모병제 전환을 위한 장기적인 계획이 실행되는 것 외에 다른 대안은 없다고 밝혀왔다. 정부는 대체복무제도입을 통해서 양심에 따른 차별과 억압을 해소하고 병역거부자가 군대가 아닌 다른 곳에서 사회에 기여하고 참여할 수 있도록 해야 한다.

(Naver 뉴스, 2011. 5. 15.)

## 2. 자유시장의 도덕적 한계

현대사회에 가장 두드러진 성향의 하나는, 시장과 시장 친화적인 사고가 원래는 시장과는 거리가 멀었던 전통적인 삶의 영역까지 파고든다는 점이다. 공리주의적 계산법이 자유시장과는 친하지 않는 인간 삶의 각종 영역에까지 쳐들어 온 것이다. 예컨대 국가가 병역이나 범죄수사나, 죄수관리를 민간 도급업체에 맡기는 문제, 개발도상국가 사람들을 통한 대리임신과 출산, 미국의 경우에는 심지어 미국 시민권을 100만 달러에 파는 방법으로 외국인 이민정책을 단순화해야하는가 등의 문제가 모두 시장주의적 관점에서 논의된다.

그러나 공동체 삶의 모든 것을 시장주의적으로 접근하는 것에는 무리가 따른다. 그것은 군복무, 범죄수사와 교도소 운용, 출산, 시민적 소양에 대한 가르침과 배움, 새 시민을 받아들이는 것 같은 중요한 사회적 행위의 가치를 측정하는 올바른 방법은 과연 무엇일까라는 의문제기이다. 즉, 단순한 효용이 아니라 정의로운 사회의 근본적인 요건인 공동체 의식, 시민의식을 함양할 기회를 시장에 맡기는 것은 아닌가? 하는 의문인 것이다.

## 3. 빈부격차 해소의 정의론

오늘날 각국을 통하여 자본주의의 발달과 더불어 빈부격차는 심화되어 가는 것이 추세이다. 빈부격차가 정치권에서 논의의 대상이 되었지만 그 근본적인 필요성에 대해서는 성찰이 부족하다. 공리주의자들은 부자에게 세금을 부과해 가난한 사람들을 도우려는 논리를 공리의 확산이라는 이름으로 전개한다. 부자에게 100만원을 빼앗아 가난한 사람들에게 주면 부자의 행복은 조금 줄어들지만 가난한 사람들의 행복은 훨씬 커진다는 논리이다.

평등적 절차주의적 정의론자인 존 롤즈는 소득의 재분배는 원초상태에서의 가언합의에 기초하여 마땅하다고 주장한다. 원초상태의 무지의 베일 뒤에서라면 누구라도 재분배 원칙에 동의할 것이라는 것이 롤즈의 주장이다. 그러나 공리주의적 정의론이나 평등적 절차주의적 정의론은 재분배를 통한 공리의 확산이나 평등가치의 달성만을 주장했지, 빈부격차 해소의 진정한 의미를 몰각했다는 비판을 공동체적 정의론자들은 제기한다. 따라서 공리주의적 정의론이나 평등적 절차주의적 정의론은 빈부격차를 이념격차의 심화로 만들어 사회공동체를 오히려 분열시키는 역할을 하도록 했다는 비판이 제기된다.

공동체주의적 정의론을 주장하는 샌델 교수에 따르면 불평등의 심화가 사회에 주는 진짜 위험한 영향은, 빈부격차가 커지면 민주시민에게 요구되는 연대의식을 약화시킨다는 사실이다. 불평등이 심화될수록 부자와 가난한 자의 생활영역은 점점 격리되고 단절된다. 같은 사회의 시민이면서도 서로 만나지 않고 멀리하려 한다는 것이다.

그러므로 민주시민 의식의 토대가 되는 상호이해에 바탕을 둔 연대와 공동체 의식을 키우기가 어려워진다. 증오와 투쟁의식만 커져간다. 결국 빈부격차의 불평등은 공리나 절차적 합의에 따른 영향과는 별도로 시민의 미덕을 좀 먹는다. 샌델 교수는 이 같은 공적 영역의 잠식을 막는 해법으로 공동의 선을 추구하는 정치를 통하여, 시민의 삶에 기반이 되는 시설들을 재건하는 것을 일차 목표로 삼을 필요가 있다고 제언한다.

그것은 재분배 그 자체에 초점을 맞추기보다는, 부유한 사람들에게서 세금을 걷어 **공공서비스**를 일으켜서 부자나 가난한 사람이나 똑같이 이용할 수 있는 영역에 투자하는 것이 필요하다는 주장이다. 즉, 부자에게서 부를 빼앗아 가난한 사람에게 나누어 주는 방식이나, 그렇게 하는 것이라고 부자나 가난한 사람 모두에게 느끼게 해서는 안 된다는 것이다. 마이클 샌델은 그런 느낌이나 생각이 들게 해서는 근본적으로 사회적 정의가 해결되지 않음을 지적한다.

사실 오늘날의 미국이 있기까지는 연방정부의 고속도로 정책이 커다란 동인이었음은 주지의 사실이다. 고속도로는 부자나 가난한 사람 모두에게 필요한 공동체 사회에서의 사회기간시설이다. 그러므로 분열되고 닫힌 공동체에서 부자와 가난한 사람 모두를 한자리에 끌어낼 수 있는 사회기반시설의 확충은, 민주시민의식의 기초인 공동의 연대감을 함양하는 것이고, 분배정의와 공동선(共同善)의 연관성을 강조하는 길이기도 하다. 공공도서관과 공공박물관 전국을 관통하는 광역 철도망, 심지어 한반도 대운하도 고려될 수 있는 이유이다. 막연한 무상복지가 아니라 대기업들이 거출한 국가 100년

대계 과학 출연금, 국가안보 기금 등이 가치를 가질 수 있는 이유이다.

## 4. 도덕에 개입하는 정치(A politics of moral engagement)

전통적으로 정치와 법은 도덕적·종교적 논쟁에 휘말리지 말아야 한다고 생각했다. 일방의 교리와 논조에 의한 강압과 배타성을 우려해서이다. 오늘날 다문화 사회 그리고 민주 시민사회에서는 시민들 사이에도 도덕과 종교의 문제에 대해 이견을 보인다. 미국 정부가 공적 영역이기는 하지만, 예컨대 2010년 그라운드 제로 인근에 무슬림 사원을 건립하는 문제에 대해, 미국민 3명 가운데 2명은 반대함에도 버락 오바마 대통령은 찬성의 의견을 공개적으로 천명한 사례에서 볼 수 있듯이, 정부가 그런 이견 사이에 나 몰라라 하면서 중립을 지키기란 불가능하다. 따라서 상호존중을 바탕으로 한 정치의 역할은 도덕적·종교적 논쟁의 경우에도 돋보일 수 있다.

오늘날 정치가 불신을 받는 가장 커다란 이유 가운데 하나가, 본연의 임무를 망각하고 시민들이 공감할 수 있는 공개담론은 회피하고, 추문이나 의혹의 제기에 앞장서고 자극적인 가십성 기사 생산의 선봉에 서기 때문이다. 하지만 정치가 종교적·도덕적 담론에 적극적으로 개입한다면, 정치인 스스로의 정신체계를 정화할 수 있을 뿐만이 아니라, 사회에 모범적으로 상호존중의 토대를 강화할 수 있을 것이라고 샌델 교수는 주장한다. 그러므로 도덕과 종교적 논쟁에 개입하는 정치는, 회피하는 정치보다 시민의 사기진작에 더 도움이 되고, 정의로운 사회건설에 더 희망찬 기반을 제공할 것이라는 것이 공동체적 정의론의 대표인 샌델 교수의 주장이다.

오늘날 증대된 NGO 역할과 함께 시민단체의 부정직함도 적지 않게 발생한다. 그 경우에 NGO의 부정직함을 지적하는 등으로 시민단체가 꺼려할 것 같은 문제에 대해서는, 누구보다 앞장서서 옳은 것은 옳고 틀린 것은 틀리다고 분명히 소신을 밝혀야 할 사람들은 정치인들이다. 그러나 많은 경우에 정치인들이 오히려 앞장서서 모른 채 뒤돌아선다는 비판은, 분명 정치인이 공동체주의적 정의실현을 외면하는 것이고 그러한 잘못된 행동에 따른 불이익은 결국 일반 시민들에게 돌아올 수 있음을 정치인들은 명철하게 인식해야 한다.

# 제4절 정의판단 사례

## 제1항 충직의 도덕적 무게를 시험하는 사례

### Ⅰ. 서 언

인간에게 천부적 인권과 같은 선(先)국가적 권리·의무가 있다는 사실과, 이 땅에 사회계약으로 국가가 탄생한 이후에는, 국가와 국민의 헌법질서적 합의나 개인 사이의 계약처럼 어떤 합의나 동의에 의해 권리·의무가 발생할 수 있음은 모든 정의론이 인정한다. 위 두 가지 종류 이외에 사람들에게 권리·의무를 발생하게 하는 제3의 원인은 없을까?

주지하다시피 공동체주의적 정의론은 칸트나 존 롤즈와 달리, 공동체의 선이나 공공의 미덕을 개인의 권리보다 앞세운다. 다음의 사례들은 공동체 생활에서, 우리들에게는 충직과 애정, 가족애 같은 주관적 사랑, 소속 의무, 연대적인 의무 같은 제3의 권리·의무가 있음을 잘 보여준다. 그러므로 제3의 권리·의무에 따른 행동을 누가 정의롭지 않다고 할 수 있을 것인가?

예컨대 두 아이가 익사 직전인데, 한명밖에 구할 시간이 없다고 치자. 한명은 당신의 아이이고, 다른 아이는 모르는 아이이다. 이럴 경우에 당신의 아이를 먼저 구하는 것이, 가족에 대한 애착에 따른 행동으로 정의롭지 않다고 판단할 수 있겠는가?

# Ⅱ. 벌저 형제 사례

## 1. 사실관계

William Michael "Billy" Bulger

윌리암(빌) 벌저와 제임스(화이티) 벌저 형제 사이의 실제 이야기이다. 빌과 화이티는 사우스 보스턴 지역에서 7형제와 함께 자랐다. 빌은 성실한 학생으로 고전을 공부하고 보스턴 대학에서 법학박사 학위를 받았다.

반면에 형 화이티는 고등학교를 중퇴하고 길에서 세월을 보내면서 절도를 비롯해 온갖 범죄를 저질렀다. 두 형제는 각자의 세계에서 권력을 잡았다.

빌은 정치에 입문해서 매사추세츠 주 상원의장이 되었고, 그 후 7년 동안 매사추세츠 대학 총장을 역임했다. 반면에 화이티는 은행 절도죄로 연방교도소에서 복역한 뒤에 보스턴에서 갈취, 마약거래, 기타 불법행위를 총괄하는 조직범죄 조직의 우두머리가 되었다.

19건의 살인혐의를 받던 화이티는 경찰의 체포를 피해 1995년에 도주했다. 빌은 도망 다니는 형과 통화를 했지만 형의 거처를 모른다면서 수사 당국에 협조하기를 거부했다. 2001년에는 검찰이 빌을 대배심(기소배심)에 세워 법적으로 몰아붙였다. 연방검사가 압박하며 형에 관한 정보를 캐려하였지만 빌은 증언을 거부했다. 그러자 검사는 "그렇다면 분명하군요. 증인은 매사추세츠 사람들보다 형에게 더 충직하시군요."

그러자 빌이 대답했다. "그런 생각을 해 보지는 않았지만, 솔직히 형에게 마음이 끌리고 형을 걱정합니다. 형에게 피해가 간다면 누구에게도 협조하고 싶지 않은 게 솔직한 심정입니다. 제게는 형을 체포하도록 모든 사람에게 협조할 의무가 없다고 생각합니다.

### 2. 정의로운 행동 판단

시민들의 의견은 나뉘었다. 보스턴 술집에서 손님들은 빌의 충직함에 감복했다. "형의 애기를 털어놓지 않는다고 해서 그를 탓할 생각은 없어요. 형제는 형제잖아요. 식구를 밀고할 수 있겠어요?" 보스턴 글로브 지에 실린 어느 시민의 의견이다.

반면에 어느 특별기고가는 "그는 올바른 규범을 택하기보다는 거리의 규범을 선택했다."며 비판했다. 결국 형을 수색하는데 협조하지 않는다는 대중의 압력을 받던 윌리암 벌저는 2003년에 매사추세츠 대학총장직에서 사퇴했다.

### 3. 질 문

여러분이 동생인 윌리암 벌저라면 어떻게 행동을 했겠는가? 무엇이 정의로운 행동인가? 어떤 의무가 발생하고 우선하는 것일까?

## Ⅲ. 유나바머(Unabomber) 사례

### 1. 사실관계

FBI는 1978년 이래 17차례에 걸쳐 우편물 폭발사건을 일으켜 3명을 숨지게 하고 29명을 다치게 한 테러범을 17년 넘게 추적했다. FBI는 수사망을 교묘하게 피해 다니는, 이 폭탄제조범이 주로 과학자와 대학교수를 표적으로 삼는 것에 착안하여 '유나바머'[8]라고 호칭했다.

유나바머는 자신의 범행동기를 설명한 과학기술 반대 선언문을 인터넷에 올리고는, 뉴욕 타임스와 워싱턴포스트지에 전문을 실어주면 폭탄테러를 멈추겠다고 선언했다. 두 신문은 유나바머의 요구에 응했다.

유나바머의 실명은 시어도어 존 카진스키로 그는 철학 박사, 수학자라는 영예와 테러리스트라는 불명예를 동시에 갖는다. 유나바머는 전형적인 백

8) Unabomber = university and airline bomber.

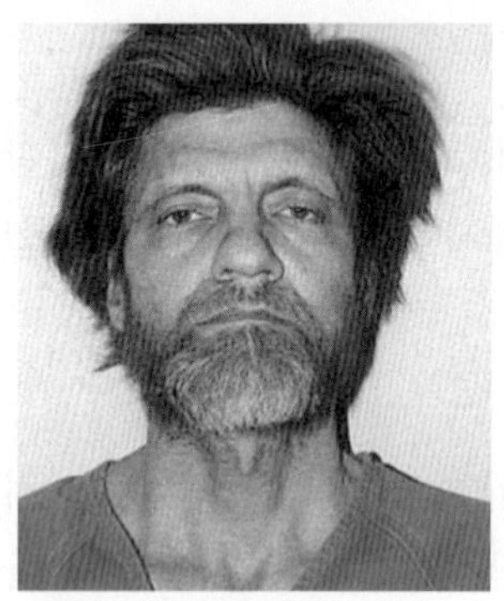
경찰에 체포될 때의 존 카진스키 (Theodore John Kaczynski)

인가정에서 자라 1962년 하버드 대학교를 졸업하고 미시간 대학교에서 수학 박사학위를 취득했다. 그 후 캘리포니아 버클리대학에서 수학교수로 재직했다.

1971년 전기도 없고 모든 문명의 이기와 단절된 몬태나주의 링컨의 깊은 산속으로 들어가, 자연상태에서의 자급자족하는 생존기술을 배우며 은둔생활을 시작했다. 그러던 중에 자신의 은둔처 주변에도 개발이라는 이름으로 환경파괴가 이루어지는 것을 보고 폭발테러를 시작했다. 이후 그는 기술의 진보가 인간을 망치는 주범이라고 보고, 그에 맞서 싸우려는 시도로 17여년간 사업가, 과학자 등에게 편지폭탄을 보내는 테러를 무차별적으로 자행했다. 1985년 한해에는 무려 5번이나 테러를 자행했다. 결국 FBI의 수사와 더 이상의 살상을 막으려는 동생의 신고로 검거되었다. 고학력자이자 천재인 카진스키의 이러한 일탈행동은, 인성교육을 무시한 학교교육의 폐해를 보여준다는 평가를 받지만, 반면에 정의를 위한 폭력이라고 평가한 사람도 있었다.

존 카진스키가 스스로 짓고 기거했던 몬태나주 링컨의 오두막

## 2. 형제애와 동생의 고민

사회복지사로 일하던 마흔여섯 살의 데이비드는, 선언문에 쓰인 말투와 논리는 하버드대학 출신의 수학자였다가 은둔해서 사는 형 테드를 생각나게 했다. 형은 문명의 이기가 지배하는 현대사회를 경멸해, 산에 들어가 오두막을 짓고 살고 있었다. 데이비드는 형을 10년 동안 만나지 못했다. 동생은 무엇이 정의로운 행동인지를 고민하다가 더 이상의 테러는 곤란하다고 생각하고 1996년에 FBI에 연락해 유나바마가 형일지도 모르겠다고 신고했다.

## 3. 또 하나의 가롯 유다

FBI 비밀요원들이 오두막을 감시했고 형은 체포되었으며 결국 유나바머가 맞는 것으로 판명되었다. 유나바마는 교도소 수감 중에도 자신이 진정으로 두려워하는 것은 자연과 더 이상 접촉 못하는 것이라고 말했다. 법정에서 형 테드는 동생 데이비드를 동생으로 인정하지 않았고 동생을 "또 하나의 가롯 유다"라고 불렀다.

한편 동생 데이비드는 형에게 검찰이 사형을 구형하지는 않을 것이라는 말을 믿었지만 기대와 달리 사형이 구형되었다. 동생 데이비드는 형의 사형구형에 절망했다. 동생은 계속하여 형에게 사형선고가 내려지지 않도록 애쓰다가, 아예 사형제도에 반대하는 단체의 대변인이 되었다. 데이비드는 나중에 자신의 심경을 대중에게 밝혔다. "**형제는 서로를 지켜줘야 합니다. 저는 형을 죽음으로 내몰았는지도 모릅니다.**" 동생은 유나바마 체포에 기여한 공로로 법무부에서 포상금 100만 달러를 받았지만, 죄책감에 빠진 그는 포상금의 대부분을 형 때문에 죽거나 다친 사람들의 가족을 위해 사용했다.

## 4. 질 문

전술한 벌저에게는 가족에 대한 충직이 범인을 정의의 심판대에 세우는 의무보다 중요했다. 반면에 데이비드에게는 사회의 공동선을 앞세우는 것이 개인(자신)의 가족에 대한 충직의무보다 앞선다고 보았다. 여러분이라면 어떻게 행동할 것인가? 어떻게 행동하는 것이 정의로운 행동인가?

## 5. 이후의 이야기

처음에 카진스키의 오두막은 FBI에 의해 수거되어 비밀장소에서 보관되었다가 파괴될 예정이었다. 하지만 오두막은 2008년 7월부터 워싱톤 D.C.에 있는 뉴섬(Newseum) 박물관에 진열되어 있다. 당국이 자신의 오두막을 파괴하지 않고 공중에 개방하려는 움직임을 보이자, 카진스키는 오두막의 파괴를 주장하며 소송을 제기했다. 소송은 유나밤(UNABOM) 케이스로 불렸다. 카진스키는 박물관 진열을 거부하며 3페이지의 자필 이유서를 제출했지만 뜻을 이루지는 못했다.[9] 현재 유나바머는 가석방 없는 종신형을 선고받고 콜로라도 주 플로렌스의 한 교도소에 수감 중이다.

---

9) 워싱톤 포스트, August 13, 2008, Unabomber Objects to Newseum's Exhibit.

## 제2항 다문화주의, 타문화 용인의 한계는 어디까지인가?

### Ⅰ. 쟁 점

현대사회에서 공동체 생활의 글로벌적 모습의 하나가 다문화주의이다. 다문화주의(多文化主義, multiculturalism)는 여러 유형의 이질적인 문화를 세계주의나 다원주의의 입장에서 유연하게 수용하자는 주의를 말한다. 외국인 120만 명 시대를 맞아 단일민족 전통을 유지해 온 우리 사회도, 이주민과 더불어 사는 것이 불가피한 현실이 됐다. 저출산·고령화에 따른 생산 가능한 인구의 감소로 성장 잠재력의 저하가 우려되는 상황에서, 경제활력을 유지하기 위해서는 외국인 유입이 불가피하다. 다문화가 우리 사회가 추구해야 할 중요한 가치 중 하나로 자리 잡고 있게 된 것이다. 하지만 다문화, 나아가 다문화주의가 좋은 것이기만 한 것일까? 다문화주의를 받아들인다고 해서, 우리의 고유의 전통에 배치될 수도 있는 다른 나라들의 문화가치를 무조건적으로 인정하고 용인해야만 하는가? 그렇다고 다른 문화권의 삶의 행태에 제삼자가 간섭하는 것이 정당한가? 라는 의문이 제기된다. 과연 무엇이 올바른 판단이고 행동일까?

### Ⅱ. 분 석

#### 1. 다문화주의 자유론

다문화주의를 지지하는 입장에는 두 가지가 있다. 하나는 자유주의 진영의 존 스튜어트 밀로, J.S.밀은 "누구든 자신의 삶을 자기 방식대로 설정하는 것이 가장 바람직하며 어느 사회든 다른 사회를 강제로 문명화할 권리를 가질 수 없다"고 말한다.

다른 하나는 공동체주의 진영의 논리이다. 인간은 스스로 추구하는 가치에 따라서 정체성이 규정되는데, 그 가치는 공동체 안에서 형성되기에, 공동체적 자율이 인간을 규정하는 잣대가 된다는 것이 공동체주의의 입장이다.

### 2. 다문화주의 제약가능론

다문화주의에는 소수파 또는 주변화된 집단을 위한 정치적 변호라는 강력한 성향이 내재해 있으므로 보수주의자들의 반발을 사기도 한다. 문화상대주의의 입장에 서더라도 문화적 국경을 넘어서서 '최소한의 보편적 도덕률'이 존재한다고 보기에 그 도덕률을 침해하는 사회적 관행은 외부비판 그리고 견제의 대상이 될 수 있다. 예를 들어서 인간으로서 기본권을 저해하거나 인륜의 큰 틀을 해칠 수 있는 외래문화에 대해선 '보편적 인권관'에 입각해서도 적극적으로 개입할 수밖에 없다고 본다.

원래 국가는 국가통합성이 훼손되지 않는다는 전제하에서만 이질적인 소수자 집단을 수용할 수 있다. 이것은 국가의 입장에서는 소수자들의 포섭과 배제하는 상반된 작업이 일관된 통치행위의 일환으로 수행될 수 있음을 의미한다.

한편 정치통합이라는 측면에서 다문화주의의 확산을 비판하는 견해도 있다. 그것은 기존의 다문화주의에 대한 이해가 인종적 · 종교적 · 문화적 다원성과 차이에 관해 다소 낭만적인 이해와 동경에 치우침으로써 문화적 다원성이 사회적 통합과 평화적 공존에 가하는 심각한 도전을 과소평가했다고 지적하는 입장이다.

## Ⅲ. 우리나라의 다문화주의에 대한 여러분의 생각은 어떤가?

대한민국의 경우에 지난 10년 정부는 다양한 다문화 정책을 내놓았지만 아직 공식적으로 다문화주의를 채택한다는 입장을 밝힌 바는 없다. 그러나 사회 현상적으로는 한국 사회가 이미 다문화 사회로 이행하고 있으며, 적지 않은 국민들이 이념적인 수준에서 다문화 사회를 지향하는 것에는 동의하고 있는 것으로 보인다.

다문화주의 자유론이 오늘날 다문화 사회의 모든 문제를 해결하는 만능 열쇠는 아니다. 벨기에, 인도, 캐나다, 인도네시아 등 많은 다문화 국가들은 이질적 문화의 사회적 통합 혹은 융화를 이룩하지 못하고 테러와 반목 등으로 시달리고 있다. 실제로 소수의 문화적 권리를 옹호하는 다문화주의에는 윤리적이고 민주주의적 이상을 지향하지만 공동의 문화가 제공하는 사회적 연대감이나 결속력을 해칠 수 있는 부정적인 요인도 잠복해 있다.

사실 진정한 정치통합 없는 다원성의 해방은 다양성의 자연조화를 가져다주기보다는 배타적이고 폐쇄적인 문화집단들 사이의 갈등만 고조시킬 수 있고, 나아가 강한 주류문화가 약소문화를 더 노골적으로 억압할 수 있는 상황을 초래할 수도 있다.

그렇다면 주류 집단이 스스로 자기 인종중심의 민족 개념을 점진적으로 탈피하도록 하고, 소수 인종문화집단은 폐쇄적으로 움츠러들지 않고 타 집단에 개방적인 태도를 형성하도록 유인할 수 있는 전략이 필요하다는 입장에 동의하는가? 정치적 정체성과 문화적 정체성의 우선순위를 정하지 않고 긴장하면서도 공존하도록 하여, 다양성을 포용하는 건강한 정치공동체를 유지하는 데 기여할 수 있다는 견해는 올바른가?

# 제5절 종합토론 자료

## 제1항 토론자료 일반

### Ⅰ. 아리스토텔레스의 정의론 일반

역사적으로 정의에 대해서 가장 중요한 의견을 밝혔던 아리스토텔레스(기원전 384~322년)는 지금부터 약 2400년 전 고대 그리스 철학자였다. 그는 정의란 각자에게 그가 정당하게 받을 몫을 주는 것이라고 말했다. 그러나 어떻게 그 사람이 받을 만한 자격이 있다고 판단할 수 있을까? 그것이 재화가 되었건 기회가 되었건 무엇이 분배될 대상으로 어떻게 분배할 것인가? 이에 대한 아리스토텔레스의 대답은 문제가 되는 대상(재화건 기회건)의 텔로스, 즉 목적을 고려하여 판단하라는 것이었다.

그러면서 전술한 것처럼 매우 훌륭한 플루트를 예로 든다. 누가 플루트를 가질 자격이 있는가? 미모도 아니다. 권력도 아니다. 사회적 신분도 아니다. 플로트의 목적은 연주되는 것이고, 그것도 매우 훌륭하게 연주되는 것에 있다. 그러므로 아리스토텔레스의 생각으로는, 플루트는 가장 뛰어난 플루트 연주자에게 돌아가야 한다는 것이다. 이와 같은 아리스토텔레스의 정의 방정식은 사물과 조직이나 단체 심지어 사람의 경우에도 그 텔로스, 즉 목적을 고려하여 판단하라는 목적론적 정의론이다.

만약 대학의 목적이 학문적 우수성과 학문적 성취를 지향하는 것이라면 가장 우수한 학업능력을 가진 순서대로 대학입학 자격을 부여받아야 한다. 만약 사람의 목적이 평생에 좋은 삶을 사는 것이라면, 사회는 그러므로 정치는, 사람들이 좋은 삶을 사는데 필요한 제반 자원을 안전하게 확보하여 제공하고, 사람들로 하여금 좋은 삶을 살도록 고무하고 격려하는 것이다.

이처럼 아리스토텔레스의 정의에 대한 추론방법은 조직이나 기관이나 단체가 어떻게 기능하는 것이 과연 올바른 것인가? 라는 목적적 관점에서 행위의 정당성을 판단하는 것이다. 그런데 경우에 따라서는 목적판단 그 자체가 매우 어려운 경우가 적지 않다. 또한 목적론적인 정의방정식이 과연 올바른가의 문제도 제기된다.

(1) 아리스토텔레스는 2,400년 전에 이미 인간은 공동체 사회의 정치적 삶을 다른 사람들과 함께 살도록 탄생한 사회적 동물이라고 갈파했다. 그는 또한 정부는 사람들을 이러한 목적으로 고무하고 장려하며, 인간이 더욱 도덕적으로 자비로운 사람이 되도록 지원해야 한다고 주장한다. 올바른가?

(2) 애국심 고취와 같은 시민적 덕을 고양하는 어떤 법이 있다고 가정하자. 이러한 법이 공동체 사회에서의 다수의 가치를 소수에게 부당하게 강요하는 것은 아닌가?

(3) 아리스토텔레스는 공동체 사회의 시민으로서의 이성적인 삶은, 시민으로서의 좋은 삶을 살기 위해 필수적인 것이라고 말했다. 어떤 사람이 이리 걸리고 저리 걸리는 공동체 사회의 생활을 포기하고, 외딴 산속 깊은 곳에 홀로 들어가서 산다고 가정하자. 그러한 삶이 덜 가치적인 것인가? 또한 사회적 동물로서의 인간의 품성에 맞지 않는 삶인가?

(4) 아리스토텔레스에 대한 도전이라고 할 수 있는 다음과 같은 의문을 생각해 보자. "비록 고립된 삶을 사는 것보다, 사회에서 사람들과 부딪치며 사는 삶이 민주시민으로서 보람찬 삶이 라고 하는 경우에도, 사람들이 어떤 형태의 삶을 선택할 것인지는 그들에게 전적으로 맡겨져야 하는 것이 아닐까?" 여러분의 판단은 어떤가?

(5) 아리스토텔레스가 말하는 공동체주의적 삶과 자유주의론자들이 개인의 절대적인 자유를 주창하며 말하는, 개인주의적 삶이 반드시 긴장관계에 있는 것인가?

## Ⅱ. 아리스토텔레스의 텔로스론(論)

### 1. 목적론이 정의를 생각하는 올바른 방법인가?

공동체의 삶에 있어서 개인의 가치가 먼저인가? 아니면 공동체적 가치가 우선인가? 에 대한 논쟁은 정의 판단의 가장 어려운 부분 가운데 하나이다.

(1) 만약 사람들이 올바른 삶이 아니라 나쁜 선택을 한다고 하는 경우에도, 그것은 그들의 자유로운 선택으로 국가나 사회가 지도해야 할 일은 아니지 않는가? 국가가 좋은 삶의 모형을 국민에게 제시하고 이에 따르도록 훈육하는 것이 국가가 할 일은 아니지 않는가? 자유주의자들의 이러한 주장에 여러분은 동의하는가?

(2) 아리스토텔레스의 공동체주의의 목적론적 정의론과 근대 이후 임마누엘 칸트를 비롯하여 개인의 자유를 주창하는 자유주의적 정의론과는 영원하게 갈등이 불가피한가?

(3) 아니면 목적론적 정의론도 개인의 자유에 대한 적절한 여지를 남겨두고 있는, 바꾸어 말하면 개인의 선택권을 일정하게 보장하는 정의론이 될 수는 없는 것인가?

### 2. 단체, 기구, 조직들의 목적은 무엇인가?

우리가 어떤 조직, 기구, 단체들의 활동에 대한 정의로움을 판단하기 위해, 아리스토텔레스의 목적론적 정의론을 사용하려면, 먼저 그러한 조직, 기구, 단체들의 목적을 결정해야 한다. 그러나 어떻게 그 목적을 알 수 있을까? 조직이나 단체의 목적은 그로 인한 결과로 판단하는 것인가? 아니면 단체가 추구하고 명예롭게 생각하며 보상하려고 하는 어떤 가치와 연관되어 있는 것일까? 다음의 사례를 생각해 보도록 하자.

(1) 2010년부터 여성 ROTC 제도가 채택되었지만, 역사적으로 한국의 군대는 여성을 받아들이지 않았었다. 여성군인제도를 채택하지 않는 것이 불공정한 것인가? 군대의 목적은 무엇일까?

(2) '후터스'(Hooters)는 매우 노출이 심한 복장을 하고 손님들을 맞이하는 레스토랑이다. 그런데 후터스의 종업원은 여성으로 한정된다. 그런데 어떤 남자가, 한 후터스 식당에서 웨이츄레스로 일하고 싶어 한다. 후터스가 오직 여성 웨이츄레스만을 고용하는 것은 불공정한 일인가? 웨이츄레스의 일이 단지 손님들에게 음식을 봉사하기 위한 것인가? 아니면 특히 남자 고객들에게 별도의 눈요기나 즐거움을 주기 위함에도 있는가? 누가 후터스 레스토랑의 목적을 결정해야 하는가?

(3) 미국 항공사의 경우에 나이 많고 뚱뚱한 스튜어디스도 적지 않다. 그런데 대한항공과 아시아나항공은 젊고 미모의 빼어난 몸매의 인상 좋은 여성만을 스튜어디스로 채용하려고 한다. 이것은 차별의 문제로 국가인권위원회에서도 논의되었던 문제이다. 스튜어디스의 목적은 무엇인가? 대한항공과 아시아나항공의 처신은 올바른가?

## Ⅲ. 공동체적 정의론 일반

근대 자유주의론자들에 의하면 시민들의 법적, 도덕적 의무는 오직 2가지 방법으로 발생한다고 단언한다.

첫 번째는 모든 사람들은 다른 사람들의 인권을 부당하게 침해해서는 안 되는 인류 보편적인 의무를 가진다. 두 번째로 사람들은 자발적인 동의에 따른 자발적인 의무를 부담한다. 이 두 번째에는 국민들이 그들의 대표자를 통해서 일반 시민들이 묵시적으로 동의했다고 보는 입법에 의한 의무를 포함한다. 많은 근대 자유론자들에 따르면 이상의 2가지 방법 이외에 사람들에게 도덕적 의무를 부과하는 다른 것도 없다고 믿는다. 하지만 자유주의자들을 비판하는 입장에서는, 인류 보편적이거나 자발적인 동의에 의한 의무는 아니지만, 제3의 유형으로서의 어떤 도덕적 의무를 사람들은 가지고 있다고 주장한다. 그것이 소위 제3의 도덕적 의무[10]이다.

예컨대 우리들은 우리들이 자발적으로 그러므로 명시적으로 동의한 바는 없지만, 자신이 소속된 특정한 공동체 사회에 도덕적으로 부담하는 암묵적으로 준수를 약속한 의무들이 있지 않는가? 그 경우에 회원의 의무나 충실의 의무 같은 것들은 공동체의 정체성에서 그리고 전통에서 면면이 이어져 내려오는 것이다. 우리는 불가피하게 우리보다 앞선 세대를 살았던 누군가의 자녀들이며 친구 또는 후배이고, 특정한 단체의 회원이고 공동체 사회의 시민일 수밖에 없기 때문이다.

(1) 정말로 보편적이지도 않고 자발적이지도 않지만, 조직이나 단체의 회원이거나 가족 구성원이라는 이유로 발생하는 제3의 도덕적 의무가 있는가? 우리는 우리보다 조금 더 가까운 사람들에게 어떤 도덕적 의무를 부담하고 있는 것이 사실인가? 그러면 그것이 올바른 것인가?

(2) 여러분이 전혀 선택하지도 않았고 동의한 바도 없는데, 어떤 단체나 조직 심지어 국가에 소속되어 있다는 사실만으로 선배나 선조들의 행위에 대해 도덕적 책임을 부담하는 것이 올바른 일인가? 바꾸어 말하면 그것은 과연 공정한 일인가? 전후 일본인 세대의 한국민에 대한 사죄의 부담은 어떻게 설명되는가? 흑인 노예제도나 인디언 문제에 아무런 관련이 없는 오늘의 백인들이 흑인들과 인디언들에 대해 부담하는 책임이나 사죄의식은 전혀 없어도 되는가?

(3) 조직이나 단체 구성원으로서의 의무가 인류 보편적인 의무인 인권적 의무와 충돌되는 경우에는 과연 무엇이 정의로운 행동인가?

(4) 만약 여러분이 당신의 형이 도둑질을 하는 현장을 목격했다고 하자. 당신은 경찰에 신고할 것인가? 당신은 경찰에 신고해야만 하는가? 아마도 많은 사람들은 도둑질한 형을 바로 경찰에 신고하는 문제를 놓고 주저할 것이다. 이것이 인류보편적인 어떤 도덕적 의무나 자발적 동의에 의한 도덕적 의무 이외에 제3의 도덕적 의무가 있다는 징

10) "third type of moral obligation."

표가 되는가? 아니면 그런 것은 단지 개인적인 이해관계나 편견의 문제에 지나지 않는 것인가?

(5) 만약 여러분이 친구가 시험에서 부정행위를 하는 것을 목격했다고 치자. 여러분은 친구를 공정의 이름으로 감독관에게 바로 알려야 하는가? 아니면 친구이므로 우정의 이름으로 침묵하는 것이 올바른 일인가? 분명히 여러분은 두 가지의 대등한 도덕적 의무에서 갈등하는 것인가? 아니면 감독관에게 친구를 알릴지 여부의 문제는 단지 여러분이 스스로 극복해야할 주관적인 편견이나 이해관계의 문제인가?

(6) 여러분의 아들이 전혀 모르는 아이와 함께 물에 빠져서 허우적대고 있다고 가정하자. 여러분은 모르는 아이 대신에 여러분의 자식을 먼저 구해야 하는, 어떤 더 커다란 도덕적 의무가 있는가? 부모의 자식에 대한 의무는 다만 자발적인 의무일 뿐인가? 그렇다면, 이유는 무엇일까?

(7) 부모에 대한 자식의 효(孝)는 각자에 따라서 개인적으로 차이가 있는 자발적인 것인가? 자식은 그들의 부모를 선택하지 않았다. 사실 선택할 수도 없었다. 만약 자식이 다른 어른들보다 자신들의 부모에 대해 더 커다란 도덕적인 의무가 있다면 그러한 의무는 과연 어디에서 온 것인가?

(8) 잘 알려진 일이지만 미국 남북 전쟁 당시에 로버트 리 장군(General Robert E. Lee)은 남부 연합군 사령관으로 부임했다. 자신은 남부출신이기는 하지만, 사실은 노예제를 옹호하지 않고 폐지해야 할 나쁜 제도라고 생각했던 사람이다. 하지만 리 장군은 자신의 친구와 동료 주민들을 향해 총부리를 겨눌 수 없다고 판단했다. 리 사령관의 태도는 존경받을 만한 행동인가? 아니면 편협한 편견인가?

(9) 애국심은 시민의 덕목인가? 대부분의 사람들은 출생하면서 자신의 조국을 자발적으로 선택하지는 않았다. 사실 태어난 이후에 바로 출생국가 선택권이 있지도 않았다. 그럼에도 우리는 왜 다른 나라보다 우리나라에 더 충실해야 하는가? 그 근본적인 이유는 무엇이고 그러한 의무는 어디에서 유래하는가?

## 제2항 공정사회 구현을 위해 필요한 공공의 미덕 마련하기

마지막으로 공동체적 정의론에 입각하여 정의가 구현된 공정한 사회를 구축하기 위해서 필요한 공공의 선은 어떠한 것이 있을까? 공공의 선으로 사회 구성원 모두가 책임 있는 당사자로서 남을 탓할 것이 아니라, 스스로를 포함하여 구성원 모두가 준수하고 따르며 격려하고 고무해 줄 공공의 미덕을 도출하는 것은 매우 필요하고도 공동체적 정의론의 마지막 결론이라고 할 수 있다. 분야별로 필요한 내용은 각자 채워보도록 하자.

| 순서 | 공동체 영역 | 내용 - 공공의 선(예시) |
|---|---|---|
| 1 | 정치권 | ① 어떤 경우에도 3년 단임을 원칙으로 한다. |
| | | ② 어떠한 경우에도 물리적 폭력을 행사하지 아니한다. |
| | | |
| | | |
| 2 | 언론 | |
| | | |
| 3 | 시민단체 | |
| | | |
| 4 | 학교 | |
| | | |
| 5 | 일반 시민 | |
| | | |

# 제7장 정의 판단의 실전사례

# 제1절 개 관

다원화된 오늘날 정의의 문제는 단지 소득 재분배 같은 문제만이 아니다. 사회가 정의로운지를 묻는 것은 소득과 부, 의무와 권리, 권력과 기회, 공직과 영광 등을 어떻게 분배하는지를 묻는 것이다. 인간 행위와 관련된 다음의 질문은 사람사이에서의 윤리적 가치판단의 문제로 우리 삶에서 중요한 위치를 차지하는 근본적인 질문이다. 여러 가지 대안적 행위 가운데, 어떤 행위를 선택하는 것이 도덕적으로 올바른 것인가? 이러한 질문이 바로 정의란 무엇인가의 질문이다. 사실 도덕적으로 올바른 행위란 무엇인가? 도덕적 갈등 상황에 놓여 있을 때, 어떤 행위를 선택해야 하는가? 라는 정의의 문제는 일상적인 상황뿐만 아니라 중요한 의사결정 상황에도 적용된다.

하지만 대안적 행동이 가능한 경우에 무엇이 옳고 그른지, 정의가 무엇인지에 대한 의견은 놀랍게도 잘 일치되지 않는다. 정의가 하나가 아니고 둘도 되고 셋도 될 수 있는 것이 논의의 현실이다. 벤담은 공리주의적 관점에서 인간행위와 관련된 정의의 물음에 대한 답변을 구체적으로 제시했다. 자유주의적 정의론이나 공동체적 정의론도 일정한 답변을 제시했다.

예컨대 어떤 사람은 부자에게 세금을 더 거두어 가난한 사람들을 도와야 옳은 사회라고 철석 같이 믿는 반면에, 어떤 사람들은 근면한 부자의 재산으로 나태한 빈자를 돕자는 것은 사유재산 제도나 자유에 비추어 공정치 못하다고 믿는다. 과연 무엇이 정의인가?

대표적으로 자유시장주의자들은 말한다. 모든 개인은 스스로의 주권자이자 기본권을 소유하는 독립된 개체인데, 그렇게 존엄한 개체가 소유한 부를, 누가 되었던 그리고 어떤 목적이든 침탈하는 것은 부당하다. 따라서 국가는 내 돈을 내 마음대로 쓸 자유를 침해해서는 안 된다고 주장한다. 가능하면 개인의 자유를 최대화하고 정부의 역할을 최소화해야 한다는 것이다.

1960년 '자유 헌정론'을 통해 하이에크는 '경제평등을 성취하려는 짓은 자유사회를 파괴하려는 것'이라고 선언하였다. 밀턴 프리드먼 역시 1962년 발간한 '자본주의와 자유'에서 '국가가 할일 중 상당수가 개인의 자유를 침해하는 위법행위들'이라고 자유시장주의에 가세한다. 세금을 거두어 사회보장제도, 퇴직 연금을 만들고 최저임금제를 실시하는 것들이 그런 위법사례라는 것이다.

하지만 인간의 현실세계에서는 대안적 행동이 가능한 상황에서는 과연 어떤 행위가 그러므로 어떻게 행동하는 것이 과연 옳은 것인지를 판단하가 어려운 경우가 허다하다. 즉, 도덕적 판단에서의 딜레마가 무수히 발생한다.

제1장에서 살펴본 것처럼 도덕적 딜레마에 대해 행동의 옳고 그름에 대한 판단 기준으로는 크게 두 가지 견해가 있다. 하나는 어떤 행위가 올바르다는 것은 우리가 미리 상호간에 약속한 어떤 규칙을 준수했는가? 에 입각하여 행위의 정당성을 판단하는 입장이다. 다른 하나는 그 행위로 인한 결과가 좋거나 나쁜가에 따라서 사후적으로 행위의 정당성을 판단하는 입장이다.

예컨대 교통신호를 위반한 것은 우리가 미리 공동체에 약속한 교통법규를 어겼기 때문에 잘못된 행동이 된다. 반면에 가난한 사람을 도와주지 않는 것이 나쁜 것은 그 거절행위로 인해서 가난한 사람이 고통과 불행을 당하는 결과에 이르기 때문이다. 윤리학에서는 전자를 의무론 또는 정언적 도덕명령설이라 부르고, 후자를 결과론이나 목적론 또는 결과주의라고 칭한다.

그런데 도덕적으로 문제가 되는 것은 두 가지 원칙이 상충되는 경우이다. 이러한 상황을 "도덕에서의 딜레마적인 상황"이라고 부른다. 이러한 상황은 두 가지 도덕적 원칙 가운데 어떤 선택을 할 것인지를 인간에게 요구한다. 의무론이나 결과론(목적론)은 모두가 일면의 타당성을 가지고 있지만, 문제는 두 원칙이 동시에 한 상황에 적용될 수는 없다는 사실이다.

따라서 정의의 판단에서는 다음과 같은 문제가 제기된다. 최고의 결과를 위해서 도덕규칙을 양보해야 할 때는 언제이며, 도덕규칙을 준수하기 위해서 최선의 결과를 희생해야 할 때는 언제인가? 아래의 칼럼을 통해서 정의론의 관점을 다시 돌아보고 각 정의론의 관점에서 구체적인 사례에 답해보도록 한다.

### 공정한 사회의 기준은 무엇일까?

이 대통령은 광복절 경축사에서 "공정한 사회는 출발과 과정에서 공평한 기회를 주되 결과에 대해서는 스스로 책임을 지는 사회"라며 공정사회야말로 대한민국 선진화의 윤리적 · 실천적 인프라라고 강조했다. 그러면서 미소금융 햇살론, 대기업과 중소기업, 노사협력 등의 상생 정책을 적극적으로 추진하겠다고 밝혔다(.......) 하지만 공정한 사회를 어떻게 추진할 것인가 하는 구체적인 방법론에 들어가면 다소 복잡한 논쟁이 벌어진다. 공정은 바로 정의라는 철학 주제와 관련이 있기 때문이다.

'정의론'의 저자 존 롤즈는 정의의 기준을 아예 '공정'(fairness)이라고 말했다. 그는 공정한 사회를 만들기 위해 정의의 기준을 만들어야 하는데 이때 세상 사람들은 이미 이해관계가 있으므로 세상에 태어나지 않은 '베일에 가린 상태'를 가정해야 한다는 방법론을 제시하기도 했다.

정의를 보는 시각은 크게 세 가지로 나뉜다. 최대 다수의 최대 행복을 강조하는 공리주의, 개인의 자유를 강조하는 자유주의, 미덕을 기준으로 해야 한다는 고대 철학자 등을 들 수 있다. 자유주의는 다시 평등을 강조하는 존 롤즈주의자(liberalist, 점진적 자유주의자)와 개인의 자유를 강조하는 로버트 노직주의자(libertarian, 급진적 자유주의자)로 구분하기도 한다.

공리주의자는 한계효용체감의 법칙을 들며 개개인이 얻는 만족감(효용)이 최대가 되도록 해야 한다고 보았다. 철학자들이 정의의 기준으로 자유를 제시한 것은 18세기 이후부터다. 18세기 이전의 철학자들은 정의를 미덕으로 판단했다. 고대 철학자 아리스토텔레스는 정의란 사람들에게 그들이 마땅히 받아야 할 것을 주는 것이라고 보았는데 이때 마땅히 받을 자격이란 바로 미덕을 기준으로 판단했다. 바람직한 삶을 사는 사람들에게 영광과 포상이 돌아가도록 해야 한다는 것이었다. 이러한 사상은 산업혁명과 시민혁명이 일어나고 자유가 강조되면서 바뀌었다.

임마누엘 칸트 이후 철학자들은 정의란 시민들의 권리와 관련되는 것으로, 미덕과 같은 주관적인 견해에 좌우되어서는 안 된다고 보았다. 개인의 삶은 개인 스스로 선택할 수 있어야 한다는 것이다. 물론 고대 철학자들이 주장했던 미덕을 정의의 잣대로 삼는 시각이 18세기 이후 완전히 없어진 것은 아니다. 공동체를 강조할수록 이러한 기준이 두드러진다. 마이클 샌들 하버드대 교수는 《정의란 무엇인가》에서 자신은 미덕을 선호한다고 스스로 밝히고 있다. 미덕을 기준으로 정의를 판단하는 방법은 일견 직관적이어서 설득력이 있을 수 있다. 하지만 국가가 미덕을 정하고 판단하기 위해 개입하기 시작하면 개인의 자유는 위축될 수밖에 없다. 극단적인 경우 전체주의 국가로 흘러갈 수도 있다.

(장경영 한국경제신문 연구위원, 한국경제, 2010년 8월 20일)

# 제2절 개별사례

## 제1항 대가를 받는 임신(Pregnancy for Pay)

### 1. 사실관계

윌리암 스턴과 엘리자베스 스턴은 부부로 남편은 생화학자이고 아내는 소아과 의사였다. 이들 부부는 아이를 갖고 싶었지만 아내의 지병으로 갖지 못했다. 스턴 부부는 불임센터를 찾았고 센터는 "대리출산"을 알선해 주었다. 스턴 부부는 대리모를 찾는다는 광고를 냈다.

대리모(surrogate mothers)란 돈을 받고 다른 사람의 아이를 임신해 주는 여성이다. 메리 베스 화이트가 광고에 응했고 최종 당사자로 선정되었다. 29살의 메리 베스는 두 아이의 어머니로 유부녀였다.

1985년 2월 메리 베스와 스턴부부는 계약을 체결했다. 메리 베스는 윌리암 스턴의 정자로 인공수정을 거쳐 자궁에 착상하여 임신한 뒤 출산과 동시에 어머니의 친권을 포기하고 아이를 스턴 부부에게 넘겨주기로 했다. 스턴 부부는 메리 베스에게 1만 달러와 의료비를 지급하기로 약속했다. 알선센터에는 중개료로 7,500달러를 지불했다.

메리 베스는 1986년 3월에 여자아이를 출산했다. 스턴 부부는 입양할 딸의 이름을 멜리사라고 이미 지어 놓고 있었다. 그런데 막상 출산을 하고 보니 아이와 떨어질 수 없었던 메리 베스는, 아이를 데리고 플로리다로 도망쳤다.

경악한 스턴 부부는 베스가 아이를 자신들에게 넘겨주어야 한다는 법원

명령을 발부받았다. 경찰은 베스를 찾아냈고 아이를 스턴 부부에게 돌려주라고 요구했다. 베스는 자신의 아이를 지키기 위한 소송을 제기했다. 이에 이 사건은 아이의 이름인 멜리사의 첫 문자를 본 따서 베이비 M 사건으로 불려졌다.

## 2. 쟁 점

결국 사건은 법원으로 갔고, 법적·도덕적으로 유효한 계약인가?가 문제되었다. 구체적으로 먼저 여자가 임신해서 돈을 받고 아이를 넘겨주겠다고 약속할 때 관련된 정보를 충분히 제공받았는가? 막상 아이를 넘겨줄 때 어떤 느낌이 들지 충분히 예상할 수 있었는가?의 문제가 쟁점이 되었다. 다음으로 양쪽이 자유롭게 합의했다고 하더라도 아이를 사고팔거나 여성의 출산능력을 빌려주는 계약이 유효한 것인가?라는 의문이 제기되었다. 즉, 그런 행위는 인간인 아이를 상품으로 전락시키고, 임신과 출산을 돈벌이로 만들어 여성을 착취한다는 주장이 제기될 수도 있다.

## 3. 1심 법원의 판결 - 베이비 M 사건

법원은 당초의 계약을 이행하도록 명령하는 것이 정의로운 것인지를 결정해야 했다. 사건을 담당한 하비 스코우 판사는 당사자의 자발적인 합의에 손을 들어 주면서 계약의 신성함을 강조했다. 계약은 계약이니 생모가 단지 마음이 바뀌었다는 이유로 계약이 변경될 수는 없다는 이유였다.[1]

소코우 판사는 첫 번째 쟁점에 대하여, 충분한 정보소유에 따라 합의에 문제가 있다는 생각은 옳지 않다고 판단했다. 이유는 양자 중 어느 쪽도 거래에서 우월한 위치에 있지 않았고, 양자 중 어느 쪽도 상대방을 불리한 위치에 놓이게 할 만큼의 전문성도 갖고 있지 않았다는 것이다. 그러므로 어느 쪽도 거래에서 우월하거나 열등한 처지가 아니라고 판단했다.

두 번째 쟁점에 대하여는 대리출산이 아이를 매매하는 것은 아니라고 판단했다. 즉, 스턴 부부는 대리모인 메리 베스에게서 아이를 산 것이 아니라는 것이다. 스턴 부부는 베스의 임신과 출산이라는 서비스에 돈을 지불한

1) 109 N.J. 396 (1988).

것이고, 아이는 유전적으로 연결되는 윌리암 스턴의 친자식으로 이미 자기 소유인 것을 살 수도 없다는 논리였다. 아이는 윌리암 스턴의 정자로 생겼으니 애당초부터 윌리암 스턴의 아이라는 판단이었다. 그러므로 아이를 판매할 여지도 없고 1만 달러는 임신과 출산이라는 서비스에 지급한 것이지, 아이라는 생산물에 지급한 것은 절대로 아니라는 판단이었다.

소코우 판사는 대리출산이 여성의 성적 기능을 착취한다는 변호사의 항변도 배척했다. "남자는 자신의 정자를 팔 수 있으므로, 여자도 자신의 생식능력을 팔수 있어야 한다. 남성이 생식수단을 제공한다면, 여성도 마찬가지로 그러한 행위를 할 수 있어야 한다."라고 판단했다. 재판에서 패한 생모인 메리 베스는 뉴저지 대법원에 상고했다.

## 4. 뉴저지 대법원의 판단

하지만 주 대법원은 만장일치로 1심 판결을 번복하고 대리출산 계약은 무효라고 판결했다. 다만 아기 M의 양육권은 스턴 부부에게 주면서 그것이 아이에게는 최선이라고 판결했다. 주 대법원장 로버트 윌렌츠는 아래와 같이 파기의견을 잘 설명했다. 대법원의 판단은 결론적으로 대리출산계약은 전적으로 자발적이지 않았으며, 계약에는 아기를 파는 내용이 포함되어 있다는 것이다.[2)]

### 1) 계약의 문제점

임신해서 아이를 낳으면 바로 넘겨주겠다는 베스의 약속은 관련정보가 충분히 제공되지 않았다는 점에서 전적으로 자발적이지 않다. 대법원장 로버트 윌렌츠는 이를 다음과 같이 판시했다.

**"계약에 따르면 친어머니는 자신과 아이의 강한 유대감을 알기도 전에 되돌릴 수 없는 약속을 한 것이다. 어머니가 아이를 출산하기 전에는 어떤 결정을 내리더라도, 그것이 충분한 정보에 근거할 수 없다는 점이 명백하다."**

---

2) 225 N.J. Super 267 (N.J. Super. Ch. 1988)

일단 아이가 태어나면 어머니는 자신의 감정을 비롯하여 분명한 정보를 갖고 방향을 선택할 수 있다. 그러나 그전에 내리는 결정 그리고 그 결정에 따른 합의는 '소송에 대한 두려움'에 또는 '1만 달러의 유혹'에 어쩔 수 없이 내린 결정이라서 전적으로 자발적일 수 없다는 취지이다.

### (2) 문명화된 사회에서도 돈으로 살 수 없는 그 무엇?

대법원장 윌렌츠는 다음과 같이 말했다.

> **"그 여성이 얼마나 돈이 필요했던 간에, 계약의 결과를 이해하는 것이 그에게 얼마나 중요했던 간에........문명화된 사회에서는 돈으로 살 수 없는 것이 있게 마련이다."**

대법원장 로버트 윌렌츠는 상업적 대리출산의 경우에, 아이가 아니라 대리출산 서비스에 돈을 지불한 것이라는 1심 법원의 판단도 배척했다. 상업적 대리출산 계약은 엄연히 아이를 판매하는 행위이거나, 적어도 아이에 대한 어머니의 권리를 판매하는 행위라는 것이다. 그나마 참작할 만한 점은 구매 중 한 사람이 아버지라는 사실뿐이라고 부연 설명했다.

## 5. 대리출산계약과 정의 - 베이비 M 사건에 대한 판단은 어느 것이 옳은가?

### 1) 대리출산 지지입장

Baby M(1986년 3월 27일 출생)

대리출산계약도 정당하다는 지지론자들은 자유지상주의와 공리주의에서 출발한다. 자유지상주의는 대리출산계약은 명백하게 자유로운 개개인의 선택의 자유를 반영한다는 것을 근거로 삼는다. 성인들이 합의로 맺은 계약을 지키는 것은, 자유를 존중하는 것이라는 견해이다. 한편 공리주의는 전체의 행복이 커진다는 논리를 내세운다. 양 당사자가 계약에 합의했다는 것은 둘 다 이익이나 행복을 얻는다고 보았기 때문이라는 것이다.

### 2) 대리출산 반대 입장

반대론자들은 세상에는 아기나 여성의 출산능력처럼 돈으로 살 수 없는 것도 있다는 이유에 근거를 둔다. 그 이유는 아기나 여성의 임신을 상품으로 취급하는 행위는, 인간이나 인간행동의 가치를 제대로 평가하지 않고 물질화함으로써 비하하는 행위라는 주장이다. 물건은 본래의 존재목적이 있는 것으로서 단지 우리가 부여하기 나름만은 아니라는 인식이 깔려 있는 것이다. 따라서 인간은 존중받아야 하는 존재이지 사용하는 물건은 아니기 때문에, 인간을 사고파는 물건처럼 취급하는 것은 옳지 않다는 것이다.

대표적으로 미시간 대학교 교수로 존 롤즈의 정의개념을 지지하는 현대의 도덕 철학자인 엘리자베스 앤더슨(Elizabeth S. Anderson)은 대리출산 계약은 여성의 노동과 아이를 상품화함으로써 인간을 비하한다고 주장한다.

대리출산 계약은 사랑하고 보살펴야 할 아기를 마치 상품인 것처럼 비하한다는 것이다. 더불어 상업적 대리출산은 여성의 몸을 물건을 찍어내는 공장 취급하고, 여성에게 돈을 주고 아이와 관계를 끊도록 함으로써 여성을 비하한다는 게 앤더슨의 주장이다. 또한 대리모에게 "아이에 대한 부모의 애정을 무조건 억누르라고" 강요하는 대리출산 계약은 여성의 노동을 소외된 노동으로 전락시킨다는 것이다.

앤더슨은 다음과 같이 직설적으로 설명한다. 대리출산계약에서, (어머니는) 아이와 부모 자식 관계를 형성하지도, 형성하려 애쓰지도 않겠다고 약속한다. 임신이라는 사회적 행위가 마땅히 지향해야 하는 목적인, 아이와의 감정적 유대를 억지로 끊어야 한다는 점에서 어머니의 노동은 소외된다.

## 6. 현실적인 전개

### 1) 외주임신의 발전

'베이비 M'으로 알려진 멜리사 스턴(Melissa Stern)은 그 후 성장하여 조지 워싱턴 대학에서 종교학을 전공하고 졸업했다.

성숙한 Melissa Stern

현재 유럽의 많은 국가가 상업적 대리출산을 금지한다. 미국에서는 10여개 주가 이를 합법화했고, 10여개 주가 금지했다. 그러나 오늘날에는 새로운 불임치료기술이 발달하여 대리출산 경제학에도 많은 변화가 생겼다.

메리 베스 사건에서는 대리모는 자신의 난자와 자궁을 모두 제공했었다. 따라서 대리모는 생물학적으로는 부인할 수 없는 아기의 생모였다. 그러나 현대의학에서는 난자를 다른 여성에게 제공받아 남자의 정자와 함께 체외수정하거나, 여성의 자궁만 빌려서 자궁에 체외수정체를 착상시킬 수 있게 되었다.

대리출산계약의 상업적 이익을 분석한 하버드 경영대학원 교수를 역임하고 현재 버나드 대학의 총장인 데버러 스파(Deborah L. Spar)의 표현을 빌리면, "이제는 한 곳에서 난자를, 다른 한 곳에서는 자궁을" 얻을 수 있게 되었다.

이런 개별공급방식이 대리출산 시장을 급속도로 성장하게 하였다고 한다. 구매자도 난자와 자궁을 한 묶음으로 구매하는 압박감에서 벗어나게 되어, 난자는 특정한 유전적 특성을 가진 사람에게서, 자궁은 또 다른 특성을 가진 사람에게서와 같이 더욱 차별화된 선택을 할 수 있는 길이 열렸기 때문이다.

그러므로 이제는 출산 뒤에 아이의 소유권을 주장하거나 법정소송의 걱정도 줄어들었다. 이들에게 정말 필요한 것은 임신을 대신 해주고, 임신 기간에 술, 담배, 마약을 하지 않는다는 행동규범을 준수하는 일 뿐이다.

대리모 출산양상이 바뀌면서 수요뿐만이 아니라 공급도 늘어났다. 미국 국내의 경우 대리모는 현재 임신 한 건당 2만~2만5천 달러를 받는다고 한다. 그리고 구매자는 의료비와 중개료를 포함하여 보통 7만5천~8만 달러가 든다고 한다. 따라서 수요-공급의 법칙에 따라서 수요자도 다른 상품이나 서비스처럼 좀 더 값싼 공급자를 찾아 밖으로 눈을 돌렸다.

국제적으로 2002년 인도는 외국인 고객을 유치할 목적으로 상업적 대리출산을 합법화했다. 그 결과 인도 서부의 아난드(Anand)라는 조그만 도시는 유급임신 도시로 유명해졌다.

2008년 아난드 도시 여성 50명이 미국, 타이완, 영국 등지의 손님들을 상대로 대리임신을 해 주었다. 인도 대리모들이 받는 돈은 4,500~7,500달러로 보통 15년 이상 일해야 벌수 있는 돈이라고 한다. 아난드를 찾는 미국 수요자도 총비용은 왕복항공료와 호텔 투숙비를 모두 포함하고도 2만5천달러로 미국의 3분의 1 수준이라고 한다.

## 2) 정의의 문제

이렇게 변화무쌍하게 발전한 외주임신은 여전히 세상에는 진정 돈으로 살 수 없는 미덕과 고귀한 재화가 과연 존재하기는 하는가? 라는 의문을 제기한다. 바꾸어 말하면 대리임신은 정의로운 일인가? 라는 의문이다.

어머니의 역할을 둘이 아닌 셋으로 나누어, 아기와의 유대감을 엷게 한다고 하여 대리출산의 본질적인 쟁점에 대한 정의의 문제를 회피할 수 있을까?

인도 당국은 정의를 지향하는 법으로 대리출산을 합법화함으로써, 인도에서는 문제될 것이 없다고 할 수 있다. 그러나 대리출산의 문제는 근본적으로 법으로 정의를 재단할 수는 없는 일이고, 역시 본질적인 정의론의 철학적인 관점에서 판단해야 할 문제이다.

물론 여전히 자유주의의 관점이나 공리주의의 관점에서는, 개인이 자유의사로 결정한 일이고 또한 다수의 행복을 창출했으므로 정의로운 일이라고 평가할 수 있을 것이다.

그러나 가난한 나라에서 의도적으로 외주임신 산업을 부추기면서 여성의 몸과 마음 그리고 출산능력을 도구로 전락시켜 여성을 비하하고 소외하는 것은 아닌지, 그러므로 정의로운 일이 아닌 것은 아닌지 공동체주의의 관점에서 되돌아보게 한다.

실제로 예전에 가정부로 한 달에 25달러를 받다가 4,500달러를 받고 영국 부부를 위해 대리모 경험을 한 인도여성 수만 도디아의 임신 중의 다음과 같은 말은 진정한 모성애가 아니라 자신의 몸도 관리대상, 즉 수단화 시키는 것으로서 출산하여 양도할 것을 고려한 고민으로 보인다.

**"제 아이를 임신했을 때보다 더 조심하고 있어요."**

즉, 수만 도디아의 조심은 바꾸어 말하면 생산하여 판매할 대상으로서의 아이를 상정한 것으로, 외주 임신이 공동체적 가치의 근본을 형성하는 아이와 어머니와의 참된 관계도 잠식하는 것은 아닌지 이러한 생각을 더욱 절실히 느끼게 한다.

# 제2항 진정한 프로 골프 논쟁

## 1. 사실관계

pebble beach golf course 7번홀

케이스 마틴은 다리가 불편한 프로 골퍼였다. 혈액순환 장애로 골프 코스를 걸어가려면 심한 고통이 따르고 출혈과 골절이라는 심각한 위험을 감수해야 한다. 마틴은 이런 장애에도 불구하고 골프에 대한 재능으로 뛰어난 실력을 보였다. 스탠포드 대학 챔피언 팀에서 활동하다가 이후 프로로 전향했다. 마틴은 미국 프로골프협회(PGA)에 경기 중에 카트를 이용하게 해 달라고 요청했다. PGA는 최고 프로 토너먼트에서는 카트 이용을 금지한다는 규정을 들어 요청을 거절했다. 이에 마틴은 법원에 소송을 제기했다.[3]

## 2. 쟁 점

쟁점은 골프코스에서 카트를 타고 다니면서 샷을 하는 사람은 진짜 골프선수인가? 즉, 프로골프의 본질이나 목적이 무엇인가였다. 마틴은 미국장애인법(1990년)을 거론했다. 장애인법은 애초 활동의 "본성을 근본적으로 바꾸지"(fundamentally alter the nature of the activity) 않는 범위에서 장애인에게 합당한 편의시설을 제공하도록 규정하고 있다.

골프계의 거물들이 증인으로 출석했다. 아놀드 파머, 잭 니클라우스, 켄 벤츄리는 PGA의 카트금지 규정을 지지했다. 이들은 골프 경기에서 피로

3) PGA Tour v. Martin, 532 U.S. 661(2001).

(疲勞) 역시 중요한 요소이기 때문에, 마틴이 걷지 않고 카트를 타면 불공평하게 이익을 본다고 주장했다. 골프코스를 걷는 것은 골프의 본질인가? 부차적인 행위인가? PGA 주장대로 걷는 것도 골프의 본질에 해당한다면, 마틴에게 카트를 타도록 허용하는 것은 골프경기의 "본성을 근본적으로 바꾸는" 조치이다.

여기에서 골프의 목적은 과연 무엇인가라고 하는 근본적인 의문이 제기된다. 소위 아리스토텔레스의 텔로스 논쟁이다. 골프의 목적이 단순한 엔터테인먼트인가 아니면 탁월한 체육적 우수성인가? 그에 대한 판단은 골프경기가 어떻게 진행되는 것이 공정한 것인가라는 결론에 이를 수 있는 것으로서 매우 중요한 판단이다.

만약 골프가 단순한 오락이라면 선수들이 홀 사이의 이동용 골프 카트를 타거나 말거나는, 아무런 문제가 되지 않는다. 왜냐하면 골프카터 이용은 오락의 본질, 즉 목적을 저해하는 것이 아니기 때문이다. 오히려 홀 간 이동 속도를 빨리 함으로써 실제의 골프 볼 플레이를 더욱 집중하게 하여, 오히려 골프의 오락성을 더욱 높여 줄 것이다.

하지만 골프의 목적이 단순한 오락이 아니라, 자연과의 싸움 그리고 자기와의 투쟁에서의 극복이라는 인격적인 체육적 우수성의 확보에 있다면, 특히 전문적인 골프선수들의 경우에는 18홀 전체를 문명의 이기에 의존하지 않고 걸어 다니면서 플레이해야 하고 그렇지 않으면 경기를 몰수한다는 논리가 더 합리적일 수 있을 것이다.

## 3. 연방대법원의 판결

결국 법원은 이 사건에 답하기 위해서 골프의 텔로스, 즉 골프의 본질을 정해야 했다. 결론적으로 연방대법원은 7:2의 의견으로 케이스 마틴은 골프카트를 이용할 권리가 있다고 판결했다.

### 1) 다수의견 - 존 폴 스티븐슨(John Paul Stevens)으로 대표

카트 사용은 골프의 근본성격에 어긋나지 않는다. 그러면서 스티븐슨 대법관은 다음과 같이 덧붙였다.

**“예전부터 골프의 본질은 샷을 하는 행위였다. 즉, 골프채를 이용해 티잉 그라운드에 있는 공을 때려 가급적 적은 타수로 멀리 떨어진 홀까지 날려 보내는 행위이다.”**

걷는 행위가 골프선수의 체력을 시험한다는 반론에 대해 스티븐슨 판사는 생리학 교수의 증언을 인용했다. 교수는 18홀을 걷는 데 고작 500칼로리 정도가 소요되며, 이는 맥도날드 햄버거 하나에 든 것보다 적은 양이라고 증언했다. 골프는 강도가 낮은 활동이라, 경기에서 오는 피로는 주로 정신현상이며 여기에는 스트레스와 동기부여가 핵심요소로서, 마틴에게 카트이용이라는 편의를 제공한다고 해서. 골프가 근본적으로 바뀌거나 그가 불공평한 이익을 얻지는 않으리라는 것이 다수의견이었다.

### 2) 소수의견 - 안토닌 스캘리아(Antonin Scalia) 대법관의 판단

스캘리아 대법관의 생각은 달랐다. 그는 법원이 골프의 본질을 결정할 수 있다는 생각 자체를 거부했다. 그는 다음과 같이 말한다. 골프의 규칙은 모든 경기가 그렇듯이, 전적으로 임의로 정해진 규칙이다. 법원이라고 하여 PGA가 정한 규칙을 비판적으로 평가할 기준은 없다. 팬들은 규칙이 마음에 안 들면 “그 경기는 더 이상 즐기지 않으면 그만이다. 따라서 어느 누구라도 이 규칙 또는 저 규칙이 옳다고 단정하고, 다른 것은 골프가 시험하는 기술과 무관하다고 말할 수는 없다.”

## 4. 케이시 마틴 골프카트 논쟁의 교훈

케이시 마틴의 사례는 정의의 문제는 단지 부, 재산, 소득을 분배하는 문제만이 아님을 잘 보여주는 사례이다. 대법관 스캘리아가 골프에 텔로스가 있다는 사실을 부인한 것은 비판을 받는다. 또한 텔로스를 연방 대법원이 이성적으로 판단할 수 없다고 한 것도 잘못이라는 비판을 받는다. 그러나 4년간 진행된 기나긴 골프카트 드라마는, 겉으로 보기에는 공정성 논쟁, 즉 형평성 논란이었지만 외형상 나타난 공정성의 문제가 전부가 아니었다.

공정성이 논란의 핵심이고 전부였다면 해결책은 쉽고도 분명하다. 선수들에게 원하면 카트사용을 허용하면 그만이다. 그러나 이 해결책은 명예를 소중하게 생각하는 프로 골퍼들에게는 질색할 일이며 케이시 마틴에게만 허용하는 것보다 더 생각할 수 없는 대안이 된다. 왜냐하면 골프 카트 논쟁의 진짜 뒤에는 영광과 자존심의 인정에 관한 논란이기 때문이다. 최고의 골프선수라면 골프에서 세계 최고라면서, 관중들이 보기에 편한 자세로 골프카트를 타고 다니면서 쟁취한 실력이라는 것이 가볍게 보일지도 모르는 우려인 것이다.

결국 골프카터 논쟁은 사회의 미덕이라는 아리스토텔레스의 정의론을 다시 한번 생생하게 보여준다. 결국 정의는 영광과 포상을 안겨주는 논쟁으로 좋은 삶, 좋은 생활 그러므로 좋고 바람직한 행동의 본질을 논하지 않고는 공정성을 말하기가 불가능하다는 사실의 일면을 말해준다. 사회 미덕을 본질로 하는 공동체적 정의론의 바탕이다.

# 제3항 아프가니스탄의 양치기 소년 딜레마

## 1. 사실관계

2005년 6월 아프가니스탄 국경의 험한 산악지대에서 미 해군의 특수부대 실(SEAL) 대원 4명이 빈 라덴 측근인 탈레반 지도자를 찾기 위하여 정찰 중이었다.

SEAL 팀은 '빨간 날개'라는 작전을 수행 중으로 팀의 구성원은 루트렐(Luttrell), 마이클 머피(Michael P. Murphy), 대니 디에츠(Danny Dietz), 매튜 아젤슨(Matthew Axelson)이었다. 찾고자 하는 타깃은 탈레반 우두머리였다. 탈레반이 머무는 마을이 내려다보이는 산등성이에 미군 척후병들이 자리를 잡은 직후, 아프간 농부 두 명과 한 어린소년이 염소 떼 백 여 마리를 몰고 나타났다.

빨간 날개 작전(Operation Red Wing Team)

## 2. 특수부대 팀의 결정

염소치기와 마주친 미군들은 딜레마에 빠졌다. 대안적 인간행동의 딜레마 그러므로 정의의 문제에 봉착했다. 다음과 같은 판단이 가능한 상황에서 과연 어떻게 하는 것이 정의로운 판단이고 행동일까? 라는 현실적인 문제였다.

농부 두 명과 소년을 놓아주면 미군 소재를 탈레반에게 알려 줄 위험에 처할 수 있을 것이기 때문이다. 부대원들은 이들을 억류하여 소지품을 검사하는 등 면밀히 수색했지만 적개심이나 밀고의 느낌을 갖지는 못했다.

이에 일행인 머피는 이들의 처형 여부를 투표로 결정하자고 제안했다. 아젤슨은 처형하자는데 투표했다. 디에츠는 기권했다. 머피는 팀장인 루트렐의 결정에 따르겠다고 일임했다. 상황은 자명해 보였다. 시골 농부에 불과하지만 작전수행상 원칙적으로 '제거'하는 것이 순리였다.

그러나 선임자인 루트렐(Marcus Luttrell) 하사는 갈등했다. "저들을 죽여서 우리가 안전해질 것인가? 아니면 무고한 염소치기들을 살려서 우리가 위험해질 것인가." 루트렐은 군인이기 전에 기독교인이었다. 교전 원칙상 제거하여야 하나, 양심상 무고한 염소치기들을 죽일 수는 없었다. 반드시 탈레반에 밀고하리라는 확신도 없었다. 그는 결국 이들을 풀어주는 쪽에 표를 던졌다.

이러한 상황에서 여러분이 특수부대의 운명을 결정할 팀장인 루트렐 하사였다면 어떻게 행동했을 것인가?

### 3. 그 후의 실제상황

그로부터 약 한 시간 반 후, 특수부대팀은 탈레반의 무참한 기습공격을 당했다. 염소치기들의 밀고를 받고 로켓발사기까지 들고 온 탈레반 80~150여명에게 포위된 특수부대 요원 중 세 명이 사살되었다. 이들 무장세력들은 구조하러 동원된 미군 헬기마저 격추하면서 헬기에 탄 군인 열여섯 명이 추가로 죽었다. 양심을 따른 판단이 19명의 목숨을 앗아간 것이다. 팀장 루트렐은 산 아래로 굴러 떨어지는 바람에 간신히 목숨을 건졌다.

한편 미국으로 돌아온 루트렐은 2007년 해군에서 제대했고 뉴욕 타임스지와 공동으로 베스트셀러가 된 "고독한 생존자"(Lone Survivor)를 출간했다. 그는 책에서 "내가 제 정신이 아니었던 게 틀림없다. 사형집행을 승인하는 꼴이 될 수 있다는 걸 알면서도 그 쪽에 표를 던졌다. 그 결정적인 표는 내가 던졌고, 그 일은 텍사스 무덤에 들어갈 때까지 나를 괴롭힐 것이다." 그는 2009년까지 정신재활치료를 받았다.

한편 2009년 4월 1일 4명의 소년들이 루트렐의 집에 침입하여 루트렐이 기르던 개를 사살하고 Dasy라고 적힌 편지를 뿌려놓았다. "DASY"는 그의 팀 동료들 이름의 첫 글자의 모음으로 추정되었다. 현재 루트렐을 위협한 것으로 추정되는 소년 4명이 당국에 잡혀 사법처리가 진행 중이다. 한편 빨간 날개 작전의 목표물이었던 탈레반 괴수 모하메드 이스마일 알리아스는, 2008년 파키스탄 경찰과의 대치에서 사살되었다.

## 제4항 식인사건 - Queen v. Tom Dudley and Edwin Stephens(1884)

### 1. 사실관계

미니오네테(Mignonette)호는 1867년도에 영국에서 건조된 크지 않은 요트였다. 요트광인 오스트레일리아의 변호사 존 헨리가 1883년 레저용으로 미니오네테호를 구입했다. 문제는 영국에서 오스트레일리아까지의 운송이었다. 바닷길로 약 1만5천마일(약 2만4천 킬로미터)이나 되는 먼 거리로, 당시 화물수송선이 없는 상태에서는 요트를 직접 항해해서만 인도될 수 있었다.

선장인 더들리가 스케치한 미니오네테호의 모습

요트를 항해해 갈 사람으로 4명이 적지 않은 돈을 받기로 하고 선발되었다. 4명의 사람으로는 먼저 선장은 이 사건 피고인 더들리(Dudley)였다. 1등 항해사는 역시 이 사건의 피고인 스테판(Stephens)이었다. 그 밖에 항해사 브룩스(Brooks) 그리고 19살의 초보자 뱃사람으로 용돈을 벌려고 처음으로 배에 탄 심부름꾼 리처드 파커(Richard Parker)가 있었다.

파커는 고아로 가족이 없었다. 선장인 더들리를 포함한 이들 4명 모두는 선량하고, 평범하며 아무런 범죄전력도 없는 도덕적인 사람들이었다. 원래 파커는 친구들의 조언에도 불구하고, 바다에 대한 막연한 호기심 때문에, 항해 경험도 하고 또한 돈도 벌고 멀리 떨어진 다른 나라에도 가봄으로써, 어린 자신을 용기 있는 남자로 만들어 줄 수 있는 좋은 기회로 생각하고, 난생 처음으로 배를 타기로 결심한 앳된 소년이었다.

처음에는 오스트레일리아로 향하는 항해는 매우 순조로 왔다. 바닷바람이 양쪽 볼을 스치며 진동하는 바다냄새는 뱃사람들의 가슴에 긍지와 뿌듯한 자부심을 가져다주었다.

그러나 항해 3일 째 되는 날부터 날씨가 돌변했다. 거센 파도가 덮쳐 배의 중심을 잡아주는 방호벽이 파손되어 요트는 침수되기 시작했다. 4명은 혼신의 힘을 다하여 간신이 먹을 수 있는 무 통조림 2개만을 챙길 수 있었다. 선장 더들리는 요트를 버리고 구명정을 진수했다. 하지만 구명정은 조잡했다. 마실 수 있는 물도 없었다. 4명은 식량을 아끼기 위해 아무 것도 먹지 않고 버텼다. 선장 더들리는 3일간 아무 것도 먹지 않고 참고 참다가, 4일 째 되는 날에 무통조림을 개봉해서 4명이 공평하게 몇 조각씩 나누어 먹었다. 5일째 되는 날에는 바다거북이 한 마리를 바다에서 발견했다. 그런데 1800년 당시에 영국에서는 거북이는 인간에게 해로운 동물로 간주되던 때였다. 그러나 허기에 굶주린 4명은 거북이를 잡아 거북이의 살을 식량으로 먹었고, 거북이의 피는 음료수로 나누어 먹었다. 비록 날고기이고 거북이의 생피였지만 오랜만에 허기를 채울 수 있었던 이들은, 약 8일 동안 거북이의 남은 부분과 나머지 무 통조림 한 개로 버틸 수가 있었다.

그러나 보름이 지나 이제는 더 이상 아무런 먹을거리도 없게 되었다. 하늘에서는 비도 오지 않았고, 바닷물은 먹을 수 없어서 소변을 먹고 갈증을 이겼다. 물론 정신이 몽롱해진 이들은 배변도 버리지 않고 개처럼 먹었다. 이 와중에 갈증과 배 멀미로 가장 힘들어 한 사람은, 초짜로 구명정도 처음 타보는 어린 파커였다. 파커는 선장 더들리를 포함한 다른 사람들의 조언에도 불구하고 허기와 갈증을 면하기 위해 바닷물을 먹기 시작했다. 그러나 바닷물을 너무 많이 먹어 심한 복통이 발생했고, 건강은 극도로 나빠졌다. 원래 뱃사람들에게 바닷물의 음용은 건강에 치명적이다. 초보 뱃사람인 파커는 바닷물을 먹은 이유 등으로 몸이 매우 아팠다.

## 2. 잠깐 쉬어가기

① 여러분 스스로가 실제로 이러한 극한 상황에 처했다고 가정한다.

② 여러분들이라면 이런 상황에서 다음에는 어떤 일을 할 것인가?

### 3. 여기에 그들이 실제로 한일이 있다! - 판결문을 중심으로

갈증과 허기진 20일 가량이 지나자, 선장 더들리는 비장한 말로 우리들 중에 한명이 희생되어야하겠다고 말했다. 즉, 4명 가운데 한사람을 죽여 인육을 먹고 나머지는 버티자는 취지였다. 나머지 3사람도 선장 더들리의 이러한 제안을 거절한 사람은 아무도 없었다. 처음에 이들 4명은 선택 방법으로 제비를 뽑자는 의견을 가지고 논의했다, 하지만 복권 추첨 아이디어에 항해사 브룩스가 반대했다. 브룩스는 건강이 상당히 나빠진 어린 소년 파커를 염두에 두고 있었다. 물론 선장을 포함한 자신들은 모두 일가의 가장으로 집사람과 사랑하는 가족들이 있는 반면에, 파커는 고아로서 그의 죽음을 애도해 줄 사람도 없다는 점도 고려했다.

결국 선장 더들리는 스테판과 브룩스의 의견대로 건강이 악화되어 이미 죽어 가는 파커를 살해하기로 결정했다. 그러나 양심의 가책을 느낀 3사람은 혹시 바다에서 거북이라도 발견할 수 있나 하고 한나절을 더 버텼다. 그러나 아무런 소득이 없었다. 더 이상 먹을 것을 건지지 못한 이들 3명은, 밤에 서로 눈짓으로 파커에 대한 살해를 실행했다. 더 이상 지체하면 파커의 피도 혼탁해져서, 파커의 피를 물 대용으로 먹을 수 없을 지도 모른다는 우려도 고려되었다. 물론 파커는 처음 논의대로 복권추첨을 할 것을 기다리고 있었고, 나머지 모임에는 참석하지 못해서 자신을 살해해도 좋다고 동의하지도 그리고 반대하지도 않았다.

스테판과 브룩스 두 사람이 파커의 입을 막으며 몸을 움켜잡고, 선장 더들리는 파커의 경정맥을 깊숙하게 절단하여 파커를 살해했다. 죽어가면서 파커는 "왜 내가"라고 힘없이 웅얼거렸다. 3사람은 파커의 피와 살을 먹었다. 기록에 의하면 더들리와 브룩스가 가장 많이 먹고, 파커와 가장 많은 시간을 가졌던 스테판은 조금밖에 먹지 않았다. 이러한 상황은 선장 더들리가 항해일지에 적나라하게 기록함으로써 나중에 법정에서 알려진 내용이었다. 구체적으로 더들리가 묘사한 내용은 다음과 같았다.

| 더들리 선장의 고백일지 |
|---|
| ① 가장으로 아들 같은 사람을 잡아먹는다는 것은 결코 올바른 일이 아니다. |
| ② 아무리 그래도 착한 청년을 잡아먹을 아무런 권리도 없다. |
| ③ 항해 24일만에 처음으로 아침밥을 먹을 수 있었다. |
| ④ 유령같이 섬뜩한 음식(ghastly meal), 나를 포함해 모두가 미친 늑대 같았다. |
| ⑤ 사람을 잡아먹는 두 사람의 표정을 잊을 수가 없다. |

이후 이들 3명은 독일 배에 의해 구조되었다. 이들은 영국에 인계되었고, 항해일지를 토대로 하고 이들의 자백을 바탕으로 하여 살인죄로 법정에 서게 되었다.

## 4. 쟁 점

더들리 사건은 19세기 영국에서 발생한 실제의 사건이다. 당시 영국 언론은 결코 이보다 더 슬픈 바다이야기는 앞으로도 없을 것이고, 현재까지도 바다에서의 가장 비극적인 이야기라고 보도했다.

더들리 사건은 법학 공부에서 정의(justice)를 이해하는 로스쿨의 대표적인 케이스이다. 오늘날까지도 사례를 연구하는 법학도들의 판단의견은 엇갈리고 있다. 여러분은 로스쿨을 거쳐 간 전 세계 수많은 법학도들이 그랬던 것처럼, 19세기 영국 법관으로서 이 경우에 어떻게 판결할 것인가? 다음의 쟁점을 생각해 보면서 판단해 보자.

① 법적인 판단은 별도로 하고, 도덕적으로 허용되는 일인가? 아닌가?

② 법적으로 이들은 유죄인가?

③ 만약 파커가 자신의 희생에 동의했다면 어떤가?

④ 살인의 경우에 피해자의 승낙이 도덕적인 차이점을 가져 오는가?

⑤ 필요성이 살인을 정당화할 수는 없는가?

## 5. 분 석

### 1) 더들리와 스테판 그리고 브룩스를 변호하는 사람 입장

식인행동을 했음에도 왜 그들은 도덕적으로 면책이라고 생각하는가? 대개의 이유는 다음으로 나타난다.

① 그들의 행동은 생존을 위한 불가피한 선택이었다.
② 법적인 책임을 물을 수 없는 비정상적인 정신 상태에서의 결정이었다.

### 2) 반면에 유죄라고 보는 검찰 측의 입장은 어떠했을까?

① 검찰은 인간이 스스로가 자신의 판단으로 다른 인간의 생명을 취할 수 있는 경우는 없다.
② 인간에게는 정당화사유가 없는 어떤 경우에도 남을 죽일 권리는 없다.
③ 더욱이 이 사건에는 피해자인 파커의 승낙도 명백히 없었다.
④ 그러므로 살인은 어디까지나 살인이고, 본건은 역시 생존적 식인주의(Survival Cannibalism)이다.
⑤ 어떤 경우에도 캐니벌리즘, 즉 식인주의는 도덕적으로 잘못이다. 인간은 인간을 먹어서는 안 된다. 잘못된 행동은 어떤 이유로도 잘못이다?

survival cannibalism

## 6. 법원의 판결(Holding)

먼저 법원은 보통법의 원칙 아래에서는 필요성이 살인을 정당화하지는 않는다고 결론지었다. 그러면서 몇 가지 예를 들면서 다음과 같이 설시했다.

일반적으로 사람이 스스로의 생명을 보존하는 것은 각자의 소중한 의무이다. 그러나 경우에 따라서는 스스로의 생명을 희생하는 것이, 평범하지만 가장 존귀한 행위가 되기도 한다. 전쟁의 경우가 그러하다. 전쟁에서 남자들은 살려고 하지 않고, 스스로의 목숨을 희생하여 조국과 남은 동포를 구하려고 한다. 또한 구체적으로 배가 난파된 경우에 선장의 일반선원에 대한 의무, 선원의 일반승객들에 대한 의무는 전쟁에서 군인이 여자나 어린이에 대해 베풀어야 하는 의무와 유사하다. 자기 목숨의 보존이 아니라, 오히려 다른 사람들을 위해서 스스로의 목숨을 희생하는 이러한 의무들은, 남자들에게 도덕적 필요성에 의해서 부여된 의무이다. 특히 예수 그리스도가 우리들 모두의 죄를 사하고, 대신해서 희생한 것은 남을 위해 죽는 대표적인 사례이다.

이러한 논리에 따른 법원의 최종 형량은 다음과 같았다. 브룩스는 적극적인 개입이 인정되지 않는다고 하여 무죄를 선고받았다. 하지만 주동자이고 살인에 적극 가담한 더들리와 스테판은 유죄로 사형을 선고받았다. 다만 선처가 권유되었다. 결국 이들은 6개월 복역 후 사면되었다.

## 7. 스스로 판단해 보기

### 1) 승낙이나 동의의 효과 -자유주의적 정의론의 한계

① 승낙에도 불구하고 도덕적으로도 잘못된 행동이라고 생각할 수는 없나?
② 살해 대상자 선정에 복권추첨 아이디어는 온당한 것인가?
③ 동의는 결과를 정당화 시킬 수가 있는가?
④ 동의는 왜 동의가 없는 경우와 차이를 가져오는가?
⑤ 동의는 일응 공평과 차별이 없는 적법절차(Due process)이기 때문인

가?

⑥ 추천방식이면 무방하다고 생각하는 사람은, 절차적으로 공정함이 결여되었다고 보기 때문에 잘못이라는 것인가?

### 2) 도덕성 판단의 학설에 따른 판단

#### (1) 절대적 · 정언적 도덕원리에 의한 판단

행위의 윤리판단에 대한 행위주의, 즉 절대적 · 정언적 도덕원리에 의하면, 극한의 상황에서 불가피한 필요성 때문에 파커를 희생시킨 행위라고 해도, 이 사건은 어디까지나 식인살인이라는 것이다. 즉, 살인은 살인이고 강도는 강도이고 강간은 강간일 뿐이라는 것이다. 올바른 행위는 결과와 무관하게 올바른 것이고, 옳지 않은 행위는 결과가 아무리 좋았다고 하여도 옳지 않다는 결론에 도달한다.

#### (2) 결과주의에 의한 판단

행위의 윤리성 판단에 대한 결과주의의 관점에서 보면, 고아이며 병약하고 어차피 죽을 파커를 희생하여, 가족들이 있으며 수적으로도 3명이나 되는 선장과 기관사와 항해사를 구한 것은 올바른 행동이라고 볼 수 있을 것이다.

또한 최대다수의 최대행복을 인간 행위 판단의 절대적인 기준으로 하는 공리주의적 정의론의 관점에서는 고아이고 병약한 파커 한명을 살리는 것으로 인한 공리나 행복의 총 양보다는, 숫자적으로도 3명이나 되고 그 뒤에도 많은 가족이 딸려 있는 더들리 일행이 파커를 잡아먹고라도 살아남음으로 인한 공리나 행복이 더 크다고 볼 수 있다. 그렇다면 선장 더들리와 이에 동조한 기관사들은 올바른 행동, 즉 정의로운 행동을 한 것이라는 결론에 도달한다.

# 제 8 장
# 사회 현실에서의 정의의 구체적인 이해

# 제1절 정의의 세 가지 문제

## 제1항 개 관

여전히 추상적이기는 하지만 정의에 대한 가장 손쉬운 개념 정의는, 정의는 공정함을 말한다고 하는 것이다. 이처럼 정의가 공정함을 의미한다고 하는 경우에, 사회현실에서 불공정함은 여러 가지 경우에 발생할 수 있다. 어떤 지방 사람은 모든 것이 서울 중심으로 이루어지고 진행된다고 불만일 수 있다.

어떤 직장인은 회사의 회의시간에 발표할 기회를 얻지 못하는 것이 불만일 수 있다. 어떤 사람은 회사에서 똑 같은 일을 하는데, 다른 사람보다 진급이 느리거나 봉급이 적다고 불만일 수 있다. 어떤 학생은 선생님이 자신에게만 매우 엄격하게 짠 학점을 주었거나 과도한 벌을 내렸다고 여겨 불공정하다고 생각할 수 있을 것이다. 어떤 죄인은 똑 같은 범죄를 저지른 다른 사람보다, 더 높은 형량을 받은 것이 불만이라고 생각할 수 있다. 일요예배에 참가해야 하는 어떤 사람은 직장이나 단체에서 가점 있는 봉사활동을 꼭 일요일에만 하는 것이 불만일 수 있다. 모두 스스로의 판단으로는 공정하다고 생각할 수 있는 문제들이다.

사회현실에서는 이러한 공정 또는 불공정의 문제가 배분적 정의, 교정적 정의, 절차적 정의의 세 가지 범주에 포함되는 경우가 대부분이다, 이렇게 정의의 문제를 세 가지 종류로 나누어 생각하면, 문제상황을 조금 더 명확하게 이해하고 파악할 수 있고, 더욱 현명하게 공정성을 도모할 수 있다.

정의의 문제를 이처럼 세 가지 범주로 나누어 보는 이유는, 그 안에서 세부적으로 고려해야 할 사항이 다르기 때문이다. 즉, 배분적 정의의 관점에서 고려해야 할 사항들과 교정적 정의에서 생각해야 할 내용들이 다를 수 있기 때문이다. 정의의 문제를 해결하기 위해서는 전술한 일반적인 정의론을 기본 밑바탕으로 하는 경우에도, 각자의 개별적인 영역에서 각각 다른 도구를 사용해야 구체적인 공정성 판단을 할 수 있게 된다. 대개 배분적 정의는 정치적 권리와 복지의 영역에서 교정적 정의는 형벌의 부과에서 특히 극명하게 나타난다.

### 1. 배분적 정의(Distributive justice)

공동체 생활에서 어떤 것을 분배할 때의 공정성 판단에 대한 문제이다. 분배되는 것에는 임금, 용동, 공직, 영광, 점수, 발언권, 투표권 등과 같은 '이득'도 있고, 세금, 부담, 숙제, 가사노동과 같은'부담'도 있다.

### 2. 교정적 정의(Retributive justice)

어떤 잘못이나 피해에 대한 대응이 공정한가? 에 대한 문제이다. 위반 혹은 침해를 일으킨 사람을 어떻게 처벌할 것인지? 어떻게 원래의 상태로 되돌릴 것인지? 어느 정도 보상하게 할 것인지? 등을 결정함에 있어서 공정성을 확보하는 것을 말한다.

### 3. 절차적 정의(Procedural justice)

우리가 어떤 문제에 대해 결정하고 판단하기 위해서는 정보가 필요하다. 그 경우에 정보를 수집하는 방법과 판단의 과정이 과연 공정하였나? 를 따져보는 문제이다. 아무리 내용이 중요하다고 하여도, 공정한 절차를 통해서 수집된 정보에 의해서만이 공정한 판단과 결정을 내릴 수 있다.

이처럼 배분적 정의는 무엇인가를 나누고 분배하는 문제에서 어떻게 하는 것이 공정한 것인지를 생각하는 문제이다. 교정적 정의는 잘못을 바로 잡으려고 하는 경우에, 그 대응이 공정한 것인지를 판단하는 문제이다. 절차적 정의는 어떤 판단을 내릴 때 필요한 정보를 수집하는 방법과 그 판단의 과정이 과연 공정한가를 말하는 것이다.

예컨대 빅토르 위고의 소설 "레미제라블"의 주인공인 청년 장 발장은 그의 누이와 굶고 있는 조카들을 먹이기 위해, 단지 빵 한 조각을 훔쳤다가 5년의 감옥살이를 선고받았다. 4번이나 탈옥을 시도하였다가, 결국에는 빵 한 조각 때문에 19년간의 감옥살이를 마치고 중년이 되어 출옥한다.[1)]

과연 장 발장의 잘못에 대한 사회의 대응이 공정한 것인가? 이것은 교정적 정의의 문제가 될 것이다. 보다 쉬운 이해를 위하여 다음의 각 상황이 세 가지 정의의 문제 가운데 무엇에 해당하는 지를 각자 생각해 보도록 하자.

① 甲은 아르바이트를 하고 100만원을 받았다. 그런데 자신과 같은 시간 동안 같은 일을 한 乙은 130만원을 받은 것을 알고 매우 화가 났다.

② 이슬람권 나라에서는 순결이나 정조를 잃은 여성 또는 간통한 여성들을 그리고 일정한 죄를 범한 사람들에 대해서는 샤리아 법에 의해 공공의 장소에서 돌로 쳐 죽이도록 하는 벌이 있다. 형벌과 범죄가 닮은꼴인 것이 동형동태형도 있다. 최근 이란 북동부 마샤드시에서는 절도혐의로 유죄판결을 받은 남성이 다른 수감자들이 지켜보는 가운데 손목이 잘리는 형벌을 받았다. 지난 7월에도 이란 북서부에서는 절도로 5명이 유죄판결을 받아 손목이 절단되는 형벌을 처해졌다. 지난 8월에 사우디아라비아 법원에서는, 척수를 다치게 한 폭행 피의자에게 똑같이 척수마비 형을 집행했다.

③ 동국대학교는 글로벌 시대에 맞는 교과목 개편과 관련하여 학교교칙을 개정하려 하는데, 교칙개정을 위해서는 교수, 학생, 학부모로 구성된 학교운영회의를 거쳐야 한다. 운영위원이라면 누구나 참석하여 회의에서 자신의 의견을 발표할 수 있다.

1) 장 발장이 출옥했지만 전과자라고 아무도 돌보지 않는 장 발장에게, 숙식을 제공해 준 미리엘 주교의 집에서 은식기를 훔쳐 도망가다가 체포되어 다시 감옥으로 끌려가게 되었을 때, 미리엘 주교는 자신이 은식기를 준 것이라고 증언하여 그를 구해준다. 주교는 은식기에 은촛대까지 얹어주며 올바르게 살 것을 당부한다. 여기서 장 발장은 세상은 아직 훈훈함을 느끼고, 사랑에 눈을 뜨게 되어 마들렌이라는 새 이름으로 사업을 하여 재산을 모으고 시장으로까지 출세한다. 그러나 경감 자베르만은 포기하지 않고 끈질기게 그의 뒤를 쫓아다닌다.

④ 대한형사학회는 모의형사재판에서 무죄를 이끌어 낸 팀에게 최우수상을 주기로 했습니다.

⑤ 한 시민단체는 지하철 손잡이의 높낮이를 다양하게 해야 한다는 의견을 국가인권위원회와 지하철 공사에 전달하기로 했다. 현재 지하철 손잡이는 좌석 앞쪽은 170㎝, 통로 쪽은 175-177㎝로 일정하여, 키가 작은 사람들은 사용하기가 힘들기 때문이다.

⑥ 초등학생인 A와 B는 등교 길에 학교 앞 문구점에서 준비물을 샀다. 문구점을 나오는데 주인아저씨가 A를 붙잡더니 샤프를 슬쩍 가져갔다며 경찰서로 가자고 했다. 문구점 주인은 말할 기회도 전혀 주지 않고 화를 내면서 무조건 두 학생을 경찰서로 끌고갔다.

□ 생각할 문제

1. 각각의 상황은 어떤 종류의 정의와 관련된 문제인가?
2. 각각의 상황은 공정한가? 불공정한가?
3. 왜 공정성의 문제가 제기되는지 그 이유는 무엇인가?
4. 다음 2개의 언론 기사를 읽고 공정사회 논의를 살펴보자.

다시 주목받는 김황식 국무총리 후보의 공정사회론 (이데일리, 2010.9.16)

김황식 총리 후보는 "공정의 개념이 자의적일 수 있다"고 전제하며 정의를 내리기 시작했다. 그는 "예를 들어 공명정대의 준말이냐 또는 공평과 정의를 아우르는 말이냐, (..........) 김 원장은 "확실한 기준이 설정되어야 한다는 점에서 법과 원칙이 가장 중요한 기준이 되어야 한다."고 말했다. "우리 사회에서 공정하지 않다고 보는 대부분의 문제는 탈법적이거나 편법적인 방법으로 문제를 풀려고 할 때 생긴다."는 설명이다.

따라서 "법과 원칙을 확립해 그 법과 원칙이 누구에게나 똑같이 적용되는 것이 공정한 사회라고 생각한다."고 정의했다. 또 "국민 모두에게 동등한 기회가 부여되고, 법과 원칙에 따라 자유롭게 경쟁해 승패를 가리며, 그 경쟁에 참여할 수 없었던 사정이 있는 사람이나 낙오된 사람에겐 국가와 사회가 배려하는 3가지 요소가 갖춰질 때 비로소 공정한 사회라고 할 수 있다"고 설명했다.

다음의 판결은 어떤 영역의 정의 쟁점인가?

**"국가, 악의적 비판엔 명예훼손 소송 가능"** (동아일보, 2010.9.15)

명백한 허위사실 유포 등을 통해 악의적인 비판이 가해졌을 경우 국가도 당사자를 상대로 명예훼손 소송을 제기할 수 있다는 판결이 나왔다. 서울중앙지법 민사합의14부는 (...........) "국가는 업무처리가 정당하게 이뤄지고 있는지, 항상 국민의 비판과 감시를 받아야 하므로 심히 경솔하거나 상당성을 잃은 공격인 경우에만 예외적으로 명예훼손의 피해자가 될 수 있다고 판결했다. 이때 현저히 악의적인 행위가 있었다는 점은 국가가 증명해야 한다"고 밝혔다.

이번 소송에서는 국가가 명예훼손의 피해자가 될 수 있는지가 쟁점이었는데, 법원은 표현의 자유와 언론의 역할이 위축될 수 있기 때문에 (국가는) 원칙적으로는 소송을 제기할 원고 적격이 없지만, 명백한 허위사실 유포와 같은 예외적인 경우에는 가능하다고 봤다.

아름다운 가게의 박원순 상임이사는 작년 6월 한 일간지와의 인터뷰에서 국정원이 시민단체와 관계를 맺는 기업까지 전부 조사해 시민단체가 재정적으로 어려움을 겪고 있다는 취지로 국정원 사찰의혹을 제기했고, 이에 국정원은 "확인절차 없이 허위사실을 말해 국가의 명예를 훼손했다"며 2억 원을 배상하라고 소송을 냈었다.

# 제2절 배분적 정의란 무엇인가?

## 제1항 서 언

배분적 정의는 공동체 생활에서 재화와 서비스를 사람들에게 분해하는 것처럼 무엇인가를 나누는 문제에서의 공정함이다. 서로 다른 사람들 사이에 부, 권력, 보상, 공경 같은 문제를 적절하게 나누는 문제인 것이다.

배분적 정의의 문제는 분배의 대상인 재화와 용역의 희소성이라는 원초적 문제에서 불가피하게 발생한다. 분배의 대상이 되는 것은, 일상생활에서는 칭찬이나 상, 급여, 보너스, 휴가, 용돈, 선생님의 칭찬, 투표권, 발언권 같은 이익도 있고, 모두 받기 싫어하는 벌 받는 것, 청소하는 것, 과제, 세금고지서, 직장에서의 징계, 벌금 등과 같은 부담도 있다.

예를 들어서 학교 회의에서 모든 학생들에게 토론에 참가할 수 있는 기회가 '동등'하게 보장된다면 우리는 이 상황을 공평하다고 평가할 수 있다. 또 청소구역 담당 정하기, 수행평가 과제를 정할 때도 누구나 쉬운 곳, 하기 편한 곳, 쉽게 접근할 수 있는 문제를 맡으려는 의향이 있을 수 있다. 설날에 세배를 하고 나서 세뱃돈을 받을 때도 마찬가지이다. 단지 나이가 많다는 이유로 오빠, 누나, 형, 언니에게 더 많은 돈을 준다면 동생들은 불평등하다고 생각할 수도 있을 것이다. 반면에 나이에 상관없이 똑같은 액수의 세뱃돈을 받게 된다면 이번에는 형이나 언니들이 불공평하다고 생각할 수도 있을 것이다.

이처럼 공동체 생활에서 '부담'과 '이득'을 나누는 문제에 있어서는 배분적 정의의 문제가 발생한다.

이에 대한 가장 보편적인 대답은 각자에게 상응한 몫을 주라는 것이다. 이처럼 무엇인가를 공평하게 나누는 문제에 대해서는, 이미 지금으로부터 2,400년 전에 아리스토텔레스가 심각하게 고민했었다. 그리고 현재까지 많은 철학자들의 고민거리였다. 그런 고민을 살펴본 것이 제1장의 일반적인 정의론 논쟁인 것이다.

# 제2항 배분적 정의의 해결 방안

## 1. 유사성의 원칙

배분적 정의와 관련된 문제를 검토하고 결정하기 위해 필요한 분석의 도구로 매우 유용한 유사성의 원칙이 있다. 유사성의 원칙이란 "**같은 것은 같게, 다른 것은 다르게**"라는 원칙이다. 즉, 무엇인가를 나눌 때 "분배의 기준이 되는 것"은 그 상황에서 같다면 같게 분배하고, 다르면 다르게 분배한다는 원칙이다. 예를 들어 배가 난파되어 10명이 표류하다가 무인도에 선착했다. 3명의 심각한 환자가 발생했다. 치료약이 한정되어 있고 환자들이 비슷한 정도로 아프다면 3명에게만 같은 양의 약을 나누어 주는 것이 공평할 것이다. 나머지 7명은 아픈 3명과는 분명히 다르고, 따라서 그들에게는 약을 분배해 주지 않아도 불공평하다고 할 수는 없다.

## 2. 유사성의 원칙을 적용할 때 고려되는 기준

위의 사례에서 "아픈 환자는 아픈 환자끼리, 아프지 않은 사람은 아프지 않은 사람끼리"라는 유사성의 원칙은, 아프다는 측면과 함께 그들은 약이 필요하다는 측면에서 유사성의 공통점을 찾아낸 것이다. 이처럼 유사한 사람의 무리를 분류하는 기준으로는 몇 가지가 있다. 대표적으로 '필요'와 '능력' 그리고 '자격'(공과 또는 상응)이 거론된다. 즉, 사람들 사이의 차이는 대표적으로 필요의 측면, 능력의 측면 그리고 자격의 측면에서 나타날 수 있다. 이처럼 유사성의 원칙을 적용할 때는 필요, 능력 그리고 자격(공과 또는 상응)의 세 가지 요소를 고려할 필요가 있다. 어떤 경우에는 필요, 능력, 자격 가운데 한 가지 기준만을 적용하여 판단하는 것이 정의에 가까울 수 있지만, 어떤 경우에는 두세 가지 기준을 동시에 고려해야 할 경우도 있다.

### 1) 필 요

필요는 분배받는 것이 꼭 있어야 하는 정도를 말한다. 사회구성원들 사이에 분배의 문제가 발생했을 때는 필요성의 다양한 측면을 상세하게 고려해야 한다. 필요성에는 굶주림의 해결과 같은 생리적 측면, 불안감 해소와 같은 심리적 측면, 생활에의 필요함 같은 경제적 측면 등이 있다.

### 2) 능 력

능력은 분배되는 것을 잘 활용하고 능숙하게 처리 할 수 있는 정도를 말한다. 배분적 정의에서의 능력에는 신체적 능력, 심리적 능력, 지적 능력, 경제적 능력, 정신적 능력 등이 있다. 분배의 문제에서 분배받을 대상을 얼마나 잘 활용할 수 있을까라는 능력의 문제를 얼마나 고려할 것인지는 쉽지 않다. 하지만 명백한 것은 능력에 대한 고려 없이 공정함은 달성할 수 없다는 것이다.

### 3) 자격(공과 또는 상응)

배분적 정의의 문제에 있어서의 공과 또는 상응이란, 과거에 그것을 받을 만한 행동을 한 정도 또는 현재 배분할 대상에 대한 기여정도를 의미한다. 받을 만한 자격의 문제이다.

□ 다음 사례에서 유사성 원칙의 판단 기준으로서의 필요, 능력, 자격의 문제를 생각해 보자.

□ 사실관계

수해지역에 구호품이 도착했다. 50인분의 식량을 공정하게 나누려고 한다.

제1안: 3일 동안 굶주린 사람, 2일 동안 굶주린 사람, 하루 동안 굶주린 사람으로 나누어 30인분, 20인분, 10인분을 주자.

제2안: 건장하여 힘센 사람부터 주어, 향후 수해지역 복구에 육체적인 노력을 다 할 수 있도록 하자.

제3안: 똑같이 나누어 주되, 안전책임자 및 지도자 등 구호품이 도달하는데 역할을 한 사람들에게 1/2를 가산하자.

ㅁ 질 문

① 제1안, 제2안, 제3안은 각각 분배적 정의의 배분 기준 가운데 무엇을 기준으로 한 것인가?
② 가장 공정한 대안을 제시한 사람과 그 이유는?
③ 가장 공정하지 않은 대안과 그 이유는?
④ 대안들을 적절히 보완하거나 새로운 생각을 더하여 최종 대안을 제시하라?

## 3. 배분적 정의에서 고려해야 할 다른 소중한 가치들

분배의 문제를 해결함에 있어서는 필요, 능력, 자격의 요소에 따라서 유사성의 원칙에 입각하여 판단하면 대부분의 경우에 공정함을 도모할 수 있다. 그러나 평등, 생산성 및 효율성 그리고 공공성도 분배적 정의를 판단하는 기준으로 고려될 수 있는 요소들이다. 또한 인권, 평화, 친절, 용기, 배려, 책임, 노력 등과 같은 요소들도 가산하여 고려할 수 있는 기준들이 된다.

사회현실에서는 필요, 능력, 자격(공과 또는 상응)이라는 세 가지 기준과 유사성의 원칙에 따라서 공정하게 분배했지만, 약자를 배려하지 못하거나 공익을 훼손하는 문제를 발생키고 또한 노력이나 배려와 같은 가치들을 고려하지 못하고 분배하여, 결과적으로 공정성의 문제가 제기되는 사례들이 적지 않다.

예를 들어 시험점수에 따라서 성적을 분배하는 것은 일응은 공정하다. 하지만 수업시간에 결석을 많이 하고 집중하지 않고 산만했지만 운 좋게 소위 찍은 시험문제가 출제되어 100점을 받은 경우와, 탈북자 또는 이주민의 자식으로 한 번의 결석도 없었고 열심히 집중했지만, 기본지식의 한계로 70점도 받지 못한 학생의 경우에 점수만을 가지고 성적을 배분하는 것이 과연 공정할까? 의 의문이 제기될 수 있다. 이 경우에는 자신에게 주어진 능력을 발휘해서 열심히 공부한 학생의 '노력'이라는 요소를 필요, 능력, 자격이라는 요소보다 높게 또는 못지않게 평가해야 공정함을 도모할 수 있는 것은 아닌가? 하는 의문이 제기되는 것이다.

## 4. 구체적인 해결

배분적 정의의 문제는 다음의 절차를 거쳐 판정해 볼 수 있다.

① 무엇을 분배하는 문제인가?

② 분배문제에 관련된 사람들은 누구인가?

③ 배분에 관련된 사람들의 유사성과 차이점은 무엇인가?

④ 필요, 능력, 자격(공과 또는 상응)의 관점에서 가장 많이 고려해야할 요소와 그 이유는?

⑤ 고려해야 할 다른 요소는 없는가?

문제 1]

다음 빈칸에 주어진 네 가지의 조건을 번갈아 대입할 경우에 그에 대한 가장 공정한 해결책은 무엇일까?

□ (                ) 학생을 선발하기 위해 고려해야 하는 기준은?

① 학교 축구팀　　② 수학 대표팀

③ 미국 FBI 견학팀　　④ 학생 운영위원회

문제 2]

다음의 6명에게 올해의 복지기금 3억 원을 분배할 경우 가장 공정한 기준은?

① 자녀에게 과외를 시킬 만큼 돈을 충분히 벌지 못해 걱정인 A

② 나이가 많고 아파서 일을 할 수 없는 B

③ 한 번도 법을 위반한 적이 없고 성실히 세금을 납부해온 C

④ 남편 없이 2살 딸을 돌봐야 해서 일을 할 수 없는 D

⑤ 하루 종일 노점상을 하지만 생계유지가 어려운 소득수준의 E

⑥ 교통사고로 두 다리를 잃었지만, 치료 후 직장 복귀예정인 F

## 제3항 배분적 정의의 문제를 해결하기 위한 분석표

### 1. 공정성 분석표

| 공정성 판정 분석표 | | |
|---|---|---|
| ①무엇을 분배하는 문제인가? | | |
| ②관련 있는 사람들은 누구인가? | | |
| ③ 유사성 원칙의 판단 기준은 무엇인가? | ① 필요 | |
| | ② 능력 | |
| | ③ 자격 (공과 또는 상응) | |
| ④ 세 가지 기준 중 문제해결을 위해 우선 고려해야 할 요소와 그 이유? | | |
| ⑤ 고려할 다른 요소와 이유? | | |
| ⑥ (결론) 자신의 생각과 입장은? | | |

### 2. 구체적인 사례 탐구

□ 사실관계

현재 우리나라에서 일하고 있는 이주노동자는 약 70만 명이고, 이들의 자녀수는 1만 8천명에 달한다. 그런데 이주노동자들의 자녀 가운데 학교에 다니는 아이들은 1만 명이 채 안 된다. 부모들이 대부분 불법체류자(미등록 이주노동자)이기 때문에, 단속반에 걸려서 강제출국 당할까 숨어서 생활하는 까닭이다. 교육법 시행령은 이주 아동의 거주지만 알려주면 학교에 다닐 수 있도록 하고 있지만, 실제로 시행되기란 쉽지 않다. 이주 노동자들뿐만이 아니라 학교당국에서도 난처한 일이 생길까 염려해서 해당 아동의 입학을 반기지 않고 있다. 이에 대한 학생들의 의견은 다음과 같다.

A의 견해: 이주 노동자는 우리나라 국민이 아니다. 더군다나 불법체류자들은 법을 어긴 것이고, 그들의 아이들이라고 해서 우리나라 국민들이 갖는 권리, 교육받을 권리를 가질 수는 없다.

B의 견해: 우리의 아이들은 커서 국방의 의무도 다하고 세금도 내는 등으로 우리나라 국민으로서의 의무를 다할 것이다. 그러나 이주 아동들은 우리나라 학교에 다니더라도 나중엔 자기나라로 돌아갈 수도 있지 않은가?

C의 견해: 그래도 이주노동자들이 적은 임금을 받고 하기 힘든 일을 맡아서 해 주기 때문에, 우리나라 경제발전에 도움을 주고 있다. 이들이 없었다면 우리나라 기업들도 어려웠을 것이다. 더구나 가난한 나라에서 온 사람들인데 잘해 주어야 하지 않나.

그리고 적어도 그들의 아이들이 학교에서 마음 놓고 공부할 수 있게는 해 주어야 하지 않은가?

D의 견해: 세계 아동인권선언도 있듯이 모든 아동은 교육을 받을 권리가 있고, 쉬고 놀 수 있는 권리가 있지 않은가. 그러므로 불법체류자든 아니든 상관없이 아이들은 다 그런 권리가 있을 것이 아닌가?

□ 질 문

① 미등록 이주근로자(불법체류자)의 자녀들에게 교육을 받을 권리를 보장해 주는 것은 필요, 능력, 자격(공과 또는 상응) 가운데 어느 요소를 고려하여 유사성의 원칙을 적용했을 때 정당성이 있는가?

② 미등록 이주근로자의 자녀들에게 교육받을 권리를 보장해 주는 것은 정당한지 아닌지를 판단할 때, 좀 더 생각해야할 다른 가치나 이익은 없는가?

③ 미등록 이주근로자 자녀들의 교육받을 권리에 대해서 어떻게 생각하는지 각자의 생각을 정리하자.

④ 공정성 판정 분석표를 활용하여 결론을 도출해 보자.

# 제3절 교정적 정의란 무엇인가?

## 제1항 교정적 정의의 필요성

### Ⅰ. 개 관

오늘날 하루도 쉬지 않고 TV, 신문, 인터넷을 통하여 각종 부조리와 범죄가 보도된다. 뇌물을 받고 청탁을 들어준 정치인이나 공무원, 불법대출에 개입하여 커미션을 받은 금융관계자, 부당하게 해고당했다는 근로자, 각종 사기와 범죄, 교통사고 등 다양한 사건 사고가 우리의 일상을 점철한다. 이러한 사회문제는 대부분 사회적으로 합의된 약속이나 규범을 지키지 않아서 발생한다. 민주 법치사회에서 질서와 규칙을 지키지 않으면 사람들은 안심하고 안정된 생활을 할 수 없다.

따라서 어느 사회에서나 잘못을 바로잡기 위해서 노력한다. 잘못을 저지른 개인에게 형벌을 부과하기도 하고, 같은 문제가 재발하지 않도록 잘못한 사람들을 교육하거나 치료하기도 한다. 우리는 일상생활에서 다른 사람의 고의 또는 과실 있는 행동으로 신체적, 금전적, 정신적 손해를 입기도 하고 나의 잘못으로 다른 사람에게 손해를 야기하기도 한다. 이러한 잘못이나 침해는 개인과 개인, 집단과 집단, 개인과 국가, 국가와 국가사이에도 발생한다. 잘못의 정도나 내용은 신체적 상해부터 명예훼손, 재산상의 손실, 기본적 인권의 침해에 이르기까지 매우 광범위하며, 그에 따라서 해

결방책도 다양하다.[2)]

이러한 문제를 공정하게 해결하기 위해서 교정적 정의의 문제를 다루는 법을 이해할 필요가 제기된다. 이 경우에 잘못된 것을 바로잡으려면 어떤 과정을 거쳐야하고 어떠한 가치를 염두에 두어야 하는지를 생각할 필요가 있기 때문이다.

## Ⅱ. 교정적 정의의 의의

### 1. 의 의

교정적 정의는 법익이나 질서에 대한 위반이나 침해에 대하여, 공정하게 대응함으로써 사회의 공정성을 회복하는 문제이다. 여기에서 말하는 위반이나 침해는 법, 규칙, 약속은 물론이고 관습, 도덕규범에 의해 부여된 의무나 책임을 어긴 것을 포함하기도 한다. 침해는 사람 혹은 재산에 대한 손상을 초래하거나 인권에 대한 침해를 포함한다.

고래로 잘못에 대한 시정은 잘못한 것만큼 상응한 벌을 부과하는 것이었다. 소위 동해보복(同害報復)의 법칙이 그것이다. 눈에는 눈, 이에는 이(An eye for an eye, A tooth for a tooth!)라는 말로 표현되는 바와 같이, 피해자가 입은 침해와 동일한 침해를 가해자에게 부과함으로써 동일한 정도의 보복을 도모하여 원상회복의 방법으로 공정성을 달성하려고 한 인류의 소박한 노력이었다. 이처럼 교정적 정의의 가장 원초적인 모습은 잘못된 상황이나 손해를 원래의 상태로 되돌리는 원상회복의 방법이었다. 교정적 정의에서 대두되는 두 가지 중심 용어는 위반과 침해이다.

#### ① 위 반

위반은 지켜야 할 의무나 책임을 다하지 않은 경우를 의미한다. 고의 또는 과실에 의한 행위로 나타난다. 우리는 일상생활을 하면서 규칙, 관습, 도덕, 법 등 제반 사회적 규범을 어길 때가 적지 않다. 위반이란 이처럼 법

2) 상세는 한희원, 신 법학입문, 손해전보제도 참조.

이나 규칙 관습이나 도덕원리에 따른 의무나 책임을 어긴 것이다.

**② 침 해**

반면에 침해란 위반한 행위로 인하여 신체적·정신적·물질적 피해를 주거나 타인의 인권에 대한 손상을 초래한 행위를 말한다.

## 2. 위반과 침해의 공존

주의해야 할 점은 위반과 침해는 공존할 수 있다. 예컨대 용돈이 떨어진 청소년들이 편의점 주인을 협박해 금전등록기의 돈을 빼앗아 갔다면, 이러한 행위는 사회규범을 위반하여 침해까지 야기한 행위이다.

반면에 음주운전자가 사고 없이 귀가했다면, 위반은 있었지만 현실적인 침해는 없는 경우이다. 또한 야구경기에서 투수가 실수로 볼을 잘못 던져 타자가 다쳤다면, 고의가 아니므로 위반이라는 부정행위는 없었지만, 결과적으로 침해를 일으킨 것이다.

한편 공정성 확보로서의 교정적 정의의 문제는 일국의 엄격한 실정법 체계만을 전제로 하지 않는다는 점이다. 어떤 위반이나 침해에 대해 그것을 시정하여 정의를 회복하는 문제는, 비단 법적인 문제에 국한하는 것이 아니다. 도덕적, 윤리적 그리고 종교적 또는 가정적 문제라고 하는 경우에도 그것이 사회문제화 되었다면 교정적 정의의 문제를 야기한다.

## 제2항 교정적 정의의 목적과 보편적 기준

### Ⅰ. 교정적 정의의 세 가지 목적

개인이나 공동체에서 정해진 규칙과 법을 위반하거나 타인의 권리를 침해하는 일은, 어느 사회에서나 일어날 수 있다. 그러한 경우에 사람들은 위반과 침해에 대해 다양한 대응을 통해서 그 상황을 바로잡고자 한다. 통상적으로는 원상회복을 통해서 정의를 되돌리려고 한다.

이처럼 교정적 정의는 위반과 침해에 대한 공정하거나 적절한 대응책을 찾기 위해서 필요한 장치이다. 위반과 침해가 발생했을 때, 때로는 무시하기도 하지만, 사건의 재발을 방지하기 위하여 교육을 받도록 하기도 한다. 위반과 침해로 피해자에게 손해를 야기한 경우에는 손해배상의 조치가 따르기도 한다. 그 내용이 심각할 때는 벌금을 내거나 징역을 살고, 때로는 사회에서 영구히 격리되도록 사형에 처해지기도 한다. 하지만 법적인 대응이 교정적 정의의 본래의 기능은 아니다.

예컨대 돈이 없는 친구가 여러분의 물건을 망가뜨렸을 때, 상황에 따라서는 물건 값을 물어내게 하거나, 그로 인해 발생한 손해를 배상하도록 요구할 수도 있지만, 사회생활에서 대부분은 그냥 상대방의 진심어린 사과 한마디로 사건을 매듭짓게 된다. 교정적 정의의 중요한 목적은 바로 여기에 있다. 위반. 침해에 대해 원칙적으로 공정하게 대응하여 발생한 잘못은 교정하고, 가해자에게 교훈을 주거나 본보기를 보여 향후에는 그러한 일이 없도록 억제하고 예방하는 것이다.

#### 1. 교정 - 처벌

보상이나 배상을 통해서 손해를 바로잡거나 또는 형벌을 부과하는 것이다. 만약 공동체 생활에서 자신이 일으킨 손해나 잘못에 대해 아무런 책임을 지지 않아도 된다면, 누구나 자신만의 이익을 위해서 거리낌 없이, 상대방의 피해는 아랑곳없이 자기가 하고자 하는 바대로 행동할 것이다. 교정적 정의의 첫 번째 목적은 손해나 잘못에 대해 물질적으로 배상하거나 형벌을 받게 함으로써 자신의 행동에 대해 책임을 지도록 하는 것이다.

### 2. 예 방

향후에 사람들로 하여금 교정을 당할 만한 행동을 하지 못하도록 미리 방지하는 기능이다. 한번 처벌을 받은 사람은 다시는 잘못된 침해나 위반을 못하도록 하는 예방적 효과를 거둘 수 있다. 또한 잘못에 대해 책임을 지도록 하는 것은 그러한 잘못을 일으킨 사람뿐만이 아니라(특별예방효과) 그 사회 구성원 모두에게도 영향을 준다(일반예방효과). 형벌의 목적으로의 일반예방효과란 일반인에 대한 예방효과를 말한다. 즉, 범죄인에게 일벌백계의 형벌을 부과하여, 이를 본 일반인에게 위화감을 조성하여 범죄를 하지 못하도록 하는 범죄예방효과이다. 이에 반해 특별예방효과란 죄를 범한 범죄인에게 형벌을 부과함으로써 다시는 죄를 범할 생각을 하지 못하게 하는 범죄 예방효과를 말한다.

### 3. 억 제

교정의 일반예방효과를 각별하게 억제라고 한다. 잘못된 행동에 대한 정당한 교정은 일반사람들로 하여금 교훈을 얻어 그러한 일을 못하도록 강제하는 것이다. 이처럼 억제는 의식적 또는 의지적으로 어떤 과정이나 행동, 특히 충동이나 욕망을 억압하거나 완화시키는 것이다. 처벌결과에 대한 두려움을 느끼게 하여 위반이나 침해행동을 단념케 하는 것은 교정적 정의의 목적이다.

## Ⅱ. 교정적 정의의 보편적 기준

교정적 정의의 보편적 기준의 문제는, 사회적으로 어떤 행동을 위반과 침해로 볼 것인가의 쟁점이다. 결국 어떤 행동을 위반과 침해로 볼 것인가는, 사회구성원의 합의에 의해 결정될 것이다. 어떤 경우는 위반이나 침해

같은 행동에 대해서도 무시하거나 용서하기도 하고, 교육을 통해서 사건이 반복되는 것을 막으려 할 수도 있다. 그러나 다른 상황에서는 가해자에게 엄격한 손해배상이나 형벌을 가하는 것이 온당하다고 판단될 수도 있다.

공동체 사회생활에서 위반과 침해에 대한 다양한 대응방식이 있지만, 민주주의 사회는 시민들의 뜻에 따라서 꼭 필요한 최소한의 규범을 법으로 제정하고 대응방법도 구체적으로 법률에 근거하도록 하는 것이 모범적인 방법이다. 이것이 형벌에 있어서의 기본권 보장을 위한 대원칙인 죄형법정주의이다.

어떤 행동이 잘못된 행동이며 다른 사람에게 피해를 주는 행동인가를 결정하는 것 또한 그렇게 잘못된 행동에 대한 구체적인 대응방안을 결정하는 것은 그 사회가 어떤 가치를 추구하는 사회인가와 밀접한 관계가 있다. 예컨대 인권이 보편적인 가치로 인정되는 현대사회에서는 아동은 보호의 대상이다. 그러므로 값싸고 다루기 쉽다는 이유로 아동에게 노동을 강요하는 기업주는 악덕 기업주로 지탄과 처벌을 받게 된다. 그러나 가난한 제3세계의 여러 국가들에서는 아동노동이 아직도 불가피한 일로 인정되기도 한다.

결국 그 사회가 추구하는 가치와 현실에 따라서 교정적 정의의 대상이 되는 위반과 침해가 결정된다, 그러나 현대사회에서 교정적 정의의 가장 보편적인 기준은 민주주의이다. 바꾸어 말하면 국가의 주인인 국민의 교정적 정의의 대상인 위반과 침해의 내용을 사회환경에 맞게 채워나간다는 것을 의미한다.

## 제3항 교정적 정의의 해결방안

### Ⅰ. 개 관

교정적 정의의 목적은 위반과 침해에 대해서 그것을 공정한 방법으로 바로잡는 것이다. 또 다른 목적은 위반과 침해를 일으킨 사람들이 그러한 행동을 다시 반복하지 않도록 할 뿐만 아니라, 다른 사람들도 그러한 행동을 하지 않도록 하는 것이다. 그러나 위반과 침해에 대해 어떻게 대응하는 것이 공정하고 정의로운 것인지 판단하는 것은, 수학공식을 적용하는 것처럼 간단하지 않다. 위반과 침해에 대하여 사회현실에서 훈계, 교육, 손해배상, 사죄명령, 사회봉사활동, 형벌부과 등등의 여러 대응책 가운데 가장 명확한 대응책을 찾기란 쉽지 않다. 공식은 없지만 결론을 내리기 어려운 생각의 문제를 푸는데 유용한 방법이 있다. 이것을 교정적 정의의 문제를 해결하기 위한 '5단계 분석표'라고 한다.

| | 5단계 분석표 |
|---|---|
| 1단계 | 위반. 침해의 중요한 특징과 심각성을 분석한다. |
| 2단계 | 위반. 침해를 일으킨 가해자의 중요한 특징을 분석한다. |
| 3단계 | 위반. 침해를 당한 피해자의 중요한 특징을 분석한다. |
| 4단계 | 위반. 침해에 대한 일반적인 대응방법과 그 목적을 파악한다. |
| 5단계 | 가치와 이익을 모두 고려한 "공정한 대응방법"을 결정한다. |

### Ⅱ. 5단계 해결방안의 검토

교정적 정의의 실현을 위해서는 다음과 같이 사태를 단계별로 분석해 봄으로써 그 대응책을 개별화하는 것이 필요하다. 아래의 5단계 가운데 1단계는 위반이나 침해의 사실 그 자체를 면밀히 분석하는 것이다. 2단계와 3

단계는 관련된 가해자와 피해자를 분석하는 것이다. 마지막으로 4단계와 5단계는 위반이나 침해에 대한 일반적인 대응방법과 대응목적을 살펴보는 것이다.

### 1단계: 위반. 침해의 중요한 특징과 심각성을 분석한다.

일반적으로 위반이나 침해에서 검토할 구체적인 사항은 다음과 같다.

① 어떤 상황에서 발생한 위반이고 침해인가?

② 위반과 침해의 내용은 무엇인가?
위반과 침해의 내용에 따라 대응방법도 결정되는데 이것을 비례의 원칙이라고 한다.

③ 위반이나 침해의 심각성의 정도는 어떤가?

ⓐ 범위: 얼마나 많은 사람 또는 많은 일에 영향을 주었나?

ⓑ 지속성: 얼마나 오랫동안 불법이나 위반이 있었나?

ⓒ 침해의 정도: 침해의 효과가 일시적인가 아니면 영구적인가?,

ⓓ 수용성: 인간의 존엄과 가치, 약자에 대한 배려 등을 고려할 때 용인할 수 있는가?

### 2단계: 위반. 침해를 일으킨 가해자의 중요한 특징을 분석한다.

2단계에서는 위반이나 침해를 일으킨 사람의 중요한 특징을 분석한다.

① 위반. 침해를 일으킨 사람의 당시 심리상태는 어떠했나?

② 과거에도 이와 비슷한 위반이나 침해를 일으킨 적이 있었나?

③ 위반이나 침해를 일으킨 사람의 성품(책임감)은 어떤가?

④ 예측 가능한 위험에 충분히 주의를 기울였나?

⑤ 위반이나 침해가 단독행위인가 아니면 다른 사람과 같이 한 것인가?

⑥ 예상되는 결과에 대한 지식은 있었는가?

⑦ 위반이나 침해를 예방하기 위해 하지 말아야 할 어떤 의무가 있었나?

### 3단계: 위반. 침해를 당한 피해자의 중요한 특징을 분석한다.

① 위반이나 침해를 당한 사람이 원인을 제공하지는 않았나?

② 위반이나 침해를 당한 사람의 회복가능성은 어떤가?

### 4단계: 위반, 침해에 대한 대응방법과 그 목적을 파악한다.

일반적으로 위반과 침해에 대한 대응으로는 통상 7가지 방법이 제시된다.

① 위반, 침해를 한 사람에게 그 잘못을 알린다.

위반, 침해 사실과 그 잘못을 당사자에게 충분히 설명함으로써 또 다시 위반, 침해가 일어나지 않도록 예방하는 방법이다. 강제성이 없기 때문에 조건부로 이루어 질수도 있다. 경미한 교통법규 위반의 경우에 바로 적발보고서를 작성교부하지 않고 훈계나 계도를 하는 것이 대표적이다.

② 위반 침해사실을 눈감아주거나 무시한다.

위반이나 침해를 바로잡으려는 시간과 노력이 아깝다고 판단되거나 또는 그 잘못을 이번에는 그냥 아무런 지적 없이 그대로 속는 척 하면서 넘어감으로써, 상대방에게 도덕적인 반성의 길을 열어놓아 그러한 일을 하지 않도록 한 번의 기회를 주는 것이다. 예컨대 학교에서 아프다고 거짓말하며 수업에 참여하지 않는 학생을 과제를 부과하고 쉬게 하는 경우이다.

③ 위반, 침해 사실을 용서한다.

위반, 침해를 범한 당사자가 자기 행동을 후회하고 다시는 그러지 않겠다고 다짐하거나 이미 자기행동으로 충분한 고통을 겼었다고 판단되는 경우에는 "용서"로써 넘어갈 수도 있다.

④ 위반, 침해 사실을 처벌한다.

처벌은 교정적 정의의  전형적인 방법으로 위반이나 침해에 대해 복수하거나 보복하는 것이다. 그럼으로써 범죄자에게는 교훈을 주고 다른 사람들에게는 본보기가 되어 잘못에 대한 예방과 억제의 효과를 도모할 수 있다.

⑤ 위반, 침해로 인한 손해. 손상을 원상회복 시킨다.

물건이나 상황을 위반, 침해 사건이 일어나기 전과 똑같이 되돌려 놓도록 하는 것이다.

⑥ 회복 불가능한 손해에 대해서는 금전배상을 명령할 수도 있다.

⑦ 위반이나 침해를 일으킨 사람에게 치료나 교육을 제공한다.

치료나 교육은 위반이나 침해를 당장 교정하기 위함은 아니다. 그러나 불법행위자가 사회의 책임 있는 구성원이 되는데 필요한 지식과 기술을 연마해 향후에 위반이나 침해에 해당하는 행동을 하지 않고 사회생활을 할 수 있도록 유도하는 것이다. 예컨대 미국 캔자스 주에서는 모든 수형자들에게 의무적으로 정신과의사와 심리치료사의 상담과 치료를 받도록 한다. 연구 결과에 따르면 심리적 또는 정신적 치료를 받은 죄수들의 재범률은 그렇지 않은 죄수들에 비해 약 25% 정도 낫다고 한다.

### 5단계: "공정한 대응방법"을 결정한다.

교정적 정의의 기본적인 목적은 위반이나 침해가 발생했을 때 공정한 방법으로 그 일을 바로 잡는 것이다. 그러므로 그 대응의 목적이 교정인지 예방인지 아니면 억제인지를 고려하고 또한 관련된 제반 가치와 이익을 참작하여 최종적으로 공정한 방법을 결정하여야 한다. 공정한 대응방법을 결정할 때 따져볼 대표적인 7개의 질문이다.

① 어떤 대응방법이 위반이나 침해를 바로 잡을 수 있는가?

예컨대 절친한 친구가 우연한 실수로 내가 귀중하게 여기는 물건을 깨뜨렸다면 어떻게 대처하겠는가? 대부분의 사람들은 물건 값을 보상하거나 원상회복하게 하기보다 안타깝지만 친구에게 사과를 받는 것으로 상황을 정리할 것이다.

② 대응방법으로 미래의 위반이나 침해를 저지하거나 예방할 수 있는가?

③ 그 대응이 배분적 정의에 위반되지는 않는가?

"같은 것은 같게, 다른 것은 다르게" 취급되어야 배분적 정의에 합당하다. 비슷한 배경과 범죄전력이 같은 두 사람이 체포되었다면 원칙적으로 같은 형량이 선고되어야 할 것이다. 만약 1사람은 징역 1년의 실형을 살고 반면에 다른 사람은 훈방조치되었다면 배분적 정의에 어긋날 것이다. 이처럼 교정적 정의로 배분적 정의의 목적을 훼손하는 정도가 심하다면 그러한 대응방법은 공정하다고 할 수 없다.

④ 그 대응이 인간의 존엄과 가치를 배려하고 고양하는 것일까?
예컨대 어떤 사람들은 사형은 국가에 의한 면허살인이라고 비난한다. 다른 사람들은 잠재적인 흉악범들을 억제하여 인명의 가치를 소중히 보호해 준다고 주장한다. 한편 고문이나 테러와 같은 대응방법은 범인의 죄가 아무리 무겁고 비열하다고 하여도 사용되지 말아야 할 대응방법이다.

⑤ 어떤 대응이 위반이나 침해의 심각한 정도에 비례하는가?
소위 비례의 원칙을 말하는 것으로서, 대응의 공정성을 판단하는 기본적인 기준은 위반이나 침해의 심각성 또는 중요성에 비례하여 대응이 이루어져야 한다. 예컨대 사흘을 굶주리고 컵라면 1개 훔친 현대판 장 발장과 어린아이를 성적으로 능멸한 사람을 같은 형량으로 처벌한다는 것은 비례의 원칙에 어긋나는 일이다.

⑥ 어떤 대응이 사회적 자원을 가장 효율적으로 사용하는 것인가?
위반. 침해에 대한 대응책을 실현하는데 드는 기산, 노력, 비용 등의 요소도 고려해야한다. 아무리 올바른 절차에 의한 대응이라고 해도 과다한 비용이 드는 것이라면 정의가 실현된 대응이라고 하기 어렵다.

⑦ 위반 · 침해를 일으킨 사람의 인권도 존중하는 대응인가?
위반이나 침해에 대한 구체적인 대응을 선택할 때는 아무리 불법행위자라고 하여도 인권의 존엄성이 훼손되는 방법이 되어서는 안 된다.

## 제4항 교정적 정의의 구체적인 사례 해결

### 1. 사실관계

캄보디아 A양(18세)은 2008년 한국인 남편과 국제결혼을 했다. 5남매 가운데 셋째인 그녀는 찢어진 가난 속에서도 웃음을 잃지 않을 만큼 밝고 쾌활하여 누구와도 잘 어울렸다. A양의 어머니는 노점에서 밀가루 반죽으로 먹을거리를 만들어 팔아 5남매의 생계를 이어갔다. 어느 날 A양은 한국으로의 국제결혼 이야기를 들었고 당시 그녀가 살던 캄퐁참 지역에서는 한국 남자와의 국제결혼이 성행했다. 하지만 코리안 드림을 꿈꾸며 한국에 시집온 A양은 곧 남편의 상습적인 폭력에 시달렸다. 고향 어머니와 연락되자 어머니는 도저히 견딜 수 없으면 고향으로 다시 돌아오라고 했다. 그러나 A양은 어머님의 고생이 생각났고 또한 "내가 없으면 장애인인 한국 남편이 더 불편해 질 것"이라고 생각하고 참고 살았다.

그러나 남편의 폭력은 계속되었고 어느 날 만취상태에서 때리기 시작하자, A양은 주방용 칼을 손에 들고 때리지 말라고 저항했다. 그러자 더 화가 난 남편은 막무가내로 더 험악해졌고, 남편을 피해 겁에 질린 그녀가 엉겁결에 칼을 휘둘러 남편은 피를 흘리면서 쓰러졌다. A양은 남편 친구에게 바로 연락했고, 남편은 인근 병원으로 급히 후송되었으나 5일만에 사망했다.

A양은 한국 남편을 살해한 죄로 3개월째 대구 교도소에 임신한 상태로 수감되었다. 캄보디아에서 딸의 소식을 전해들은 A양의 어머니는 "엄마가 보고 싶다."는 딸의 편지를 받아보고도 궁핍한 형편으로 도저히 딸을 찾아 한국으로 올 수도 없었다.

한참 지나 여러 곳의 도움을 받아 간신히 한국 땅을 밟고 수감 중인 딸을 만난 그녀의 어머니는 "나이도 어린데 임신한 상태로 어떻게 수감생활을 견뎌낼지....."라며 말을 잇지 못했다. 그래도 한국에 딸을 도와주는 시민사회단체가 있다는 소식에 그는 조금은 힘을 얻는 듯했다. 딸의 딱한 사연

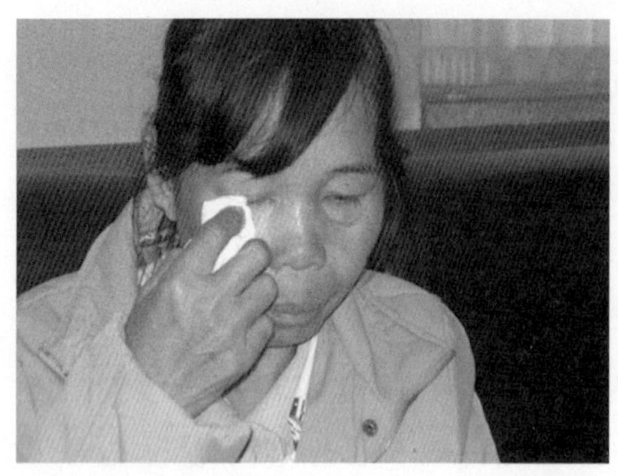
딸의 면회를 마치고 나온 어머니 우 속레잉

이 알려진 뒤 그녀를 도우려는 단체들이 활발하게 움직이고 있다. 대구이주여성인권단체 등 70여 개 시민사회단체도 '캄보디아 이주여성 구명 공동대책위원회'를 구성하고 조직적으로 구명운동에 나섰다. 딸의 이름은 츠호은릉엥이고, 어머니의 이름은 우 속레잉이다. 어머니 우 속레잉은 20일과 21일 두 차례에 걸쳐 대구교도소에서 딸과 상봉했다.

대구교도소 배려로 특별면회를 마치고 나온 그의 눈가는 퉁퉁 부어 있었다. 딸의 면회를 마치고 나온 어머니 우 속레잉은 감정이 복받치는 듯 연방 눈시울을 적시며 딸의 석방을 간절히 호소했다. 초췌한 표정에 색바랜 회색 점퍼를 걸친 그는 몹시 지쳐 있었다. 고개를 떨어뜨린 채, 띄엄띄엄 내뱉는 목소리에도 힘이 없었다. 그는 "딸 얼굴을 보니 반가움보다는 설움이 복받쳤어요, 딸은 되레 내게 걱정을 끼쳐 미안하다고 하더군요."라며 "나이도 어린데 임신한 상태로 어떻게 수감생활을 견뎌낼지…"라며 말을 잇지 못했다 …… 그는 "우리 딸이 캄보디아로 돌아갈 수는 없나요. 좀 도와주세요!라며 피 끓는 모정을 토해냈다. 그는 딸이 지난해 4월 국제결혼을 한 이래 간간이 소식을 전할 때마다 마음에 걸렸으나 설마 했다고 한다. 남편이 자주 술을 마시고 때린다는 전화가 수시로 걸려왔기 때문이다. 그는 처음에는 "힘들어도 정을 붙이고 살면 차츰 해결될 것"이라는 말로 딸을 달랬다. 그러나 지난해 연말부터 울먹이는 일이 늘었다. 그는 딸이 너무 애처로워 마음을 바꾸었다. "도저히 견딜 수 없으면 헤어지고 고향에 돌아오라"고 했다. 그러자 딸은 "내가 없으면 남편이 더 불편할 것"이라며 "참고 살아보겠다고 말했다는 것이다. 숨진 남편은 딸 츠호은릉엥보다 20살이나 연상이고 지체장애 4급이었다.

한편 어머니 우 속레잉은 한국에 올 수 있도록 배려해준 이들에 대한 고마움도 잊지 않았다. 두 손을 모으면서 연신 "오꾼"(캄보디아어로 감사합니

다) "오꾼"을 연발했다. 그는 23일 출국에 앞서 대구를 떠나기 전 또 한 번 눈물을 쏟았다. 그는 "지금 돌아가면 언제 또 딸을 볼 수 있을지…"라며 연신 흐느꼈다. 그는 임신한 딸을 한국의 차가운 교도소에 남겨둔 채 23일 오후 인천공항에서 캄보디아행 비행기에 올랐다.[3)]

## 2. 교정적 정의의 도모 - 대응 방법의 모색

1. 이 사건에서 교정적 정의의 실현은 무엇일까?
2. 교정적 정의의 문제를 해결하기 위한 '5단계 분석표'를 사용하여 가장 정의로운 결론을 논리적으로 도출하라?

| | 5단계 분석표 |
|---|---|
| 1단계 | 위반. 침해의 중요한 특징과 심각성을 분석한다. |
| 2단계 | 위반. 침해를 일으킨 가해자의 중요한 특징을 분석한다. |
| 3단계 | 위반. 침해를 당한 피해자의 중요한 특징을 분석한다. |
| 4단계 | 위반. 침해에 대한 일반적인 대응방법과 목적을 파악한다. |
| 5단계 | 가치와 이익을 모두 고려한 "공정한 대응방법"을 결정한다. |

3) 내 딸이 고향으로 돌아갈 순 없나요? 위클리 경향 2009. 5. 5.

# 제4절 절차적 정의란 무엇인가?

## 제1항 절차적 정의의 이해

### Ⅰ. 개 관

절차적 정의란 어떤 일의 절차나 결정과정이 공정한가를 말한다. 절차적 정의를 실현하려면 정보를 수집하는 과정의 공정성과 그 정보에 기초하여 의사결정을 내리는 과정의 공정성이 함께 보장되어야 한다. 사람들은 사회생활을 하면서 일상에서 많은 결정을 하여야 한다. 그런데 공정하고 올바른 의사결정을 하기 위해서는 공정한 절차가 필요하다. 자신이 동의하지도 않았는데 일방적으로 결정된다면, 더욱이 그러한 일이 자주 발생한다면 공정한 공동체라고 할 수 있겠는가?

특히 모든 시민들에게 직접적인 영향을 끼치는 국가기관이, 시민들의 의견을 존중하지 않고 일방적으로 정책을 결정하고 집행한다면 또한 시민의 인권보장책이 없이 정보를 임의로 수집한다면 사회에 올바른 가치관이 형성되기는 어려울 것이다. 물론 일반 시민의 경우도 마찬가지이다. 시민들이 절차적 정의를 얼마나 존중하는가?를 보면 그 사회가 얼마나 민주적인가를 알 수 있다.

그래서 절차적 정의야말로 '자유의 핵심'이며 '법의 심장'이라는 말을 듣는다. 한나라의 절차적 정의의 수준은 자유, 인간의 존엄성, 기본적인 인권의 보장 정도를 보여주는 척도라고 평가된다. 따라서 절차적 정의가 준수되지 않는 국가나 사회는 권위주의적이거나 전체주의적이라고 평가된다. 그러나 사람들은 때때로 절차적 정의가, 다른 가치나 권리 그러므로 실질적인 내용보다 덜 중요하다고 생각하는 경향이 있다, 즉, 절차보다 결론이 무엇이었나에 더 관심을 갖는다.

또한 경찰의 증거수집 과정이나, 재판과정보다는 범인이 얼마나 엄중하게 처벌받았는가에 더 관심을 집중하기도 한다. 그러나 이것은 정보를 모으고 의사를 결정하는 방법이 결과나 내용 못지않게 중요하다는 것을 간과한 단견이다. 즉, 민주 법치국가에서는 절차적 정의는 결과만큼, 아니 결과보다 더 중요하다. 절차가 내용을 압도한다는 이러한 이치로 절차적 정의는 배분적 정의와 교정적 정의의 실현에도 이바지하며, 동시에 분쟁해결과정에서 관계자들의 존엄성을 보장해 준다. 절차적 정의가 온전히 보장되어야만 공권력의 행사과정에서 무시될 수 있는 약자의 인권을 보장하고 권력의 남용을 제어할 수 있는 것이다.

## Ⅱ. 절차적 정의의 이념

절차적 정의는 어떤 일이 이루어지는 과정에 있어서의, 공정성 확보의 문제이다. 즉, 정보를 수집하는 방법의 공정성과 결정이 이루어지는 과정의 공정성의 문제이다. 그러므로 원칙적으로는 결정된 내용 자체의 진실성이나 공정성과는 무관하다. 절차 그 자체를 목적으로 취급하여 소중하게 접근하는 것이다. 이러한 절차적 정의의 목표에는 세 가지가 있다.

① 공정한 결정을 내리기 위해, 정보를 수집할 기회는 최대한 확보하도록 하는 것이다.
② 엄정한 절차 속에서 수집한 정보를 공정하게 사용하는 것이다.
③ 정보수집 및 정보의 사용과정에서 사생활 보호, 인간의 존엄과 가치 확보, 분배적 정의, 교정적 정의, 효율성의 증진과 같은 다른 중요한 가치 및 권리를 보호하는 것에 있다.

이러한 절차적 정의는 정보를 수집하고, 수집한 정보에 근거하여 의사를 결정할 위치에 있는 이상, 국가 공권력뿐만이 아니라 개인이나, NGO나 회사나 지방자치단체나 모두에 해당한다. 개인 그리고 학교나 회사와 같은 사회조직의 절차적 정의의 확보는 풀뿌리 민주주의의 시금석이다. 그러나 특히 국가 공권력의 행사의 경우에는 적법한 사용규칙과 절차가 준수되어야 한다. 특히 공권력이 행사되는 과정에서 사생활보호, 인간의 존엄성, 공정성, 자유와 같은 중요한 가치들을 존중할 때에, 시민들은 적법한 절차가 지켜지는 것을 확실하게 느끼게 된다. 그러므로 중요한 일일수록 절차도 엄정해야 한다는 말은 절차적 정의의 목적론적 의의를 잘 표현하는 말이다.

적법절차를 준수해야 할 국가의 공권력에는 행정부, 사법부, 입법부 모두가 포함된다. 공권력 행사의 상징인 행정부의 경우에 행정절차법에 따라야 함은 절차적 정의의 당연한 요청이다. 입법부에서도 법을 제정하거나 법을 개정하는 경우에는 공청회를 열거나 이해관계인의 이의를 수용하고 여론을 수집하는 등으로 의견수렴의 과정을 충분히 거치는 것이 매우 중요하다. 또한 직접적으로는 입법과정에서 전투적인 몸싸움이 아니라 국회법이 정한 절차에 따라서 법을 입법하는 것은 기본적인 요청이다. 사법절차에서는 특히 적법절차의 요청이 헌법에 규정되어 있다. 영장제도는 대표적인 적법절차의 원칙이다. 또한 2008년 1월부터 실시한 국민참여재판제도는 사법에서의 절차적 정의확보에 기여할 것이다.

## Ⅲ. 절차적 정의에서의 공정성 판단

절차적 정의의 문제에서 절차의 공정성 여부를 평가하는 것은 매우 중요한 일이다. 일반적으로 다음과 같은 단계적 장치들이 절차의 공정성 여부를 파악하게 하는데 매우 유용한 기준이다. 절차적 정의의 공정성 판단에는 다음의 4단계를 고려할 필요가 있다.

## 1단계 : 정보수집의 목적확인하기

절차의 공정성을 판단하기 위해서는 정보수집의 목적은 무엇인가? 무슨 자료를 찾고 있는가?를 고민해야 한다. 그 정보가 과연 왜 필요한지를 확인해 보는 것이다. 예컨대 시의회가 시가 수립한 학생 무상급식지원을 위한, 예산규모를 심의하기 위해서 공청회를 열거나 시청의 업무담당자를 시의회에 참석하도록 하는 것은 정보수집의 목적에 비추어 공정성이 있다고 인정될 수 있다. 그러나 그 범위를 넘어서서 전 시민을 상대로 하여 타당성에 대한 시민투표를 시행하려고 하거나 시장이하 전 간부들을 한 자리에 출석시켜 일주일 동안의 청문감사회를 개최한다는 것은 목적에 비추어 절차의 공정성이 지나치다고 할 수 있다.

## 2단계 : 정보수집 절차 자체의 적정성 평가하기

정보수집 절차의 적정성을 판단하는 요소로는 다음과 같은 것이 있다.

### ① 포괄성

절차가 포괄적이고 완전한가? 즉, 공정한 결정을 내리는 데에 필요한 모든 정보를 관련된 모든 사람들에게서 수집하기 위한 절차가 보장되어 있는가? 예컨대 매점에서 물건을 훔쳤다고 의심받은 A는 학교 선도위원회에서 선도위원들이 묻는 말에 “예” 와 “아니오” 로만 대답하도록 요구받고, 자신이 의심받은 상황을 제대로 설명할 기회를 얻지 못했다면 포괄성을 결여한 것으로 출발부터 공정하지 못한 것이 된다.

### ② 사전공지

관계자들이 적절하게 준비할 수 있도록, 관련 내용이 충분한 시간을 두고 통지되었는가? 이때 자료를 제공해야하는 법적근거도 제시되어야 한다. 예컨대 학생회장이 학생생활 규정을 개정하려는 심의회가 열리는 날 아침에서야, “심의회에 직접 참석해서 학생들의 입장을 대표해 발표해야한다.” 는 통지를 받았다면 공지의 요건을 만족하지 못한 것이다.

### ③ 정보의 충분한 제공

의사결정을 하기 전에, 관계자들이 알고 싶어 하는 정보들이 충분히 제공되어야 한다. 예컨대 국회정보위원회에서 A의원은 국가정보원의 대북정보수집과 그것이 국가정책에 효율적으로 사용된 사례를 모두 제출할 것을 요구했다. 그러나 국가정보원은 대남간첩을 몇 명 검거한 보고서만 제출하고 대북정보보고서는 국가기밀로 보안이라는 이유로 제출하지 않았다면, 정보의 충분한 제공이 없는 것으로, 예산을 포함한 국가정보 정책을 위한 공정한 결론에 도달하기 어렵다.

### ④ 예측성과 유연성

정보수집 과정이 미리 제시되어 누구라도 그 과정을 예측할 수 있어야 하며, 필요하다면 유연하게 절차를 수정하거나 변화시킬 수 있어야 한다. 대표적으로 재판절차는 법률로 정해져 있어서 생략되거나 변형되지 않기 때문에 누구나 알 수 있는 예측가능한 절차이다. 공적인 재판절차가 아닌 경우에도 예측성과 유연성이 확보되어야 누구나 수긍할 수 있는 절차적 정의를 도모할 수 있다.

다음의 사례는 유연성을 잘 발휘하여 공정한 결론에 이르려고 노력한 것이라고 평가할 수 있을 것이다. 영화배우 홍길동은 스크린 쿼터에 관한 문화관광부 주최의 공청회에서 배우를 대표하여 의견을 발표하기로 했다. 회의장으로 오는 도중에 바퀴가 펑크가 나 회의 종료 직전에나 도착했다. 그 사정을 들은 사회자는 이미 발표순서가 지났지만 발언권을 주었다.

### ⑤ 신뢰성

수집한 정보는 신뢰할 수 있을 만큼 정확하고 진실한 것인가? 예컨대 교량 붕괴 사건을 목격한 사람이 법원에서 그 사실을 증언했다. 하지만 그가 건축가나 구조공학 전문가가 아니기 때문에, 붕괴원인에 대한 자신의 생각을 말하는 것은 허락되지 않았다. 이것은 신뢰성의 측면에서 공정한 결론을 내리기 위한 선택이라고 할 수 있을 것이다. 그러나 우리사회는 그동안 광우병 사태, 천안함 사건 등에서 신뢰하기 어려운 비전문가들에 의한 극단적인 문제제기를 시발로, 비로소 사후적으로 전문가들이라는 사람들이

나서기는 하지만 상당한 경우에 인터넷 여론재판으로 신뢰성 있는 결론에 도달하기 어려운 경우를 적지 않게 경험했다.

### 3단계 : 의사결정과정이 공정한가?

의사결정과정의 공정성은 다음 3가지 관점에서 파악된다.

#### ① 공명정대함

의사결정을 내리는 사람들이 공평하게 구성되고, 의사결정이 편견 없이 진행되는 절차이어야 한다. 그러므로 예컨대 재판에서 당사자가 해당 판사의 가족일 경우에는 법률상 제척사유라고 하여 다른 판사가 재판을 맡게 된다. 그러나 예컨대 국내대형법률회사의 대표변호사이며 국회의원인 A씨가 "변호사 수입에 대한 부가가치세부과법률안"을 심의하는 국회 상임위원회에서 위원장을 맡고 있다고 한다면, 외형적으로 이미 공명정대함의 요건을 결여한 것이라는 비난을 면하기 어려울 것이다.

#### ② 공개성

일반시민들도 의사결정과정에서 정보가 어떻게 사용되고 있는지 알 수 있어야 한다. 그러므로 예컨대 학교의 졸업앨범을 제작할 업체를 선정하는 기준이 공개되지 않은 채, 학교 운영위원회가 비공개로 진행되고, 앨범제작업체가 소수의 몇 사람에 의해 결정되었다면 공개성의 요건을 결한 것이다.

#### ③ 정정가능성

의사결정 과정에서 오류를 발견했을 때, 문제를 정정할 수 있도록 재검토 과정을 보장해야한다. 그러므로 예컨대 사형 제도를 반대하는 사람들은 사형이 집행되고 난 후에는 잘못된 판결이라는 것이 밝혀져도, 되돌릴 수 없다는 점을 지적하는 것은 일리가 있는 주장이라고 할 수 있다.

### 4단계 : 관련된 가치와 이익 고려하기

정보수집과 의사결정절차는 공정하고 정당함과 동시에, 관련 가치와 이익을 보호해야 한다. 이를 위해서 다음과 같은 요소들을 고려해야 한다.

### ① 사생활과 자유

절차는 개인의 사생활과 자유를 보호하는 내용이어야 한다. 그러므로 예컨대 영국 스코틀랜드 야드는 런던시내에서 일어난 테러의 용의자를 잡기 위해 다른 국가정보기관의 도움을 받아 5개 주택을 수색했다. 스코틀랜드 야드는 수색 작전을 실행하기에 앞서서 "2000년 테러법"에 의해 법원의 영장을 받았다. 이 사례는 테라라는 위기 속에서도 시민들의 사생활의 자유를 보호하면 진행한 수사사례였다.

### ② 인간의 존엄과 가치

절차적 정의를 도모하기 위한 절차는 인간의 존엄과 가치를 해치는 내용이어서는 안 된다. 그러므로 예컨대 국제앰네스티 회원인 러시아. 독이. 호주 법무장관들은 테러 용의자를 신문하는 방법의 하나로 수면박탈이 가능하다고 주장한다. 강압적인 조치이기는 하지만 고문은 아니라는 이유였다. 하지만 더 본질적으로 인간의 존엄과 가치를 훼손한 것은 아닌지가 문제될 수 있다. 한편 일본은 안중근 의사를 비롯한 독립투사들을 상대로 신체절단. 물고문, 전기고문 등 잔인하고 강압적인 방법을 사용해서 자백을 받아내려 했던 것 역시 인간의 보편적인 의무인 인권존중의 측면에서 냉정한 역사적 비판을 받을 수 있다.

### ③ 배분적 정의

절차는 과정이므로 정보수집 및 의사결정 절차에서 시간과 비용을 공평하게 배분하는 등으로, 배분적 정의의 기본원칙을 침해하는 절차는 아닌가? 를 고려해야 한다. 그러므로 다음의 사례는 절차적 정의를 구현하기 위한 배분적 정의의 측면에서 문제가 있다고 할 수 있다. 제62차 유엔인권이사회는 야간회의 개최에 따른 과도한 통역비용과 전기료 부담을 줄이기 위해 회원국의 발언시간을 감축했다. 회원국은 10분에서 7분, 비회원국은 5분에서 3분 30초로 조정했다. 또 발언권을 확보했던 일부 NGO에 대해서는 구두발언을 박탈하고 대신 서면의견 제출로 대체했다.

### ④ 실행 가능성

절차는 합리적이고 실행이 가능한 것이어야 한다. 예컨대 인구 100만 명의 시에서 쓰레기 매립장 건립에 대한 찬반 의견을 묻기 위해서 전 주민이 100% 참여할 때까지 주민투표를 계속실시하기로 했다면, 직접주민참여를 지향한 것으로 이상적이기는 하지만 실행 가능성의 요건에서 오히려 절차적 정의의 근본을 훼손하는 결정이라고 비난받을 수 있다.

## 제2항 적법절차(Due process of law)의 원리

### Ⅰ. 개 관

적법절차의 원리는 국가권력의 자의적인 행사로부터 개인의 존엄성을 존중하며 인권을 보장하기 위해 창출된 제도적 장치로서 1215년 영국의 마그나 카르타(Magna Carta)에 그 기원을 두고 있다.

The Magna Carta(1215)
... and that life and property were
to be ensured by due process of law.

영국의 대헌장 제39조는"자유인은 동료의 적법한 판결이나 국법에 의하지 않고는 체포 · 구금되지 않으며, 재산과 법익을 박탈당하지 않고, 추방되지 않으며, 또한 기타 방법으로 침해받지 않는다."라고 명시하고 있다.4) 이 조항은 그 후 발전하여 미국 수정헌법 제5조에" 누구든지 적법절차에 의하지 않고서는 생명 · 자유 · 재산을 박탈당하지 않는다."라고 오늘날 각국을 통틀어 적법절차의 전형적인 모습으로 규정되기에 이르렀다.

이처럼 적법절차는 영국의 마그나 카르타를 거쳐 미국헌법에서 인권보장을 위한 기본원칙으로 발전되어 각국에 큰 영향을 주었다. 그리하여 지

4) 마그나 카르타 제39조(clause 39 in the 1215 charter), a right to due process.
"NO Freeman shall be taken or imprisoned, or be disseised of his Freehold, or Liberties, or free Customs, or be outlawed, or exiled, or any other wise destroyed; nor will We not pass upon him, nor condemn him, but by lawful judgment of his Peers, or by the Law of the land. We will sell to no man, we will not deny or defer to any man either Justice or Right."

금은 대부분의 국가가 자국의 헌법에 적법절차를 명문화하여 법의 지배를 위한 헌법상의 기본원리로 삼고 있으며, 형사소추 및 형사재판과정에서 피의자 및 피고인의 인권보호를 위한 지도적인 원리로 운영하고 있다.

적법절차를 한마디로 정의한다면 절차적 공정성이다. 만약 개인이 법원을 포함한 국가 공권력에 의해 부당하게 취급되었다면 그는 적법절차를 부인당함으로 인하여 절차적 정의에서의 공정성을 담보받지 못했다고 말할 수 있다. 적법절차에서 적(適)은 적정한(due)이라는 뜻이고, 절차는 권리의 실질적인 내용을 실현하기 위하여 택하여야 할 수단적·기술적 방법을 말한다. 통상 일국의 최고 법규범인 헌법은 국가는 적법절차에 의하지 아니하고는 생명권, 재산권 같은 개인의 기본적인 권리를 박탈할 수 없다고 선언하고, 박탈하는 경우에도 권리의 본질적인 내용은 침해할 수 없음을 규정한다.

## Ⅱ. 적법절차의 전개와 내용

### 1. 적법절차의 원리의 전개

적법절차 조항의 목적은 국가권력의 전제적 행동에 대하여, 개인의 기본권을 보장하려는데 있다. 영국의 에드워드 코크는 적법절차란 국왕의 자의에 의한 처벌이 아니라, 대배심에 의한 기소와 배심에 의한 재판이라고 말했다. 그 후, 영국에서는 적법절차를 자연적 정의로 간주했다. 자연적 정의란 누구든지 자기의 사건에 대한 심판관이 될 수 없고, 누구든지 청문 없이 불이익을 당하지 않는다는 원칙을 말한다. 적법절차에는 두 가지가 있다.

#### 1) 실체적 적법절차(Substantive due process)

법률이 적법절차에 의해서 제정되었고 과연 그 내용이 적법한가의 문제이다. 실체적 적법절차의 원칙은 비록 헌법에 명시적으로 규정되어 있지는 않지만 국가가 침범할 수 없는 본질적 권리가 있다는 자연권 사상에서 연유한다.

### 2) 절차적 적법절차(Procedural due process)

형식적으로 법정된 절차를 제대로 이행했는가를 따지는 법의 원리이다. 오늘날 절차적 적법절차의 원리는 민사소송, 형사소송을 포함한 각종 소송절차와 가석방 절차, 청문절차, 세금부과를 위한 조세절차에 이르기 까지 국민들의 권리와 의무가 개재된 영역에 광범위하게 적용된다. 미국의 경우에 절차적 적법절차란 개인의 자유, 신체, 재산을 침해하는 경우에, 사전의 충분한 고지와 청문절차를 제공하여야 한다는 헌법상의 요청이다. 아래에서 살펴본다.

## 2. 절차적 적법절차에 대한 미국 헌법 조항

### 1) 미국 수정헌법 제5조(형사사건에서의 제 권리)

누구라도 대배심에 의한 고발 또는 기소가 있지 아니하는 한, 사형에 해당하는 죄 또는 파렴치죄에 관하여 심리를 받지 아니한다..... 누구라도 동일한 범행으로 생명이나 신체에 대한 위협을 재차 받지 아니하며, 어떠한 형사사건에 있어서도 자기에게 불리한 증언을 강요당하지 아니하며, 누구라도 정당한 법의 절차에 의하지 아니하고는 생명, 자유 또는 재산을 박탈당하지 아니한다. 또 정당한 보상 없이, 사유재산을 수용당하지 아니한다.

### 2) 미국 수정헌법 제14조(공민권)

제1항 합중국에서 출생하고 또는 귀화하고, 합중국의 관할권에 속하는 모든 사람은 합중국 및 그 거주하는 주의 시민이다 …… 어떠한 주도 정당한 법의 절차에 의하지 아니하고는 어떠한 사람으로부터도 생명, 자유 또는 재산을 박탈할 수 없으며, 그 관할권내에 있는 어떠한 사람에 대하여도 법률에 의한 평등한 보호를 거부하지 못한다.

## 3. 적법절차원리를 반영한 대표적인 원칙

### 1) 미란다 원칙(Miranda 原則)

#### ① 미란다 사건[5)]

1963년 3월 애리조나주의 피닉스 경찰은 멕시코 계 미국인인 미란다를 체포했다. 18세 소녀를 납치해 강간했다는 혐의였다. 미란다는 집에서 체포되어 경찰서에 유치되었고, 피해소녀에 의해 범인으로 확인되었다. 경찰조사 2시간 후 미란다는 강간사실을 시인하고, 자백조서에 서명 날인했다.

진술조서 서두에는 "이 자백이 협박이나 형 면제의 약속에 의한 것이 아니며, 자신의 법적 권리를 충분히 이해했고, 불리하게 사용될 수 있다는 것을 인식하면서 진술한 임의성 있는 자백"이라고 타이핑되어 있었다.[6)]

하지만 미란다는 본격적인 수사 전 단계에서 변호인과 접견하지 못했고, 묵비권도 있음을 조언 받지 못했다. 공판단계에서 검사는 미란다의 자백이 기재된 진술조서를 변호인 측의 반대에도 불구하고 증거로 제출했다. 자료는 증거로 채택되었으며, 조사 경찰관들은 자백이 피의자신문단계에서 얻은 구술자백이라고 증언했다.

그러나 미란다의 국선 변호사인 앨빈 무어(Alvin Moore)는 자백은 임의성이 결여되어 있다며, 검찰이 제출한 자백조서의 성립인정과 내용을 부인했다. 하지만 1심에서는 변호사의 항변은 배척되었고, 미란다는 납치와 강간죄에 대해 유죄가 인정되어 각각 징역 20년과 30년을 선고받았다.

변호사 무어는 애리조나 대법원에 상소했다. 애리조나 대법원은 미란다의 헌법상 권리가 침해당하지 않았다며 원심을 인용했다. 한편 피고인 미란다는, 변호사가 더 이상 검찰과 법원과 심하게 다투는 것은 자신에게 유리할 것이 없다고 판단하고 변호사의 조력을 원하지 않는다는 의사를 표명했다. 그러나 필요적 국선변호인인 무어 변호사는 연방 대법원에 상소했

5) Miranda v. Arizona 384 U.S. 436.

6) I do hereby swear that I make this statement voluntarily and of my own free will, with no threats, coercion, or promises of immunity, and with full knowledge of my legal rights, understanding any statement I make may be used against me.

다. 미국 연방 대법원은 5:4의 결정으로 애리조나 주 대법원의 판결을 파기했다. 미란다 판결은 절차적 정의의 중요성을 잘 일깨워 준 미국 연방대법원의 기념비적인 판결의 하나로 손꼽힌다. 무죄판결 이유는 다음과 같았다.

> 경찰관들의 증언과 피고인의 법정진술을 토대로 볼 때, 미란다는 변호인의 도움을 받을 권리가 경찰의 신문 중에 충분히 보장되지 못했으며, 진술거부권도 효과적으로 보장받지 못했다. 묵비권을 포함하여 피의자에게 필요한 법적 권리 등을 고지하지 않았기 때문에, 자백이 기재된 피의자신문조서는 증거로 쓰일 수가 없다. 더 나아가 단순히 조서상에 피의자가 그의 법적 권리를 충분히 알고 있었다고 기재한 것만으로는, 피의자가 그의 헌법상 권리를 심사숙고해서 포기하였다고 볼 수가 없다.

### ② 미란다 원칙의 성립과 미란다 원칙의 내용

1966년의 미국 연방 대법원의 미란다 사건을 계기로 범죄혐의를 받는 피의자는 누구나 일정한 권리가 고지되지 않은 상태에서 이루어진 자백은 그 자체로 배제된다고 하는, 미란다 원칙이 성립되기에 이르렀다. 절차적 정의의 대명사가 된 미란다 원칙은, 수사기관이 일정한 사항을 피의자에게 반드시 알려주어야 한다는 원칙이다. 고지해야 할 내용으로는 변호사 선임의 권리와 묵비권 행사의 권리, 모든 발언이 법정에서 불리하게 작용할 수 있다는 내용이다. 피의자에게 이것이 충분히 고지되지 않고 또한 숙지되지 않은 상태에서 이루어진 자백은 배제된다. 미란다 원칙에 의해 피의자가 고지 받을 내용은 세 가지이다.[7)]

① 피의자는 묵비권을 행사할 수 있다.
② 피의자의 모든 발언이 법정에서 불리하게 작용할 수 있다.
③ 피의자는 변호인을 선임할 권리가 있다.

---

7) 미국 경찰의 전형적인 미란다 원칙 고지는 다음과 같다. "You have the right to remain silent. Anything you say can and will be used against you in a court of law. You have the right to speak to an attorney. If you cannot afford an attorney, one will be appointed to you. Do you understand these rights as they have been read to you?"

### 2) 독수의 과실 원칙(Principle of fruit of the poisonous tree)

독수독과이론(毒樹毒果理論) 또는 독나무 열매의 이론은 위법하게 수집된 증거(독수)를 기초로 하여, 발견된 제2차 증거(독과)의 증거능력도 인정할 수 없다는 이론이다. 형사소송법상의 위법수집 증거의 배제법칙으로 1920년의 실버돈 사건에서 유래한다.[8)]

실버돈 목재회사는 장부를 조작하여 세금납부를 회피하려고 했다. 연방수사관은 영장없이 임의로 회사에 들어가 실버돈 회사의 세금관련 장부를 압수하고 관련자료를 복사했다.

법정에서의 쟁점은 불법증거의 파생물인 복사물의 법원에의 현출을 허용할 것인가의 여부였다. 숙고 끝에 연방대법원은 불법수집 증거를 법정에 현출하는 것을 허용한다면 수사기관으로 하여금 수정헌법 제4조의 위반을 허용하는 것이 될 것으로서, 따라서 불법으로 복사하여 이미 오염된 증거는 법정에 들어설 자격이 없다고 판결했다. 하지만 오늘날 공판중심주의와 관련하여 다양한 공판기술의 발달로 위법하게 수집한 증거도 탄핵증거 등 교묘한 방법으로 법정에 현출됨으로써 엄격한 독수의 과실의 원칙은 잘 지켜지지 않는다.

## Ⅲ. 대한민국에서의 적법절차의 원리

### 1. 관련법 규정

현행 대한민국 헌법은 제12조에 미국의 적법절차를 명문으로 규정하고 있다. 적법절차를 헌법에 명문화한 것이다. 우리나라의 적법절차는 미국의 적법절차 원리를 완전하게 수용한 것으로 이해된다. 그러므로 적법절차에서의 "법"은 성문법이외에 자연법을 포함하는 것이고, "절차"는 형식적 절차뿐 아니라 내용도 의미하는 것으로 해석된다. 적법절차의 원리와 연관된 헌법조항은 다음과 같다.

---

8) Silverthorne Lumber Co. v. United States, 251 U.S. 385 (1920).

• **헌법 제10조**

모든 국민은 인간으로서의 존엄과 가치를 가지며, 행복을 추구할 권리를 가진다. 국가는 개인이 가지는 불가침의 기본적 인권을 확인하고 이를 보장할 의무를 진다.

• **헌법 제37조 제1항**

국민의 자유와 권리는 헌법에 열거되지 아니한 이유로 경시되지 아니한다.

• **헌법 제12조 제1항**

모든 국민은 신체의 자유를 가진다. 누구든지 법률에 의하지 아니하고는 체포·구속·압수·수색 또는 심문을 받지 아니하며, 법률과 적법한 절차에 의하지 아니하고는 처벌·보안처분 또는 강제노역을 받지 아니한다.

• **헌법 제12조 제3항**

체포·구속·압수 또는 수색을 할 때에는 적법한 절차에 따라 검사의 신청에 의하여 법관이 발부한 영장을 제시하여야 한다. 다만, 현행범인인 경우와 장기 3년 이상의 형에 해당하는 죄를 범하고 도피 또는 증거인멸의 염려가 있을 때에는 사후에 영장을 청구할 수 있다.

• **형사소송법 제308조의 2(위법수집증거의 배제)**

적법한 절차에 따르지 아니하고 수집한 증거는 증거로 할 수 없다.

## 2. 적법절차 원리에 대한 헌법재판소의 태도

헌법재판소는 "헌법은 형식적·실질적 적법절차의 원리를 채택하고 있으며, 적법절차의 원리는 모든 국가작용을 지배하는 독자적인 헌법의 기본원리로서 해석된다."라고 선언했다.[9)] 따라서 오늘날 적법절차의 원칙은 헌법 조항에 규정된 형사절차상의 제한된 범위 내에서만 적용되는 것이 아니라 국가작용으로서 기본권제한과 관련된 모든 입법작용 및 행정작용에도 광범위하게 적용된다. 나아가 형벌권의 실행절차인 형사소송의 전반을 규율

9) 헌법재판소 1989. 9. 8. 선고, 88헌가6 결정; 1990. 11. 19. 선고, 90헌가48 결정

하는 기본원리로 이해된다.

### 3. 한국에서의 미란다 원칙과 독수의 과실의 원칙

우리나라 수사기관도 미란다 원칙은 철저하게 준수하려고 노력하고, 법원도 미란다 원칙에 위배된 증거는 유죄인정의 자료로 사용하지 않는다.

다만 독수의 과실의 원칙에 대해서는 부침이 있었다. 우리의 헌법과 형사소송법은 고문 등에 의한 임의성 없는 자백의 증거능력을 부정하고 있지만(형사소송법 제309조), 그 동안 대법원은 "영장주의에 위반하여 압수한 증거물은 비록 압수절차가 위법하더라도, 물건 자체의 성질이나 형상에 변경을 가져오는 것이 아니므로, 그 형상 등에 관한 증거가치에는 변함이 없다"라고 하여 증거능력이 있다는 것이 법원의 입장이었다.

하지만 2007년 형사소송법의 개정으로, 제308조의 2에 위법수집증거능력 배제원칙을 명문으로 규정했다.[10] 이에 따라서 대법원도 위법수집증거능력배제원칙의 적용이 '원칙'이고 예외적으로 증거능력이 인정될 수 있다고 판례를 변경했다. 예컨대 수사기관이 독립된 자료에 의하여 독과일의 존재를 파악하고 있었거나, 위법수집증거와 거기서 파생된 제2차 증거 사이에 인과관계가 인정되지 않을 때에만, 비록 위법하게 수집된 증거라 할지라도 증거능력이 인정된다는 것이다.[11]

---

10) 제308조의 2 (위법수집증거의 배제) 적법한 절차에 따르지 아니하고 수집한 증거는 증거로 할 수 없다

11) 대법원 2007. 11. 15. 선고 2007도3061.

# 제3항 현실에서의 적법절차 원리에 대한 구체적인 이해

## Ⅰ. 절차적 정의 쟁점에 대한 현실적인 이해

우리 사회에서 발생한 다음의 구체적인 사례들을 읽어 보고 절차적 정의의 문제를 생각해 보자.

### 1. 사례 1.

서울남부지법 제2형사부는 17일 국회에서 농성 중이던 민주노동당 당직자 강제해산 조치에 항의하며 국회업무를 방해한 혐의(공무집행방해 등)로 기소된 민노당 강기갑 의원에 대한 항소심에서, 무죄를 선고했던 원심을 뒤집고 벌금 300만원을 선고했다.

재판부는 판결문에서 "국회 경위의 현수막 철거는 적법한 직무집행이었으며, 방호원의 멱살을 잡고 흔든 것은 폭행으로 직무집행을 방해한 것에 해당하고, 국회 사무총장실에 들어가 보조탁자를 넘어뜨린 것은 고의가 없었다고 보기 어렵다"고 유죄이유를 밝혔다...... 재판부는 "강기갑 의원은 소수 정당의 대표로서 항의한 정당한 행위라고 주장하나, 정식절차를 통해 항의의사를 표시할 수 있었다"며 "손상된 물건의 가치나 상대방의 상해, 피해 정도가 크지 않고 대국민 사과를 통해 부적절한 행동을 사과한 점을 고려했다"고 벌금 300만원에 그친 양형 이유를 설명했다.

그러나 강 의원은 재판이 끝난 뒤 "인정할 수 없다, 상고하겠다."고 말했다. 강 의원은 지난해 1월 미디어 관련법 처리에 반대하며 국회에서 농성하던 중, 국회의장이 국회경위 등을 동원해 민주노동당 당직자들을 강제해산시킨 데 반발해, 국회 사무총장실에 들어가 집기를 쓰러뜨리며 업무를 방해한 혐의(공무집행방해・공용물건손상)로 불구속 기소됐다. 그러나 1심 재판부는 "폭력사태를 초래한 국회 질서유지권이 적법한 요건을 갖추지 못

했기 때문에 공무집행방해죄가 성립하지 않는다."며 강 의원에게 무죄를 선고했었다.12)

## 2. 사례 2.

민주당 문학진 의원은 2009년 말 한미 FTA(자유무역협정) 비준동의안 상정 과정에서 국회 외교통상위원장 비서실 출입문을 해머로 내리쳐 손상한 혐의로, 민노당 이정희 의원은 외교통상위원회 위원들의 명패 5개를 바닥에 던져 부순 혐의로 기소돼 유죄 판결을 받았다.13)

## 3. 사례 3.

2010년 7월 12일 경기 성남시가 판교특별회계에서 끌어다 쓴 전입금 5200억 원의 지불유예를 선언하고 나섰다. 이재명 성남시장은 시청에서 기자회견을 열고 "이달 중 판교신도시 사업비 정산이 완료되면 공동 시행자인 LH공사와 국토해양부에 공동공공사업비 2,300억 원과 초과수익부담금 2,900억 원을 판교특별회계에서 내야 하지만, 현재로선 일시 또는 단기간 변제가 불가능하다"고 밝혔다.

지불유예는 경제계가 혼란하고 채무이행이 어려워질 경우 국가 공권력에 의해 일정기간 채무의 이행을 연기 또는 유예하는 것으로 지자체의 지불유예 선언은 이번 성남시가 처음이다. 이 시장은 "성남시의 올

경기 성남시는 최근 조달청을 통해 선정된 현대건설 컨소시엄이 지하 2층~지상 9층, 연면적 7만4,452m(약 2,300평) 규모의 신청사 실시설계에 착수했다고 지난 11일 밝혔다.

12) 연합뉴스, 2010. 9. 17.

13) *Ibid.*

해 예산은 지난해보다 5354억 원(23%)이 줄어든 1조 7577억 원이고, 앞으로도 세입 전망이 불투명해 어려운 살림살이가 예상된다."며 지불유예 선언의 불가피성에 대해 설명했다. 이와 관련 국토해양부는 "사전에 협의된 바 없다"면서 추후 대응방안을 마련할 것이라고 덧붙였다.

□ 절차적 정의 쟁점

각각의 사안에서 절차적 정의가 문제가 되는 것은 무엇인가? 절차적 정의 쟁점을 도출하여 분석해 보자.

## Ⅱ. 구체적인 사법절차에서 나타나는 절차적 정의 쟁점

인류 역사적으로 발전과 부침을 거듭해온 적법절차의 원리는, 우리나라의 경우에도 어떤 국가 공권력도 어길 수 없는, 개인을 포함한 사회권력 행사의 준칙으로 역할한다. 그러므로 조직이나 단체 그리고 국가권력에 비하여 취약하기 그지없는 일반시민의 인권보호의 마그나 카르타로 기능한다. 하지만 구체적인 경우에서는 대법원도 잣대가 일정하지 않은 경우가 발생한다. 최근의 동향을 두 가지 사례를 통해 살펴본다.

### 1. 사인이 주거에 무단 침입하여 얻은 증거의 증거능력 쟁점

#### 1) 위법증거의 효력을 인정한 사례

증거로 인정받은 경우

별거했던 아내 집 무단침입
침대시트 수거해 유전자 감식

2006년 김씨는 부부싸움 끝에 집을 나갔다가 넉 달 만에 돌아온 아내의 휴대전화에서 내연관계를 암시하는 문자 메시지를 발견했다.

불륜을 의심한 김씨는 아내가 살던 집에 무단 침입해 침대 시트와 휴지를 가져와 유전자 감식을 맡겼다. 김씨는 그 결과를 근거로 부인과 내연남을 간통죄로 고소했다. 하지만 김씨의 아내는 "불법으로 얻은 증거를 증거로 인정해서는 안 된다"고 맞섰다.

이에 대해 대법원은 김씨가 낸 증거를 "증거로 인정할 수 있다"며 김씨 아내와 상간자의 간통죄에 대해 유죄를 선고했다. 대법원은 불법행위를 통해 확보한 증거에 대해 "공익실현을 위해 사생활의 비밀이 다소 침해되더라도 받아들여야 한다."고 밝혔다.

### 2) 위법증거의 효력을 부인한 사례

증거로 인정 안된 경우

침대 밑에 '보이스펜' 설치
아내 신음소리 녹음해 제출

2007년 서울서부지법은 서모씨가 자신의 집 침대에 몰래 보이스펜(녹음기)을 설치해 아내의 신음소리를 녹취한 자료를 근거로 아내를 간통죄로 고소한 사건에 대해 "증거로 인정할 수 없다"며 무죄 판결을 내렸다. "간통죄 처벌이 사생활 비밀 침해의 위험에 노출되는 것보다 급박한 것인지 회의적"이라는 이유였다.

## 2. 수사기관이 수집한 불법증거

하지만 법원은 개인이 얻은 불법증거와 달리 수사기관인 검찰·경찰 등 국가기관이 수집한 불법증거는 증거로 인정하지 않는다. 2007년 개정된 형사소송법은 '적법한 절차에 따르지 아니하고 수집한 증거는 증거로 할 수 없다'(308조의 2)는 규정을 추가했기 때문이다. 대표적인 판례가 김태환 전 제주도지사의 선거법 위반 사건이다.

검찰은 2006년 제주도 청사를 압수수색하면서 영장에 기재되지 않은 사무실에서도 압수수색을 했고, 이를 근거로 김 전 지사를 기소했다. 이에 대해 대법원 전원합의체는 "절차에 따르지 않고 수집된 증거는 유죄 인정의 증거로 삼을 수 없다"며 무죄판결을 내렸다. '독이 든 나무'(불법증거)에서 열린 '과실'도 독이 있다는 이른바 '독수독과(毒樹毒果)'이론이 지켜져야 한다는 것이다.

하지만 국가기관이 불법으로 수집한 증거를 완전히 배제해야 하느냐에 대해선 법조계 내부에서도 논란이 남아 있다. 김 전 지사 사건에서도 일부 대법관은 "위법한 정도를 면밀하게 따져서 증거능력 인정 여부를 가려야 한다."는 소수의견을 내놓았다. 위법증거 배제원칙은 1914년 미국 연방대법원이 관련 판례를 남긴 이후 미국에선 엄격하게 지켜지고 있지만, 영국·캐나다·독일·일본 등은 이런 원칙을 받아들이면서도 구체적인 적용범위는 제각각인 것이다.

## 3. 경찰관 직무집행법에 의한 불심검문의 문제

사례) 다음 신문보도를 보고 우리나라의 절차적 정의의 문제점을 생각해 보자.

"법도 인권도 무시한 '불심검문' 경찰관직무집행법 개정안 국회 계류 불구" 이미 매뉴얼 시행

2010년 5월 법원은 경찰의 불심검문에 응하지 않고 저항하다 공무집행방해죄 현행범으로 체포된 박모씨(37)에게 무죄를 선고했다. 법원은"불심검문 대상자가 거부의사를 분명히 밝힌 상황에서 자리를 떠나지 못하게 하는 것은, 사실상 답변을 강요하는 것"이라며 "이는 적법한 공무집행을 벗어나 불심검문의 방법적 한계를 일탈한 것"이라고 판단했다. 판결의 근거는, 경찰이 불심검문을 할 때, 대상자는 형사소송법에 의하지 않고는 신체를 구속당하지 않고 답변을 강요당하지 않는다고 규정한 경찰관직무집행법 3조였다. 경찰은 그러나 이 같은 법원 판결에 어긋나는 불심검문 절차를 일선 경찰관들에게 이미 권장, 시행하고 있는 것으로 확인됐다.

경찰 불심검문 내용 비교(자료: 경찰청)

| 경찰관 직무집행법 개정안 | 현행법 | 현재 사용 중인 매뉴얼 |
|---|---|---|
| 불심검문시 신분증 제시 요구권 신설 | 조항 없음 | '신분증 위조 여부 확인 및 얼굴 대조' 위해 신분증 제시 요청 명시 |
| 흉기 외 일반 소지품 조사 가능 | 흉기 소지 여부 조사권만 규정 | 흉기 소지 개연성 있을 경우 개인 소지품 조사 명시 |
| 자동차·선박 검문권 신설 | 조항 없음 | 차량 내 물건과 트렁크 개방 등 자세한 지침 명시 |
| 신원확인 불능시 지문 동일성 확인 신설 | 조항 없음 | 조항 없음 |

경찰이 일선에 배포한 매뉴얼은 "부드럽고 친근한 분위기를 유도하며 설득하라." "끝까지 협조하지 않을 때에는 상대방의 약한점을 간파하여 생각할 틈을 주지 말고 계속 질문함으로써 상대방의 약점을 노출시키고, 상대방의 신체를 가볍게 두드려 보거나 소지품을 외부에서 더듬어 내용물을 감지, 흉기나 기타 증거품 유무를 판별할 것."이라고 하여 사실상 가벼운 몸수색까지 허용하고 있는 것이다. 현장 매뉴얼은 "가방을 잠시 열어주시겠습니까?", "주머니 속의 물건은 무엇입니까. 잠시 보여주시겠습니까?"등 개인의 일반 소지품을 조사하는 자세한 절차를 제시하고 있다.

(경향신문, 2010. 9. 13)

## 4. 역사적 평가

절차적 정의의 문제는 사건의 실체적 진실과 무관하게 정의회복의 영원한 대상이다. 민주법치국가에서는 죄를 묻는 경우에도 적법절차에 따라야 한다는 의미가 무엇인지 그리고 그것이 얼마나 중요한지를 마음으로 깨달아야 한다. 49년이 지나서도 절차적 정의가 문제된 다음의 사례를 보자.[14)]

### 5·16 직후 영장 없는 인신구속 49년만에 憲裁 판단받는다.

1. 사실관계와 재판경과

고(故) 위청룡 검찰국장은 평양에서 변호사를 하다 월남한 뒤 서울지검 검사 등을 거쳐 법무부 검찰국장에 올랐다. 그러나 현직에 있던 1961년 11월 간첩 혐의로 중앙정보부에 의해 연행된지 20여일 만에 돌연 숨졌다. 당시 5·16 군사정권의 최고통치기관인 국가재건최고회의는 "북괴 간첩 죄상이 드러나자 자살했다"고 발표했다. 북한 지령에 따라 피란민으로 가장하여 침투해 검찰국장에 오르기까지 간첩들과 접선해 국가기밀을 누설하고, 부역자나 간첩들을 관대하게 처리했다는 것이었다. 그러나 진실·화해를 위한 과거사정리위원회는 2007년 12월 위청룡은 간첩이 아니었다며, 국가의 사과와 명예회복을 권고했다. 이에 위청룡 국장의 유족 14명은 국가를 상대로 19억여 원을 배상하라는 손해배상소송을 제기했다.

2. 문제가 된 법과 쟁점

옛 인신구속 등에 관한 임시특례법 2조 1항이 문제가 되었다. 1960년 초 한시적

14) 조선일보, 2010. 12. 28.

으로 존재한 이 법은 국가보안법 관련자 등에 대해 영장없이 구속 할 수 있도록 되어 있다. 유족들은 헌법에 반한 영장없는 불법구금이라고 주장하는 반면에, 국가는 당시의 법률상 영장없는 구금은 합법이라고 주장하고 있어 해당 법이 위헌이냐가 쟁점이 되었다.

### 3. 법원의 결정

법원은 해당 법이 위헌인지 여부에 대한 판단이 선행되어야 함을 인정하고 2010년 12월 헌법재판소에 위헌심판제청을 했다.

국가의 일방 발표에 의해 검찰 고위 간부가 간첩이었다는 소식은 당시 국가적으로 엄청난 파문을 일으켰었다. 결국 5·16 쿠데타 직후 군사정권 당시 중앙정보부가 영장없이 사람들을 체포·구금하는 근거로 삼았던 법 조항에 대해, 절차적 정의의 문제가 제기되어 49년이 지나서도 정의의 심판대에 서게 된 것이다.

# 제4항 현대사회에서 변모된 정의의 모습

**- 초국가적안보위협세력의 대두와 적법절차 쟁점 -**

## Ⅰ. 서 언

오늘날 소위 테러, 국제조직 범죄, 환경안보와 같은 초국가적 안보위협세력 쟁점은 정의의 모습에도 변화를 가져온다. 하지만 때로는 국가안보라는 이름으로 정의의 모습이 제약되기는 하지만, 여전히 일반 시민의 자유와 권리는 얼마나 소중한 가치인지를, 그리고 정의의 이름으로 그를 지키기 위한 노력이 얼마나 소중한 것인지를 다수의 사건사고와 법원의 판례를 통해서 잘 알 수 있다. 그러므로 정의는 일반시민이 올바른 민주시민이 되기 위해서는 반드시 공부하고 고민해야할 주제임을 잘 일깨워 준다. 아래에서 구체적인 사례를 살펴본다.

오사마 빈라덴과 9/11 테러공격

## Ⅱ. 검문검색소(Checkpoint search) 운용

### 1. 개 관

2001년 9월 11일 모하메드 아타(Atta)와 압둘 아지즈 오마리(Omari)는, 메인 주 포틀랜드 공항에서 보스턴 로간 국제공항으로 향하는 아침 6시 비행기에 탑승했다. 그들은 보스턴 공항에서 로스앤젤레스로 향하는 점보 연결 비행기를 갈아 탈 예정이었다. 공항검색대의 '컴퓨터 활용 사전 스크린

검색 시스템[15]'은 아타를 특별검색 대상으로 지목해서, 아타의 수하물은 사후에 승적되었다. 보스턴 로건 공항에서 아타와 오마리 그리고 8명의 동료들이 조우했다. 그들 모두는 금속검색대를 걸어서 통과했다. 일부는 박스용 칼과 스프레이 그리고 호주머니용 다용도 나이프를 소지하고 있었다. 그 동안에 4명의 다른 일행들은 댈러스 국제공항에서 로스앤젤레스 행 비행기를 탑승했다. 그들 중 2명도 여권상의 사진이 일치하지 않았고, 영어가 미숙해 여행동기가 의심되자, 스크린 검색시스템은 그들을 경고대상으로 선정하여 특별검색을 받았다. 그러나 그들에 대해서도 수하물을 늦게 싣는 조치만 취해졌다.

그들 대부분은 금속 탐지기 검색을 거쳤고 공항의 안전요원에 의한 수동검색과 폭발물 소지검색도 받았고, 검색절차에 대한 비디오 촬영도 이루어졌다. 2001년 납치 항공기를 유도미사일로 이용한 초유의 9·11 테러 공격을 실행한 19명의 테러분자들은 모두 이러한 방법으로 공항 검문검색대를 차례로 격파하며 유유하게 통과했던 것이다. 2001년 9월 11일 아침 8시에 19명 테러분자들은 미국 정부당국이 하이재킹을 포함한 모든 항공사고를 예방하기 위해 운용하던 초현대적인 제반 안전장치를 여유롭게 격퇴하고, 약 11,400갤런의 가솔린이 가득 찬 납치한 점보비행기를 미사일로 바꾸어 목표물을 향해 돌진을 시작한 것이다.

## 2. 문제의 제기

오늘날 각국은 일반 대중이 이용하는 국가안보시설에 대해 검문검색을 실시한다. 검문검색을 위해 특정지역에 필요한 시설을 갖추고 실제의 검문검색을 실시하는 지점을 체크 포인트, 즉 검문검색소라고 일컫는다. 각국은 자국으로 들어오는 외국인 등에 대해서도 입국심사를 위해 국경 검문검색소를 운용한다. 영장없는 포괄적인 국경 검문검색은 일국이 자국보호를 위해 실행할 수 있는 자위권의 일환으로 인정된다. 거의 모든 강제적 요소가 포함되는 공권력 행사에는 영장주의에 따르도록 하는 미국도, 국경에서

15) Computer Assisted Passenger Prescreening System(CAPPS).

의 입국심사를 위한 검문검색은 주권절대의 원칙상 영장주의의 대원칙인 '상당한 이유라는 요구'가 필요 없이 실시할 수 있다는 전제 하에, 세관관련 다수 입법을 제정했다. 국경을 포함한 국가 주요 안보시설에 대한 검문검색은 방첩활동, 즉 국가정보활동의 일환으로 이해한 것이다. 그런데 국내에서의 일반적인 국가적 차원의 검문검색활동의 적법성에 대해서는 헌법상의 기본권과 관련하여 논란이 있다.

## 3. 법률문제

1960년대에 빈번하게 일어난 하이재킹(highjacking 또는 skyjacking)은 각국으로 하여금 공항검문검색의 필요성을 크게 요구했다. 미국의 경우 처음에는 선별적인 방법으로 이루어졌다. 그런데 차별적 요소가 강한 선별적 검문검색은 법적 근거를 포함하여 그 정당한 이유가 무엇인가에 대한 의문이 제기되었다. 그에 대한 해답이 소위 '합리성의 균형(balancing rational)이론'이었다.

### 1) 합리성의 균형이론

합리성의 균형이론이란 당국은, 검문검색을 위한 선택대상이 항공기에 그대로 탑승하게 되면 초래될지 모를 가능성을 적절히 합리적으로 고려해서 검색 대상을 균형 있게 선별하여 짧은 시간의 정지와 수색을 할 수 있다는 것을 말한다.[16] 즉, 승객의 안전성을 확보하기 위한 검문검색이 합리적인 방법으로 승객의 불편을 최소화하는 방법으로 짧은 시간 안에 이루어진다면, 승객에 대한 서비스와 안전과의 균형을 이룬 것으로 온당하다는 것이다. 그러나 이러한 법리는 1973년 '모든' 탑승객들에게 금속검색대를 통과하게 하고 소지품에 대한 일괄 X-Ray 검색을 하게 함으로써 그대로 유지될 수 없게 되었다.

16) Terry v. Ohio, 392 U.S. I (1968). 소위 "잠시 검문이 있겠습니다."의 유래이다.

### 2) 행정 · 규제목적 이론

이에 법원은 선별적이 아닌 모든 탑승객에 대한 검문검색 실시의 법리를 기존의 합리성의 균형이론 대신에 '행정 · 규제목적 이론'으로 설명했다. 즉, 항공 탑승자들 전체에 대한 영상검색은 행정목적을 위한 일반적인 규제계획에 의한 것이라는 행정부의 주장을 받아들였다.[17)]

### 3) 결 론

오늘날 집단적 · 대량적으로 이루어지는 검문검색소의 법리는 행정 · 규제목적의 법리가 타당하다. 여기에서 일정한 행정목적을 위한 규제계획 이론이라고 하는 것은 정의론의 입장에서 대단히 중요한 의미를 가진다. 수사나 정보당국자들에게는 필히 정확한 이해가 필요한 부분이다. 그것은 이어지는 판결의 설명을 보면 명백해진다. 법원은 일반인을 대상으로 한, 전반적인 검문검색 계획의 본질은 무기와 폭발물, 또는 그것을 소지한 사람, 즉, 범죄인을 적발하거나 체포하려는 목적이 아니라고 했다. 검문검색소의 설치 운용은 범죄 적발목적이 아니라는 것이다. 그러면서 그것은 단지 그러한 위험한 물건을 소지한 사람의 탑승을 제지하는 것에 있다고 설명했다.

이러한 논리구조에는 다음과 같은 고려가 담겨 있다. 즉, 범죄인이나 범죄활동 적발 목적으로 검문검색을 실시하는 것이라면, 검문검색의 대상자가 되는 전체 승객을 모두 범죄 용의자로 보는 데서 출발하는 것으로서, 국민이 주인인 민주국가에서는 용납될 수 없는 사고라는 것이다. 그러므로 검문검색 프로그램은 형사사법 목적이 아니라 철저히 행정적 필요성에 따른 것이어야 한다. 따라서 검색대 인근에 있다고 해도 탑승하지 않는 사람은 검문검색을 할 수는 없다는 결론이 된다. 한편 공항 검문검색의 이러한 법리가 지하철의 검문검색에도 적용될 것인지에 대해 다음의 맥웨이드 케이스를 통해서 살펴본다.

---

17) United States v. Davis, 482 F. 2d 893, 897 904 (9th Cir. 1973).

## Ⅲ. 구체적인 소송사건 – 맥웨이드 사건(MacWade v. Kelly Case)

### 1. 사실관계

2005년 7월 21일 런던 지하철 테러 공격이 있은 지 몇 시간 후, 마이클 블룸버그 뉴욕 시장과 레이먼드 켈리 뉴욕 경찰위원회 의장은 새로운 검문 검색 정책을 발표했다. 뉴욕 경찰은 뉴욕 지하철 이용 승객에 대해 '무작위 수하물 검색 프로그램'을 실시한다는 것이었다. 이러한 방침에 따라 뉴욕 경찰은 지하철 탑승객들이 어떤 잘못된 일에 개재되었을 것이라는 의심이 없어도, 대상자를 무작위로 추출해서, 지갑부터 배낭까지 소지품 등에 대한 검색을 실시했다. 경찰은 수색장소에 무작위 선별 수색을 한다는 경고문을 부착했고, 몇몇 승강장에서는 그에 대한 사전 구두고지도 했다.

그리고 임의로 선정된 대상자가 지하철 이용을 포기하고 돌아서면, 추격하여 체포하지는 않았고 수색을 거부하는 권한을 인정했다. 원고는 맥웨이드를 비롯한 5명의 평범한 뉴욕 거주자들로 아무 전과가 없는 일반시민들이었다.

32살의 맥웨이드는 브루클린 지역에 살면서, 뉴욕 시내에 매일 지하철로 출퇴근을 하는 법에 충실한 선량한 일반 샐러리맨이었다. 맥웨이드는 무작위 선별되어 소지품에 대한 검색을 받았고, 헌법상 권리가 침해되었다고 판단하여 검문검색을 당한 사람들 가운데 뜻을 같이하는 사람들을 모아 금지명령 및 손해배상의 본건 소송에 이르렀다.

### 2. 쟁 점

원고들의 주장은 다음과 같다.

"어떠한 잘못도 저지른 것으로 의심되지 않은 선량한 국민이, 공권력의 수색을 받지 않을 권리는 부당한 압수 · 수색을 금지하는 헌법상의 기본적인 권리이다. 그러한 원칙은 미국의 자유사회를 형성하는 근본적인 보장책이다. 비록 테러 공격이 공권력의 공격적 · 적극적인 집행을 요청했고, 테러 예방 활동을 위한 공격적인 공권력 활동이 일면의 정당성을 가지고 있지만, 수백만의 선량한 일반 시민을 대상으로 의심을 없앨 수색을 받도록 강요할 수는 없다. 그러므로 피고들은 부당한 압수 · 수색을 금지하는 수정헌법 제4조를 위반한 것이다."

원고들은 재판에서 의심스러운 테러 용의자들은 유유히 돌아설 것이므로, 동 프로그램의 사전 억지 효과는 제로(0)에 가깝다는 전문가의 증언도 제시했다. 이에 대해 피고들은 검문검색은 사전에 충분한 고지를 하고 수색을 거부하는 사람들은 얼마든지 돌아서 갈 수 있는, 비 강제적인 것으로 일반 시민들의 협조를 전제로 하는 것이고, 동 프로그램은 테러리스트 체포나 위험물을 적발하기 위한 형사법적 목적이 아니라, 단지 지하철을 대상으로 하는 일단의 테러 분자들의 지하철 탑승을 좌절시키려는 예방적 행정규제에 목적이 있다는 취지로 항변했다.

## 3. 법원의 판단과 의의

① 법원은 먼저 공권력이 실시하는 강제 수색의 헌법적 기초는 전적으로 '합리성'에 있다고 전제하고, 당국의 무작위 수하물 검색프로그램은 지하철에 대한 테러공격의 위험을 감소하거나 저지 또는 적발하는 것에 지향되어 있음을 인정했다. 즉, 동 프로그램은 피고의 항변처럼 형사사법상의 범인체포나 증거확보가 목적이 아님을 인정했다.
② 그리고 뉴욕 지하철을 테러공격에서 예방하는 것은 매우 높은 국민적 요구가 있는 국가의 이익을 위한 것이라는 사실도 인정했다.
③ 수단과 방법의 적정성 판단에 있어서, 법원은 뉴욕의 지하철 시스템에서 테러공격을 저지하기 위해, 당국이 취한 무작위 수하물 검색프로그램은, 일반시민의 프라이버시 권리를 최소한으로 침해하고자 한 것으로, 합리성도 인정된다고 판단했다.
④ 결국 법원은 원고들의 청구를 기각하고 뉴욕당국의 조치가 헌법합치적이라고 판결했다.

한편 본 소송이 뉴욕당국의 승리로 귀결되자, 9 · 11 테러 공격 유가족과 비영리단체들로 구성된 워싱턴 법률재단은 2006년 8월 11일 대대적인 환영의 논평을 발표했다.[18] 일반인들의 헌법상의 권리를 구체적인 것으로 보고, 그 권리를 향유하려는 일반인들의 법의식 그리고 그에 대한 법률적 논증은 법치행정이라는 튼튼한 기반 위에서 공권력의 행사가 이루어질 수 있도록 담보한다. 그야말로 일반 시민의 권리와 의무가 개재된 상황에서도 합리적인 논증을 통한 알기 쉬운 정의구현을 위한 실천적 노력을 잘 이해할 수 있다. 정의론의 현대적 모습이다.

---

18) MacWade v. Kelly, United Stated District Court, Southern District of New York, 2005, 2005 WL 3338573, aff'd 460 F. 3d 260 (2d Cir. 2006) 참조. 원고 패소로 끝난 이 사건은 '뉴욕 시민자유연맹(New York Civil Liberties Union : NYCLU)'이라는 시민단체가 원고들을 적극지지하며 진행되었다. 그에 반대되는 입장을 가진 시민단체가 WLF였다.

# 참고문헌과 자료

## Ⅰ. 국내도서


1. 간단 명쾌한 철학, 고우다 레츠 지음, 이수경 옮김, 시그마 북스(2010).
2. 공동체주의와 공공성(다산 기념 철학 강좌 9) 마이클 샌델 지음 김선욱·강준호·구영모 옮김, 철학과 현실사(2008).
3. 교양철학, 허순애·이을상·김수청·오용득 지음, 한울 아카데미(1997).
4. 노직 『무정부, 국가 그리고 유토피아』 장동익, 서울대학교 철학사상연구소(2006).
5. 도덕과 입법의 원리서설, 제레미 벤담 지음 고정식 옮김, 나남(2011).
6. 미국의 역사, 허쉬 E.D.Hirsch, Jr, 신준수 편역, 역사넷(2007).
7. 법률가의 논리, 루제로 앨디서트 지음, 이양수 옮김, 씨.아이.알(2010).
8. 법은 아무것도 모른다, 알리싸 리 존스 엮음, 강수영 옮김, 인간사랑(2008).
9. 법학통론, 최종고, 박영사(2008).
10. 법과 윤리, 최종고, 경세원(2009).
11. 법철학의 문제들, 박은정, 박영사(2007).
12. 라케스〈플라톤: 그의 철학과 몇몇 대화편〉, 박종현 옮김, 서울대학교출판부(2006).
13. 소크라테스의 변론〈에우티프론, 소크라테스의 변론, 크리톤, 파이돈〉, 박종현 옮김, 서광사(2003).
14. 생명의 윤리를 말하다 : 유전학적으로 완벽해지려는 인간에 대한 반론, 마이클 샌델 지음, 강명신·김선욱 옮김, 동녘(2010).
15. 우리시대와 윤리, 성장환·장윤수·이강화·이창희, 교육과학사(2010).
16. 왜 도덕인가 : 우리 사회에 던지는 가장 뜨거운 질문, 마이클 샌델, 안진환·이수경 옮김, 한국경제신문사(2010).
17. 향연, 박희영 옮김, 문학과지성사(2003).
18. 자유주의와 공동체주의 윤리학, 홍성우, 선학사(2005).
19. 정의론, 존 롤즈 저, 황경식 역, 이학사(2003).
20. 정의에 관한 6가지 이론, 카렌 레바크 지음, 이유선 옮김, 크레파스(2001).
21. JUSTICE 정의란 무엇인가, 마이클 샌델, 이창신 옮김, 김영사(2010).

22. 참을 수 없이 무거운 철학 가볍게 하기, 도날드 팔머 지음, 이용대 옮김, 현실과 과학(2002).
23. 현대법 이론, 다나카 시게아키 저, 박병식 번역, 동국대학교 출판부(2007).

## II. 영문서적

1. Briefly: Bentham's An Introduction to The Principles of Morals and Legislation, David Mills Daniel, SCM Press(2009).
2. Kant: Groundwork of the Metaphysics of Morals, Mary Gregor (Editor).
3. Ethics, Mel Thompson, Teach yourself((2010).
4. Foundations of Democracy: The Justice, center for civic education, ISBN # 0-89818-150-X), http://www.civiced.org/index.php?page=resource_materials.
5. Utilitarianism, John Stuart Mill, Biblio Bazaar(2008).
6. J. S. Mill: 'On Liberty' and Other Writings, John Stuart Mill, Classic Book International(2010).
7. Justice, What's the right thing to do? Michael J. Sandel, FSG (2009).
8. Succeeding in Law School, Herbert N. Ramy, rolina Academic Press (2006).
9. The Principles of Morals and Legislation, Jeremy Benham, Prometheous Books(1988).
10. Thinking Like a Lawyer, Kenneth J. Vandevelde, Westview Press (1996).
11. To your first year of LAW School, Justin Spizman, J. D, Adam Media(2007).
12. What Every Law Student Really Needs to Know, Tracey E. George Suzanna Sherry, Wolters Kluwer(2009).

## III. 기 타

각종 언론보도자료, 연방대법원 판례 등.

# 찾 아 보 기

## 著者經歷

한희원(韓禧源)(lucas¶n.com)

- 고려대학교 법과대학 졸업, 사법연수원 제14기(제24회 사법시험 합격)
- 제28사단 검찰부장, 국방부 조달본부 법무관
- 서울지방검찰청, 서울고등검찰청, 대검찰청, 검사, 부장검사
- 춘천지방검찰청 속초지청장
- 국무총리실 청소년보호위원회 중앙점검단장
- 국가인권위원회 인권침해조사국장
- 대한상사중재 위원, 대한민국 혁신위원
- 서울대학교 수의과 대학 생명윤리심의 위원
- Duke University 객원 연구원 (2006)
- 인디애나 로스쿨 국제인권법(Indiana University School of Law, LL.M (2007)
- 현) 동국대학교 법과 대학 정교수

### □ 주요 저서

1. 국가정보(National Intelligence), 법률출판사(2008), (문화체육관광부 우수학술도서)
2. 국가정보체계 혁신론, 법률출판사 (2009)
3. 국제기구법 총론, 법률출판사 (2009)
4. 국가정보법원론, 법률출판사 (2009).
5. 국가정보학 요해, 법률출판사 (2009).
6. 신 법학입문, 삼영사 (2011).

### □ 주요 최신 논문

1. Newly arising issues on the limitation of intervention law and refugees under the north Korean Human Rights Act of 2004 (Atoms for Peace: An International Journal, Vol. 1. No. 4, 2007).
2. How hot? "Real hot"; Can we control North Korean nuclear weapons through the applicable international law? Hints from the I.C.J. advisory opinion(Atoms for Peace).
3. The Impact of Terrorism on the Development of International Human Rights - hints from the Legal Cases and the Terrorist Surveillance Program of the United States of America (2008. 중앙법학).
4. 국가안보관련법 제・개정 논의에 대한 연구 (2009, 한국치안행정학회)
5. 정보보안의 규제혁신에 대한 고찰 (법조, 2009. 4)
6. 올림픽 운동과 올림픽 시스템에 대한 규범적 고찰 (중앙법학, 2010. 3)
7. 현행 올림픽 헌장을 중심으로 한 올림피즘과 국제올림픽위원회(IOC)에 대한 규범적 고찰 (사단법인 한국스포츠엔터테인먼트법학회, 2010. 2)
8. 국가안보와 대테러정책 (국가정보학회, 2011. 1)
9. 國家情報의 새로운 이해에 대한 연구 (국가정보학회 2011. 1)

### □ 칼럼

1. 조선일보: 국가정보원법 개정 논란 유감(2008. 11)
2. 자유공론: 국가정보 체계의 혁신과 국정원법 개정방향(2009. 1)
3. 조선일보: 국가정보에 무지한 국가정보원장(2011. 1)
4. 문학세대: 국가안보에 대해서 다시 생각하자(2011. 2)

## 정의로의 산책 [제2판]

2011년 2월 25일 제1판 1쇄 발행
2011년 5월 30일 제1판 2쇄 발행
2011년 8월 20일 제2판 1쇄 발행
2014년 2월 5일 제2판 2쇄 발행

저 자 한 희 원
발행자 고 덕 환
조 판 해 인 문 화

발행처 143-853
서울특별시 광진구 아차산로 335 삼영빌딩
도서출판 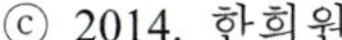
등록 제300-1972-1호
전화 737-1052, 734-8979 FAX 739-2386




정가 23,000원

ISBN 978-89-445-0239-2-93360